国家哲学社会科学成果文库
NATIONAL ACHIEVEMENTS LIBRARY
OF PHILOSOPHY AND SOCIAL SCIENCES

欧盟单一市场政策调整对我国商品出口的影响及对策研究

陈淑梅　著

社会科学文献出版社
SOCIAL SCIENCES ACADEMIC PRESS (CHINA)

陈淑梅 东南大学经济管理学院教授，1983 年 9 月 –1987 年 7 月上海外国语学院英语系学士；1992 年 9 月 –1994 年 6 月东南大学经济管理学院学士；1996 年 9 月 –1997 年 9 月英国布莱顿大学商学院硕士；2001 年 9 月 –2004 年 12 月南京大学欧盟研究所博士；2008 年 9 月 –2009 年 8 月英国布里斯托大学法学院访问学者；2005 年 9 月至今东南大学经济管理学院教授；2011 年 4 月至今东南大学经济管理学院应用经济学专业博士生导师。代表作品：《欧洲经济一体化背景下的技术标准化》、《欧盟技术标准化制度》、《技术标准化与欧洲经济一体化》、《欧盟标准化外部性对我国出口企业技术创新路径的影响》、"Fight or Flight: A Study on Strategic Approaches Adopted by Chinese Lighter Manufacturers Facing EU CR Standard and Regulation"、"Sham or shame: Rethinking the China's milk powder scandal from a legal perspective"、"A Transatlantic Comparison on Poultry Disputes with China: A Case Study of Murky Protectionism"、《欧盟食品卫生规则调整对我国食品出口的影响研究》。

《国家哲学社会科学成果文库》
出版说明

为充分发挥哲学社会科学研究优秀成果和优秀人才的示范带动作用，促进我国哲学社会科学繁荣发展，全国哲学社会科学规划领导小组决定自2010年始，设立《国家哲学社会科学成果文库》，每年评审一次。入选成果经过了同行专家严格评审，代表当前相关领域学术研究的前沿水平，体现我国哲学社会科学界的学术创造力，按照"统一标识、统一封面、统一版式、统一标准"的总体要求组织出版。

全国哲学社会科学规划办公室
2011 年 3 月

谨以此书献给 1992 欧洲单一市场计划 20 周年
国家社会科学基金项目成果（项目号 08BGJ026）

内容提要

　　随着中欧双边经贸关系的不断加强，彼此的相关政策也越发相互影响。基于此，本课题重点研究欧盟2007年正式启动的单一市场政策调整会给我国商品出口带来的可能影响，探讨我们可以采取的应对之策。尽管欧洲单一市场是商品、人员、资本和服务自由流动的市场，鉴于商品贸易在中欧双边贸易中的重要性，本课题重点研究了欧盟商品单一市场调整的情况，及其对我国商品出口的影响。

　　课题报告由背景篇、影响篇和对策篇三部分组成。背景篇首先对单一市场、一体化、标准化、外部性、规范性等基本概念进行界定，对公共政策、欧盟立法等相关理论进行综述，然后从单一市场与技术性贸易壁垒两个相辅相成的视角对国内外研究现状进行梳理。接着课题从欧盟内外环境的演变、中国因素的显著性和单一市场自身的缺陷等方面对欧盟单一市场政策调整的背景进行了挖掘。从里斯本战略到单一市场战略，从标准化回顾到单一市场回溯，直至单一市场2.0版本的面世，课题回顾了单一市场政策调整的历程，结束了政策调整的背景篇。

　　第二部分为影响篇，分别从理论和实证两方面进行了影响分析。课题首先对调整后欧盟单一市场政策的方向、内容和特点进行了解读。而后以史实资料论证了欧盟单一市场政策，尤其是欧洲标准化的规范性力量，为后续的理论和实证研究做铺垫。接着课题以欧盟食品卫生规则的调整对我国食品出口的影响为重点研究对象，通过历史比较和与我国的横向比较，具体分析此轮欧盟食品政策调整的情况，理论分析其一般影响，以及短期和长期影响。最后本课题选取1999年1月至2009年6月间的月度数据以引力模型进行了实证分析。

　　第三部分为对策篇，提出了政商学界联合应对的思路。首先通过对江苏省 100 家典型出口企业的问卷调查和对浙江省打火机个案的案例分析，课题提炼出我国企业应对相关壁垒的一般模式，而后在对欧美日等发达国家应对经验的比较研究基础之上，构建了包括上层标准法规体系、中层合格评定体系和底层市场监管体系的我国标准化立体体系，讨论了应对主体的分工，设计出包括对话机制、经贸关系和协调体制的动态应对机制。课题最后预测了中欧贸易摩擦的未来走向。

本课题研究结果表明，欧盟单一市场政策在对外彰显规范性力量的同时，其负外部性已经不可避免地影响到我国商品对欧的出口：欧盟标准化措施不仅增加了我国产品的出口成本，提高了产品市场准入门槛，而且已经影响到我国一些相关产业的发展——无论理论上，还是实证中，无论从整体上，还是从分类上，作为欧盟单一市场政策调整试点的食品卫生规则的调整均被证明对中国输欧食品产生了不小的阻碍作用，并且因食品分类不同而阻碍形式和程度有所不同。综合问卷调查、案例分析、经验比较的研究结果，我们认为政商学界的联合应对才是我们直面日益模糊化和不断常态化的贸易保护主义措施的长久之策。作为新兴经济体，中国正在不可避免地遭遇到诸多国际发展争端，我国可持续贸易的未来仍将是今后一段时间学术界需要继续探讨的课题。

目　录

背　景　篇

影 响 篇

对　策　篇

Contents

Background Issues

Impact Probes

Countermeasures

背景篇

导　言

你无法爱上单一市场。
　　——欧委会①前主席雅克·德洛尔（Jacques Delors）②

欧洲不可能一蹴而就，也不会依据某项总计划建成；欧洲将屹立在具体成就之上。
　　——法国前总理、欧洲议会第一任议长罗伯特·舒曼（Robert Schuman）

拥有黄金的人制定规则。
　　——地产巨头萨缪尔·利佛雷（Samuel J. Lefrak）

市场是工具，而不是目的。
　　——单一市场、金融服务和税收政策（1995—1999）、竞争（1999—2004）前委员，意大利博科尼大学校长马里奥·蒙蒂（Mario Monti）教授③

内部市场的杯子是半空还是半满？
　　——欧洲政策中心首席战略协调员约翰·威利（John Wyles）④

---

　　① 欧委会的称谓：1993 年欧盟成立之前，欧委会是"欧洲诸共同体委员会"（The Commission of the European Communities）的简称。1993 年欧盟成立之后，委员会仍沿用这一名称，常简称为欧委会（European Commission）（国内有的译为执委会）。为了方便起见，本课题中均采用"欧委会"这一简称。
　　② 1985 年 6 月，时任欧委会主席的 Jacques Delors，与时任欧委会副主席和内部市场委员的 Cockfield 勋爵以"完成内部市场"的白皮书开启了单一市场计划。
　　③ Mario Monti, *A New Strategy for the Single Market*, Report to the President of the European Commission José Manuel Barroso, 9 May 2010：12.
　　④ John Wyles, "Assessing the Single Market：A Glass Half-Full", *Financial Executive*, May 2003：53.

> 如果商品无法跨越边境，军队就会越过边境。
>
> ——法国经济学家巴斯夏（Claude Frédéric Bastiat，1801.6.30—
> 1850.12.24）

作为中国最大的贸易伙伴，欧盟①的经贸政策正在影响着中国。中欧双方均越来越期待对方在其政策制定过程中能够考量相互影响方面的因素②。基于此，本课题重点研究欧盟 2007 年正式启动的单一市场政策调整会给我国商品出口带来的可能影响，探讨我们可以采取的应对之策。

波及全球的经济危机已使一些贸易大国相继采取贸易保护主义。源发于美国的次贷危机于 2008 年引爆由全球经济失衡导致的全球经济危机，继而引起贸易保护主义在全球范围肆虐。随着世界各国纷纷采取救济措施抵制危机，全球贸易保护主义暗流涌动。虽然世界贸易已于 2010 年初开始复苏，但贸易保护主义未见缓和。根据全球贸易预警组织（Global Trade Alert，简称 GTA）统计资料（见表 0 - 1），自 2008 年 11 月二十国集团（G20）首次危机峰会以后的近一年时间内，世界各国共实施了 297 项以邻为壑政策措施（即红色措施③），

---

① 欧洲经济一体化集中体现为欧洲共同体的发展过程。1965 年 4 月 8 日，法国、德国、意大利、比利时、荷兰、卢森堡六国签订《合并条约》，将此前已成立的三个共同体（1952 年建立的欧洲煤钢共同体、1958 建立的欧洲经济共同体和欧洲原子能共同体）的机构合并，统称欧洲共同体。该条约于 1967 年 7 月 1 日生效，欧洲共同体正式成立。1975 年 7 月 22 日《布鲁塞尔条约》又对之前的条约进行了修改。1993 年 11 月《马斯特里赫特条约》正式生效，欧洲联盟成立。欧洲关盟的建立标志着欧洲经济一体化发展进程进入到一个更高的体制形态，但它只是涵盖或者说包容了欧洲共同体，并没有取代欧洲共同体。随着《里斯本条约》于 2009 年 12 月 1 日的生效，世界贸易组织当天正式开始使用"欧洲联盟（欧盟）"这个名称来取代先前一直使用的"欧洲共同体（欧共体）"。因此，本课题涉及欧盟成立以前一体化方面的内容，均采用欧共体（European Communities）一词。

② European Commission, *EU-China: Closer partners, growing responsibilities*, Communication from the Commission to the Council and the European Parliament, COM（2006）631 final, Brussels, 24.10.2006: 4; Rafael Leal-Arcas, "European Union-China Trade Relations: Current Difficulties and Ways to Improve Them", *International Security Forum*, 2010, available at: http://www.intersecurity-rum.org/index.php?option=com_content&view=article&id=112: eu-china-traderelations-current-difficulties-and-ways-to-improve-them&catid=49: global-issues-agovernance&Itemid=166.

③ 红色措施（Red）指那些已实施并肯定会对他国商业利益造成威胁的措施；橙色措施（Amber）指已实施且有可能会对他国商业利益造成威胁的措施，或者已宣布或者仍在策划中并且一旦实施就肯定会对他国商业利益造成威胁的措施；绿色措施（Green）指基于非歧视原则宣布的并为实现自由化，或者已实施并查明无歧视性，或者已实施、无歧视性、能提高贸易相关政策法规透明度的措施。该界定参见 GTA 第一份报告内容。

加上可能会危害到国外商业利益的 56 项措施（即橙色措施），总数达到 353 项，占应对危机措施总数的 87.2%；与 2009 年 9 月数据相比，之后的三个月内以邻为壑措施增加了 105 项，是正当贸易措施（即绿色措施）的八倍还多；在所实施并具危害性的 297 项措施中，反倾销、反补贴和保障性措施（即不公平贸易和保障性调查）只占 61 项，其他形式的措施，如政府紧急救市、非关税壁垒等占绝大部分。2009 年之后，每个季度都有 100 至 120 种新的歧视措施被一些贸易国实施[①]，"贸易保护主义力量已显现出来，并且会随着经济衰退而不断加强……政府用以应对危机的措施将会以更新、更模糊的保护形式大量涌现"[②]。

表 0 – 1　世界各国实施的应对危机措施统计

单位：项

统计	2008 年 11 月至 2009 年 12 月 *		2008 年 11 月至 2009 年 9 月 **		三月内增加措施总数
	总数	除反倾销、反补贴和保障性措施以外总数	总数	除反倾销、反补贴和保障性措施以外总数	
绿色措施	52	47	40	36	12
橙色措施	56	36	48	30	8
红色措施	297	236	192	165	105
GTA 数据库中措施总数	405	319	280	231	125

*指截至 2009 年 12 月 14 日 GTA 第三份报告出版时间；**指截至 2009 年 9 月 18 日 GTA 第二份报告出版时间。

注：为了给此次全球危机提供相关信息，分析各国采取的各种贸易措施，以更好抵制贸易保护主义，GTA 综合分析世界各国贸易政策研究者相关成果，2009 年相继发布了三份报告，分别是 2009 年 7 月 8 日出版的 *Global Trade Alert 1st Report*、2009 年 9 月 18 日出版的 *Broken Promises：A G – 20 Summit Report by Global Trade Alert* 和 2009 年 12 月 14 日出版的 *The Unrelenting Pressure of Protectionism：The 3rd GTA Report*。截至 2011 年 7 月，GTA 已相继发布 8 份相关报告。

资料来源：Simon J. Evenett, "The Landscape of Crisis-Era Protectionism One Year after The First G20 Crisis-Related Summit", in Simon J. Evenett（eds.）*The Unrelenting Pressure of Protectionism：The 3rd GTA Report*. Centre for Economic Policy Research 2009, p. 25.

---

① Simon J. Evenett（eds.）, *Contained … for Now：The 8th GTA Report*, Centre for Economic Policy Research, June 2010：23.

② Richard Baldwin, Simon Evenett, *The collapse of global trade, murky protectionism, and the crisis：recommendations for the G20*, Center for Economic Policy Research, 2009：1.

　　在新国际分工体系下，许多国家遭遇到此次贸易保护主义的威胁，中国更是首当其冲。GTA 数据库数据显示，在遭受歧视性措施影响最严重的前十个国家或地区中（见图 0 - 1），中国已于 2009 年 12 月处于首位（150项），比 9 月增长了 51 项（增长幅度最大），2010 年 6 月总数已达 659 项①。可见，中国是此轮危机中遭遇保护主义最频繁的经济体，是保护主义最大的受害者。研究表明，在本轮贸易保护主义浪潮中，模糊保护主义（murky protectionism）特征已经彰显②，其间，以技术法规、标准和合格评定程序为主的技术性贸易壁垒（Technical Barriers to Trade，简称 TBT）由于形式上的合法性、手段上的隐蔽性、操作上的灵活性等特点，愈加成为发达国家保护其国内相关产业、实现其政策目标惯用的手段之一，也将是我国今后遭遇国际贸易摩擦最主要、最棘手的形式之一。

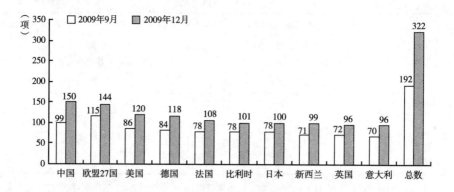

图 0 - 1　遭遇歧视性措施影响的前十位经济体

　　资料来源：2009 年 9 月指截止到 2009 年 9 月 18 日，数据来自 Simon J. Evenett，"The Landscape of Crisis-Era Protectionism One Year after The First G20 Crisis-Related Summit"，in Simon J. Evenett（eds.）*The Unrelenting Pressure of Protectionism：The 3rd GTA Report.* Centre for Economic Policy Research 2009，p. 28. 2009 年 12 月指截止到 2009 年 12 月 27 日，数据来自 GTA 网站 http：//www. globaltradealert. org/site - statistics. 的实时数据。

---

　　①　Simon J. Evenett（eds.），*Contained ...for Now：The 8th GTA Report*，Centre for Economic Policy Research，June 2010：91.

　　②　Richard Baldwin，Simon Evenett，*The collapse of global trade，murky protectionism，and the crisis：recommendations for the G20*，Center for Economic Policy Research，2009.

　　事实上，欧盟此轮对商品单一市场政策的调整，主要还是以技术性贸易措施为主。因此，研究欧盟此轮单一市场政策的调整不仅是研究区域经济一体化理论的需要，而且是后危机时代全球贸易保护主义压力不断增强的形势所逼，是我国现阶段及今后经济发展应对贸易摩擦的诉求。

第 一 章

绪 论

发轫于《罗马条约》① 的欧洲单一市场②政策，已历经欧洲 1992 计划和 2007 年政策调整两大阶段。其间单一市场政策已由单一政策演变为政策集成（a collection of policies），并业已成为欧盟政策的重心③。2007 年 1 月 16 日布鲁塞尔经济智库 Bruegel 与欧委会的内部市场总司共同举办了"未来单一市场的经济政策"研讨会，与会专家和官员达成共识，认为单一市场政策应被理解为旨在从欧洲范围（European dimension）获益，通过一体化提高生产率和福利的政策集成。因此单一市场政策不只是有限的系列政策，而应被视为构成所有政策的核心成分，其间欧洲要素可以起到促进政策效率和提高影响力的作用。为此，单一市场政策应着力挖掘欧盟和成员国间政策最大协同效应（synergy）；充当立法的协调机构，以确保政策的一致性，从而

---

① 依据签署于 1957 年 3 月，生效于 1958 年的《罗马条约》提出的目标，欧共体计划在 12 年内其成员国相互取消关税并建成共同市场。

② 事实上，自 1958 年《罗马条约》成立了欧洲经济共同体以后至本轮政策调整，单一市场的建立已历经了三个阶段。第一阶段是自共同体成立至 1968 年 7 月，成员国之间分阶段逐步削减直至取消关税和数量限制，形成共同对外关税。在这一阶段后，欧共体内部贸易迅速增加。但自 1969 年起（尤其是 1973 年），单一市场的建立进入第二阶段，经济结构和高失业问题使成员国求助于保护主义，特别是非关税壁垒措施。结果，欧共体内部贸易迅速下降。1985 年 12 月《欧洲单一法案》的通过开始了建立单一市场的最后阶段，确立了在 1992 年底实现内部统一市场的目标，确保商品在欧共体市场的自由流通。为了实现这一目标，必须在成员国之间完全消除内部技术性贸易壁垒。参见，Alexis Jacquemin and André Sapir, "1992: A Single but Imperfect Market", in Alexis Jacquemin and André Sapir (eds.), *The European Internal Market: Trade and Competition*, *Selected Readings*, Oxford University Press, 1989: 1.

③ European Commission, *A single market for 21st century Europe*, Communication from the Commission to the European Parliament, the Council, the European Economic and Social Committee and the Committee of the Regions, COM (2007) 724 final, Brussels, 20. 11. 2007: 4.

将潜在协同综效最大化。

与此同时,作为欧洲成功标志之一的单一市场①迭经变迁。自推出欧洲1992计划的白皮书于1985年面世以来,一切都在变化,单一市场政策也需相应的改变②,因为单一市场本身还"不完整":缺乏足够的立法;即便有立法,其转换和实施也未必能够及时③;单一市场的潜力还没有完全被挖掘④。所以,"单一市场没有完成,从来也不会完成的,因为它运行的环境一直在变化"⑤。因此,欧盟于2007年重启单一市场,推出"单一市场2.0版本"(single market 2.0)。

单一市场政策的调整前后历经5年的酝酿期,是欧盟为适应内外部环境变化而进行的重大改革。在具体研究本轮政策调整之前,先对相关概念进行界定,对涉及的主要理论加以概述。

第一节 基本概念界定

在欧洲一体化的进程中,欧盟把单一市场的建立作为其主要目标,其间标准化发挥了非常重要的作用。因此首先需要条分缕析这些基本概念的演进过程,界定其内涵和外延。

一 单一市场俱乐部

欧盟历史上先后出现过两种对单一市场的不同诠释。20世纪80年代单

---

① European Commission, *A single market for 21st century Europe*, Communication from the Commission to the European Parliament, the Council, the European Economic and Social Committee and the Committee of the Regions, COM (2007) 724 final, Brussels, 20. 11. 2007: 14.

② Commission of the European Communities, *Instruments for a modernised single market policy*, Commission Staff Working Document, SEC (2007) 1518, Brussels, 20. 11. 2007.

③ Canoy, Marcel, Roger Liddle and Peter Smith, *The Single Market: Yesterday and Tomorrow*, European Commission: Bureau of European Policy Advisers (BEPA), 2006: 40.

④ Ilzkovitz, F., A. Dierx, V. Kovacs and N. Sousa, 2007, "Steps towards a deeper economic integration: The Internal Market in the 21st Century", *European Economy Economic Papers* No. 271, European Commission, Brussels.

⑤ Charlie McCreevy, "Making the Single Market work better for business", *Economist Conference-2nd Business Roundtable with the European Commission* "*Securing Europe's place in the global economy*", Brussels, 29 January 2008.

一市场政策的主要推动者，欧委会前主席、法国社会主义者 Jacques Delors 把单一市场看做走向政治联盟的重要一步；其后由当时的英国首相 Margaret Thatcher 推举的英国委员（British commissioner）Cockfield 勋爵关注的则是单一市场的细节部分。之后这两种不同的观点一直在欧盟内部交替占据主导地位。

欧盟在相关法律文本中曾经使用过不同术语："共同市场"（Common Market）、"单一市场"（Single Market）、"内部市场"（Internal Market），名称的变化反应了大欧洲市场的深化和丰富①。1957 年签署的标志欧共体成立的《罗马条约》，首次提出共同体的目标就是要建立共同市场（第 2 条款），但并未对其进行定义②。随着《关税与贸易总协定》（GATT）对关税的大幅降低，国际范围内以非关税壁垒措施为主要贸易保护手段的新贸易保护主义猖獗，加上 70 年代的经济危机，使得共同市场"从未真正变成现实"③，甚至被戏称为"非共同市场"（uncommon market）。1986 年 2 月欧共体各成员国政府首脑签署的推出欧洲 1992 计划（EC - 92）的《单一欧洲法案》既使用了共同市场，又采用了内部市场。法案明确提出了要在 1992 年 12 月 31 日前建成内部市场，其中将内部市场定义为"确保商品、人员、服务和资本自由流动的""没有边境的区域"。此前，共同市场、内部市场和单一市场这三种概念同时出现在欧委会于 1985 年 6 月 28—29 日授权发布的《完成内部市场的白皮书》中。进入 21 世纪后，欧洲市场一体化的步伐放缓，直至 2007 年，欧盟依然认为"内部市场不完善"（not complete）④，完善内部市场应是一个稳步渐进的过程。然而意大利博科尼大学校长 Mario Monti 教授认为从概念和交流的角度而言，"单一"似乎比"内

---

① European Commission, *Towards a Single Market Act For a highly competitive social market economy*, Communication from the Commission to the European Parliament, the Council, the Economic and Social Committee and the Committee of the Regions, COM (2010) 608 final, Brussels, 27. 10. 2010: 2.

② Jacques Pelkmans, "Economic Approaches of the Internal Market", *Bruges European Economic Research papers* BEER Paper No. 13, April 2008: 3, available at: http://www.coleurop.be/eco/publications.htm.

③ Cecchini, Paolo (with Michel Catinat and Alexis Jacquemin), *The European Challenge 1992: The Benefits of a Single Market*, Brookfield, VT: Gower Publishing Co., 1988.

④ Commission of the European Communities, *The Internal Market for Goods: a cornerstone of Europe's competitiveness*, Communication from the Commission to the European Parliament, the Council and the European Economic and Social Committee, COM (2007) 35 final, Brussels, 14. 2. 2007.

部"更贴切[①]。

首先，欧盟成员国的公民有可能用"内部市场"指称其国内市场，而不是欧盟范围市场。

其次，当与非欧盟人士对话时，欧洲"内部市场"的说法可能会表达一种封闭的、"堡垒欧洲"的味道，这与一般事实相去甚远，也不是欧盟利益所应该培植的。

最后，"单一"是一个更具表态的说法。事实上，欧盟内部任何商品或者服务的市场依据定义都是"内部的"，但要使其真正"单一"，而不是碎化，就需要政策制定者和市场参与者的行动。

然而，直至 2008 年 7 月 9 日当欧洲议会和理事会发布其"有关在其他成员国合法营销的产品适用某些国家技术法规的程序"的 764/2008/EC 条例时，欧共体仍然沿用"内部市场"，认为它"是一个没有内部边界的区域"，通过条约中禁止采取与进口数量限制对等效应的措施，来确保商品的自由流通。

由此可见，欧共体从一开始就要建立的共同市场，很大程度上是基于共同市场是一体化鼻祖 Balassa[②] 提出的一体化的一种重要形式；而内部市场和单一市场是共同体针对区域内部使用的。

但对于欧盟不同成员国的公民而言，单一市场代表不同的意思[③]。对于诸如英国人、爱尔兰人、荷兰人，以及中欧新加入的多数成员国的公民而言，他们所秉持的是古典的自由市场立场，强调的是放松规制（deregulation）和经济效率。他们认为单一市场就是要通过消除阻碍贸易的非关税壁垒，从而建成任由公司自由竞争的市场。但对于许多欧洲大陆人来说，单一市场不是为了自由贸易，而是"公平"（fair）贸易；强调的并不主要是贸易，还有规制（regulation）和一体化。

欧盟学者也试图从不同角度对单一市场进行界定。布鲁日著名的欧洲学院（The College of Europe）的欧洲一体化专家 Jacques Pelkmans 教授归纳了

---

① Mario Monti, *A New Strategy for the Single Market*, Report to the President of the European Commission José Manuel Barroso, 9 May 2010: 13.

② Bela Belassa, *The Theory of Economic Integration*, Illinois: Richard D. Irwin, 1961: 2.

③ "Single market blues", *Economist*, 00130613, 11/11/2006, Vol. 381, Issue 8503.

内部市场的六种经济含义①。总而言之，欧洲法律界人士一致同意四大自由是单一市场的基础，也就是 1954 年 Tinbergen 所说的"消极一体化"（negative integration），但对于"积极一体化"（positive integration）补充自由的程度无法达成一致。至 20 世纪 60 年代末，欧共体的共同市场仍主要是商品的共同市场，欧洲 1992 计划将其推广到其他领域，但 1999 年之后人们的关注渐渐远去，直到 2005 年单一市场被纳入里斯本计划（The Community Lisbon Programme），单一市场概念才变得更加包罗万象：该计划认为内部市场需要拓展和深化②。

此外，单一市场被理解成一种俱乐部形式。所谓俱乐部是指"一些人自愿组成的协会，联合生产共同的商品，分担生产成本，分享非成员无法享受的该排外商品带来的利益"③。欧洲一体化所形成的单一市场俱乐部给成员国带来的效用源于成员国可以有机会不受限制地交换商品和服务，享受资本和人员的自由流动④。如此可以带来明显的分配收益，而俱乐部成员越多，收益也就越大，因为这样就不存在使用该俱乐部商品的竞争对手。同时，规模经济和正网络外部性也随着成员国的增多而出现：随着欧盟成员国的增多，贸易收益以及生产要素非限制的分配优势也不断加大。然而这种俱乐部商品并不是免费的，且随着俱乐部规模的扩大，成本也会加大，而伴随联盟内成员间差异的增大，各成员国偏好的不同，成本也会随之增加。这些成本不仅有信息成本，还有协调成本、组织成本、调节成本，等等。

尽管欧洲单一市场是商品、人员、服务和资本等自由流动的市场，但基于商品贸易在中欧双边贸易中的重要性，本课题将主要研究欧盟商品单一市场调整的情况，及其对我国商品出口的影响。首先，到目前为止中国

① Jacques Pelkmans, "Economic Approaches of the Internal Market", *Bruges European Economic Research papers* (BEER paper) No. 13, April 2008, available at: http://www.coleurop.be/eco/publications.htm.

② Commission of the European Communities, *Common Actions for Growth and Employment: The Community Lisbon Programme*, Communication from the Commission to the Council and the European Parliament, COM (2005) 330 final, Brussels, 20.7.2005.

③ Ahrens, Joachim, Hoen, Herman W. and Ohr, Renate, "Deepening Integration in an Enlarged EU: A Clubtheoretical Perspective", *Journal of European Integration*, 2005, 27:4, 418.

④ Ahrens, Joachim, Hoen, Herman W. and Ohr, Renate, "Deepening Integration in an Enlarged EU: A Clubtheoretical Perspective", *Journal of European Integration*, 2005, 27:4, 412.

对欧出口仍以货物贸易为主。另外，商品单一市场是欧洲一体化的重要组成部分：不仅是共同体内部增长的促进因素，也是欧盟在国际竞争中产生影响的重要因素。具体而言，欧盟内部商品贸易占欧盟内部贸易的75%，约25%的欧盟27国的GDP是由商品领域贡献的，1999—2007年欧盟内部商品贸易的年增长率为7.6%①。事实上，欧盟内部的调研结果表明，多数企业和公民对商品单一市场的运行满意。2002年发布的作为内部市场记分簿（Internal Market Scoreboard）特刊的关于"无边境单一市场的10年"的调研结果表明，76%被调研的公司出口到6个以上的欧盟其他成员国，他们认为单一市场对其业务产生了积极的影响，其中超过60%的公司认为内部市场对他们成功销售到其他成员国作出了贡献。2007年的欧洲晴雨表（Eurobarometer）调研结果得出类似的结论：有75%的欧盟公民相信商品市场产生了积极影响②。

与单一市场的其他要素一样，尽管商品单一市场已经取得了许多成功，但并没有完成，因为不仅技术在变，全球环境在变，消费者的需求也在变。根据2006年4月欧委会对未来内部市场的公开征求的意见，商品单一市场还存在两大困难③。其一，成员国的技术规则仍是妨碍贸易自由的重要壁垒。由于规则适用和实施的不足，特别在非协调领域，尤其对中小企业形成了很大的障碍，导致额外的行政监控和检验。另外，各成员国存在市场监管不一致的情况，成员国也缺乏应对商业环境变化的资源。第二大困难源自许多不一致，或者累赘的欧盟规则。许多规则存在不确定性和不一致性。例如，对同样的产品可能采取了不同的定义，而另一些产品没有任何基本的定义。此外，不同的合格评定程序存在交叉，合格评定机构也面临一些法律障碍。还有，利益相关者认为商品的立法框架还过于碎化，CE标志也存在缺陷。总之，要挖掘商品单一市场的潜力，欧盟仍需提高相关的商品立法质量，并在其中顾及公民的需求和利益。

在商品单一市场俱乐部里，作为主要行为主体的企业之所以遭遇障碍，

① Mario Monti, *A New Strategy for the Single Market*, Report to the President of the European Commission José Manuel Barroso, 9 May 2010: 50.

② Available at: http://ec.europa.eu/internal_ market/strategy/index_ en.htm.

③ SEC (2006) 1215 of 20.09.2006.

主要有以下几个方面的原因①。第一，许多企业缺少专门技术、时间、人力和经费维护他们在目标市场的权利②。第二，企业和国家主管部门（national authorities）对商品自由流动的原则缺少认识，遇到问题时在取证方面存在法律的不确定性。第三，企业出口总面临风险，因为它们无法预先知道是否能够将商品合法地销售到另一成员国。尽管欧洲法院已经确认如果是由于成员国违背了直接适用的共同体立法则必须由成员国赔偿损失的原则，但企业不愿意冒这样的风险。对于商品市场，欧盟首先强调的是安全第一③。由于商品单一市场的长期发展过程形成了不同的规则和程序，原本为了健康和安全而制定的技术法规很有可能成为市场保护的工具，而其中一些则增加了企业和主管部门的行政成本和法律适用的不确定性。

综观欧洲单一市场建设的半个世纪历程，单一市场已由当初商品市场拓展到后来的四大自由，甚至到今天的五大自由④，但是商品单一市场的重要性没有削弱，为此本轮调整中欧盟专门于 2008 年推出了商品一揽子立法（Goods package）⑤（见附录Ⅲ）。

二　一体化与标准化

一体化与标准化在欧洲商品单一市场建立的进程中被紧密联系在一起，标准化在经济一体化中的作用也随着一体化进程的深入而逐步得到认可。

---

① Communication from the Commission to the European Parliament, the Council and the European Economic and Social Committee, *The Internal Market for Goods: a cornerstone of Europe's competitiveness*, COM（2007）35 final, Brussels, 14. 2. 2007.

② 这些困难在我国商品出口到欧盟市场时同样也遭遇到了，参见，Shumei Chen, "Fight or Flight: A Study on Strategic Approaches Adopted by Chinese Lighter Manufacturers Facing EU CR Standard and Regulation", *Global Trade and Customs Journal*, Volume 3, Issue 2, 2008。

③ Communication from the Commission to the European Parliament, the Council and the European Economic and Social Committee, *The Internal Market for Goods: a cornerstone of Europe's competitiveness*, COM（2007）35 final, Brussels, 14. 2. 2007: 8 – 10.

④ 在四大自由的基础上，欧盟提出了第五大自由，也就是知识和创新的自由流动 [COM（2007）724 final: 9]。

⑤ 商品一揽子立法，也被称为新的立法框架（New Legislative Framework），是由三个欧共体条例和一个欧共体决定组成（EC OJ L 218 of 13 August 2008, for Regulations 764/2008, 765/2008 and 766/2008, Decision 768/2008）。

一般而言，所谓经济一体化①是指两个或者两个以上经济体之间在经济边境上相互取消阻碍商品、服务、生产要素（资本和劳动力等）自由流通的实际和潜在的障碍的过程或者状态②。为此目的，参与经济一体化的实体（主要是国家）必须在技术层面上建立流通对象（商品、服务等）的标准化，但这种标准化是由对起草共同标准和技术规范感兴趣的各方，为了他们自己，针对他们的需要所进行的自愿行动③。标准化的最终和最高目标就是使加入一体化进程的成员国之间进行商品和服务交换时所产生的一切问题得到超国家层面的协调④。所谓标准化则是一种活动或者过程；标准化的活动包括制定、发布及实施标准/规则的过程；标准化是为了达到经济活动中的某个最佳目的⑤。

作为世界上一体化最成功的典范，欧洲经济一体化已由最初的关税同盟发展到今日的经货联盟，并朝着政治联盟的理想迈进。在这一进程中，政治、经济和社会等方面形成的合力推动了一体化的步步深化，其中一个一直未受到学术界重视的重要推手就是技术标准化⑥。

综观欧洲经济一体化的发展历程，可以发现欧共体技术标准化首先是一体化的产物。就欧共体标准化的具体活动而言，它包括两方面的内容，一是欧共体层次上对各成员国不同的标准、技术法规和合格评定程序等方面的协调，一是欧共体层次上本身的技术标准化活动。尽管欧共体在各个阶段上采取的技术标准化的形式不同，但其出发点都是为了确保商品在欧共体共同市

---

①　经济一体化可以区分为全面经济一体化（overall economic integration）和区域一体化（regional integration），前者系指全球性的或跨区域性的一体化，可以通过如关税与贸易总协定这样的途径进行。参见，Dennis Swann, *European Economic Integration*, Cheltenham：Edward Elgar Publishing Ltd, 1996：3。本课题涉及的是以欧洲经济一体化为主体和基础的欧洲一体化。

②　Jacques Pelkmans, *European Integration：Methods and Economic Analysis*（second edition），London：Pearson Education Limited, 2001：2.

③　Commission of the European Communities, *On Actions Taken Following the Resolutions on European Standardization Adopted by the Council and the European Parliament in 1999*, Brussels, 26.09.2001, COM (2001) 527 final, p. 2.

④　魏尔曼著《标准化是一门新学科》[M]，沈阳：科学技术文献出版社1980年版，第139页。

⑤　陈淑梅：《以规矩成方圆——欧盟技术标准化制度》[M]，南昌：江西高校出版社2006年版，第18页。

⑥　陈淑梅：《欧洲经济一体化背景下的技术标准化》[M]，南京：东南大学出版社2005年版，第1页。

场内的自由流通①。

其次，还应当看到，欧共体技术标准化既是经济一体化的必然产物，又是推动经济一体化的一个重要因素。它既伴随经济一体化进程的开始而启动，顺应经济一体化的进展和深入而发展，又保障了经济一体化的进行②。

最后，作为欧洲经济一体化产物的欧共体技术标准化，在推动一体化的同时，也被非欧共体国家认为是欧共体对外构建技术性贸易壁垒的重要工具③。对于这一点，欧共体及其成员国一直加以否认，而非欧共体国家一直坚持，各执一词。就欧共体而言，欧共体技术标准化的初衷是消除欧共体成员国间技术性贸易壁垒，是为欧洲经济一体化服务的。对非欧共体国家而言，欧共体的技术标准化已经成功地堵住了它们的部分商品进入欧共体市场，因此，这些国家坚持自己的"设置论"，认为欧共体技术标准化已构成了技术性贸易壁垒。

欧盟在本轮单一市场政策调整中同样充分发挥了标准化的作用。正如迈克尔·波特在其著名的《国家竞争优势》一书中提到的，政府可以通过规范产品和制程标准影响需求条件，从而为产业带来竞争优势④。随着国际分工的加深和欧盟在商品出口方面优势的逐渐失去，欧盟设计由标准的出口来推动商品的出口，该计划的实施将对我国商品出口欧盟带来前所未有的挑战。

三　外部性与规范性

所谓政策外部性（policy externalities），指一方的法律或者政策影响到另一方的情况，而无论是否存在实质性的影响（physical impact）⑤。例如，一国产品的安全规则不仅影响到当地的生产商，而且还影响到外国的生产

---

① 服务标准化也是标准化很重要的一部分，但是由于篇幅所限，本课题主要讨论商品的标准化。

② 陈淑梅：《欧洲经济一体化背景下的技术标准化》［M］，南京：东南大学出版社 2005 年版，第5 页。

③ 陈淑梅：《欧洲经济一体化背景下的技术标准化》［M］，南京：东南大学出版社 2005 年版，第1 页。

④ 迈克尔·波特著《国家竞争优势》［M］，李明轩、邱如美译，北京：华夏出版社 2002 年版，第633—635 页。

⑤ Kenneth W. Abbott and Duncan Snidal, "International 'standards' and international governance", *Journal of European Public Policy*, 2001, 8：3 Special Issue：347.

商。作为欧盟重要的立法政策，其技术立法的外部性从一开始就受到了区域内外商界和学术界的重视，认为其既产生了正外部性，又具有负外部性。欧盟以外的学者更多关注的是其负面影响[①]：对外形成技术性贸易壁垒。就中国出口商品而言，国内外学者的研究发现，欧盟标准化在短期内阻碍了中国商品的出口，严重影响了中欧贸易；从长期来看，标准化的外部性可能会增加总体的福利效应，例如可以促进对产业结构升级的引导，有利于推动我国对外直接投资的发展，实现我国贸易地理方向的多元化，起到在提升对外贸易质量的同时改善我国贸易失衡的状况等作用。

　　作为欧盟重要的政策集成，此轮单一市场政策的调整是否也与欧盟以往技术标准化一样具有正负外部性，以及如何利用其产生的正向外部性，应对其导致的负面外部性，这些都是本课题重点研究的内容。除了进行常规理论分析之外，本课题将以欧盟卫生规则调整为研究对象，实证其对我国食品出口的影响，以此论证单一市场政策调整的外部性。

　　2002 年，规范性力量欧洲（Normative Power Europe）之父，Ian Manners 在《共同市场研究》杂志上发表了划时代的论文，在先前学者们研究的基础上，将欧盟归纳为三大力量：民事、军事和规范性。Manners 认为规范性力量是"思想的力量"，或者"观念的力量"[②]，是一种"软权力"[③]，并概括了欧盟的五项核心规范（和平、自由、民主、法制和人权）和四项次要规范（社会团结、反歧视、可持续发展和善治）[④]，提出欧盟正是通过这些规范来按照自己的标准重新定义国际规范，将自己的行为标准扩展到国际体系中[⑤]。

[①]　例如，Juthathip Jongwanich，"The Impact of Food Safety Standards on Processed Food Exports from Developing Countries"，*Food Policy*，2009；Otsuki, Wilson and Sewadeh，"Saving two in a billion：Quantifying the Trade Effect of European Food Safety Standards on African Exports"，*Food Policy*，2001.

[②]　Ian Manners，"Normative Power Europe：A Contradiction in Terms？" *The Journal of Common Market Studies*，Volume 40，Number 2，2002：239.

[③]　周琪、李枏：《约瑟夫·奈的软权力理论及其启示》[M]，《世界经济与政治》，2010 年第 4 期；这样的软权力是"经验式的概念，而非理论概念"，参见，Thomas Diez and Ian Manners，"Reflecting on Normative Power Europe"，in Felix Berenskoetter and M. J. Williams（eds.）*Power in World Politics*. London：Routledge，2007。

[④]　五项核心规范是和平、自由、民主、法制和人权，而四项次要规范是：社会团结、反歧视、可持续发展和善治。

[⑤]　宋黎磊：《欧盟特性研究：作为一种规范性力量的欧盟》[M]，《国际论坛》，2008 年 3 月，10（2）。

正如 Manners 所言，欧盟在世界政治中的规范性力量，指"欧盟推行的、在联合国体制中被广泛认同、在世界范围适用的一系列规范性原则"[①]。那么，欧盟在其他领域是否也具有如此的规范性力量呢？随着欧洲一体化的深化，单一市场业已成为欧盟的政策重心；商品单一市场形成中标准化起到了重要的助推作用。在本世纪的此轮单一市场政策调整中，欧盟调整的重点会是什么？标准化又将扮演什么角色？是否也会彰显其规范性力量呢？如此的大规模调整又将对我国商品出口带来怎样的影响呢？我们又该如何应对呢？这些将是本课题要重点探讨的问题。

第二节　相关理论综述

政策与法律作为两种不同的社会政治现象，虽然存在着密切的联系，但在制定主体和制定程序、表现形式、调整和适用范围等方面有各自的特点[②]。但是政策可以转化为法律，即政策的法律化[③]。公共政策需要经过合法化过程，变成正式生效的政策才能实施[④]。单一市场是欧盟一体化进程中形成的重要的区域政策，其中欧盟也颁布了一些相关立法规则，其间欧盟的规范性力量得以充分彰显。

一　公共政策过程

所谓公共政策，是社会公共权威在特定情境中，为达到一定目标而制定的行动方案或行动准则[⑤]。公共政策的制定一般包括如下几个过程：界定问题，并提交给政府，由政府寻求解决的途径；政府组织形成若干备选方案，并选择政策方案；方案得以实施、评估和修正[⑥]。其中，备选方案的形成可

---

① Ian Manners, "The normative ethics of the European Union", *International Affairs*, 84:1, 2008: 46.
② 冯静主编《公共政策学》[M]，北京：北京大学出版社 2007 年版，第 77 页。
③ 冯静主编《公共政策学》[M]，北京：北京大学出版社 2007 年版，第 81 页。
④ 冯静主编《公共政策学》[M]，北京：北京大学出版社 2007 年版，第 177 页。
⑤ 谢明著《政策分析概论》[M]，北京：中国人民大学出版社 2004 年版，第 25 页。
⑥ 保罗·A. 萨巴蒂尔编《政策过程理论》[M]，上海：三联书店 2004 年版，第 3 页。

以是自下而上的，也可以是自上而下的①。所谓政策议程是指，有关公共问题受到政府及其他组织的高度重视，被正式纳入政策讨论并被确定为将予解决的政策问题的过程②。政策议程的触发机制③可以区分为内在因素和外在事件。

公共政策的类型有多种，其中一种可以区分为初始政策与反馈政策，后者是在最初制定的初始政策的基础上进行调整和修正后的政策④。追踪政策是反馈政策制定的一种重要途径，是在当初始政策的实施结果严重威胁政策目标的实现时，对初始政策目标及其执行方案进行根本性修正的二次决策。其中一个基本特征就是回溯分析。政策调整既有主观原因，也有客观原因。调整的内容可以包括对政策问题的重新界定，对政策目标的调整，对政策方案的调整，对政策措施的调整，对政策效能的调整，对政策关系的调整及对政策主客体的调整。而调整的形式可以对政策增删、修正、更新和撤换⑤。

欧盟单一市场政策是欧盟制定的重要的公共政策之一，其制定也大致经历了一般公共政策制定的几个过程。随着欧盟面临的内外环境的变化，欧共体最初在 20 世纪 80 年代制定的单一市场政策已无法完全实现当初的目标，因此欧盟在 21 世纪重启单一市场，通过回溯分析对初始政策进行调整修正。在确定了本轮政策调整的目标之后，设计出政策方案，并采取召开专家会议等方法对所设计出的政策方案进行全面的预测性评估，进行相关的可行性研究。

政策分析则是研究政府正在做什么，为什么做，会带来怎样的结果或者影响⑥，一般包括主体分析、过程分析和影响分析⑦。就主体而言，在公共

---

① 托马斯·R. 戴伊（Thomas R. Dye）：《理解公共政策（*Understanding Public Policy*）（第十二版）》［M］，北京：中国人民大学出版社，2009 年第 4 期。

② 冯静主编《公共政策学》［M］，北京：北京大学出版社，2007 年第 11 期。

③ 保罗·A. 萨巴蒂尔编《政策过程理论》［M］，上海：三联书店 2004 年版，第 193 页。

④ 保罗·A. 萨巴蒂尔编《政策过程理论》［M］，上海：三联书店 2004 年版，第 81 页。

⑤ 冯静主编《公共政策学》［M］，北京：北京大学出版社，2007 年第 11 期。

⑥ 托马斯·R. 戴伊（Thomas R. Dye）：《理解公共政策（*Understanding Public Policy*）（第十二版）》［M］，北京：中国人民大学出版社，2009 年第 4 期。

⑦ 谢大建、刘淑妍、朱德米、周向红著《政策分析新模式》［M］，上海：同济大学出版社 2007 年版，第 2 页。

政策制定过程中直接或者间接参与政策制定、实施、评估的个人、团体或者组织很多。例如，在此轮欧盟单一市场政策的调整中，除了官方主体外，智库、利益集团和欧盟公民也参与其中。通常政策分析既可以采用单一模型，也可以混合采用不同模型（见表1-1）。而对特定公共政策的影响进行评价被称为政策评估，具体评估内容包括：对目标情景或小组的影响；对目标以外的情景或小组的影响（溢出效应）；对目前和未来的影响；项目使用资源花费的直接成本；包括机会成本等方面的间接成本①。

表1-1　政策分析模型

模型	政策分析
制度模型	政策是政府机构/组织的产物
过程模型	将政策过程看做一系列政策活动:问题的界定、议程的确立、政策的形成、政策的法律化、政策的实施和政策的评估
理性模型	理性的政策应取得"最大的社会效益"
渐进模型	新政策是对旧政策的补充和修正
小组模型	政策是小组/团体均衡的结果
精英模型	政策是精英的偏好和价值取向
公共选择模型	政策是单个人集体选择的结果
博弈理论模型	政策是在竞争中理性选择的结果

资料来源：托马斯·R. 戴伊（Thomas R. Dye）：《理解公共政策（*Understanding Public Policy*）（第十二版)》[M]，北京：中国人民大学出版社，2009 年第 4 期。

　　鉴于欧盟是我国商品出口的重要的目标市场，本课题着重研究的是欧盟此轮单一市场政策调整对我国商品出口的影响。因此，在研究单一市场政策调整方面，我们将主要采用过程模型，从欧盟政策调整的内外背景进行分析，然后对政策调整的历程进行回顾，在对单一市场新政策进行了必要的解读之后，将首先从理论上研究欧盟调整单一市场政策对我国商品出口的影响，再以实证佐证。由于 2008 年 7 月 9 日推出的商品一揽子立法到 2010 年 1 月 1 日才开始实施，本课题将以欧盟早前推出的、作为单一市场政策调整

---

　　① 托马斯·R. 戴伊（Thomas R. Dye）：《理解公共政策（*Understanding Public Policy*）（第十二版)》[M]，北京：中国人民大学出版社 2009 年版，第 334 页。

试验的食品卫生规则的调整为具体研究对象，分别从理论和实证两方面研究该规则调整后对我国食品出口的影响情况。

二 欧盟立法程序

欧盟立法程序分为决策与实施两个部分。在一体化进程中，针对商品单一市场的建立，欧盟以其基本条约为依据，颁布了一系列相关法规，其中，欧盟的有关机构发挥了积极作用，此轮单一市场政策的调整也不例外。

（一） 欧盟的决策过程[①]

欧盟决策过程涉及诸多机构，在其中发挥较大作用的主要有欧委会（the European Commission）、欧洲议会（the European Parliament）和欧盟理事会（the Council of the European Union）。通常由欧委会提出新立法，但由理事会和议会通过法令（pass the laws）。有时也可以由理事会单独通过。同时理事会和欧洲议会也可以邀请欧委会提出提案。其他诸如欧洲经济与社会委员会（European Economic and Social Committee，简称经社委员会），以及地区委员会（European Committee of the Regions）等机构也会在决策过程中发挥作用（见图1-1）。

在提出具体提案之前，欧委会还可能发布绿皮书（Green Papers）和白皮书（White Papers）[②]。所谓绿皮书是欧委会为了就欧洲层面某一具体话题展开讨论而发布的文件。欧委会将邀请相关方（机构或者个人）参与咨询，就绿皮书中的提案进行辩论。绿皮书的提案有可能会成为后续立法的基础，所提出的共同体层面的某一领域的行动提案会以白皮书形式发布。作为共同体层面的行动提案，有时白皮书也不需要经过先发布绿皮书的程序。一旦绿皮书得到理事会的认定之后，就很可能会成为相关领域的行动计划。而如果最终需要以立法的形式出台，那么就必须经过相应的立法程序。

根据欧盟相关条约授权形成的法律被称为二级立法（secondary legislation）[③]，共有四类：

（1）条例（regulation）：欧盟发布的条例不需要成员国的任何立法直接

---

① 参见，http：//europa. eu/institutions/decision - making/index_ en. htm。

② 参见，http：//europa. eu/legislation_ summaries/glossary。

③ 参见，《罗马条约》第189条。

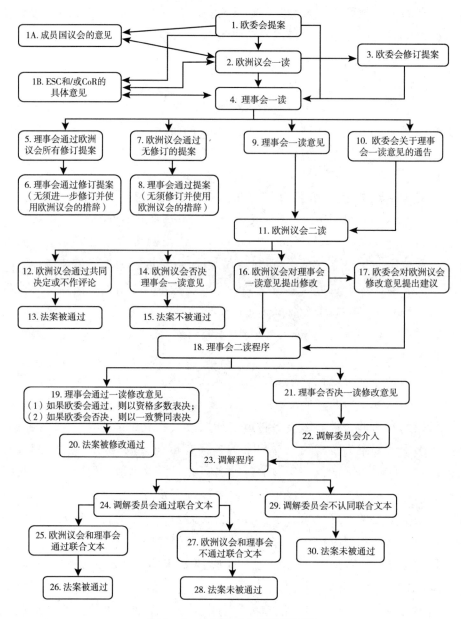

图 1-1 欧盟共同决策程序图解

资料来源: http://ec. europa. eu/codecision/stepbystep/flowchart_ en. htm [注: ESC 为欧洲经济社会委员会 (The European Economic and Social Committee), CoR 为地区委员会 (The Committee of the Regions)]。

适用，并对成员国有约束力；

（2）指令（directive）：规定要达到的目标，要求成员国自行通过国内立法实施这些目标①；

（3）决定（decision）：与条例一样有直接约束力，但只对其涉及的对象适用——可能是成员国、公司或者个人；

（4）建议（recommendation）和意见（opinion）：不具约束力。

欧盟条约中规定了其决策规则和程序，每个欧盟新法律提案都是基于具体的条约条款的，称之为提案的"法律基础"（legal basis），以此决定应遵循何种立法程序，例如，咨询（consultation）、同意（assent）、共同决策（co-decision）。

咨询程序主要用于农业、税收和竞争领域。根据欧委会的提案，理事会咨询议会、欧洲经社委员会以及地区委员会。议会可以作出如下选择：通过、拒绝，或者要求修改。如果议会要求修改，欧委会会充分考虑议会提出的所有建议。如果欧委会接受这些建议，则将修改的提案再送交理事会，而后理事会将根据具体情况审读修改的提案，决定通过，或者进一步修改。该程序与其他程序有一个共同点，就是，如果理事会修改欧委会的提案，那么必须全票一致通过（unanimously）。

同意程序要求理事会必须在作出一些重大决定之前征得欧洲议会的同意。该程序与咨询程序相同，唯一不同的是议会不能够修改提案，也就是议会或者选择接受，或者拒绝。接受则需要资格多数（an absolute majority）票通过。该程序主要用于与其他国家订立协议，包括接纳新成员国加入欧盟的协议。

---

① 指令，对于每一个被涉及的成员国，在预期的结果方面都具有约束力，但是给成员国机构保留取得规定的结果的形式和方法。指令是统一大市场中使用最多的法律形式。它是以成员国为发布对象，并且仅对成员国有约束力，它只规定成员国在一定期限内所应达到的目标，至于达到目标所采取的行动方式则是由有关成员国自行选择决定。因此，指令只有通过成员国的实施才能产生法律效力。欧共体采用指令这种法律形式的目的是，允许成员国以符合本国具体情况的方式实施欧共体的规则，从而在取得共同体建设所必要的统一性时保留成员国特色的多样性，而且，由于成员国在实施指令时必须制定、修订或者废除一定的国内法，因此，欧共体采用指令形式是"协调"成员国国内立法的主要手段。值得注意的是，建设欧共体统一大市场的大多数措施都是以指令形式发布的。

共同决策程序①是现今欧盟法律形成最常用的方式，其中议会不仅提出意见，而且与理事会分享立法权。如果理事会和议会无法就一提案达成一致意见，那么将提交给由理事会和议会相同代表数组成的调解委员会（conciliation committee）裁定。一旦该委员会达成一致意见，文本将再送至议会和理事会，等待它们最后通过成为法律。现在需要调解的情况已经越来越少。事实上，多数法律是在共同决策阶段经过三机构的良好合作，一般在一读或者二读后通过（见图 1 - 1）。

（二）欧盟的实施过程②

欧委会是负责确保欧盟法律在所有成员国得以实施的机构，由其秘书处（Secretariat-General）协助工作。涉及的主要工作包括跟踪成员国将欧盟法律转换为成员国国家法律的具体做法，并在成员国未能完成任务时采取措施。委员会也要对实施欧盟竞争政策负特别责任，包括对成员国当局给商业组织提供的支持（欧委会称之为"国家援助"，State aid）情况进行监控，决定是否是合法的。秘书处要确保欧委会根据合适的规则和程序进行这方面的工作。当有任何成员国对欧盟法律存在怀疑时，或者存在确认的侵犯情况时，秘书处将负责欧委会这方面的决策。这类侵犯可以是由欧委会发现的，也可能是由其他机构投诉获悉的。当成员国当局未能在规定的期限将其实施的具体欧盟法律（指令）采取的措施通告时，欧委会也会采取行动。

---

① 随着《里斯本条约》的生效，该程序被称为正常立法程序（ordinary legislative procedure），参见，*Treaty on the Functioning of the European Union*（*TFEU*）第 294 条，它是 2009 年 12 月 1 日生效的《里斯本条约》的一部分。

② 参见，http: //ec. europa. eu/community_ law/introduction/welcome_ en. htm。

第 二 章
国内外研究现状

从欧共体提出建立单一市场开始，共同体内外就展开了对单一市场的研究。随着一体化进程的推进，1985 年白皮书提出的建立商品单一市场的任务大多已完成：依据《欧共体条约》第 28—30 条，以及欧共体二级立法，影响区域内部商品贸易，尤其供应链的技术性贸易壁垒多数得以消除，仅存的壁垒主要集中于非协调领域。其间，伴随多边领域关税与贸易总协定（GATT）/世界贸易组织（WTO）对关税壁垒的消除，国际范围将研究重点转移到非关税壁垒，尤其是技术性贸易壁垒。由于政策具有外部性，欧共体出台的一系列建成和完善单一市场的政策措施，也对外产生了影响。因此，本课题的文献综述将涉及相辅相成的两个方面：单一市场与技术性贸易壁垒。

第一节　单一市场研究综述

从 1957 年共同市场目标的提出到 2007 年单一市场政策的调整，欧洲经济一体化已经走过了整整半个世纪。由于单一市场政策是欧盟政策的重心，加之政策具有外部性（policy externalities），也就是一方的政策会影响到另一方[1]，单一市场政策也因此一直是欧盟内外学者的重点研究对象。然而跟单一市场对欧盟的重要性相比，学术界对单一市场的研究很少。在欧洲

---

[1]　Abbott, Kenneth W. and Duncan Snidal, "International 'Standards' and International Governance", *Journal of European Public Policy*, 2001, 8 (3) Special Issue：345 –370.

1992 计划引起的一阵研究浪潮之后，除了欧共体/欧盟的智库，学术研究数量非常有限。在偌大的欧洲甚至没有一所专门研究单一市场的研究所。对单一市场研究缺乏持续热度和广度的原因大致有以下几点：①

第一，由于单一市场本身涉及的内容非常宽泛，学者、政策制定者或专业分析人士一般依据自己的专业知识仅关注某些方面，结果当然是几乎千篇一律地对单一市场的零碎研究（a highly splintered approach）。事实上，全面研究单一市场会受到很多外部条件的限制。

第二，欧盟机构也倾向于把单一市场看做可以切割成很多片的蛋糕。虽然欧委会有八九个总司直接参与单一市场的运行，却只有一位委员，因此许多相关领域无法被轻易地界定为单一市场范畴。由于单一市场委员直接负责的是政治和官僚程序式的事情，因此，无论单一市场对欧盟有多么重要，往往委员关注的是与单一市场关系并不太大的非实质性的事情。结果单一市场无法真正被当做欧盟的核心对待，继而会阻碍具体政策的实施。

第三，欧盟不止一次地向欧盟公民说明单一市场正在"完成"，因此公民会认为单一市场已经完工，目前的政策事务和继续研究只是技术上的需要。因此公民对单一市场也就越来越不感兴趣。

第四，欧盟本身作为单一市场的创造者、守护者和收益者没有能够做到始终如一。在一些重要领域，单一市场的重要性未能被坚守，带来了无法弥补的碎化情况。

总之，相对单一市场对欧盟的重要性，欧盟内外对单一市场的研究非常有限，主要集中在欧洲 1992 计划推出和 2007 年政策调整两个时间段，其间我国国内学者与国际上其他学者关注的焦点有所不同。国际上对欧洲 1992 计划以及相关政策的影响研究从时间上可以分为事前（ex ante）和事后（ex post）两个时间段；从研究主体上可以分为共同体的内部研究与外部研究两个角度；从研究对象上可以分为对内影响与对外影响两个方面；从研究方法上可以分为理论分析与实证研究两种方式。国内的研究相对国际上而言要稍

---

① Jacques Pelkmans, Michele Chang and Matteo Negrinotti, "Chapter 1 Introduction, Purpose and Structure", in Jacques Pelkmans, Michele Chang and Dominik Hanf（eds.）, *The EU Internal Market in Comparative Perspective*: *Economic*, *Political and Legal Analyses*, Brussels/Bern, PIE-Peter Lang, April 2008: 14 – 5.

晚些，主要始于欧洲单一市场建成之后，但更多的是对发展中国家尤其是对我国的影响及相关对策研究。

一 影响研究

1992 年内部市场建成之前，研究的重点是预测欧洲 1992 计划对共同体内部的影响，研究的结果普遍认为这种影响是正面的和积极的。"就单一市场计划的启动而言，经济一体化理论或者研究成果没有起到任何重要作用"[①]，相反，起作用的是欧共体内部的研究成果。1986 年由欧共体执委会副主席 Cockfield 勋爵发起，欧共体进行了一次有史以来影响最大的研究：对这个世界上最大贸易集团内部的非关税壁垒进行了研究。为此，欧共体在经济暨财政事务总司（Directorate-General for Economic and Financial）内，专门成立了由意大利经济学家 Paolo Cecchini 任主席的"非欧洲代价"项目委员会（Committee of the "Costs of non-Europe" project）。接下来的近十年时间里，欧洲有关经济一体化的理论和学术研究成果均出自该委员会成员。他们前后共发表了 13 个基础报告，这些报告的集大成者，也是最具影响力的当推"1992 经济学"[②]。在该报告中，委员会成员依据一般均衡分析，将微观信息注入宏观动态模型，创建了"混合模拟（hybrid simulation）模型"，又称为切克奇尼模型。在前期研究的基础上，1988 年委员会向公众发布了简本"1992 年欧洲的挑战"，史称"切克奇尼报告"（Cecchini Report）。报告对 20 世纪 90 年代欧共体内部市场进行了剖析，研究了没有形成统一市场的代价（Cost of Non-Europe），并展望了 1992 计划可能带来的预期收益。与任何官方报告类似，该报告对单一欧洲市场带来的收益是绝对肯定的。其他的经济理论和实证研究也同样证明 1992 计划会带来长期收益[③]。

当 1992 年临近时，研究范围开始由对内影响向对外影响扩展，研究结

① Ziltener, Patrick, "The Economic Effects of the European Single Market Project: Projections, Simulations and the Reality", *Review of International Political Economy*, December 2004, 11 (5): 953 – 979.

② Emerson, M., Aujean, M., Catinat, M., Goybet, P. and Jacquemin, A, *The Economics of 1992. The E. C. Commission's Assessment of the Economic Effects of Completing the Internal Market*, Oxford: Oxford University Press, 1988.

③ Padoa-Schioppa, Tommaso (ed.), *Efficiency, Stability, and Equity: A Strategy for the Evolution of the Economic System of the European Community*, Oxford: Oxford University Press, 1987.

果表明无论是对内和对外的影响都是堪忧的。随着 1992 年的临近，欧洲 1992 计划开始引起共同体内外的不安。这种不安来自两个相反的方向[①]：一方面共同体内部的一些人担心完成单一市场的利益，将会被强大的第三国竞争对手乘机获取；另一方面，共同体的一些贸易伙伴则担心完成单一市场的措施将会不利于第三国。这两方面的担忧均体现在具体的学术研究之中。

20 世纪 90 年代初，一些学者开始从不同角度研究单一市场对欧共体及其成员国的影响，例如，预测单一市场对英国而言是弊大于利[②]；研究欧共体内部市场建成后对欧洲自由贸易联盟国家的影响情况[③]；认为切克奇尼报告没有考虑到社会成本问题，于是他们以汽车的氮氧化合物（NO_x）排放为例，研究了欧洲共同市场对环境的影响，提出在共同体范围内制定相关共同标准的必要性[④]；预测单一市场的实现可能会使欧洲的工业更加向相对发达的工业中心地区集中，从而导致国家和地区之间收入分配和生活水平差距的拉大[⑤]。

与此同时，其他一些学者开始研究欧洲 1992 计划对外，尤其对发展中国家的影响，包括对中国的影响。由于 1985 年的《完成内部市场的白皮书》和 1986 年的《单一欧洲法案》中很少提及对外政策[⑥]，1992 年切克奇尼的报告也没有考虑外部情况，因此，单一市场的对外政策常常被戏称为"缺失的成分"（missing element）。此时发展中国家的态度也从原先对欧共体早期关税同盟的"不关心"转变到对单一市场的"担心"[⑦]，这种担心也

---

① Commission of the European Communities, *Completing the Internal Market—An Area without Internal Frontiers*, Report on the progress required by Article 8B of the Treaty, 1988, COM (88) 650.

② Burkitt, Baimbridge and Mark Baimbridge, "Britain, the European Community and the Single Market of 1992: Reappraisal", *Public Money & Management*, winter 1990: 57 – 61.

③ Abrams, Richard K., et al., "The Impact of the European Community's Internal Market on the EFTA", *Occasional Paper*, No. 74. Washington, D. C: International Monetary Fund, 1990.

④ Dietz, Frank, Jan van der Straaten, Menno van der Velde, "The European Common Market and the Environment: the Case of the Emission of NO_x by Motor Car". *Review of Political Economy*, 1991, 3 (1): 62 – 78.

⑤ Krugman, Paul, "Increasing Returns and Economic Geography", *Journal of Political Economy*, 1991, 99 (3): 483 – 499.

⑥ 白皮书中几乎没有提到对外关系，唯一提到的就是《欧共体条约》第 115 条的应用问题，也就是在没有统一的共同体进口制度的领域，允许成员国限制来自第三国产品的共同体内的贸易。《单一欧洲法案》中只有有关研究与技术发展的 130n 条款和有关环境保护的 130r (5) 涉及对外关系。

⑦ Page, Sheila, "Europe 1992: Views of Developing Countries", *The Economic Journal*, Nov., 1991, 101 (409): 1553 – 1566.

被预测结果所验证：欧共体可能采取的对外政策将会影响发展中国家制成品对欧的出口[1]；欧洲的发展将会对欧洲向拉丁美洲的直接投资产生负面影响[2]；共同体内部壁垒消除和可能出现的新壁垒对欧洲以外，尤其是撒哈拉以南非洲的出口将产生影响[3]；假定切克奇尼增长预估是正确的，欧洲1992计划将会对亚洲的发展产生影响[4]；欧洲1992计划会对发展中国家带来不利影响，呼吁应该采取行动，遏制通过诸如更高的技术标准等致使保护主义愈演愈烈[5]；欧洲1992计划对不同的发展中国家的影响将不同，而欧洲单一市场的贸易转移效益将给中国的出口带来很大影响[6]。

　　总之，人们在承认1992年底欧洲单一市场的建成是全球化时代区域经济一体化先驱的同时，更担心会创造出弗兰肯斯坦的怪物（Frankenstein's monster）[7]。到1992年底欧共体大市场建成之际，国际上很多人士称之为"堡垒"，美国和日本作为欧共体最大的贸易伙伴，更是指责欧共体保护共同体市场。为此，关贸总协定不得不专门进行了调研，但是最终的结论认为"这种指责没有根据"[8]。

---

① Davenport, Michael W. S, "The External Policy of the Community and its Effects upon the Manufactured Exports of the Developing Countries", *Journal of Common Market Studies*, December 1990, XXIX（2）：181 – 200.

② Pio, Alessandro, "The Impact of the 1993 Single European Market on Investment Flows between the European Community and Developing Countries：the Case of Latin America", *Changes in Europe：Implications for Development Studies*, 1990：211 – 236.

③ Tovias, Alfred, "The European Communities' Single Market：The Challenge of 1992 for Sub-Saharan Africa", *World Bank Discussion Papers*, 1990, 100.

④ Verbiest, Tang Verbiest, J. P. and Min Tang, "The Completion of the Single European Community Market in 1992：A Tentative Assessment of Its Impact on Asian Developing Countries", *Asian Development Bank economic staff paper*, 1991, 48.

⑤ Emmerij, Louis J, "Europe 1992 and the Developing Countries：Conclusions", *Journal of Common Market Studies*, December 1990, XXIX, （2）：243 – 252.

⑥ Page, Sheila, "Europe 1992：Views of Developing Countries", *The Economic Journal*, Nov., 1991, 101（409）：1553 – 1566.

⑦ 弗兰肯斯坦是19世纪英国女作家玛丽·雪莱（Mary Shelley, 1779 – 1851）同名科幻小说的主人公。弗兰肯斯坦是一位从事人的生命科学研究的学者，通过不懈的努力创造了一个怪物。而这个人造怪物由善变恶，在最后的搏击中，弗兰肯斯坦与怪物同归于尽。参见，David J. Hayward. International Trade and Regional Economies：the Impact of European Integration on the United States［M］. Westview Press, 1995：7。

⑧ Williams, A. M., *The European Community*, Oxford：Blackwell, 1993：61.

1992 年单一市场建成之后，共同体内外的研究视野逐渐拓宽，在继续内外影响研究的基础上，开始由宏观向微观转移；研究方法开始由过去的理论研究为主，转向理论研究与实证研究相结合。

首先，欧共体机构和学者开始对欧洲单一市场效应进行全面评估。1993年，欧委会的初步研究结果表明，实际情况与当年切克奇尼模型和报告中的情况并不一样[①]。1996 年，应欧洲理事会的要求，欧委会启动了包括 38 个独立研究的系列研究计划，研究得出的主要结果是单一市场计划并没有启动如切克奇尼工作小组模型所期待的宏观历程，并没有发生所谓的一体化驱动的"良性循环"（virtuous circle）[②]。这样的研究后来也得到了学者们研究结果的验证。德国马克斯普朗克社会研究所（Max-Planck-Institute for the Study of Societies）的经济学家和社会学家 Patrick Ziltener 博士专门研究了欧洲单一市场计划的经济效应，他得出的结论是一体化计划的确改变了这个区域本身，但改变的方式并不是如一体化理论所预计的那样[③]。

其次，欧共体内外学者的研究开始由对共同体的总体影响，转向对成员国和具体贸易模式的影响研究。例如，加利福尼亚州立大学的 Smith 和 Wanke 预测了单一欧洲市场对其成员国可能带来的不同影响，通过确定"敏感"产业，比较各成员国不同产业的业绩，作者认为，一个成员要从单一市场收益很大程度上取决于该成员国对单一市场的支持度[④]。曼彻斯特大学经济系的 Marius Brülhart 和曼彻斯特城市大学经济系的 Robert J. R. Elliott 从产业内贸易模式推断产业是如何适应欧洲单一市场的，得出结论认为，与早期欧洲一体化相比，临近 1992 单一市场建成之际，产业调整模式并没有太大的变化[⑤]。西班牙卡斯帝里亚·拉曼查大学的 Roberto Ezcurra 专门考察

① EU Commission, "Growth, Competitiveness, Employment: The Challenges and Ways Forward into the 21st Century-White Paper", *Bulletin of the European Communities*, COM (93) 700 final, 5 December 1993.

② EU Commission, *The Single Market and Tomorrow's Europe. A Progress Report from the European Commission*, Luxemburg: Office for Official Publications of the European Communities, 1996: 77.

③ Ziltener, Patrick, "The Economic Effects of the European Single Market Project: Projections, Simulations and the Reality", *Review of International Political Economy* 11: 5 December 2004: 979.

④ Smith, Dale L. and Jürgen Wanke, "Completing the Single European Market: An Analysis of the Impact on the Member States", *American Journal of Political Science*, Vol. 37, No. 2, May 1993: 529 – 554.

⑤ Brülhart, Marius and Robert J. R. Elliott, "Adjustment to the European Single Market: Inferences from Intra-industry Trade Patterns", *Journal of Economic Studies*, Vol. 25 No. 3, 1998: 225 – 247.

了单一市场建成之后欧盟内部产业集中的情况，结果表明 1992—1999 年多数产业的集中度提高了[①]。

最重要的是，更多的学者和研究机构开始重点研究欧洲单一市场对外部，包括对中国的影响，因为，以标准和技术法规为例，尽管欧共体有关技术法规和标准的政策对第三国进口的影响的基本原则是非歧视性的，但是在新的欧洲技术法规和标准制定的过程中，法规制定者的脑中也一定有阻碍外来竞争的目的[②]。后来的实证研究证明了这种担心的必要性。例如，美国宾西法尼亚州立大学的 David Hayward 在其博士论文中利用建立的欧共体－92 区域影响模型，推测"欧盟的新法规不时地可能对美国的产品形成新的技术壁垒"[③]。密歇根州立大学经济系的著名教授 Mordechai E. Kreinin 与时为布兰迪斯大学（Brandeis University）副教授的 Michael G. Plummer 运用进口增长与引力模型研究了欧共体－92 指令对发展中国家的影响[④]。他们的研究结果表明，指令对东南亚国家联盟（ASEAN）和中国的出口产生了负面影响，但没有发现对亚洲其他新兴经济体（emerging economies）的负面影响。德国基尔大学经济研究所（Kiel Institute for World Economy，IfW）的 Langhammer 和 Schweickert 教授研究了欧洲一体化对亚洲国家的启示[⑤]。他们通过研究预测，随着更多成员国加入欧洲货币联盟，欧盟一体化对第三国贸易的影响程度将增加。由于欧、美、日对亚洲国家出口贸易模式的相似，以及亚洲与欧洲对工业化国家出口模式的重叠，这就解释了欧盟急于将欧洲国家，包括东南亚国家联盟纳入自由贸易协定的原因。随着欧盟东扩，学者们也开始关注欧洲单一市场对候选国的影响。例如，Paul Brenton 等根据欧盟新

① Ezcurra, Roberto, "The Single Market and Geographic Concentration in the Regions of the European Union", *Applied Economics Letters*, May 2007, 14 (6)：463 – 466.

② Eeckhout, Piet, *The European Internal Market and Internal Trade：A Legal Analysis*, Oxford：Clarendon Press, 1994：270, 264.

③ Hayward, David J., *International Trade and Regional Economies：the Impact of European Integration on the United States*, Westview Press, 1995：115, 127.

④ Kreinin, E. Mordechai and Michael G. Plummer, "Ex Post Estimates of the Effects of the European Single Market Programme on the Exports of Developing Countries", *ASEAN Economic Bulletin* Vol. 15, No. 2, August 1998：206 – 214.

⑤ Langhammer, Rolf J. and Rainer Schweickert, "EU Integration and its Implications for Asian Economies：What We Do and Do Not Know", *Journal of Asian Economics*, Volume 17, Issue 3, June 2006：395 – 416.

方法和旧方法①在不同部门的应用，推测欧盟技术性贸易壁垒对候选国的影响程度是不同的②；Hagemejer 和 Michalek 则专门研究了技术性贸易壁垒对波兰和其他中东欧即将加入欧盟的国家的影响情况③。Machková 和 Lukáš 研究了欧洲共同市场对当时将加入欧盟的捷克企业的影响④。上述研究表明，从中期而言，低价不能作为候选国中小企业的首选竞争工具，企业必须重视营销，否则入盟后这些企业在欧盟内部的出口反而会受到负面影响。早期对欧洲单一市场对外影响的研究几乎一致认为它对第三国的企业是有益的⑤。英国格拉斯哥（Glasgow）大学的 Alasdair R. Young 把欧洲单一市场称为附带堡垒（the Incidental Fortress）。他认为，有时欧洲单一市场形成的严格的共同协调标准的确阻碍了进口⑥。20 世纪末，国内外学者和研究机构开始关注欧盟标准化对我国商品出口的影响。例如，美国密歇根州立大学经济系的著名教授 Mordechai Kreinin 与时为布兰迪斯大学副教授的 Michael Plummer 经过共同研究，证实欧共体 -92 指令⑦对东盟（ASEAN）和中国的出口产生了负面影响（1998）⑧。我

---

① 1984 年以后，特别是枫丹白露峰会和米兰峰会以后，一度陷入停滞的欧洲经济一体化进程重新启动。出于单一欧洲市场建立的需要，欧共体层次的技术标准化开始将协调成员国与建立欧洲的标准化活动相联系，改变了过去的做法。欧委会将技术标准的协调与制定欧洲标准的做法称作新方法（New Approach），因而把此前的做法称为旧方法（Old Approach）。

② Brenton, Paul, John Sheehy and Marc Vancauteren, "Technical Barriers to Trade in the European Union: Importance for Accession Countries", *CEPS Working Document* No. 144, April 2000.

③ Hagemejer J., Michalek J. "The Significance of Technical Barriers to Trade for Poland and other CEEC's Acceding to the EU: Reconsidering the Evidence in *EMERGO*", *Journal of transforming economies and societies*, Vol. XI, No. 1 (39), 2004: 36 - 52.

④ Machková, Hana, Zdeněk Lukáš, "The European Common Market and its Impact on Czech Entrepreneurs", *Integration into EU*, 5 - 6, 2003: 11 - 12.

⑤ Hughes Hallett, A. J., "The Impact of EC - 92 on Trade in Developing Countries". *The World Bank Research Observer*, 1994, Vol. 9, No. 1, pp. 121 - 146.

⑥ Alasdair R. Young, "The Incidental Fortress: The Single European Market and World Trade", *Journal of Common Market Studies*, 2004 Volume 42, No. 2: 394.

⑦ 1957 年生效的《罗马条约》第 189 条规定：理事会和委员会可以通过条例（regulation）和指令（directive），做出决定（decision），形成通告（recommendation）或者意见（opinion）。其中，指令是以成员国为发布对象，并且仅对成员国有约束力，它只规定成员国在一定期限内所应达到的目标，至于达到目标所采取的行动方式则是由有关成员国自行选择决定。值得注意的是，建设欧共体统一大市场的大多数措施，包括标准化措施，都是以指令形式发布的。

⑧ Kreinin, E. Mordechai and Michael G. Plummer, "Ex Post Estimates of the Effects of the European Single Market Programme on the Exports of Developing Countries", *ASEAN Economic Bulletin* Vol. 15, No. 2, August 1998: 206 - 214.

国商务部近几年不定期对我国出口遭遇国外技术性贸易壁垒的调研结果也证实了上述观点：欧盟标准化的负外部性已严重影响到我国产品对欧盟的出口。

同样，欧委会 1997 年的计算表明在食品计划白皮书推出的最初阶段（1985—1986），有 87% 的欧盟内部的制造业遭遇到技术性贸易壁垒的影响[①]。根据作者使用引力模型计算结果，1998 年欧盟内部受制于协调食品法规的相关食品的双边贸易量比没有欧盟层面协调商品法规制约的相关食品的贸易量大 253%[②]。实证研究结果表明，欧盟在食品行业的协调法规的实施对内部贸易产生了正向的促进。对于欧盟单一市场政策而言，这就在一定程度上表明，协调方法成功地消除了技术性贸易壁垒，促进了欧盟食品市场的一体化[③]。

二 应对研究

国内的研究相对国际上而言要稍晚些，主要始于欧洲单一市场建成之后，但更多的是对发展中国家尤其是对我国的影响及相关对策研究。其中的一个例外就是复旦大学世界经济研究所尹翔硕教授的研究[④]：他专门对上文中提到的 Paul Krugman 预测单一市场可能导致国家和地区间收入分配和生活水平差距拉大的失效缘由进行了解释。

国内早期的研究既有对政策本身的研究，也有对政策的影响及其对策的研究。一方面，学者们开始对政策本身进行研究：欧洲统一大市场的研究[⑤]；欧洲一体化的评述[⑥]；欧洲经货联盟和单一市场的关系及其影响[⑦]；欧洲经济政策

① Mark Vancauteren, Bruno Henry de Frahan, Harmonization of Food Regulations and Trade in the Single Market: Evidence from Disaggregated Data: 2.

② Mark Vancauteren, Bruno Henry de Frahan, Harmonization of Food Regulations and Trade in the Single Market: Evidence from Disaggregated Data: 19.

③ Mark Vancauteren, Bruno Henry de Frahan, Harmonization of Food Regulations and Trade in the Single Market: Evidence from Disaggregated Data: 20.

④ 尹翔硕：《欧洲单一市场对欧盟成员国贸易流动和产业区位的影响》[J]，《欧洲》2001 年第 2 期。

⑤ 参见胡宝刚《欧洲共同体内部统一大市场的基本目标及影响》[J]，《安徽大学学报（哲学社会科学版）》1994 年第 4 期；张荣莉《欧洲统一大市场展望》[J]，《南亚研究季刊》1998 年第 4 期；陈燕来《欧洲统一大市场的特点、动向与对策研究》[J]，《山西大学学报（哲学社会科学版）》1995 年第 2 期。

⑥ 王鹤：《关于欧洲一体化的思考》[J]，《欧洲》1995 年第 3 期。

⑦ 方福前：《欧洲经货联盟与单一市场》[J]，《经济理论与经济管理》1999 年第 2 期。

的协调研究①。同时研究欧洲统一市场对外部经济，尤其是发展中国家的影响：对发展中国家商品出口的影响②；对发展中国家贸易和投资的影响③；对外部经济的影响④。另一方面，学者们开始关注欧洲单一市场形成后的中欧经贸合作问题：欧盟有必要加深对中国现行经济体制过渡性的理解，否则某些方面容易成为双边合作的障碍⑤；欧盟对华投资受到一些因素的制约⑥。

　　至于对我国的影响与对策研究方面，有一般影响与对策研究⑦；标准化方面的对策研究⑧；也有就欧洲货币联盟对我国经济发展的影响研究⑨；或者欧元对中欧经贸关系的影响研究⑩，以及对中欧政治文化关系的影响研究⑪。

　　近年来出现了经验借鉴方面的研究：如何借鉴欧洲经验，培育和发展我国市场体系⑫；如何借鉴欧盟经济一体化经验，加强区域的合作与协同发展⑬，以及如何借鉴欧洲经济一体化的成功经验，加快推进长三角区域经济一体化⑭；如何借鉴欧洲经济一体化过程中法律趋于一致的方法，加强中国内地、香港、澳门的更紧密经贸关系⑮；欧盟区域政策及其对泛珠三角经济合

①　王鹤：《欧洲经济政策结构评述》[J]，《欧洲研究》2003 年第 3 期。
②　吴弦：《欧洲统一大市场对发展中国家商品出口的影响》[J]，《欧洲》1996 年第 1 期。
③　段锡平：《欧洲一体化进程对发展中国家可能产生的影响》[J]，《世界经济研究》1996 年第 1期。
④　王鹤：《欧洲一体化的外部经济影响》[J]，《欧洲》1997 年第 2 期。
⑤　佟家栋：《中国与欧洲联盟加强合作的基础和障碍探讨》[J]，《国际经贸研究》1995 年第 3 期。
⑥　钟伟：《欧盟一体化进程对欧中经济合作的影响初探》[J]，《国际贸易问题》1996 年第 12 期。
⑦　参见吕志刚《统一大市场的建立与中国的应变对策》[J]，《北大学学报（哲学社会科学版）》1994 年第 2 期；佘群芝《欧洲经济一体化对发展中国家的挑战》[J]，《中南财经大学学报》1994 年第 1期。
⑧　逄征虎：《引导我国外向型企业开拓欧洲统一大市场的标准化对策》[J]，《中国标准化》1996年第 4 期、第 5 期。
⑨　陈亚温：《欧洲货币联盟对中国经济发展的影响》[J]，《欧洲》1998 年第 5 期。
⑩　黄金老：《欧元对中国—欧洲经济贸易关系的影响》[J]，《财贸经济》1998 年第 2 期。
⑪　余建华：《欧洲一体化对中欧关系的影响》[J]，《国际问题研究》2001 年第 6 期。
⑫　高铁生、张旭宏：《欧洲统一市场建设经验及启示》[J]，《中国商贸》1997 年第 1 期。
⑬　黎鹏、范小俊：《欧洲联盟经济一体化的解析及其对我们在区域经济合作中的启示》[J]，《广西大学学报（哲学社会科学版）》2001 年第 6 期。
⑭　王晓辉：《欧洲经济一体化对我国长三角区域经济一体化的启示》[J]，《经济纵横》2004 年第10 期。
⑮　刘世元：《欧洲经济一体化过程中法律趋于一致及其启示》[J]，《国际经贸探索》，2005 年第 6期。

作的启示①；欧盟区域一体化经验对我国区域政策的启示②。

综上所述，欧洲1992计划不仅被证明确实对欧共体/欧盟带来了积极作用，而且被证明对其外部世界，尤其对中国带来了负面影响。随着全球化的挑战和内部扩大的压力，欧盟于2007年启动了对单一市场政策的调整。欧盟内外的研究视线开始转向对2007年政策调整的研究。

三 预测研究

正如2006年4月5日《金融时报》所报道的那样，欧盟单一市场陷入了困境，欧委会估计仅因相互承认原则③应用不当每年给欧盟带来的贸易机会的损失就高达1.5亿欧元。因此，为了进一步挖掘单一市场的潜力，欧盟启动了对单一市场政策的大规模的调整。欧盟单一市场政策调整仍围绕"四大自由"，最先启动的正是会给我国商品出口带来重大影响的商品单一市场政策的调整。从2002年对"新方法"评估开始，到2007年欧委会提案的出台，历经5年之久。经过网上咨询、理事会决议和提案草案的3个月咨询期，欧委会最终于2007年2月14日提出了以促进欧盟内部成员国间商品贸易为目的的一揽子新措施，包括一则随附通告和四条新议案。欧委会在随附通告中，解释了一揽子新措施的目标：在保障商品市场准入的同时，确保产品的高质量和安全性。同时对发布的四条新提案做了简单的介绍：提案制定相互承认条例（regulation）；制定条例规定有关产品营销的认可与市场监管要求；出台决定（decision）制定产品营销的共同法律框架；出台汽车注册解释通告（communication）④。根据欧盟立法程序的要求，前三个立法提案均须启动共同决策程序，赋予了欧洲议会更大的影响力。2008年2月21

---

① 甘开鹏：《欧盟区域政策及其对泛珠三角经济合作的启示》[J]，《学术论坛》2007年第1期。

② 李志军：《欧盟区域一体化经验对我国区域政策的启示》[J]，《经济师》2007年第2期。

③ 1969年欧洲理事会通过了《检验的相互承认的理事会决议》，规定，"在欧共体某一成员国合法生产、销售的产品，可以自由运往其他成员国销售，而无须更改、检验和易名"。该决议以相互承认各自的检验结果为内容，是欧共体实施相互承认原则（The Principle of Mutual Recognition）的开端。后经1980年欧洲法院对著名的第戎的黑加仑酒案例的判决确立了相互承认原则，因此该原则又被称为第戎的黑加仑酒原则（The Principle of Cassis de Dijon）。

④ COM（2007）35 final，COM（2007）36 final，COM（2007）37 final，COM（2007）53 final，SEC（2007）169 final.

日，欧洲议会通过了欧委会以上的这些提案。

由于此轮政策调整启动时间不久，因此，目前，关于欧盟单一市场政策调整的研究主要集中于隶属欧委会的机构和相关智库，也陆续有一些大学和研究机构将欧盟政策及其调整纳入到他们的研究视野。就研究动向而言，欧盟单一市场政策调整与全球经济的关系、基于政策调整的欧盟与新兴经济体的关系两大主题是相关研究的焦点。

欧盟政策调整与全球经济关系的研究，集中体现在相关报告和具体政策建议之中。隶属欧委会的欧洲政策咨议局（Bureau of European Policy Advisers，BEPA）和经济暨财政事务总司的专家分别于 2006 年和 2007 年撰写报告呼吁，"单一市场计划的重心应该由消除内部边境，转向如何使欧洲能够与世界抗争"[1]；"单一市场政策应该考虑全球背景"[2]。2008 年 1 月布鲁塞尔经济智库 Bruegel 和欧委会的内部市场总司在"未来单一市场的经济政策"研讨会上，一致认为单一市场政策应该与对外政策联系起来。这样的研究动向更体现在具体的政策建议上。欧委会在 2007 年 10 月为成员国首脑峰会准备的文件中，明确提出从单一市场获取最大利益的目标之一就是使"欧洲标准能有助于形成国际标准"[3]。这样的观点也得到了学术界的认同：布鲁塞尔自由大学的 Fabienne Ilzkovitz 与欧委会的专家 Adriaan Dierx 认为单一市场政策调整的目标之一就是要将欧盟"规则和标准向世界出口"[4]，这似乎是规范性力量在欧洲明确宣誓。

基于政策调整的欧盟与新兴经济体的关系主要集中在对中国的研究上。2006 年，欧洲政策咨议局的专家报告特别强调"中国在欧盟政策议程中的

---

① Canoy, Marcel, Roger Liddle and Peter Smith, *The Single Market: Yesterday and Tomorrow*, European Commission: Bureau of European Policy Advisers (BEPA), 2006: 2.

② Ilzkovitz, Fabienne, Adriaan Dierx, Viktoria Kovacs and Nuno Sousa, "Steps towards A Deeper Economic Integration: the Internal Market in the 21st Century", A Contribution to the Single Market Review, *Economic Papers*, No. 271 January 2007: 15.

③ Commission of the European Communities, "The European Interest: Succeeding in the Age of Globalization", *Contribution of the Commission to the October Meeting of Heads of State and Government*, Brussels, 3. 10. 2007, COM (2007) 581 final.

④ Ilzkovitz, Fabienne, Adriaan Dierx, Viktoria Kovacs and Nuno Sousa, "Steps towards A Deeper Economic Integration: the Internal Market in the 21st Century", A Gontribution to the Single Market Review, *Economic Papers*, No. 271 January 2007: 16.

突出地位"。2007 年，经济暨财政事务总司专家经过研究认为，"中国不仅在低附加值，而且在高附加值的制成品领域与欧盟形成竞争"①。作为欧盟主要智库的欧洲政策研究中心（CEPR）的主席 Daniel Gros 在 2008 年 1 月的政策报告中更指出"中国自身的经济实力足以对全球经济（包括欧盟经济）产生强大的影响"②。由此可见，就欧盟而言，中国以及中国因素在欧盟单一市场政策调整中占有十分重要的地位。

此外，欧盟内部开始对单一市场政策调整的影响进行预评估。2007 年 2 月欧委会工作人员发表了对政策调整提案的影响评估报告③。报告剖析了目前单一市场政策存在的问题，分析了新提案可能给经济、社会和环境带来的影响，结论认为：欧委会的提案将是单一市场政策的未来战略基石。

尽管由于欧盟启动此轮单一市场政策调整不久，欧盟内外对政策调整的研究还很有限，但是从以上的这些研究足以看出欧盟进行调整的动因不仅是迫于内部扩大的压力，而且更重要的是欧盟面临的全球化，尤其是中国等新兴经济体带来的挑战。随着欧盟成员国的增多，不断扩大的单一市场已经给欧盟经济结构带来了深刻的变化，正在改变并将继续改变欧盟的法律结构④。

四　研究展望

综上所述，尽管国内外针对欧盟单一市场政策对我国的影响研究不多，但研究均表明，欧洲单一市场对我国出口产生了负面影响。因此，在经济全球化和区域一体化发展迅猛的当下，跟踪欧盟此轮单一市场政策的调整，研究其对我国商品出口的影响，并探讨对策，就显得尤为重要和紧迫。

---

① Ilzkovitz, Fabienne, Adriaan Dierx, Viktoria Kovacs and Nuno Sousa, "Steps towards A Deeper Economic Integration: the Internal Market in the 21st Century", A Contribution to the Single Market Review, *Economic Papers*, No. 271 January 2007: 8.

② Gros, Daniel, "China and India: Implications for the EU Economy", *CEPS Working Document*, 21 January 2008.

③ COM (2007) 173, COM (2007) 112.

④ Dzabirova, Ljubica, "New Developments in the EU Internal Market-Harmonisation vs. Mutual Recognition", *Romanian Journal of European Affairs*, Vol. 9, No. 1, March 2009. Available at SSRN: http://ssrn.com/abstract = 1368671: 2.

当前研究欧盟单一市场政策调整的意义主要在于欧盟市场的重要性、中欧贸易摩擦的复杂性和欧盟单一市场政策的外部性等几个方面。

首先，由于欧盟市场是我国重要的出口市场，研究好欧盟单一市场政策的变化，对于发展中国—欧盟经贸关系具有重要的政策指导意义。自 2004 年以来，欧盟一直为中国第一大贸易伙伴，并于 2007 年首次超过美国成为中国的第一大出口对象。已有 27 个成员国的欧盟总面积已经达 432 万平方公里，人口约 4.998 亿人[①]。随着欧盟成员国的增多，不断扩大的单一市场将对我国出口市场更为重要。而随着美国因次贷危机引发的经济衰退，以及中国对美出口的下降，欧盟市场对我国的出口更显重要。

其次，我国正处于贸易摩擦高发期，中欧贸易摩擦更是不断，全面了解欧盟单一市场政策的调整是解决中欧贸易摩擦的关键。加入 WTO 之后，我国出口商品不断遭遇贸易壁垒，2007 年"中国制造"危机将贸易摩擦推向了又一高潮。2008 年新年伊始，商务部进出口公平贸易局李玲局长在接受《经济参考报》记者专访时指出，今后一段时期，全球各国将更重视从全球和战略高度审视中国的快速发展，我国出口产品也将遭受全球最多的贸易摩擦。而欧盟一直是我国出口商品遭遇贸易摩擦最多的目标市场之一。随着中欧贸易由产业间向产业内贸易转移，中欧贸易摩擦将更加不可避免。

尤为重要的是，欧盟单一市场政策的外部性[②]已由隐性升级为显性，跟踪研究其变化动向才有可能及时采取应对措施。欧委会已经明确提出在本轮单一市场政策调整中，要将过去"缺失的成分"对外政策考虑在内，而引证的一个重要例子就是 2007 年中国玩具质量危机问题[③]。最近，专门负责给欧委会主席及有关部门就未来欧盟政策提供咨询的欧洲政策咨议局的几位专

---

① 截止到 2009 年 1 月 1 日的数据，参见，Monica MARCU, *The EU – 27 population continues to grow*, eurostat, 31/2009。

② 所谓政策外部性（policy externalities），通常指一方的法律或者政策影响到另一方的情况，而无论是否存在实际的影响（physical impact）。例如，一国产品的安全规则不仅影响到当地的生产商，还影响到外国的生产商。作为欧盟重要的立法政策，其技术立法的外部性从一开始就受到了区域内外商界和学术界的重视，认为其既产生了正外部性，又具有负外部性。参见，Kenneth W. Abbott and Duncan Snidal, "International 'Standards' and International Governance", *Journal of European Public Policy*, 2001, 8：3 Special Issue：345 – 370, p. 347。

③ SEC (2007) 1517.

家在研究报告中更明确指出，全球化，尤其是中国和印度的崛起，改变了单一市场运行的背景。欧委会及其智库已由过去建立单一市场时期的"不提及"，发展到现在的一再提及单一市场政策的对外影响，甚至明确提出要使欧盟成为"全球标准的制定者"。

因此，及时跟踪欧盟单一市场政策的调整方向，研究其对我国商品出口可能产生的不利影响，并及早采取对策，不仅可以全面了解欧洲一体化的走向，为我国参与亚洲区域一体化提供方向，而且可以及时采取应对措施，最大程度上减少欧盟单一市场政策调整对我国商品出口的影响，甚至可以利用这一契机，提升我国出口产品的国际竞争力。

鉴于欧盟市场对我国出口的重要性，目前针对欧盟单一市场政策调整的研究可以围绕背景分析、历程回顾、政策解读、影响预测、案例研究和应对体系建立等几个方面展开。

首先，欧盟调整单一市场政策是迫于变化的大环境：全球化的深化和欧盟的扩大。一方面随着全球化的深入，欧盟需要对外提高其竞争力。另一方面，欧盟的不断扩大提出了对内加强协调的要求。通过对欧盟相关文件的解读，对有关智库报告的分析，对相关立法程序的跟踪，分析欧盟政策调整的背景环境。

其次，在背景分析的基础上，回溯单一市场调整的历程，选定合适的政策分析模型，对其调整的内容、方向和特点进行研究，则是分析其对我国商品出口影响的前提。

再次，预测政策调整对我国商品出口的影响，是需要重点研究的内容。欧盟单一市场政策调整一定会影响到中欧关系，而贸易和战争是最古老的两种国际关系形式[①]。鉴于欧盟市场对我国出口的重要性，需要重点研究单一市场政策调整对我国商品出口的影响。由于欧盟政策调整的目的是"在保障商品市场准入的同时，确保产品的高质量和安全性"[②]，因此其政策调整对我国出口可能产生的影响将集中体现在贸易总量、贸易结构和出口成本等方面的变化。除了理论分析，还可以应用国际经济学的引力模型（Gravity

---

① Strange, Susan, *States and Markets* (*second edition*), Continuum International Publishing Group, 1994.
② COM (2007) 35 final.

Model）等工具，预测欧盟单一市场政策调整对我国出口总量及其不同类型商品出口的影响度。

另外，如何应对也是必须关注的研究课题之一。欧盟一直强调中国经济的发展是其单一市场政策调整的外部推动力之一，因此要降低此轮政策调整对我国出口的影响就必须有针对性地从双边经贸关系入手。而他国成功应对经验也是设计动态应对机制值得借鉴的。

最后，我国标准化立体体系的构建是保障我国可持续贸易的必然选择。欧盟单一市场政策的调整对我国商品出口的影响将主要集中在中欧内部产品质量安全体系的差异上。通过单一市场的建设和不断完善，欧盟已经建立起了包括强制性指令和自愿性标准的上层法律体系，分布于各成员国的超过两千家的合格评定机构所组成的中层认证体系，以及包含欧盟层面与成员国层面的双层终端市场监管体系。中欧间标准、技术法规和合格评定程序的差异是阻碍我国商品出口欧盟的主要根源。因此，我们可以欧盟的相关政策为标杆（benchmarking），通过比对，尝试建立起相应的具有中国特色的由上层标准法规体系、中层合格评定体系与底层市场监管体系组成的标准化立体体系。

总而言之，纵观三十年来国内外对欧洲 1992 计划和 2007 政策调整的研究，我们可以肯定欧洲单一市场政策对欧共体/欧盟所起的积极作用，也可以确定其对包括中国在内的发展中国家的消极影响。这样的结果更加确定了我们及时研究此轮欧洲单一市场政策调整对我国商品出口影响的重要性和必要性。

第二节 技术性贸易壁垒研究综述

源发于美国的次贷危机于 2008 年引爆由全球经济失衡导致的全球经济危机，继而引起贸易保护主义在全球范围肆虐。在本轮贸易保护主义浪潮中，模糊保护主义（murky protectionism）特征已经彰显[1]，其间，以标准、

---

[1] Richard Baldwin, Simon Evenett, *The collapse of global trade, murky protectionism, and the crisis: recommendations for the G20*, Center for Economic Policy Research, 2009.

技术法规和合格评定程序为主的技术性贸易壁垒由于形式上的合法性、手段上的隐蔽性、操作上的灵活性等特点，愈加成为发达国家保护国内相关产业、实现其政策目标惯用的手段之一，已经成为中欧贸易摩擦的主要形式之一，也将是我国今后遭遇国际贸易摩擦最主要、最棘手的形式之一。尽管近年已有国内学者对技术性贸易壁垒的研究进行过综述，包括实证研究方面，但是涉及研究背景分析，全面系统地涉猎国内外比较研究的尚不多见。因此在探讨欧盟本轮单一市场政策调整之前，有必要以此轮金融危机催生的全球贸易保护主义为背景，梳理国内外相关文献，从概念、形成、影响及应对等方面对技术性贸易壁垒的研究进行述评，并以此为基础，探讨本轮技术性贸易壁垒呈现的新特点，提出进一步研究技术性贸易壁垒的方向。

一　概念界定

至今对技术性贸易壁垒的概念界定，无论是国际多边协定，还是国内外学者，都尚未有统一定论。国际层面上，倡导自由贸易的 WTO 并未对 TBT 作出明确界定，而只规定"一国可以基于维护国家安全、人类安全和健康、动植物安全与健康、环境保护、防止欺诈行为等方面的正当理由而采取技术性贸易保护措施"，原则性地要求这些措施"不应对国际贸易造成不必要的障碍"（《WTO/TBT 协议》第 2.2 条款）。正是这样的模糊性规定对成员国形成的软约束力，为成员国间实施技术性贸易措施埋下了隐患。世界各经济体对 TBT 界定也不尽相同，但都以 WTO 的规定为基本原则。例如，我国商务部将其定义为：一国或区域组织以维护其基本安全、保障人类及动植物的生命及健康和安全、保护环境、防止欺诈行为、保证产品质量等为由而采取的一些强制性或自愿性的技术性措施，这些措施对其他国家或区域组织的商品、服务和投资进入该国或该区域市场将造成影响①。

自 20 世纪 70 年代以来，国内外学者先后尝试从政策属性、执行目的、表现内容等不同角度对技术性贸易壁垒进行界定。

---

① 参见，中国商务部网站：http://sms.mofcom.gov.cn/aarticle/wangzhanjianjie/jingjidongtai/200406/20040600230625.html。

　　政策属性角度的定义最早见诸于 Baldwin 1970 年发表的《国际贸易的非关税扭曲》，他指出："技术与管理法规……通常与健康、安全或其他一些重要的公共利益有关，经常成为不必要的贸易障碍"[①]，得出技术性贸易壁垒属于一种非关税壁垒的结论，但并未作出详细明确的定义。后来很多学者也认同这一结论[②]。

　　国内外不少学者试图从政策执行目的角度来定义，认为技术性贸易壁垒是一国为了健康、安全、质量和环境等社会公共利益目标所实施的进口标准和法规[③]。但 Donna Roberts 认为这只是"表面目的"[④]，当政府有意识地运用貌似正当或合法手段旨在保护国内经济利益时，这些措施就成为技术性贸易壁垒[⑤]。

　　从表现内容方面看，技术性贸易壁垒包括健康、卫生以及品质标准、安全与工业标准、有关包装和标签的规定、广告与传媒推广规章等[⑥]，以及"检验产品是否符合这些技术法规和确定产品质量及适用性能的认证、审批和试验程序"[⑦]。夏友富将技术性贸易壁垒归纳为技术法规、标准和合格评定程序，包装和标签要求，商品检疫和检验规定，绿色壁垒和信息技术壁垒五大内容[⑧]。这一分类后来被国内一些学者沿用。

----

　　① Baldwin, R. E., *Non-tariff Distortions of International Trade*, the Brookings Institution, Washington DC, 1970: 143.

　　② Hillman, J. S., *Technical Barriers to Agricultural Trade*, Boulder: Westview Press, 1991; Sykes, A. O., *Product Standards for Internationally Integrated Goods Markets*, the Brookings Institution, Washington DC, 1995.

　　③ Hillman, J. S., *Technical Barriers to Agricultural Trade*, Boulder: Westview Press, 1991; Roberts, D. & K. DeRemer, "Overview of foreign technical barriers to US agricultural exports", *Economic Research Service Staff Paper*, US. Department of Agriculture, 1997; Thilmany, D. D. & C. B. Barrett, "Regulatory barriers in an integrating world", *Food Market Review of Agricultural Economics*, 1997, 19 (1).

　　④ Donna Roberts, "Analyzing Technical Trade Barriers in Agricultural Markets: Challenges and Priorities", *Agribusiness*, 1999, Vol. 15, Iss. 3: 335 – 354.

　　⑤ 参见，Thornsbury, S., *Technical Regular as Barriers to Agricultural Trade*, PhD Dissertation of Virginia Polytechnic Institute and State University, 1998; 夏友富：《技术性贸易壁垒体系与当代国际贸易》 [J]，《中国工业经济》2001 年第 5 期。

　　⑥ Deardorff, A. V. and R. Stern, "The measures of non-tariff barriers", *OECD Economics Department Working Papers No. 179*, 1997.

　　⑦ 叶柏林、陈志田编著《技术引进与进出口商品的标准化》（修订本），北京：中国标准出版社 1992 年版。

　　⑧ 夏友富：《技术性贸易壁垒体系与当代国际贸易》 [J]，《中国工业经济》2001 年第 5 期。

由于定义角度的差异，至今技术性贸易壁垒的概念界定具有模糊性。技术性贸易措施（Technical Measures to Trade，TMT）本身并不一定就成为贸易壁垒①，但当一国"以科学技术实力为基础，依据技术标准，通过技术门槛与准入条件，增加出口国的贸易成本，达到限制进口的目的"②时，技术性贸易措施就起到了壁垒作用。博鳌论坛前秘书长龙永图因此认为，如果一种TBT具有合理性、国际性和非歧视性，那么将TBT译为"技术性贸易壁垒"是不对的，应译为"贸易的技术性要求"③。

二　形成机理

从技术性贸易壁垒的表现内容可以看出，标准、技术法规、合格评定程序及卫生检疫措施等技术性措施是国际贸易顺利进行的保障和"游戏规则"，是应国际贸易需要而产生的，其存在具有一定的"合规性"④。但技术性贸易措施与生俱来的特点又使其很容易转化成它的对立面——技术性贸易壁垒，成为保护主义的庇护所。那么，技术性贸易壁垒是如何形成的？至今国内外学者已从许多角度对TBT形成进行了剖析，具体表现为客观性和主观性两种不同性质。

技术标准化与技术性贸易壁垒有着天然的联系，因为技术性贸易壁垒是分别由各国产品法规的差异，（自愿）标准的差异和合格评定的差异或重复而引起的⑤。技术性贸易壁垒有狭义和广义之分⑥。狭义的TBT就是由各国技术法规、标准和合格评定程序的差异引起的贸易壁垒。广义的TBT还包

---

① 张海东：《技术性贸易壁垒与中国对外贸易》［M］，北京：对外经济贸易大学出版社2004年版，第47页。

② 朱星华、刘彦、高志前：《标准化条件下应对专利壁垒的战略对策》［J］，《中国软科学》2005年第10期。

③ 参见陈淑梅《以规矩成方圆——欧盟技术标准化制度》［M］，南昌：江西高校出版社2006年版，第223页。

④ 朱钟棣：《贸易壁垒的应对和应用研究》，北京：人民出版社2007年版。

⑤ Jacques Pelkmans, *European Integration*: *Methods and Economic Analysis* (second edition), London: Pearson Education Limited, 2001: 83.

⑥ 参见王虹《21世纪初技术性贸易壁垒对我国进出口贸易的影响》，《商业研究》2001年第10期；夏友富等《TBT屏障——技术性贸易壁垒发展趋势及其对中国出口贸易的影响》，《国际贸易》2002年第10期；夏友富、俞雄飞、李丽《技术性贸易壁垒的特点及其发展趋势》，《技术性贸易壁垒动态》2003年第1期。

括动植物及其产品的检验和检疫措施（SPS）（尽管有专门的《WTO/SPS 协议》，但是检验和检疫措施形成的壁垒属于广义技术性贸易壁垒的一种）、包装和标签及标志要求、绿色规范（如国际或区域环保公约；国别环保法规和政策措施及标准；ISO14000、有机食品认证、环境标志、绿点等自愿性措施；加工和生产方法；环境成本内在化与生态倾销等）、信息技术要求（如条形码、电子商务）等造成的贸易壁垒。

（一）客观性

就技术性贸易壁垒形成的客观性而言，主要有经济技术差距、公共利益保护、国际机制缺陷等三种解释学说。

1. 经济技术差距说

早期学者认为 TBT 形成于各国标准制定范围、制定手段、对产品标准具体要求的不同以及各国合格评定程序与卫生检疫措施的差异而导致的"国家间不同的标准、法规与合格评定程序"[①]，但并未对差异产生的根本原因做进一步说明。之后国内外学者进一步挖掘 TBT 形成的深层原因，普遍认为其根本是发达国家与发展中国家之间在经济技术水平以及政治制度方面存在的客观差异，导致了反映经济禀赋与需求偏好的技术法规与标准必然存在着差异，从而形成事实上的贸易壁垒[②]。

2. 公共利益保护说

一些学者则运用公共利益理论解释 TBT 形成，认为政府决策作为公共利益的代表，适当的市场干预能纠正市场失灵，促进社会福利最大化。Akerlof 对市场交易中的信息不对称问题进行了深入研究，认为买者和卖者之间的信息不对称可导致逆向选择和严重的市场失灵[③]。政府可以通过最低质量标准或实施强制性的标签制度向消费者和生产者提供有关产品质量信

---

① 参见，Sykes, A. O. , *Product Standards for Internationally Integrated Goods Markets*, the Brookings Institution, Washington DC, 1995; Henson, S. , "Costs associated with divergent national product standards and conformity assessment procedures and the impact on international trade", in *Regulatory Reform in the Global Economy Asian and Latin American Perspectives*, OECD, 1998。

② 张海东：《技术性贸易壁垒与中国对外贸易》［M］，北京：对外经济贸易大学出版社 2004年版。

③ Akerlof, George A. , "The Market for 'Lemons': Quality Uncertainty and the Market Mechanism", *Quarterly Journal of Economics*, 1970.

息，以解决逆向选择问题，这客观上形成了技术性贸易壁垒①。WTO 正是出于公共利益保护的需要，允许一国或地区在适度范围内采取技术性措施以弥补因信息不对称、公共产品不足、负外部性等问题导致的市场机制不足（《TBT 协议》第 2.2 条款）。

3. 国际体制缺陷说

还有部分学者从制度缺陷角度进行解释，例如，朱启荣认为 WTO 管理制度上的缺陷为一些国家建立技术性贸易措施提供了契机②。李向阳将产品标准、规章与认证制度划归为自愿约束型规则，指出 WTO 体系内的贸易技术壁垒协议由于未确定有关标准的实质内容和具体衡量尺度，存在着很多灰色区域③。有一个课题组在其研究成果中同样指出《WTO/TBT 协议》的软约束力，认为"世界贸易组织对各国具体的技术性贸易措施最多只有软约束力"，是"各国纷纷采用技术性贸易措施进行歧视性保护和伤害对手的重要原因"④。

（二）主观性

就主观性而言，主要有政府干预、贸易保护主义两种解释学说。

1. 政府干预说

一些学者从政府干预视角进行解释。Posner 提出政府干预并不完全出于克服市场失灵的目的⑤。Thornsbury 运用了一个政治经济模型说明政府干预水平的内生形成，研究得出政策选择是理性最大化的经济个体（包括生产者和消费者）和决策者在经济系统中相互作用的均衡过程⑥。一方面政策干预容易受一国内部的利益集团通过游说或"院外活动"所施加的政治影响所俘获；另一方面，政府本身具有一定的偏好，作为一

① 鲍晓华：《技术性贸易壁垒的双重性质及其形成机制：理论假说与政策含义》［J］，《财经理论与实践》2006 年第 3 期。
② 朱启荣：《技术贸易壁垒问题的政治经济学分析》［J］，《世界经济研究》2003 年第 9 期。
③ 李向阳：《国际经济规则的实施机制》［J］，《世界经济》2007 年第 12 期。
④ 课题组：《中国技术性贸易措施战略》［J］，《财贸经济》2007 年第 9 期。
⑤ Posner, R. A., "Theories of economic regulation", *Bell Journal of Economics and Management Science*, 1974.
⑥ Thornsbury, S., *Technical Regular as Barriers to Agricultural Trade*, PhD Dissertation of Virginia Polytechnic Institute and State University, 1998.

个特殊的经济人要实现其自身利益最大化，当各种竞争性利益之间及其与政府自身偏好的相互作用达到均衡时，作为结果的干预水平内生地决定①。

2. 贸易保护说

当不能解决诸如外部性和信息不对称等问题时，绝大多数非关税壁垒本质上具有保护主义性质。有学者从标准和专利高度集成角度说明 TBT 形成，指出一些企业或跨国公司利用专有权的排他性和保护作用，滥用专利法在某些领域编织专利网络，将专利技术与技术标准结合起来，实现对技术标准事实上的垄断，使得其他厂商要进行相关产品的生产，就必须缴纳专利费，达到占领某一市场或领域的目的②。这些手段都是出于贸易保护主义的需要，是为保护国内商业利益而采取的歧视性措施。

综上，一方面由于各国经济技术的客观差距、公共利益维护的必然要求和国际制度的现实缺陷，导致 TBT 形成具有客观性；另一方面，政府干预、贸易保护主义需要又体现出 TBT 形成具有主观上的保护主义色彩。

三　经济效应

技术性贸易壁垒的双重性质必将导致其对进出口国经济效应的复杂性③。迄今国内外学者对 TBT 经济效应研究以理论定性分析为主、实证定量研究为辅，但近年已呈现出向实证定量研究快速发展的趋势，且国外研究比国内发展得要早要快，但定量研究仍明显不足，较为分散，缺乏系统深入的分析。综观相关文献，国内外学者主要研究了 TBT 对进出口国贸易量、贸易模式、成本增加、社会福利水平、技术创新等方面的影响，研究采用的方法主要有局部均衡分析、可计算的一般均衡、博弈论、价格楔、基于库存、调研、引力模型等方法。

---

① 参见，张海东《技术性贸易壁垒与中国对外贸易》［M］，北京：对外经济贸易大学出版社 2004 年版；鲍晓华《技术性贸易壁垒的双重性质及其形成机制：理论假说与政策含义》［J］，《财经理论与实践》2006 年第 3 期。

② 朱星华、刘彦、高志前：《标准化条件下应对专利壁垒的战略对策》［J］，《中国软科学》2005 年第 10 期。

③ 张娟、张永安：《欧盟技术性贸易措施及我国民营中小企业联合应对策略》［J］，《国际经济合作》2009 年第 2 期。

（一）贸易量变化

国外学者较早基于库存方法（Inventory-Based Approaches）定量研究标准对贸易量的影响，但结论并不统一。Swann 等首次尝试对标准的贸易效应进行定量研究，采用英国与德国的标准数据和英国 SIC 三位数分类贸易数据，研究英国和德国相互承认的自愿性国家标准、两国间不同的标准以及国际标准的影响①。结论表明：一是英国的国家标准起到了向外国表明其产品质量高的信息，从而提高了对英国商品的需求；二是德国标准使英国的净出口减少，说明德国标准具有保护倾向；三是各国制定特有的国家标准对贸易的促进作用大于国际标准，说明国际标准使产品多样性减少引起的贸易下降抵消了基于较高规模经济效应下的贸易增长。后来很多学者也基于库存数据资料，实证研究标准的贸易量影响，得出严格的标准既会对相关产业贸易产生负面影响②，也可能使获得进口国产品的信息费用降低，对贸易有促进作用。

国内学者主要采用局部均衡方法定性研究 TBT 对贸易量的影响③，得出的主要结论是 TBT 对贸易具有抑制效应。但李春顶④认为这种贸易限制作用只是短期的，长期上是促进贸易和提高竞争力的。国内还有一些学者选择某些受 TBT 影响较严重的行业（如农产品、食品等），利用实证方法建立模型，试图研究某一标准或法规对相关行业的贸易影响⑤。但国内在这方面的定量研究仍很匮乏。

（二）贸易模式改变

近年，国外学者开始实证研究 TBT 对贸易模式的改变情况。例如，Maggie Xiaoyang Chen 等以发展中国家企业出口倾向（propensity to export）

---

① Peter Swann, Paul Temple and Mark Shurmer, "Standards and Trade Performance: the UK Experience", *The Economic Journal*, 1996, 106 (438): 1297 - 1313.

② 参见，Juthathip Jongwanich, "The Impact of Food Safety Standards on Processed Food Exports from Developing Countries", *Food Policy*, 2009; Otsuki, Wilson and Sewadeh, "Saving two in a billion: Quantifying the Trade Effect of European Food Safety Standards on African Exports", *Food Policy*, 2001。

③ 张海东：《技术性贸易壁垒与中国对外贸易》[M]，北京：对外经济贸易大学出版社 2004 年版。

④ 李春顶：《技术性贸易壁垒对出口国的经济效应综合分析》[J]，《国际贸易问题》2005 年第 7 期。

⑤ 庄佩芬：《农产品技术性贸易壁垒影响因素实证分析》[J]，《国际贸易问题》2009 年第 2 期。

和市场多元化（market diversification）两个指标衡量企业的出口模式，结果发现受标准影响的企业出口到三个以上市场的可能性下降7%[1]。为进一步研究标准或技术法规对进出口国贸易模式的影响，Azim Essaji [2]利用美国农业、矿业和制造业三个产业，对96个发展中国家按HS六位数分类涉及4019种商品的进口数据进行计量分析，回归得出技术法规对发展中国家的出口贸易模式产生了显著影响。因技术知识稀缺、生产设备落后、熟练人力资源较少等因素，发展中国家在满足技术法规方面能力较低，因而会从较强的技术法规行业中分工出去，只能专门从事较低法规强度（lower regulatory intensities）的产品贸易。

（三）成本增加假说

TBT导致跨境供应成本的增加可以区分为一次性初始成本（one-time costs）和持续成本（ongoing costs）[3]，因此，技术性贸易壁垒的实施，加大出口企业的成本可以具体分为四个部分（见图2－1）。一次性初始成本提高了市场进入壁垒，具有数量抑制效应和价格控制效应[4]，但持续成本意味着产品进入市场后企业仍需持续不断地付出更高的边际成本，对企业又产生新的数量抑制和价格控制作用，从而降低企业竞争力[5]。Maskus等[6]选用16个发展中国家涉及12个行业的159个企业作为研究样本，建立生产成本函数增量的对数模型，定量研究符合进口国要求的标准和技术法规导致的短期成本的影响。研究结果表明，为符合进口国标准而增加1%的投入将提高可变

---

[1]　Maggie Xiaoyang Chen, Tsunehiro Otsuki and John S. Wilson, "Do Standards Matter for Export Success?" *World Bank policy paper* No. 3890, 2006.

[2]　Azim Essaji, "Technical Regulations and Specialization in International Trade", *Journal of International Economics*, 2008.

[3]　Henson, S., "Costs associated with divergent national product standards and conformity assessment procedures and the impact on international trade", in *Regulatory Reform in the Global Economy Asian and Latin American Perspectives*, OECD, 1998.

[4]　冯宗宪、柯大纲：《开放经济下的国际贸易壁垒：变动效应、影响分析、政策研究》[M]，北京：经济科学出版社2001年版。

[5]　参见，蔡茂森、朱少杰《论技术性贸易壁垒的抑制效应与我国出口行业的对策》[J]，《国际贸易问题》2003年第5期；陈志友《技术性贸易壁垒：机理特征、政策效应、对应措施》[J]，《国际贸易问题》2004年第11期。

[6]　Maskus, et al., "The Cost of Compliance with Product Standards for Firms in Developing Countries: An Econometric Study", *World Bank policy paper* No. 3590, 2005.

生产成本 0.06% —0.13%，同时固定成本平均增加 4.7 个百分点，也就是说，标准确实提高了短期生产成本。

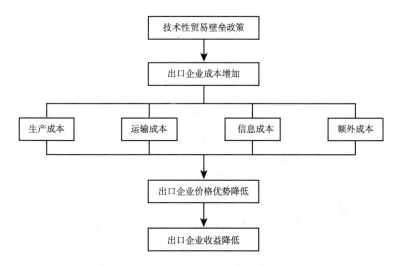

图 2 - 1　技术性贸易壁垒对出口企业效益影响的传导路径

（四）社会福利水平变动

就社会福利水平变动情况，学者们通过不同方法得出的结论有所不同。例如，鲍晓华运用一个单一产品市场局部均衡的分析框架，对实施 SPS 措施政策进行成本收益分析，结果表明，如果 SPS 措施是滥用的，则措施实施后的本国净福利下降；如果 SPS 措施是合理使用的，则给予外部性保护的 SPS 措施的福利结果是不确定的，为了克服外部性而使用的 SPS 措施有可能使福利增加，但在经济上并不总是有效率的[①]。还有一些学者也认为进口国 TBT 导致了出口国社会福利水平的下降[②]。

同时，也有学者认为标准会促进贸易，提高社会福利。Hagemeher 和 Michalek 采用 GTAP 模型建立 CGE 模拟分析，并结合调研方法，研究中东

---

① 参见，鲍晓华《技术性贸易壁垒政策择优：一个局部均衡的分析框架》[J]，《财贸研究》2004 年第 5 期；鲍晓华《WTO 框架下 SPS 措施选择的经济学：一个成本收益的观点》[J]，《财贸经济》2005 年第 5 期。

② Chenyan Yue and John C. Beghin, "Tariff Equivalent and Forgone Trade Effects of Prohibitive Technical Barriers to Trade", *Amer. J. Agr. Econ*, 2009.

欧国家加入欧盟前后因协调标准的采纳而产生的贸易转移效应，发现标准化联盟创造效应使中东欧国家从加入欧盟并协调其技术法规、技术标准上获利，社会福利水平得以提高[①]。

（五）技术创新促进

动态的标准化能促进创新，表现在标准使创新者们意识到产品技术水平，为其开发新产品提供基础；加强消费者对新产品或服务安全和性能的信任，从而推进新产品的普及和使用；跟踪新市场，引进新系统；传播知识，促进技术采用，进一步引发技术创新[②]；长期而言，标准化可以通过技术溢出效应对外形成正外部性，标准因而可以作为我国企业实现产品技术创新的信息源[③]；长期竞争力较强的企业可以通过提高产品质量，积极突破 TBT，实现产品的升级[④]。

通过以上分析可以得出一个基本结论：技术性贸易壁垒对进出口国产生的经济影响具有复杂性，既有可能促进贸易，也会成为贸易限制的来源。由于技术性贸易壁垒是最难量化的非关税贸易壁垒之一[⑤]，因此对这方面的定量研究发展比较慢，我国研究更显明显不足。

四　应对研究

如何应对技术性贸易壁垒一直是国内外学者研究的重点之一。尽管国际多边范围内很早就有了旨在协调和约束不合理的技术性贸易壁垒的《标准守则》及之后对此修订的《WTO/TBT 协议》，但至今效果并不明显。Sykes 通过对有关技术性贸易壁垒政策进行较为全面的剖析，得出结论，认为"遵守 GATT 的有关原则能够有效地克服国家间法规与标准差异所产生的技

---

① Hagemejer, Jan and Michalek, *Standardization union effects: the case of EU enlargement*, Jan 2006, available at: http://mpra. ub. uni – muenchen. de/22989/.

② COM (2008) 133 final.

③ 陈淑梅：《欧盟标准化外部性对我国出口企业技术创新路径的影响》[J]，《中国软科学》2007年第 1 期。

④ 李春顶：《技术性贸易壁垒对出口国的经济效应综合分析》[J]，《国际贸易问题》2005 年第 7 期。

⑤ Deardorff, A. V. and R. Stern, "The measures of non-tariff barriers", *OECD Economics Department Working Papers* No. 179, 1997.

术性贸易壁垒",但是"GATT 管理技术性贸易壁垒的效力还取决于执行的努力"①。由于技术性贸易壁垒的南北差异,发达国家和发展中国家在应对方面所做的努力也表现出不同的特征②。

(一) 发达国家——协调与互认

发达国家或地区已在其漫长的标准化历程中形成了各自相对完善、但又有差异的标准化体系,它们主要采取两种方法试图将技术性贸易壁垒理性化:协调与互认③。协调又分为谈判协调和权威协调,谈判协调是指各国通过谈判达成一个共同准则进行协调,而权威协调是指各国采纳一个权威规范,可以是国际标准,或者是他国标准;互认则指国家之间签订双边或多边协议相互承认对方政府机构或其授权机构的合格评定程序的结论④。

欧盟是运用协调与互认成功构建比较完善的技术标准化体系的典范。欧共体最早意识到 TBT 问题的严重性,并于 1969 年 5 月就颁布了《消除成员国间由于法律、法规或行政行为差异而导致的贸易技术壁垒的总纲要》和两个重要的理事会决议,其中之一的《互认检验的理事会决议》开始实行标准的协调和互认,为单一市场的建立消除了技术障碍⑤。但由于协调与互认在现实实践中有一定的要求,如互认双方要具有类似的公共利益目标,具有相近的经济发展水平等,在世界范围内实现双边或多边互认协议有着难以克服的现实困难。

(二) 发展中国家——标准化与技术创新

由于发展中国家标准化进程的缓慢,参与全球协调和互认还为时尚早。因此,至今发展中国家采取的应对措施主要还是基于自身的标准化,以及相关的技术创新。Sherry Stephenson 从政策与制度层面对发展中国家有关标准问题作了较为全面的阐述,认为"发展中国家的第一选择是采纳现有的国际标准以及国际标准化组织与国际电工委员会的国际标准化指导原则",如

---

① Sykes, A. O., *Product Standards for Internationally Integrated Goods Markets*, the Brookings Institution, Washington DC, 1995.

② 卜海:《技术性贸易壁垒的南北差异:表现、原因和趋势展望》[J],《财贸经济》2004 年第 2 期。

③ Baldwin, R., "Regulatory protectionism, developing nations and a two-tier world trade system", *CEPR Discussion Paper* No. 2574, 2000.

④ 张海东:《技术性贸易壁垒与中国对外贸易》[M],北京:对外经济贸易大学出版社 2004 年版。

⑤ 陈淑梅:《以规矩成方圆——欧盟技术标准化制度》[M],南昌:江西高校出版社 2006 年版。

果尚无国家标准，那么发展中国家的最佳选择是"采纳它们主要贸易伙伴市场上使用的标准，而不是制定它们自己的本地标准"，[1] 这一结论对于发展中国家的政策制定具有重要的现实指导意义，但同时也说明需要对发展中国家进行制度建设与技术上的援助。

我国学者在研究技术性贸易壁垒应对策略时，主要是结合我国特殊国情进行研究。结论主要有：（1）构建并完善我国标准化体系，实施标准化战略[2]；（2）提高我国出口产品质量与技术含量，推进产品升级[3]；（3）建立完善的预警预报系统，跨越信息技术壁垒[4]；（4）加大知识产权保护力度，克服专利壁垒[5]；（5）研究主要贸易国相关 TBT 体系，吸收成功经验[6]；（6）强调非政府机构的桥梁与公关作用[7]；（7）形成企业—中介组织—政府联合应对的"三位一体"合作协调机制等措施[8]。这些都是针对我国遭遇国外 TBT 的直接或根本原因而提出的有力战略措施，但对如何建立具体的实现过程或机制研究偏少，也存在系统性不强、比较笼统的问题。

五　研究方向

综观现有研究成果，技术性贸易壁垒具有概念模糊性、形成机制主客观性，以及经济影响的双面性与复杂性导致的应对措施的艰巨性与长期性。始于 20 世纪 70 年代西方国家的技术性贸易壁垒研究，无论是其研究

① Stephenson, Sherry, "Standards, Conformity Assessment and Developing Countries", *World Bank policy paper* No. 1826, 1997.

② 参见，齐欣、岳晋峰《标准制度互认机制与发展中国家技术性贸易壁垒的突破》[J]，《国际贸易》2005 年第 6 期；叶柏林、陈志田《技术引进与进出口商品标准化》[M]，北京：中国标准出版社 1992 年版。

③ 参见，朱星华、刘彦、高志前《标准化条件下应对专利壁垒的战略对策》[J]，《中国软科学》2005 年第 10 期。

④ 袁志明：《论构建我国 TBT 整体应对机制体系》[J]，《国际经贸探索》2007 年第 2 期。

⑤ 曹艳梅：《技术性贸易壁垒发展的新趋势——技术标准与知识产权相结合》[J]，《世界标准化与质量管理》2008 年第 2 期。

⑥ 杨昌举等：《技术性贸易壁垒：欧盟的经验及对中国的启示》[M]，北京：法律出版社 2002 年版。

⑦ 王厚双：《公关在日本处理日美贸易摩擦中的作用》[J]，《国际贸易问题》2003 年第 1 期。

⑧ 参见，王厚双、邓晓馨《日本"三位一体联动"应对国际贸易摩擦的经验与启示研究》[J]，《东北亚论坛》2008 年第 3 期；张娟、张永安《欧盟技术性贸易措施及我国民营中小企业联合应对策略》[J]，《国际经济合作》2009 年第 2 期。

范围，还是研究方法，都已获得了较全面的揭示，取得了较大进展，但仍存在着以下不足。（1）实证定量研究匮乏。尽管目前正逐渐涌现出 TBT 定量研究，但由于 TBT 量化和测度上的困难及数据可得性问题使得这一研究进展不快。（2）研究深度不足。国内外学者大多将 TBT 研究视角局限于"贸易政策"方面，对其向产业政策、技术政策、创新政策等拓展的重视程度不够。（3）研究行业单一。实证定量分析主要集中在农产品领域，对其他产业的研究不多。（4）对策分析含糊，针对性不强。我国学者虽多角度地提出了很多应对战略措施，但大都未进行较系统详细的设计和阐述，可操作性不太强。因此，进一步研究技术性贸易壁垒不仅是理论发展的需要，更是后危机时代全球保护主义背景下的现实诉求，具有重要的理论和现实意义。

"二战"以来明显涌现过几次不同程度的技术性贸易壁垒浪潮，其存在都具有一定的历史背景和经济条件。20 世纪 70 年代初至 80 年代末，两次石油危机导致贸易保护主义抬头，并随多边贸易谈判"东京回合"对关税的大幅削减，世界各国纷纷瞄准多边体制很少涉及的非关税壁垒，技术性贸易壁垒也成为其中重要的手段之一。90 年代中期至 21 世纪初，随着"乌拉圭回合"对传统非关税壁垒进行更全面规制及 WTO 成立，加之高灵敏度检验检测技术的发展，关税和传统非关税壁垒已不足以成为部分国家实施贸易保护的借口，隐蔽性强、形式合法的技术性贸易壁垒深受追捧。2008 年美国金融危机爆发进而引发全球经济危机，发达国家和部分发展中国家为抵制危机、复苏经济，利用其在先进技术水平上的绝对优势，以环境保护和社会责任等公共利益为"正当"借口，玩弄各种模糊不清、争议性强的技术性贸易措施，以实现其背后的政治经济利益，从而引发新一轮的技术性贸易壁垒浪潮。在全球贸易保护主义盛行的今天，本轮技术性贸易壁垒浪潮已呈现出与以往不同的新特点。

（一）特点分析

1. 模糊性

在全球模糊保护主义趋势下，贸易保护手段更加隐蔽灵活，除了传统的贸易救济措施（如反倾销、反补贴和保障性措施）外，出现了更加模糊的贸易壁垒（如知识产权保护形式、移民措施、公共采购规则、技术性贸易壁垒等），其中技术性贸易壁垒更是花样百出、模糊难辨。随着全球气候变化（climate change）愈演愈烈，能源、环保、贸易等复杂地交织在一起，各国在权衡贸易与环境之间内在的复杂关系时，往往从自身利益出发，将本国贸易政策和环境保护目标相结合，试图出台边境调节税（border adjustment tax），或者碳关税（carbon tariffs），以环境保护为名，行贸易保护之实。这些措施被披上"绿色"外衣，具有极强的伪装性，其背后隐藏着复杂的战略利益分配关系①。

2. 社会性

新一轮技术性贸易壁垒将更多地与社会问题相结合，贸易保护也更多地由经济问题向社会问题逐渐转换。如绿色壁垒、企业社会责任标准、动物福利标准等是近年涌现出的贸易壁垒新形式。绿色壁垒是为了保护人类生存环境而采取的各种限制性措施，企业社会责任标准是关于人的劳动环境、劳动条件及劳动权利的标准，动物福利标准则是关于动物生存权利和福利的标准。这些措施在实现一定社会目标的同时，也使贸易壁垒蒙上了更加复杂的社会问题。

3. 针对性

技术性贸易壁垒因其本身的灵活性和不确定性，极易为部分国家利用而制定针对性强的歧视措施，随心所欲地抵制他国产品的进口。GTA研究资料显示，中国已成为全球贸易保护主义最大的受害国，很多保护措施都是针对中国设计的，它们企图直接阻碍来自中国产品的进口。由于部分发达国家或地区贸易逆差的持续扩大及中国本身较大的出口规模，在一定时期内贸易保护主义矛头仍将指向中国，技术性贸易壁垒自然也会更多地针对中国。

（二）未来方向

综合以往的研究积累以及此轮已显现的新特点，未来对技术性贸易壁垒的进一步研究可以集中在以下几个方面。

（1）构建数量模型对技术性贸易壁垒进行更深度的定量研究。具体以某一行业或某些代表性商品为研究对象，基于库存数据资料构建反映和衡量TBT的指标，建立数量模型实证分析检验，从更加微观的视角解释某一TBT

---

① 夏先良：《碳关税、低碳经济和中美贸易再平衡》[J]，《国际贸易》2009年第1期。

措施对贸易量、贸易结构、出口成本产生的影响，并预测其可能导致的相关产业贸易量的变化程度。

（2）运用跨学科方法进行多角度研究。当今各国规制已表现出从经济性规制向社会性规制逐渐转变的特征，技术性措施的实施不仅是为了解决产业经济问题，更多是为了实现整个国家或全世界公共关注的社会问题。因而对其的研究也不应仅从经济学角度分析，更需与其他学科相结合，采用不同学科方法，全方位、多角度地研究某项措施背后复杂的政治经济原因及相应对策。

（3）系统设计我国应对技术性贸易壁垒的可行性方案，包括总体应对思路和具体运行机制。总体应对思路应从国际、地区、国家层面出发，以各种经贸机制为平台，开展双边或多边协调与国际交流，寻求自由贸易区建设的可能性，充分利用WTO争端解决机制维护自身利益，研究如何利用WTO允许的对发展中国家的援助，最大程度地减少发达国家对我国商品实施TBT的负面影响。同时，我国也应根据其国情，吸取发达国家经验，建立起具有中国特色的一整套应对TBT的运行机制：完善的经费投入体系、信息咨询体系、预报预警体系、快速反应体系；政商学界三方高度融合和权责分明的应对机制；包括上层法律法规体系、中层认证认可体系、底层监督监管体系的标准化立体体系。

第 三 章
政策调整的背景分析

欧盟此轮调整单一市场政策完全是迫于内外环境的改变，尤其是全球化的深化、欧盟的扩大、电子商务的发展①以及中国等新兴经济体的迅速崛起。一方面，随着全球化的深入，欧盟需要对外提高其竞争力。另一方面，欧盟的不断扩大提出了对内进一步加强协调的要求。这些又继而对投放欧盟市场的内部产品以及从第三国进口的产品提出了更多的监控要求；自由流动原则又要求这些监控不应因为不必要的保护健康和安全要求而给商品的自由流动制造障碍。与此同时，日益庞大的全球市场，全球市场统一调控的缺失，以及供应链的新变化已经给产品质量增加了诸多不确定性。因此，欧盟需要出台加强市场监管的新政策，并与第三国进口产品的监控相联系，以确保实验室和认证机构有能力进行适度的监控。另外，电子商务的剧增使得明确责任方的难度加大，经济活动的多样性又使得生产商不得不遵从不同的法律，而不同部门之间的差异带来的欧盟立法的不一致性不仅增加了这方面的难度，更增加了企业的负担。此外，中国等新兴经济体的快速发展，以及单一市场自身的缺陷也是欧盟调整其单一市场政策的重要考量。

第一节　内外环境的演变概观

当内外环境已经威胁到政策目标的实现时，对初始政策目标及其执行方

① Internal market for goods set for boost, *Enterprise & Industry Online Magazine*, 28. 04. 08, available at: http：//ec. europa. eu/enterprise/e_ i/news/article_ 6893_ en. htm.

案进行修正的二次决策将难以避免。政策调整既有主观原因，也有客观原因，欧盟对单一市场政策的调整也不例外。

一 欧盟区内环境 SGEP 分析

与 20 世纪 80 年代初欧共体提出欧洲 1992 计划，建立单一市场时相比，欧盟在此次调整单一市场政策时所面临的区内环境已经发生了巨大的变化①，主要体现在社会（Social）、地理（Geographical）、经济（Economic）和政治（Political）等方面。

（一）社会环境的变化

随着更多成员国的加入，欧盟的社会环境变得更加多样复杂，主要体现在人均寿命、新生儿出生率、老年化趋势、家庭模式等方面的变化。

首先，欧洲的人均寿命大幅度提高。男子人均寿命由 1900 年的 43.5 岁提高到 2000 年的 75.5 岁，并预计到 2050 年会提高到 82 岁；女子人均寿命由 1900 年的 46.0 岁提高到 2000 年的 81.4 岁，并预计到 2050 年会提高到 87.4 岁。这些归功于 60 年来的和平发展，医疗条件的改善，以及更好的生活和工作条件。但这也给福利体制带来了更大的压力，相关的开支到 2030 年将占 GDP 的 2.5%，而到 2050 年，这一比例将提高至 4.3%②。与此同时，不同工薪阶层、不同地区的人均寿命却存在相当大的差异。

其次，新生儿出生率呈下降的趋势。由于父亲与母亲分担家庭责任的差异，儿童保健设施的缺失，住房条件的限制以及工作等因素使得一些人常常放弃生育的念头。自 20 世纪 60 年代以来，欧洲人口增长率持续下降，1999 年人口发展出现转折点，开始负增长。在欧洲各个地区中，东欧是 2000 年以前全球第一个也是仅有的一个人口有所减少的地区。在北欧和西欧地区，如果没有国际移民的净流入，人口增长率也将很低。2010—2040 年，预计

---

① Communication from the Commission to the Council, the European Parliament, the European Economic and Social Committee and the Committee of the Regions, *A Single Market for Citizens*, *Interim report to the 2007 Spring European Council*, Brussels, 21.2.2007, COM（2007）60 final：4.

② Commission of the European Communities, Communication from the Commission of the European Parliament, the Council, the European Economic and Social Committee and the Committee of Regions, *Opportunities*, *access and solidarity*：*towards a new social vision for 21st century Europe*, Brussels, 20.11.2007, COM（2007）726 final：4 – 5.

欧洲所有地区的人口都将出现负增长①。

再次，老年化趋势等社会问题日渐突出。当今欧盟有 28% 超过 70 岁的老人独居；三分之二超过 75 岁的老人是由直系家庭的其他妇女非正规照顾；每六人中就有一位老人生活在贫困之中，尤以无业而享受低退休金的老年妇女居多。由于自然增长率在过去一个世纪乃至未来的变动，欧洲人口已不可逆转地老龄化，其中位年龄在各大洲中是最高的。未来数十年内欧洲人口结构的进一步老化，将对社会安全和保健体系构成挑战，对经济发展和全球竞争力产生影响。

复次，"代裂"（generation fracture）问题的出现。由于年轻的一代跟老一辈在薪金、工作、住房、老年经济负担等方面的差异，新问题与风险更加突出。

最后，变化的家庭模式也带来了新的问题。婚姻的破裂、单亲家庭和大家庭关系的削弱带来了工作与生活平衡以及照顾责任方面的问题。单亲家庭往往面临更高的失业风险。

依然存在的问题还包括以下几个方面：男女平等问题。尽管男女平等已经有了很大的进步，但在劳动力市场，尤其在经济和政治决策位置上，女性的比例还很低，男女工资的差距平均还有 15% 之多。收入和机会差距问题。区域间、城乡间、各成员国间这样的差距依然存在。还有超过一亿的人每天最多的收入仅为 22 欧元。移民问题。尤其在欧洲的大城市以及边境地区移民问题一直在考验成员国一体化战略的有效性。

基于上述变化，欧盟在社会保障建设、劳工标准确立和共同就业战略等方面已经取得了突破性的进展②。但在欧洲一体化进程中，各成员国不仅经济发展水平存在很大的差异，而且社会政策的内容、方式、保障水平也各不相同，移民、就业、失业、社会变迁、人口老龄化、价值观整合等社会性问题日渐突出，市场经济所带来的社会排斥（相对贫困、失业和地区差距）在更大的范围内凸显出来。因此，欧洲一体化过程具有双重目标，即经济目标上建立统一的欧洲市场，有效地利用资源和创造发展的机会；社会目标上

---

① 张善余、彭际作、俞路：《总量开始减少的欧洲人口形势分析》[J]，《欧洲研究》2005 年第 2 期。

② 田德文：《论欧洲联盟的社会政策》[J]，《欧洲》2000 年第 4 期。

试图在一体化的范围内消除社会排斥①。

（二）地理环境的变化

1993年1月《马斯特里赫特条约》正式生效，欧盟正式诞生，当时的12个成员国如今已增加至27个。疆土不断扩大的同时，欧盟面临的地缘环境也发生了变化。

随着1995年奥地利、瑞典、芬兰的加入，欧盟成员国达到15个，人口占西欧总人口的90%。2004年5月1日，8个中东欧国家（波兰、匈牙利、捷克、斯洛伐克、斯洛文尼亚、爱沙尼亚、拉脱维亚、立陶宛）和2个地中海国家（塞浦路斯、马耳他）正式加入欧盟；2007年1月1日，保加利亚、罗马尼亚加入欧盟。欧盟东扩后，整个经济区域之面积由原来的320万平方公里，扩增为432万平方公里；总人口数亦由原来的3.7亿人，增加至4.998亿人②，成为全世界最大的区域经济体③。

中东欧国家的加入改变了欧盟的地理重心。英国地理学家 Halford Mackinder 爵士认为，东欧在欧亚大陆占据十分独特的位置，它是俄国从心脏地带进入中欧、德国向东进入心脏地带的通道，并宣称④：谁统治东欧，谁就能主宰心脏地带；谁能统治心脏地带，谁就能主宰世界岛；谁能主宰世界岛，谁就能主宰全世界。冷战结束后，中东欧国家处于欧盟与俄罗斯之间的"中间地带"，对欧盟而言，将冷战结束后形成的广阔的"中间地带"纳入欧盟的版图，既可以增加欧盟的实力和提高欧盟在国际舞台上的威信，又可以加强欧洲的稳定与安全，使俄罗斯失去一个战略上的缓冲地带，同时增强欧盟在国际上与美俄抗衡的力量⑤。

一方面，欧盟东扩后面临新的边界，其外资战略与政策由区域安全观转向全球安全观。中东成为扩大后欧盟的新边境，而塞浦路斯使欧盟与以色列更近，中东的不稳定将影响到大欧洲框架下的边境稳定和欧洲

---

① 纪光欣、岳爱东：《欧洲现代化进程中社会政策的历史演变》［J］，《中共青岛市委党校青岛行政学院学报》2009年第9期。

② 截止到2009年1月1日的数据，参见，Monica MARCU, *The EU‑27 population continues to grow*, eurostat, 31/2009。

③ 王大任：《欧盟东扩的经济分析》［D］，吉林大学2006年。

④ 麦金德著《民主的理想与现实》［M］，武原译，北京：商务印书馆1965年版。

⑤ 尹永波：《欧盟东扩及其经济影响》［D］，中共中央党校2008年。

安全①。另一方面，通过欧盟东扩实现了欧洲大陆的统一，进而可以促进中东欧国家的民主、稳定和繁荣，并最终实现整个欧洲的持久和平与稳定②。

（三）经济环境的变化

在全球化的背景下，欧盟内部经济环境发生了巨大的变化③，主要体现在失业率、工作方式、教育以及经济重心的转变等方面。

首先，失业率居高不下。虽然就业率有提高的趋势，仅2006年一年欧洲新增加的工作机会就达到350万个，但是在欧洲的许多地方失业率一直呈现上升的趋势。为此，欧盟专门成立了欧洲全球化基金（the European Globalisation Fund），"以帮助那些因失去工作而遭遇全球化负面影响的人"④。

其次，人们工作的年限和方式发生了变化。一方面，人口的老龄化使得人们从劳动力市场退出的平均年龄增大，但55岁至64岁的老人中，还是有47%的男性、65%的女性因为种种原因退出了劳动力市场。另一方面，随着信息等技术的发展和经济需求的变化，人们的工作方式也在发生变化，更加灵活的工作机会越来越多，工作条件也更加多样化和不固定，正在终结过去那种终身工作的可能性。

此外，欧洲教育和培训的质量与效率还远远满足不了知识社会对人力资本、教育和技能的要求。在欧盟，有五分之一的在校生还达不到基本的识字和算术的要求，有600万的年轻人没有获得任何资格证书就离开了学校。

欧盟成员国高新技术产业成为经济可持续发展的龙头产业，获得迅速发展。尤为重要的是，欧盟的经济重心已经由生产领域向服务领域明显转移：服务业占欧盟GDP和带来的新增就业的比例分别为70%和96%。知

---

① 戴启秀：《欧盟东扩后的新边界及其新周边外交走向》[J]，《世界经济与政治论坛》2006年第3期。

② 罗松涛：《统一欧洲的大战略——欧盟东扩论》[J]，《国际问题研究》2000年第4期。

③ Commission of the European Communities, Communication from the Commission of the European Parliament, the Council, the European Economic and Social Committee and the Committee of Regions, *Opportunities, access and solidarity: towards a new social vision for 21st century Europe*, Brussels, 20. 11. 2007, COM（2007）726 final: 5.

④ Juan Delgado, "New Challenges of the EU Single Market", *The economic policy for the Single Market of the future*, Bruegel-DG Internal Market workshop, 16 January 2007: 6.

识经济改变了经济中服务的角色,增加了对能源的依赖。另外,单一市场不仅遭遇到结构的变化,在一些领域,还遭遇到新的壁垒,例如电子单一市场壁垒(barriers to the "e-Internal Market")。欧委会推出了电子 2010(i2010),旨在推介单一欧洲信息空间(Single European Information Space,SEIS),其中单一欧洲电子市场(Single European Electronic Market,SEEM)的目的是整合电子价值链,以便各成员国的公司、组织和个人可以顺利相连。单一欧洲电子市场以必要的法律法规便利电子交易的达成,而不受任何成员国国内条件的限制①。随着信息和通信技术(ICT)的发展,如果各成员国采取不同或者不兼容的解决方式,就极易给最终用户带来"电子壁垒"(e-barriers)②。

(四) 政治环境的变化

欧盟的快速扩大不仅改变了欧盟自身,也改变了欧洲的地缘政治③。首先,欧洲一体化给国内政治带来了或多或少的变化,每个成员国或准成员国不得不对欧盟政治体系运作所带来的压力作出反应,相应地调整本国的政治制度、政策与政治文化。欧盟引起的成员国国内政治变化的后果是混合的,在一些国家成员国政策乃至制度层面出现了趋同态势④。例如,中东欧国家经过十多年的转轨,已经基本上建立了西欧式的政治体制,在许多具体的机制方面也逐渐与西欧趋同⑤。

中东欧国家的政治体制的形成与发展主要经历了两个阶段。第一阶段是从 20 世纪 80 年代末 90 年代初的剧变到 1993 年召开的哥本哈根欧盟高峰会议。这是西方式民主制度的初步形成阶段。第二阶段是从 1993 年哥本哈根峰会之后到 21 世纪初。在这一时期,中东欧国家政治体制发展出现明显的欧盟化的倾向。所谓欧盟化,是指中东欧国家为了加入欧盟,并在欧盟的达标压力下,有意识地接受或趋同西欧国家的模式。欧盟化成为中东欧国家政

---

① Goncalves Ricardo, Bonfatti Flavio, *The Road for SEEM: A Reference Framework towards a Single European Electronic Market*, CRC Press, 2008.

② COM(2007)724 final: 8.

③ Karen E. Smith, "Enlargement and European Order", 2005: 1270.

④ 古莉亚:《"欧洲化":欧盟研究的一个新视角》[J],《现代国际关系》2007 年第 9 期。

⑤ 张迎红:《浅论中东欧国家政治体制的欧盟化问题》[J],《俄罗斯中亚东欧研究》2006 年第 5 期。

治体制发展的主要特征与趋势。

另一些成员国却保留着它们特殊的制度安排、国家—社会关系或政治文化，从而出现一种被称为"集合式趋同"（Clustered Convergence）的现象①。

与此同时，大批中东欧国家的加入，对欧盟共同外交与安全政策的发展以及欧盟治理系统构成了挑战，欧盟选择应对的方法与以往不同：通过内部政治制度的扩展和延伸实现地缘政治转变，而非传统的政策工具。例如，2004 年欧盟东扩后，与前几次扩大的最大不同是取得了"心脏地带"（新加入的国家历史上就是东西方的战略通道、心脏地带），摒弃了历来运用的战争手段，第一次采用和平方式，显示了欧洲思想理念、文化价值等"软力量"的作用。这种"软力量"，或者软权力是推动欧盟发展的强大的内部动力②，是欧盟国际政治地位的根本体现，也是欧盟借此影响世界的主要手段，它决定了欧盟在世界舞台上的地位和作用。

绿色浪潮是欧盟政治的另一重大变化。欧洲绿党自 80 年代初纷纷进入全国性议会，从 1995 年起，绿党在欧盟的芬兰、意大利、法国、德国和比利时等国先后通过与其他政党组成联盟进入了全国性政府，出现了又一重大政治突破或"绿色浪潮"③。绿党作为全国性联盟政府中的弱小伙伴，只带来了生态环境相关议题领域的某些局部性和渐进的政策变化，而且必须为此经常做出广泛的甚至包括环境政策方面的政治与政策妥协，而兑现其竞选政策主张或维持其执政地位的需要，使绿党继续舍弃其最初运动化的或选择性的政党结构，逐步接近于一个职业化、集权化的选举性政党，尽管它们作为生态政党的绿色政治形象短期内没有也不会发生根本性改变。

二 全球外部环境 PEST 分析

与内部环境变化并存的是，进入 21 世纪后，随着全球化的加深，欧盟所面临的全球环境在政治（Political）、经济（Economic）、社会（Societal）和技术（Technical）等方面同样发生了巨变。20 世纪以来全球政治经济的

---

① 古莉亚：《"欧洲化"：欧盟研究的一个新视角》[J]，《现代国际关系》2007 年第 9 期。

② 祖强、邱芝：《扩大后欧盟的内部发展动力与外部环境——"欧盟东扩"学术研讨会综述》[J]，《欧洲研究》2004 年第 3 期。

③ 郇庆治：《欧洲执政绿党：政策与政治影响》[J]，《欧洲研究》2004 年第 4 期。

治理大致经历了三种类型：1900—1945 年的列强争霸或帝国争夺型治理、1946—1989 年的两个超级大国的阵营型治理和 1990 年至今的一霸数强型治理。伴随全球化的加速发展，全球秩序正面临着越来越多的问题和挑战，世界体系的变革和再造已经提上日程①。

（一）政治环境的变化

世界格局多极化进程加快，"一超多强"的局面已然隐现。自 20 世纪 80 年代以来，世界格局多极化进程便持续加快。政治上是中美俄日欧印等国的相对多极的局面，经济上是北美、欧洲和东亚三极并存局面，军事上是美俄两国占有优势的局面，文化上却是多样化多元化共存局面②。

另外，和平与发展成为时代主题，大国之间既摩擦又合作。冷战后，和平与发展成为时代的主题，国际社会的注意力转向保持稳定的安全环境和促进经济贸易的发展。世界主要大国之间的关系因此出现了新的调整和变化，即"在斗争中求妥协，在竞争中谋合作，避免全面对抗，寻找彼此国家利益的汇合点"③。一方面，全球化的深入发展使得各国之间相互依存加深，国际关系的主旋律由国际冲突转向国际合作。合作、对话、"纠偏"成为大国关系调整的主流。另一方面，在经济全球化进程中，由于世界资源分配不均衡、各国发展水平差异较大、世界生存与发展环境日益恶化，各国之间的利益摩擦与利益冲突也在相应加剧④。

总体上，国际安全形势总体稳定与局部动荡长期并存⑤。冷战结束后，国际整体安全形势趋于缓和，在当前和今后很长一段时期内国际战略格局总体稳定。随着经济全球化的不断深入，国与国之间的联系日益紧密，国家之间往往有着共同的经济利益和共同的安全挑战，这极大降低了发生全面军事对抗的可能性，保证了国际安全形势的总体稳定。但与此同时，世界范围内的恐怖主义、核扩散、经济安全、环境安全、疫病蔓延、跨国犯罪等非传统

---

① 丁晓钦：《全球化与国际经济政治的民主治理——世界政治经济学学会第四届论坛会议综述》，《国外社会科学》2009 年第 5 期。
② 叶自成：《中国大外交：格局、利益和环境的变化》[J]，《国际展望》2009 年第 1 期。
③ 黄伟锋：《论新世纪初国际环境的新变化及其对中国对外战略的影响》[J]，《甘肃社会科学》2002 年第 4 期。
④ 彭光谦：《世界战略形势的变化与美国外交战略趋向》[J]，《现代国际关系》2007 年第 12 期。
⑤ 吕邦安：《国际战略形势及中国与世界关系的变化》[J]，《现代国际关系》2008 年第 9 期。

安全威胁上升，冷战时期遗留下来的各种民族矛盾、宗教纠纷、领土争端逐渐暴露出来，俄美矛盾上升、经济全球化和信息化的负面影响等问题可能使局部动荡加剧。

（二）经济环境的变化

20 世纪 80 年代以来，经济全球化与区域一体化并行发展，世界经济呈现出三角乃至四角的纵横交错、相互借重关系，为世界经济发展注入强劲动力。

20 世纪 90 年代以来，贸易投资自由化和新科技革命已成为推动全球化发展的两个轮子，经济全球化发展迅猛，无论在深度和广度上还是在发展速度上都超过以往，对国际环境产生了深刻的影响，使得处于不同发展阶段的国家同台竞技，形成了三个"中心"——已经步入信息社会的发达国家成为全球科技创新和国际金融中心；处于工业社会的发展中国家成为全球制造和加工中心；包括石油输出国组织成员国在内的自然资源拥有国成为全球初级产品供给中心。但另一方面，这种依据科技、知识的不同含量而形成的当代国际分工导致南北差距存在进一步扩大的趋势，世界经济发展更加不平衡①。

与此同时，区域一体化进程也显著加快，出现了如欧盟、北美自由贸易区、南锥体共同市场、东盟与亚太经合组织以及阿拉伯中东地区的海湾合作委员会（GCC）、阿拉伯马格里布联盟（AMO）等一系列区域主义组织。并且区域主义表现出由政治层面向经济、安全乃至文化层面纵深发展的态势②。

另外，随着全球化的加深和新兴经济体的出现，欧盟在世界经济中的地位呈现不断下降的趋势。首先，欧盟占全世界 GDP 的总量已由 1985 年的 27.77% 下降至 2006 年的 22.78%（见图 3 - 1）。以食品饮料为例，欧盟在全球市场的份额正逐步减少③。美国凭借其强大的综合实力，将继续并长期

---

① 杨国亮、张元虹：《论当代国际分工的深化及其对世界经济格局的影响》[J]，《当代经济研究》2007 年第 7 期。

② 张鸿石等：《冷战后传统主义思潮的回归及其影响》[J]，《现代国际关系》2007 年第 11 期。

③ High Level Group（HLG），"On the Competitiveness of the Agro-Food Industry"，*CIAA submission and contribution to the discussions of the Working Group*："*Trade Issues*"，CPT/031/08E-Final Brussels，11 July 2008.

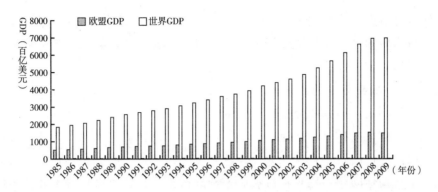

图 3 - 1　欧盟 GDP 的变化趋势图（1985—2009）

注：GDP 均基于国内 GDP 的 PPP 值。

资料来源：http：//www.imf.org/external/pubs/ft/weo/2010/01/weodata/weoselagr.aspx。

保持世界经济重要一极的地位；欧盟在国际经济事务中的作用呈现上升趋势；日本、东亚地区经济合作加强；以中国为代表的发展中国家崛起，南南合作形成了巨大规模，从而改变了发达国家经济和发展中国家经济的力量对比[1]。

其次，欧盟在世界市场正遭遇到前所未有的壁垒。以食品为例，中国和巴西等新兴经济体和农业出口大国已经通过对其农业原材料增加附加价值而从中受益。农产品原材料成本的上升使得欧盟生产商的成本不断上升，另外他们在出口时不仅遭遇到关税，而且也遭遇到非关税壁垒，例如第三国食品安全和食品立法差异带来的壁垒。

尤为重要的是，全球化使得生产链得以充分整合。全球化区别于过去国际化的很重要的一点就是生产的分散和市场的整合[2]。20 世纪 80 年代后期，电话的每个零部件都还是在欧洲的一家工厂里完成的，而如今芬兰公司 NOKIA 每年经手的零部件达 1000 亿之多。2006 年 NOKIA 工厂生产了约 900000 部手机，每天经手的零部件约 2.75 亿，其中的多数零部件是从其他公司采购的，然后进口到 NOKIA 工厂所在国。保守估计一部手机的一半零

---

① 纪军：《当代世界经济格局及其走势》[J]，《中共中央党校学报》2008 年第 8 期。

② The EU Trade Policy Study Group, *A Modern Trade Policy for the European Union*, A Report to the New European Commission and Parliament, January 2010：8.

部件是跨境生产的①。同样欧洲主要的制鞋商也是通过外购完成其生产的，而欧洲当地的员工主要关注研发和市场推广。通过如此的供应链的分散，欧洲公司可以集中专注于价值链中的高附加价值部分。

(三) 社会环境的变化

首先，人口问题成为全球面临的严峻挑战。"二战"结束后，全球范围内经济规模空前扩大的同时，世界经历了新的急剧而空前的人口变动。世界人口爆炸性地增长，全球性人口问题越发突出，这已经成为国际社会所面临的一个普遍性问题，几乎在所有国家和地区都存在，对世界各国社会经济的发展都产生了深远的影响，已经引起世界各国的广泛关注②。人口问题主要集中体现在以下几个层面③：

一是尽管人口增速趋缓，人口总量仍在持续增长，生育率向两极延伸；

二是随着人口结构的根本性变化，人口老龄化趋势明显；

三是世界范围内的贫富分化加剧，贫困人口有增无减；

四是人口膨胀与环境、资源的矛盾日益彰显；

五是跨国人口迁移引起国际社会关注。

另外，文化全球化趋势不可逆转，文化霸权日益突出。自冷战结束后，西方文化的影响日益扩大，成为西方国家在当代国际关系中的一种"重要资源"④。自20世纪90年代以来，席卷世界的全球化浪潮不仅深刻改变了世界经济，而且也带动了全球范围内的文化交往与渗透，对世界文化以及人们的社会心理产生了深刻的影响，包括不同生活方式、生存状态、消费模式、观念意识等方面的相互认同、渗透、借鉴与吸收，从而形成了文化发展的全球一体化趋势。不同国家和不同民族间的文化呈现出吸收、融合、同化、对峙等多种文化交流姿态。其中，最具代表性的便是美国文化的大举入侵和遍地生根。文化全球化已是当今世界不可回避、不可遏止、不可逆转的趋势⑤。

---

① The EU Trade Policy Study Group, *A Modern Trade Policy for the European Union*, A Report to the New European Commission and Parliament, January 2010: 6.

② 岚兰:《全球人口问题盘点》[J],《中国统计》2004 年第 9 期。

③ 尹豪:《21 世纪全球人口与发展》[J],《人口学刊》2001 年第 1 期。

④ 田德文:《西方文化霸权与冷战后的国际关系》[J],《世界经济与政治》2001 年第 4 期。

⑤ 杨小兰:《对文化全球化研究中几个问题的思考》[J],《西北师大学报（社会科学版）》2009 年第 5 期。

（四）技术环境的变化

首先，技术全球化趋势日益凸显，世界技术市场持续扩大。20 世纪 90 年代以来，随着经济全球化的不断深入，技术资源在全球范围内进行重新组合和有效配置，各国技术研发的相互依存关系加强。技术全球化包含三个公认的层次：研究开发的全球化、技术成果的全球共享和全球性技术管理①。其中，国际技术转移已经成为技术成果全球共享的主要途径，推动技术创新和技术进步。技术全球化具体表现在以下几个方面②：

一是研发活动的全球化步伐进一步加快，尤其是发达国家研发活动的全球化程度日益提高。

二是科学技术知识供应的全球化。各国对国外科技知识依赖的程度较高。

三是专利活动的国际水平提高。

四是国际科学技术合作大量增加，全球技术贸易额一直呈现增长态势。

五是跨国公司之间各种形式的技术联盟日益发展，推动着全球技术转移。

六是高科技人才全球流动加快，世界各国对高科技人才的争夺可能会进一步加剧，人才竞争更加激烈。

其次，高技术领域内国际竞争与合作趋势同在。经济全球化加速了技术创新与技术全球化的进程，无论是发达国家还是发展中国家都大力推进国际科技合作，互补优势，最大限度谋求研发资源的共享，争取有利于自身发展的国际地位，因此国际科技合作呈现出发展加速化、合作主体多元化的发展趋势。国际科技合作已经成为各国国家合作战略的重要组成部分。发达国家通过国际科技合作以长期维持其科技优势，寻求政治利益的最大化。发展中国家也致力于抓住此次契机，引进国际高新技术和资本，实现跨越式发展，提高地区乃至世界影响力③。目前全球技术合作主要集中在发达国家，他们合作研发高技术，并对其垄断和控制。

---

① 郭金光、盛世豪：《技术全球化视野下的技术变革及空间组织》［J］，《科学与科学技术管理》2007 年第 11 期。

② 黄军英：《科技全球化及其政策启示》［J］，《国际经济合作》2007 年第 10 期。

③ 唐克超：《当前国际科技发展与合作态势》［J］，《国际技术经济研究》2006 年第 10 期。

　　与此同时，国际间的科技竞争愈演愈烈。各国大力发展高新技术，极力争夺技术发展的制高点。发达国家一方面加大研发投入，另一方面注重对高端技术的控制与保护，国际技术保护主义加强。近年来技术创新中的知识产权竞争和遏制也是尤为激烈。发达国家加大知识产权保护和标准体系的建设，促进自身科技创新发展，同时又在遏制发展中国家的科技创新活动①。不少发达国家试图将其制定的相关技术标准强加于其他国家，以实现其战略目的。

　　另外，自20世纪90年代以来，国际政治经济格局发生了巨大的变化，世界科技格局也呈现出政治领域"一超多强"的局面，科技竞争成为国际竞争的重心。美国凭借其强大的科技实力，仍旧保持着世界全面领先的优势地位。欧盟、日本则表现出争夺世界科技领先地位的雄心，加快追赶步伐，并且在某些领域里已经超过美国。同时，俄罗斯力图重振科技大国雄风，其科技实力雄厚，在军工和航天领域优势明显。此外，中国、印度、韩国等亚洲新兴国家也紧随世界高新技术浪潮，其科技崛起对美国的领先地位构成一定的威胁②。由此在世界范围内展开了一场激烈的科技竞赛，世界各国都在制定新的科技发展战略，实施新的科技开发计划，加强自主创新和科技投入，实施优惠科技税收政策和人才吸纳政策，确保各自在科技前沿领域的优势地位③。不过目前来看，尽管少数新兴工业国在某些科技领域能跟欧美科技大国相抗衡，但国际技术仍呈现出不平衡的发展格局，发达国家仍牢牢占据高新技术研发与垄断的霸主地位。

　　尤为重要的是，技术与政治、经济的融合日趋紧密。随着高技术的发展及其在生产、信息、商品流通领域中的广泛应用，高技术产品在世界贸易中的比重大幅增加，正在成为世界贸易发展的主导力量。当前，技术进步已经成为经济增长的重要因素。科技与经济的日益结合、相互促进与共同繁荣的密切关系更趋加强。同时，技术与政治因素的融合也日趋紧密。一方面，

---

　　① 王崇梅、毛荐其：《技术全球化及对我国构建对外技术转移战略的启示》[J]，《科技管理研究》2009年第10期。

　　② 程如烟：《世界科技格局的新变化》[J]，《科技管理研究》2008年第7期。

　　③ 员智凯：《科学技术全球化环境下的研究开发新理念》[J]，《科学管理研究》2007年第10期。

"科学技术越来越深入地卷入了国际政治领域，对其各个方面和各种因素都产生了直接的作用"①。世界各国越来越重视通过技术外交解决传统外交手段解决不了的问题，为促进科技进步、推动社会经济发展、服务国家总体外交提供有力支撑②。另一方面，政治和外交的因素对国际技术转移的影响正在加强，高技术的技术转让活动往往受到政府的直接干预。

综上所述，一方面，进入 20 世纪 80 年代以来，由于科学技术的迅猛发展和进步、交通现代化，特别是信息技术导致的信息国际化，促使当代国际社会，各国之间的联系日益密切，国际合作的领域不断扩大。"全球化与经济相互依赖要求各主权民族国家既要从国家物质利益出发推进本国的成长，又要借助国际社会的力量来共同对付一些国际公共领域的共同危机，体现出一些国际责任与合作精神"③。另一方面，在经济全球化进程中，由于世界资源分配不均衡、各国发展水平差异较大、世界生存与发展环境日益恶化，各国之间的利益摩擦与利益冲突也在相应加剧④。国际社会的各种竞争表现在经济、科技以及文化、价值观、意识形态等领域。

第二节　中国因素显著性论证

随着欧盟将重心由内部转向外部，中国等新兴经济体也开始成为欧盟政策制定中一个重要的考量要素，直接导致中欧政治关系和中欧经贸关系的变化。

一　中欧政治关系的演变

随着 20 世纪 70 年代中美关系趋于正常化，由于中欧双方存在较多的共同利益而无实质性的利益分歧，双边关系也开始解冻。1975 年欧共体与我

---

① 杨金卫：《科技革命的进程与国际政治格局的演变》[J]，《东岳论丛》2004 年第 9 期。

② 赵刚、张兵、袁英梅：《全球科技资源利用中的科技外交战略》[J]，《中国软科学》2007 年第 8 期。

③ 郭树勇：《新国际主义与中国软实力外交》[J]，《国际观察》2007 年第 2 期。

④ 彭光谦：《世界战略形势的变化与美国外交战略趋向》[J]，《现代国际关系》2007 年第 12 期。

国建交，进入双边关系的萌芽发展期①。但到了 80 年代末，随着两极格局的瓦解，苏联解体、冷战结束、六四风波的发生，中欧关系进入了一个倒退期②，直至 90 年代中欧关系才开始了调整提升期。21 世纪在国际政治大背景下，双方均有了全球战略合作意向，为进一步拓展政治对话内容、机制和沟通渠道打下基础。为了适应变化的形势，2006 年 10 月，欧委会颁布了名为"欧盟与中国：更紧密的伙伴，承担更多的责任"的对华政策文件③。"平等或对等"成为欧盟对华关系新的原则规范，这一原则要求"已经崛起的中国应承担更多的责任"。文件认为，中国已经重新崛起为一支全球性经济和政治力量，欧盟应在这一背景下审视和调整对华政策，中欧作为全面战略伙伴应在世界重大问题上承担更大的责任。欧盟委员会还同时颁布了一个名为"竞争与伙伴关系"的"姊妹文件"，专题阐释了建立欧盟对华贸易和投资关系的综合战略。在中国，该文件引起了人们对欧盟对华政策不同程度的疑惑。但是，一些评论家认为，新文件为双边经贸关系建立起一个新基调，目的是遏制而不是促进平等的伙伴关系。总体而言，中欧进入到双边关系的成熟重塑期（见附录Ⅰ）。

二 中欧经贸关系的变化

随着中欧政治关系的正常化，中欧经贸关系也趋于正常。其中的变化体现在贸易量的变化、贸易结构的变化、直接投资的增加、合作领域的拓宽以及贸易摩擦的增多等几个方面（见附录Ⅱ），欧盟也逐渐成为中国最大的贸易伙伴（见图 3 - 2、3 - 3、3 - 4）。

自 2004 年以来，欧盟成为中国最大的贸易伙伴国。就贸易量而言，中欧贸易关系已经成为世界上第二大双边贸易关系。如今的中欧经贸关系也因此成为世界上最大、最令人激动、最具挑战性的双边贸易关系④。

---

① 李现全：《20 世纪 90 年代以来的中欧政治关系》［D］，外交学院 2002 年。

② 章敏：《中欧关系的历史、现状和前景》［J］，《国际观察》1996 年第 3 期。

③ 参见，*EU-China: Closer Partners and Growing Responsibilities*, Oct 2006, COM（2006）631。

④ Rafael Leal-Arcas, "European Union-China Trade Relations: Current Difficulties and Ways to Improve Them", *International Security Forum*, 13 April 2010: 11. Available at: http://www.intersecurity - forum.org/index.php? option = com_ content&view = article&id = 112: eu - china - traderelations - current - difficulties - and - ways - to - improve - them&catid = 49: global - issues - agovernance&Itemid = 166.

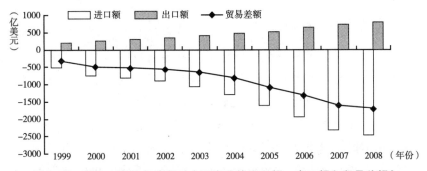

图 3 – 2 1999—2008 年欧盟对中国商品的进口额、出口额和贸易差额*

　　*尽管这里研究的是欧盟 2007 年开始调整单一市场政策的情况，但贸易数据还是一直选择至 2008 年。考虑到此轮欧盟单一市场政策的调整主要集中在 2007—2008 年，本课题选取的数据也以此阶段为界。

　　数据来源：http：//epp. eurostat. ec. europa. eu/。

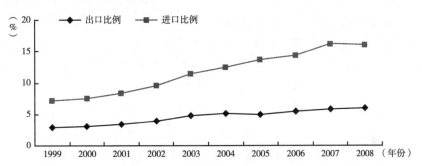

图 3 – 3 1999—2008 年欧盟对中国进、出口占其进、出口总额的比例

　　数据来源：http：//epp. eurostat. ec. europa. eu/。

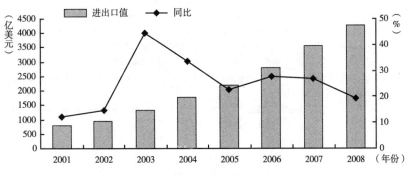

图 3 – 4 2001—2008 年中欧双边贸易走势图

　　数据来源：http：//comtrade. un. org/db/。

三 中国因素的欧盟定位

作为中国最大的贸易伙伴，欧盟的贸易政策对中国有重要的影响；同样中国的政策对欧盟也有类似的影响。因此双方越来越期待对方在政策制定过程中能考虑这样的影响因素①。中国也因此被认为是对欧洲能否在就业和增长方面利用全球化机会的唯一最大的试金石。欧盟认为必须让中国摆正位置，因为它不仅将当下的中国看做机会，看做挑战，更看做潜在伙伴②。因此，在单一市场政策调整方案出台之前，欧盟内部研究机构和学者出台了相关背景报告，开始将欧盟的单一市场政策与中国因素联系起来。早在 2006 年下半年，欧委会就宣布了一套侧重双边贸易的新贸易政策战略③，旨在使其产业能够在亚洲，尤其是中国有更好的市场准入④。2006 年 10 月欧委会在"全球欧洲：在世界竞争"的通告中⑤，提出对外需要采取的行动之一就是"作为建立互利和平等伙伴关系的一部分，与中国在贸易和投资方面提出重点建议"。作为欧盟主要智库的欧洲政策研究中心的主席 Daniel Gros 在 2008 年 1 月的工作报告中更是认为中国本身的经济实力就足以对全球经济（以及欧盟经济）产生强大的影响⑥。

总的来说，欧盟学术界对中国因素的影响持两种截然不同的观点。一种观点认为，日益强大的中国对欧盟是一个机会，因此特别强调中国在欧盟政策议程中的突出地位⑦。代表这一观点的人士认为，由于中国一半以上的

---

① Communication from the Commission to the Council, the European Parliament, *EU-China: Closer partners, growing responsibilities*, Brussels, 24. 10. 2006, COM（2006）631 final: 4.

② Communication from the Commission to the Council, the European Parliament, the European Economic and Social Committee and the Committee of the Regions, *Global Europe: Competing in the World. A Contribution to the EU's Growth and Jobs Strategy*, Brussels, 4. 10. 2006, COM（2006）567 final: 10.

③ Commission Working Document, Accompanying COM（2006）631 final: *Closer Partners, Growing Responsibilities*, A policy paper on EU-China trade and investment: Competition and Partnership, Brussels, 24. 10. 2006, COM（2006）632 final.

④ Patrick Messerlin and Jinghui Wang, "Redesigning the European Union's trade policy strategy towards China", *Joint ECIPE-GEM Working Paper*, No. 04/2008: 3.

⑤ COM（2006）567, 4. 10. 2006.

⑥ Daniel Gros, "China and India: Implications for the EU Economy", *CEPS Working Documents* No. 280, January 2008: 3.

⑦ Frederic Lerais, Mattias Levin, Myriam Sochacki, Reinhilde Veugelers, *China, the EU and the World: Growing in Harmony?* Bureau of European Policy Advisers, European Commission, July 2006.

"出口机器"是由外国人操纵的，纵使中国可能会继续追求国家利益，但中国不大可能成为世界经济中的捣乱分子，因而欧盟也没有理由跟中国保持敌对态势[1]。

另一种观点认为中国对欧盟的影响负面居多。隶属欧委会的欧洲政策咨议局的专家，以及独立智库欧洲国际政治经济中心（ECIPE）的专家多次不约而同地提及中国对欧盟的负面影响，认为，"全球化，尤其是中国和印度的崛起，改变了单一市场运作的环境"[2]；"中国及其进入世界经济（的事实）已经被认为是欧洲面临的最突出的政策挑战之一"[3]。甚至认为中国不仅在低附加价值，而且在高附加价值的制成品领域已经对欧盟形成竞争[4]。欧洲外交政策智库英国皇家国际事务研究所（Chatham House）的专家 Karine Lisbonne-de Vergeron 于 2007 年提出欧洲需要为自己的未来规划，不仅是为了应对全球化的挑战，而且是为了面对中国崛起的影响[5]。随着中国经济的快速发展，资本的快速积累将使中国把调整的压力主要放在资本密集型的产业，而不是传统的诸如纺织这样的产业。另一个可能产生摩擦的方面就是由中国丰富的煤炭资源带来的碳密集型以及能源密集型产业方面的冲突[6]。

第三节　单一市场自身缺陷分析

除了内外环境的变化，单一市场自身固有的缺陷也是欧盟进行此轮调整

---

① Daniel Gros, "China and India: Implications for the EU Economy", *CEPS Working Documents* No. 280, January 2008: 10.

② Canoy, Marcel, Roger Liddle and Peter Smith. "The Single Market: Yesterday and Tomorrow", *European Commission: Bureau of European Policy Advisers (BEPA)*, 2006: 22.

③ Iana Dreyer and Fredrik ErixonIana Dreyer and Fredrik Erixon, "An EU-China Trade Dialogue: An \ New Policy Framework to Contain Deteriorating Trade Relations", *ECIPE POLICY BRIEFS*, No. 03/2008, ISSN 1653 – 8994.

④ Fabienne Ilzkovitz, Adriaan Dierx, Viktoria Kovacs and Nuno Sousa, "Steps towards a Deeper Economic Integration: The Internal Market in the 21st Century", A Contribution to the Single Market Review, *Economic Papers*, No. 271, January 2007: 8.

⑤ Karine Lisbonne-de Vergeron, *Contemporary Chinese Views of Europe*, Great Britain: the Royal Institute of International Affairs, Chatham House, 2007.

⑥ Daniel Gros, "China and India: Implications for the EU Economy", *CEPS Working Documents*, No. 280, January 2008: 1.

单一市场政策的原因之一。单一市场是欧盟的支柱,它使欧盟更开放、更多样、更具竞争力。然而,单一市场的巨大潜力还有待开发,更需要适应 21世纪的变化。

一　问题症结

首先,欧盟内部市场的扩大已被证明是其增长与就业的重要源泉。据欧委会估算,前 20 年的改革已经将欧盟的 GDP 提高了大约 2%,增加了近1.5% 的就业机会[①]。但是如果单一市场能够全面地得以完成,收益应该是双倍还多[②]。2009 年荷兰经济分析局(the Dutch Bureau of Economic Analysis)的研究结果表明,欧盟商品和服务单一市场的最终完成将会给欧盟 GDP 带来 10% 的增长[③]。

然而,近年来欧盟内部出现了两大趋势:一个是一直在侵害单一市场欲望的"一体化疲劳"(integration fatigue),以及最近出现的损害市场角色信心的"市场疲劳"(market fatigue)[④]。两者相互作用,已经影响到对单一市场的接纳。前期单一市场咨询中反映出来的一直以来极少被明示的一点就是如今单一市场让人不舒服的一大特征:单一市场没有以前受欢迎了,但又比以前更需要[⑤]。

单一市场运行不畅的状况被归纳为所谓的"错位联系"(missing links)和"瓶颈"(bottlenecks),也就是单一市场存在于书本之中,而实际上,多

---

①　估算时段的不同、方法的不同也可能会得出稍有差异的结果。例如 Fabienne Ilzkovitz 等人的研究结果表明,1992—2006 年扩大了的内部市场带来的效应为:估计内部市场收益对欧盟附加值贡献达2.2%,对就业的贡献达 1.4%。而欧委会工作报告认为,此期间欧盟 GDP 增加 2.15%,增加了 275 万就业机会,1995—2005 年,共同体内部贸易增长 30%。参见, Fabienne Ilzkovitz, Adriaan Dierx, Viktoria Kovacs and Nuno Sousa, "Steps towards a Deeper Economic Integration: The Internal Market in the 21st Century", A Contribution to the Single Market Review, *Economic Papers*, No. 271, January 2007: 8; SEC (2007) 1521。

②　OECD, *Economic Survey of the European Union*, 2009: 72.

③　Andrea Renda, et al., *Policy-making in the EU: Achievements, Challenges and Proposals for Reform*, Brussels: Centre for European Policy Studies, 2009: ii.

④　2007 年 11 月对内部市场的全面回顾进一步验证了这种市场疲劳的存在,参见, A single market for 21st century Europe, COM (2007) 724 of 20 November 2007.

⑤　Mario Monti, *A New Strategy for the Single Market*, Report to the President of the European Commission José Manuel Barroso, 9 May 2010: 20.

重壁垒和立法障碍将欧盟内部贸易碎化，影响了经济动力和创新①。归根结底，单一市场运行不如预期②成为此轮政策调整的重要原因。这些不如意也已经被相关调研结果所证实。

● 内部市场记分簿（Internal Market Scoreboard）。例如 2007 年 2 月记分簿报告表明，绝大多数的成员国达到了 1.5% 的转化赤字目标（deficit target），较之以前有了明显的进步。但是还有四个成员国没有达到该目标，而且没有一个成员国能够减少侵权诉讼（infringement proceedings）。

● 咨询结果（Consultation results）。2006 年公众咨询结果表明，更好的实施和执行是单一市场政策的一大重点优先考虑的事项。许多例子说明规则没有得到应用，或者应用不当，这一普遍问题正影响着很多部门。尽管利益相关方认为大多数问题在成员国层面，但他们明确希望欧委会可以通过提供指导、实际工具和帮助而起牵头作用。

● 成员国的反馈。在一次对内部市场咨询委员会（the Internal Market Advisory Committee）成员的调研中，许多成员国呼吁加强"治理"问题，尤其是有关如何提高实施和执行记录的结构性辩论，以及最佳做法的交流。

● 企业的反馈。就公众对未来单一市场政策咨询的反馈来看，企业界强调有必要提高成员国层面的实施和执行记录。

● 委员会和成员国负责的信息，援助和解决问题的工具得到的反馈。SOLVIT 以及 Citizen's Signpost 等工具可以很准确地洞悉到单一市场在各成员国运行的情况，以及潜在的原因。问题出现通常是由于成员国对规则不了解，程序效率低，不确定如何应用单一市场规则，权威机构间缺少沟通，当然还有就是一些成员国国家主管部门不愿意给予欧盟规则应有的优先。

单一市场的缺陷在商品要素方面的体现便是，至今仍有部分商品没有实现内部完全自由流通，如一些食品、贵金属、家具和自行车等。据欧委会估计，这些商品的贸易量约占欧盟内部货物贸易量的 15%。对于这些商品，由于欧盟没有制定出统一标准，各成员国可以自行制定市场准入的技术标

① Mario Monti, *A New Strategy for the Single Market*, Report to the President of the European Commission José Manuel Barroso, 9 May 2010: 37.

② Commission of the European Communities, *Instruments for a Modernised Single Market Policy*, Commission Staff Working Document, SEC (2007) 1518, Brussels, 20. 11. 2007: 22.

准，只有符合标准的别国商品才可以在本国销售。据估算，如果能够进行改革，影响到的欧盟行业众多，每年的市场规模总计将达到 1.5 万亿欧元[①]。更为重要的是，如果能够消除内部市场剩余壁垒的大部分，那么带来的收益将翻番[②]。为准备欧委会"21 世纪欧洲的单一市场"通告而进行的咨询和分析结果表明[③]，由于单一市场自身的缺陷使得市场本身无法如预期的那么高效地运行，规则得不到正确的应用和实施，使得民众和企业无法享受到单一市场带来的机会。其中需要改进的领域主要有[④]：确保单一市场问题的协调；提高成员国内部、成员国之间以及与委员会间的合作；提高单一市场规则的应用；加强规则的实施；能够经常性地对成员国立法进行评估；并告知公民和企业他们应该享有的单一市场权利。

二　缺陷溯源

至于为什么单一市场潜力没有得到充分挖掘，学者们归纳出以下几方面的原因[⑤]：

- 第一，单一市场规则没有完全被实施（见图 3 - 5）。欧委会公布的大量侵权案例证明规则没有完全正确适用。
- 第二，一些工具本身的可操作性不够强。例如，相互承认原则的实际适用情况，估计大约 25% 的企业在依赖此原则与另一成员国进行交易时遇到问题。
- 第三，有些市场仍是碎化的。服务业的交易以及跨境活动明显落后于商品贸易。财政壁垒（fiscal barriers）仍在增加进行跨境活动企业额外的成本。

隶属欧委会的欧洲政策咨议局的专家提出的单一市场缺陷方面的理由很

---

① New Boost for the Internal Market on Goods Parliament Supports the Proposed Approach, Reference：IP/08/276, Date：21/02/2008.

② Fabienne Ilzkovitz, Adriaan Dierx, Viktoria Kovacs and Nuno Sousa, "Steps towards a Deeper Economic Integration：The Internal Market in the 21st Century", A Contribution to the Single Market Review, *Economic Papers*, No. 271 January 2007：8.

③ COM (2007) 724 of 20. 11. 2007.

④ Brussels, 29. 6. 2009 C (2009) 4728 final.

⑤ 参见，CESifo Venice Summer Institute 2008, 18 - 19 July 2008：4。

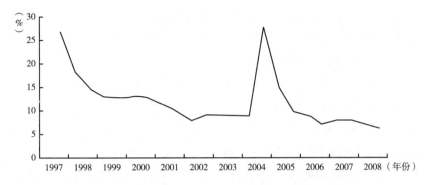

图 3 - 5　单一市场的碎化

说明：这里所谓的碎化因素是指所有成员国将内部市场指令转化为本国法律的比例情况。图中 2004 年的突出部分是欧盟扩大的结果。

资料来源：OECD，*Economic Survey of the European Union*，2009：76。

具代表性[①]：

第一，静态的一劳永逸的单一市场概念已经不合实际。因为市场是动态的，而非静态的，且单一市场不断有新的非关税壁垒出现[②]。

第二，向单一市场注入新的范畴已变得越来越困难。深度一体化意味着单一市场进入了更多与人们生活相关联的领域，而经济效率仅是其中一个标准。因此阻力也越来越大。

第三，因为欧盟过度依赖一级立法，欧委会提案要被采纳需要一个漫长的立法过程，因此尽管环境要求，但还是难以改变单一市场的立法。作为单一市场立法主要工具的指令却因为需要转化为成员国的法律而受到诸多限制。

第四，如果立法本身表达不当，即使成员国将指令很快地转换也达不到预期的效果。早期的指令倾向于基于成员国的国内法规来协调欧盟的立法，在贸易协会的协助下也就体现了现时人员的利益。这样就无意地将进入壁垒

---

① Canoy，Marcel，Roger Liddle and Peter Smith，"The Single Market：Yesterday and Tomorrow"，*European Commission：Bureau of European Policy Advisers（BEPA）*，2006：3 - 4.

② 例如，由于产品不同，技术规范的差异和市场大小的不同，涉及的烦琐的行政程序的成本也有所不同。根据研究结果，与在同一市场国内市场的产品成本相比，这些成本是年营业额（turnover）的 100%—250%。专营每一商品的公司其在大市场符合该目标市场的成本为年营业额的 10%—15%。参见，Hans Ingels，"Breaking Down the Remaining Barriers"，*Enterprise Europe*，No. 25，June 2007：12。

体现在立法中，也就压制了创新和竞争的可能性。

第五，日益增加的多样性和管理能力的欠缺意味着全面协调越来越难以实施，也越来越难符合市场的需求。

基于前期的调研，欧盟内部基本达成共识，单一市场是欧洲获取全球化收益的最好的资产①；完全的、运转良好的内部市场对当下欧洲是一个"双赢"的结果；随着单一市场运行环境的变化，单一市场战略需要改变。单一市场是欧盟的支柱②，它已使四大自由流动变为现实，给欧洲人带来实惠：不仅创造了就业机会，还促进了增长。但单一市场又是欧洲未竟的事业③，因为单一市场还有未开发的潜力，需要把它们变成新的现实。

因此，单一市场潜力需要被挖掘，或者说需要更多的"单一市场"。欧盟智库欧洲政策研究中心（CEPS）的高级研究员 Jacques Pelkmans 将挖掘单一市场潜力的理由概括为五个方面（见图 3-6）。

• 欧盟条约和欧洲法院的案例法赋予了单一内部市场欧盟"超级老黄牛"的角色；

• 当下对更多更好单一市场的经济驱动需求跟过去任何时候一样重要；

• 更深化、更扩大的单一市场将支持欧元区正确运行；

• 欧盟遭遇到的外部经济压力是加强单一市场的一大理由；

• 刺激欧洲市场一体化的"内部动力"是促进更多单一市场的另一理由。

然而由于不同的利益诉求，欧盟内部对单一市场既有持支持态度的，也有持批评态度的。意大利博科尼大学的校长 Mario Monti 教授区分出三种不同人群④：

① Jörgen Holmquist, Director General, DG Internal Market and Services, European Commission, "The Single Market and External Trade Policies, Mutually Supportive", *Stockholm conference "A new external agenda for trade and growth"*, 12 June 2008：5.

② European Commission, *A single market for 21st century Europe*, Communication from the Commission to the European Parliament, the Council, the European Economic and Social Committee and the Committee of the Regions, COM（2007）724 final, Brussels, 20.11.2007：3.

③ Mario Monti, *A New Strategy for the Single Market*, Report to the President of the European Commission José Manuel Barroso, 9 May 2010：37.

④ Mario Monti, *A New Strategy for the Single Market*, Report to the President of the European Commission José Manuel Barroso, 9 May 2010：20-21.

图 3 - 6　为何需要更多的单一市场？

资料来源：Jacques Pelkmans，"The Case for 'more Single Market'"，*CEPS Policy Brief*，No 234，February 2011：3。

第一种是激进的批评者。他们将单一市场看做紧张、混乱和恐惧的源泉。因此他们不想重启单一市场。

第二种是有条件的支持者。成员国、政治团体和利益相关者中大多数不同程度地认为单一市场是欧洲经济进步的重要要素。同时他们又有一些担忧。他们认为单一市场没有充分考虑其他诸如社会，或者环境等目标，他们支持重新启动单一市场的条件是重新定位。尽管他们的担忧不同，但他们觉得这样的担忧是遍及欧洲的。因此他们相信重新启动单一市场很可能会遭遇到严重的反对，除非可以解除这些担忧。

第三种是毫不动摇的支持者。他们完全支持重新启动单一市场。他们的支持对这一政治动议非常重要，但他们似乎并没有完全意识到担忧的存在，事实上这些风险已经降低了对单一市场的接纳。

尽管存在异议，欧盟还是于 21 世纪初开始着手对单一市场政策进行调整，并最终于 2011 年 4 月出台了《单一市场法案》。

第 四 章

政策调整的历程回顾

此轮欧洲单一市场政策的调整始发于 2000 年的里斯本战略，启动于 2002 年对标准化"新方法"① 的历史总结，并引发对单一市场的全面回溯，进而推出了单一市场的新方法。与 20 世纪 80 年代单一市场政策自上而下的推出方式不同的是，本轮政策调整采取的是自下而上的方式：通过回溯分析，发现问题，对症下药，设计出未来单一市场政策的愿景，再据此勾勒出实现愿景的路线图，最后提出具体的实施举措。

第一节　从里斯本战略到单一市场战略

政策调整的内容可以包括对政策问题的重新界定，对政策目标的调整，对政策方案的调整，对政策措施的调整，对政策效能的调整，对政策关系的调整及对政策主客体的调整。单一市场政策的调整首先与里斯本战略和单一市场战略密不可分。

一　2000 版与 2005 版里斯本战略

单一市场的完善是里斯本战略的一大目标。2000 年 3 月的里斯本欧洲理事会为欧盟制定了 10 年战略目标，总体目标要将欧盟建成"世界上最具

---

① 1984 年以后，特别是枫丹白露峰会和米兰峰会以后，一度陷入停滞的欧洲经济一体化进程重新启动。出于单一欧洲市场建立的需要，欧共体层次的技术标准化开始将协调成员国与建立欧洲的标准化活动相联系，改变了过去的做法。欧委会将 1985 年出台的技术标准的协调与制定欧洲标准的做法称作新方法（New Approach），因而把此前的做法称为旧方法（Old Approach），或者传统方法（Traditional Approach）。

竞争力、最有活力的知识经济体（knowledge based economy），以更多和更好的工作，以及更强的社会凝聚力使经济可持续增长"。该战略其实是欧盟推出的一个经济改革计划，战略目标的实现将取决于一系列政策的实施[1]，完成内部市场便是其一：该战略旨在推动 2000—2010 年单一市场的建成。这些具体目标及与之配套的政策一起被称为里斯本战略（Lisbon strategy），或者里斯本议程（Lisbon agenda）。

里斯本议程中，欧盟成员国同意协调改革，目的是要在欧盟范围内在四个关键领域提高业绩：对知识和创新的投资；提高商务环境；提高就业机会；以及为欧洲制定气候和能源政策。为了达到 2000 年的既定目标，欧盟制定了一系列具体目标。考虑到这些政策几乎都在成员国的所辖范围，欧盟引入了开放式协调（an open method of coordination，OMC）[2]，以开放的方式协调相关的改革，促进成员国的国内行动计划的推出。

欧委会工作人员将相关的里斯本改革区分为 5 大类[3]：产品和资本市场改革；知识经济的投资；劳动力市场改革；社会政策改革和环境改革。而产品和资本市场改革中最重要的就是对单一市场计划（the single market programme，SMP）的改革，为此里斯本战略提出了一些具体做法，以建成一个运转更好的内部市场，改善商业环境。

里斯本战略依据的是三大支柱[4]：经济支柱——为向有竞争力、有活力

---

[1]　主要有三类政策：一类是宏观政策，用以为增长和就业创造条件；一类是微观政策，用以使欧洲吸引投资，促进知识创造与创新氛围的形成；一类是与就业指导有关的政策，吸引并留住更多的人就业，并把社会保护现代化，提高工人和公司的适应力，以及劳动力市场的灵活性，通过教育和技能的挖掘提高对人力资本的投资。参见，Börje Johansson, Charlie Karlsson, Mikaela Backman and Pia Juusola, *The Lisbon Agenda*, *from 2000 to 2010*, CESIS, Electronic Working Paper Series, Paper No. 106, December 2007：14。

[2]　开放式协调是 1997 年出台的欧盟就业战略（the European Employment Strategy，EES）推出的一种新的工作方法。该体制是为了平衡共同体责任与成员国间责任（所谓的辅助性原则 the subsidiarity principle），是成员国间合作的新框架，使成员国的国家政策可以针对一定的共同目标。该方法下，成员国间相互评价，而欧委会的角色仅仅监督，欧洲议会和欧洲法院则不参与其中。该方法涉及的是所谓的"软法"措施，针对不同的领域，对成员国的约束程度不同，但不会采取指令、条例或者决定这些形式。参见，http：//europa. eu/scadplus/glossary/open_ method_ coordination_ en. htm。

[3]　Commission Staff Working Document, *The Economic Costs of Non-Lisbon*, *A survey of the literature on the economic impact of Lisbon-type reforms*, SEC（2005）xxx, Brussels, 8. 3. 2005：4.

[4]　http：//europa. eu/scadplus/glossary/lisbon_ strategy_ en. htm。

的知识经济体过渡打好基础。重点强调需要适应信息社会的不断变化以及推动研发。社会支柱——通过投资人力资源和消除社会排斥把欧洲社会模式现代化。预期成员国将投资教育和培训，实施积极的就业政策，以使其更易向知识社会过渡。环境支柱——是 2001 年 6 月哥德堡理事会上补充的，关注到经济增长必须与使用自然资源的剥离。

　　尽管里斯本战略得到了欧盟及其成员国方方面面的支持，但其后几年欧盟经济下行的表现表明政治家们并没有依据里斯本战略的时间表行动。为此，欧盟委任荷兰前总理 Wim Kok 带领高层小组（High Level Group）对里斯本战略不太成功的原因进行深入调研。2004 年发布的报告（所谓的 Kok 报告）认为主要原因有：议程的工作量过大、协调的不顺畅、工作重心的相互冲突以及果断政治行动的缺失；同时报告怪罪成员国做得不够才未能够带来变革：开放的协调方法使用的指标已使目标变得模糊，取得的成效也难有说服力。因此，报告提出了需要立即采取行动的几个领域，其中就包括内部市场的完善，因为诸如技术标准出台的缓慢等还依然在阻碍着商品的自由流动，这类壁垒连同其他壁垒每年给欧洲经济造成的损失达 1500 亿欧元①。因此，提高单一市场的运行和竞争进而成为 2005 年版里斯本战略的关键部分②。

　　依据 2004 年 Kok 报告的结果，2005 年 2 月 2 日，欧委会提议重启里斯本战略，并指出欧盟的重点应放在两大主要任务上，即达到更强力、更持久的增长以及争取更多、更好的工作③。三月的欧洲理事会完全支持欧委会的提议重启和重新关注里斯本战略④，推出了 2005 年版里斯本战略。比较而

---

　　①　High Level Group, *Facing the Challenge. The Lisbon Strategy for Growth and Employment*, Report from the High Level group chaired by Wim Kok, November 2004.

　　②　Charlie McCreevy, *European Commissioner for Internal Market and Services*, *Completing the Single Market for EU Citizens and Delivering the Lisbon Agenda*, British Chamber of Commerce in Belgium, Brussels, 29 January 2008.

　　③　COM（2005）24 of 2.2, 2005.

　　④　今天看来，当初里斯本战略提出的使欧盟在 2010 年成为世界上"最具竞争力、最有活力、以知识为基础的经济体"的目标远未实现。因此，迫于革新里斯本战略的呼声，2010 年 3 月欧委会提案出台《欧洲 2020 战略》（The Europe 2020 Strategy），重点进行机构改革，以期将欧盟建成一个智能、可持续和包容的经济体（a smart, sustainable and inclusive economy）。其中更为强大、更加深化和拓展的单一市场（a stronger, deeper and extended Single Market）将是该战略成功的一个关键要素，因此又提出了重启单一市场，包括将企业社会责任等纳入其中。在此基础上，2010 年 6 月 17 日欧盟推出了《欧洲 2020 战略》，取代《里斯本战略》。该战略是一个经济复兴计划，旨在协助欧洲经济度过 2008 年以来的经济衰退，保持高质量的生活，同时维系欧洲的社会模式，提高就业、生产率和社会凝聚力。

言，2000 年版里斯本战略（Lisbon Agenda 2000）更雄心勃勃，2005 年版（Lisbon Agenda 2005）的一大变化就是放弃了许多数量级的目标[1]，将重点放在增长与就业上。

认真研读里斯本战略我们不难发现，其实该战略制定的目标是自上而下政府干预型的计划经济形式，也没有考虑到成员国间经济水平等的差异[2]。在后来调整单一市场政策时，类似的弊端不复存在，这应该是欧盟汲取了当初里斯本战略推出与改进之中的经验与教训。

二　单一市场战略 2003—2006 重心

2003 年 5 月欧委会发布了《单一市场战略 2003—2006 重心》。委员会当时推出新的单一市场战略有三大理由，其中第一条就是实现 2000 年里斯本战略提出的宏伟目标[3]。新的单一市场战略体现了针对性和共同议程的特点。首先，坚持加强内部市场的根本和基础，提出了更具针对性的工作重点。另外，该战略是一个由成员国和委员会共同担当的议程，因为单一市场属于成员国，最终也是由成员国将单一市场的政策变为现实。

新的单一市场战略提出了 2003—2006 年单一市场建设的重心，包括下列十项内容[4]：

- 促进商品的自由流动；
- 整合服务市场；
- 确保高质量的网络产业；
- 降低关税壁垒的影响；

---

[1]　2000 年，一开始确定了 107 个结构指标，最后，为了表述的方便，欧洲理事会采纳了一套 14 个数量目标。

[2]　Börje Johansson, Charlie Karlsson, Mikaela Backman and Pia Juusola, *The Lisbon Agenda*, *from 2000 to 2010*, CESIS, Electronic Working Paper Series, Paper No. 106, December 2007: 13 - 14.

[3]　一年后的欧盟扩大以及推动经济增长的需要是欧委会提出的另两个理由，参见，The European Commission, Communication from the Commission to the Council, the European Parliament, the European Economic and Social Committee and the Committee of the Regions, *Internal Market Strategy*, *Priorities 2003 - 2006*, Brussels, 7.5.2003, COM（2003）238 final。

[4]　The European Commission, Communication from the Commission to the Council, the European Parliament, the European Economic and Social Committee and the Committee of the Regions, *Internal Market Strategy*, *Priorities 2003 - 2006*, Brussels, 7.5.2003, COM（2003）238 final: 6 - 32.

- 扩大采购机会；
- 提高商业条件；
- 应对人口挑战；
- 简化立法环境；
- 强施规则；
- 提供更多更好的信息。

新的单一市场战略不仅对各项工作重心做了评估，提出了具体的行动计划，还在其附录中列出了各行动计划的具体措施和时间表。欧盟以新的单一市场战略拉开了单一市场政策调整的序幕。

第二节　从标准化回顾到单一市场回溯

欧盟单一市场政策是欧盟制定的重要的公共政策之一，其制定和调整也大致经历了一般公共政策通常经历的过程。依据里斯本战略和单一市场战略确定的单一市场的发展重心，欧盟通过回溯分析对初始政策进行了调整修正。

一　标准化新方法的历史回顾

欧盟在《单一市场战略 2003—2006 重心》中提出的重要的战略之一就是要让商品在当时的 25 个成员国市场自由流动。为此欧委会首先选择了单一市场建设中举足轻重的标准化"新方法""开刀"，因为欧洲标准化的任务决定了它与单一市场的紧密联系及其重要性[1]：支持和强化欧洲单一市场的成就；提升欧洲各方在全球市场的竞争力；在全球可持续发展理念之下促进欧洲经济和提高欧洲公民的福利；确保欧洲对国际标准化行

---

[1]　Ernst-Peter Ziethen，"How has Standardization Supported the Lisbon Agenda in the Past 10 years"，*CEN and CENELEC 6th Annual Meeting on The Lisbon Agenda*：*Capitalize on the achievements and how to shape European standardization for tomorrow.* Available at：http：//www. cenelec. eu/Cenelec/CENELEC + in + action/News + Centre/CENELEC + News/General/AMmalta. htm. 另外为了适应变化的区域内外的形势，欧委会于 2010 年 9 月与欧共体创新行动计划一起，向竞争理事会提交了"标准化一揽子计划"。

动与合作的最有效投入。根据奥地利标准机构 ON 的研究，欧盟标准化的成本是 4300 万欧元，而收益是 17.4 亿欧元，也就是收益是成本投入的 40 倍①。事实上，新方法已经被证明是建设内部市场的一个成功工具：虽然总共只有 20 来个新方法指令，但受制于新方法指令的贸易额每年超过 15000 亿欧元②。

鉴于欧洲标准化在稳固单一市场和促进欧洲经济方面的作用，继 2000 年里斯本战略提出完善单一市场目标之后，欧盟首先对标准化进行了回顾，于 2002 年初开启了对标准化新方法的改进。虽然新方法已经于 1989 年开始得到完善，并以 1993 年 7 月理事会的 93/465/EEC 决定为结束标志，但新方法还有明显的缺陷，依然影响着欧盟商品贸易。2002 年 1 月，在新方法启动 15 年之后，为了确定改进新方法的具体方向，欧委会对新方法的改进进行在线咨询：在其下属的企业总司（the Enterprise Directorate General, The Directorate-General for Enterprise and Industry）的网站列出了新方法和全球方法③的关键要素，刊登了一份有关新方法指令运行的咨询文件，同时附上了一份详尽的互动问卷调查表，在网上进行了为期三个月的反馈调查。包括生产商、合格评定机构、认可机构（accreditation bodies），几乎所有成员国的指定主管部门、各类公司、成员国部委和委员会的其他部门在内的不同的利益相关者对网上调查进行了反馈。

根据前期的调研结果，欧盟于 2003 年出台了相关法律，决定对新方法进行改进。欧委会根据 2002 年网上咨询反馈的结果④，于 2003 年 5 月向理

---

① Commission Staff Working Document, *Annex to the Proposal for a Decision of the European Parliament and of the Council on the financing of European standardization*, *EX-ANTE EVALUATION* (COM (2005) 377 final), Brussels, 19.8.2005, SEC (2005) 1050 final: 4-5.

② Commission of the European Communities, Communication from the Commission to the Council and the European Parliament, *Enhancing the Implementation of the New Approach Directives*, Brussels, 7.5.2003, COM (2003) 240 final: 3.

③ 按照 1985 年新方法决议中明确提出的"新方法必须有一个合格评定政策同时执行"的精神，欧共体以包括合格评定和加贴 CE 标志两方面内容的全球方法（A Global Approach）对新方法做了补充。所谓全球方法就是为了确保欧共体合格评定领域立法一致而采取的一种方法，它为合格评定程序的不同步骤设计了模式，为这些程序的使用、执行程序的机构的指定和通告以及 CE 标志的使用规定了标准。1989—1993 年欧共体一系列文件的出台完成了以全球方法对新方法的补充。

④ 结果见，http://ec.europa.eu/yourvoice/results/4/index_en.htm。

事会和欧洲议会发出"促进新方法指令实施的通告"①，提议改进内部市场运行的效率，从而提高产业的竞争力。同年 11 月理事会通过决议，邀请欧委会对"新方法"指令进行评估，出台提案②。

经过两年的前期酝酿，根据理事会决议，欧委会于 2005 年正式对新方法进行大规模回顾调查，实质性地拉开了单一市场政策调整的序幕③。此轮评估的目的被定义为回顾 1992 年以来单一市场与欧洲经济磨合的情况，以便制定单一市场的愿景。11 月，在单一市场 20 周年的纪念大会上，欧委会正式表示要出台评估和延续新方法的提案。考虑到旧方法及其他监管形式的存在，欧委会决定对整个欧洲商品市场进行评估。

二　单一市场政策的回溯调研

首先，欧委会就单一市场的未来广泛征求意见。2006 年 4 月 11 日，内部市场与服务总司（the Directorate General for Internal Market and Services）就内部市场的未来向公众征求意见（public consultation），其目的是让包括所有公民、企业、代表机构、公共管理机构、学术界和智库在内的所有利益相关者进行一次公开辩论。这是欧委会对单一市场政策回溯的一个重要组成部分，是对单一市场的初步评估，主要讨论的未来政策重点包括：促进市场原动力和创新力；提高立法质量；更好实施和履行；更多考虑全球环境；更多投入信息和通信方面。反馈结果表明④，虽然多数利益相关者对内部市场的巨大成就很满意，但认为商品内部市场正面临两大困难：一是成员国技术法规仍对欧盟内部自由贸易构成重要的壁垒；二是许多欧盟法规不一致或是累赘。受访者认为欧盟商品方面的立法质量有待提高，并呼吁在设计单一市

---

①　Commission of the European Communities, Communication from the Commission to the Council and the European Parliament, *Enhancing the Implementation of the New Approach Directives*, Brussels, 7. 5. 2003, COM (2003) 240 final.

②　Council Resolution of 10 November 2003 on the Communication of the European Commission, *Enhancing the Implementation of the New Approach Directive*, OJC 282, 25. 11. 2003.

③　其间委员会做了大量工作，例如，于 2005 年 10 月提出针对未来欧洲民主、对话和辩论（Democracy, Dialogue and Debate）的 D 计划，力求让公民参与其中，帮助他们树立对共同体政策的所有权，以使这些政策更能够让公民理解。

④　SEC (2006) 1215 of 20. 09. 2006.

场政策时应该考虑全球大环境。

接着，针对公众对商品单一市场提出的问题，欧委会进行了深入调研。在前面初步评估的基础上，5月10日欧委会通过了"公民的议程——给欧洲带来结果"通告①，为了使新的欧洲公民的议程能够在全球化环境中带来和平、繁荣和稳定，提出的其中一个主要动议就是对单一市场进行彻底的和前瞻性的回溯，以建立21世纪的单一市场。经过向专家征求意见和在网上公开征集意见，欧委会于5月公布了提案草案，然后通过网上问卷和面谈等多种形式对其提案征求反馈意见，进入为期3个月的公开公众咨询期。首先，对利益相关方发出的对相关提案内容的反馈咨询，共收到250份反馈。接着，6月1日至7月26日通过网上"你的欧洲之音"［Your Voice in Europe（IPM）］收到280份回音证实了第一次的反馈结果。随后，欧委会又向不同的利益相关者发放了4种问卷调查。9月21日，发布了公众咨询报告。咨询结果表明，内部商品市场存在一系列明显的缺陷，而这些对企业和消费者都带来了负面影响。欧洲晴雨表（Eurobarometer）还专门就欧盟公民和企业对内部市场政策的看法进行了3次调研：欧盟25国公民对内部市场的意见和经历②，欧盟15国企业对内部市场的意见和经历③，以及欧盟10个新成员国企业对内部市场的意见和经历④。对公民的调研⑤是2006年2—3月进行的，受访者达25000人次，调研结果表明，欧盟公民对单一市场带来的效果很满意，认为对竞争有正面影响的为67%，给产品品种和质量带来正面影响的分别有73%和58%。对企业的调研⑥分别于2006年1—2月（对原来的10个成员国）和2006年7—8月进行（对2004年新加入的10个新成员国）。调研采访了近7500名管理人员。10个新成员国和15个原来的成员国分别有35%和30%的公司行政人员认为单一市场给他们公司带来了积极影响，仅有5%和7%的人认为带来了负面影

---

① COM（2006）211 final，欧委会发出的通告（communication）多数是立法提案。

② "Internal Market-Opinions and Experiences of Citizens in EU－25"（Special Eurobarometer 254）.

③ "Internal Market-Opinions and Experiences of Businesses in EU－15"（Flash Eurobarometer 180）.

④ "Internal Market-Opinions and Experiences of Businesses in the 10 New Member States"（Flash Eurobarometer 190）.

⑤ 即所谓的 Special EB 254。

⑥ 即所谓的 Flash EB 180，190。

响①。11 月 29 日是对单一市场政策的公开听证会，会上对欧委会提出了诸如提高咨询效率等建设性的意见。

第三节　单一市场 2.0 版本的面世

一　政策调整过程

根据欧盟立法的决策过程②，欧委会首先提出正式提案，结束了 2006 年开始的对单一市场的回溯调研。2007 年 2 月 14 日，欧委会提出了一系列提案，以期促进欧盟内部成员国间的商品贸易。欧盟的目标就是在保障商品市场准入的同时，确保产品的高质量和安全性。首先，欧委会给欧洲议会、理事会以及欧洲经济和社会委员会发出了一则题为"商品内部市场：欧洲竞争力的基石"的随附通告，简要回顾了商品单一市场的成就，以及外部环境变化带来的挑战和需要解决的问题，并解释了同日发布的四则提案的目的，并对提案逐条简介③。欧委会提出的四条新提案分别为：提议制定相互承认条例（regulation）④；提议制定条例规定有关产品营销的认可与市场监管要求⑤；提议出台决定（decision）制定产品营销的共同法律框架⑥；出台汽车注册解释通告（communication）⑦。

欧委会的新提案随后得到了工作报告和相关研究报告的充分支持。欧委会工作人员对上文提及的两个条例和决定提案进行了影响评估⑧。首先，文件就商品单一市场立法加强和简化提出的政策选择进行了影响评估研究，主要涉及如何提高合格评定机构的工作质量，如何提高市场监管和立法实施，

---

① 参见，Http：//ec. europa. eu/internal_ market/strategy/index_ en. htmJHJhearing。

② 参见，绪论第二节相关内容及图 1 - 1。

③ Communication from the Commission to the European Parliament, the Council and the European Economic and Social Committee, *The Internal Market for Goods*: *a cornerstone of Europe's competitiveness*, COM （2007） 35 final, Brussels, 14. 2. 2007.

④ COM （2007） 36 final.

⑤ COM （2007） 37 final.

⑥ COM （2007） 53 final.

⑦ SEC （2007） 169 final.

⑧ COM （2007） 173, COM （2007） 112.

如何提高对 CE 标志的理解，如何提高立法框架的一致性，并对欧委会的有关提案进行了解释。另外，报告剖析了目前政策存在的问题，在界定了欧洲单一市场政策目标的基础上，提出了不同的政策选择，分析了新提案可能给经济、社会和环境带来的影响，最后比较了不同政策选择的结果，得出结论认为，欧委会的提案将是单一市场政策的未来战略基石。另外，欧委会智库欧洲政策研究中心（Centre for European Policy Studies）特别工作组经研究表示，在全球市场上符合相关标准已经成为遵循可持续贸易和发展的同义词①。他们同时认为 2007 年 2 月欧委会推出的新内部市场一揽子计划是单一市场管制政策（regulatory policy）的一部分，目的之一就是可持续贸易。

接着欧委会提出了 21 世纪单一市场的愿景蓝图。欧委会首先出台的是临时报告。2007 年 2 月 21 日欧委会向理事会、欧洲议会、欧洲经社委员会，以及区域委员会发布“公民的单一市场”通告②。该通告是欧委会向 2007 年欧洲理事会提供的临时报告，报告明确了 21 世纪单一市场的愿景，将 21 世纪的单一市场确定为：消费者和公民的单一市场；一体化经济的单一市场；知识社会的单一市场；良好管制的单一市场；可持续欧洲的单一市场；向世界开放的单一市场。该通告还提出实现单一市场愿景的新政策要素，包括影响驱动和结果导向；更高效率的工具；更集中化和基于网络；更适应全球背景；更利于获取和交流。2007 年 9 月 4 日在斯特拉斯堡召开的全体会议上，欧洲议会通过了对单一市场的回顾，旨在消除单一市场潜力和实际之间差距的Toubon 报告（the Toubon Report③）。该报告明确了完全实现内部市场的主要障碍，给欧委会提出了一些具体建议。2007 年 2 月，欧委会制定了单一市场21 世纪的愿景：一个强大、创新和有竞争力的市场，将服务潜力最大化，直接让消费者和企业获得收益，使欧洲可以更好地应对和塑造全球化④。

在听取各方意见之后，委员会以临时报告为基础，将愿景变成了行动。

---

① CEPS Task Force, *Corporate and Commodity Standards and the Implications for Sustainable Trade and Development*, 27 March 2009, http：// www. ceps. be/ Article. php? article_ id =571.

② Communication from the Commission to the Council, the European Parliament, the European Economic and Social Committee and the Committee of the Regions, *A Single Market for Citizens*, *Interim Report to the 2007 Spring European Council*, Brussels, 21. 2. 2007, COM（2007）60 final.

③ 该报告是由单一市场和消费者保护委员会成员法国分会 Jacques Toubon 准备的。

④ COM（2007）60, 21. 2. 2007.

2007 年 11 月 20 日，欧委会以通告（Communication）发布了"21 世纪欧洲的单一市场"①，将 2007 年 2 月的"临时报告"（Interim Report）② 变为可操作的重新定位单一市场的系列提案，结束了 2006 年启动的单一市场回顾，开始了对单一市场政策"大检修"（overhaul）。与该通告同时发布的是 5 个欧委会工作报告，具体说明了欧委会将如何把单一市场政策现代化③：单一市场成就回顾；革新单一市场政策的工具；产品市场和部门监控新方法的实施；单一市场回顾的对外关系；零售金融服务领域的动议。

二　新方法的出台

2007 年 11 月欧委会通告制定了单一市场的新方法（a new approach to the single market）：没有任何古典的立法行动纲领；而是在维持单一市场良好运行的法律和法规稳定性的同时，促进灵活性和适应性④。具体而言，单一市场要给消费者和中小企业带来更好的结果和可见的利益，为此"单一市场要保持高标准，尤其在产品和食品安全领域"，"欧盟坚定要确保其区域内最大的食品安全"⑤。事实上，"欧盟正被视为诸如产品安全和食品安全等许多领域的全球标准制定者"，这些将促进"向上聚同"收敛顶端（convergence to the top），而不是"竞次"（race to the bottom）。

---

① European Commission, *A single market for 21st century Europe*, Communication from the Commission to the European Parliament, the Council, the European Economic and Social Committee and the Committee of the Regions, COM (2007) 724 final, Brussels, 20. 11. 2007.

② Communication from the Commission to the Council, the European Parliament, the European Economic and Social Committee and the Committee of the Regions, *A Single Market for Citizens*, *Interim Report to the 2007 Spring European Council*, Brussels, 21. 2. 2007, COM (2007) 60 final.

③ Staff working paper on "the single market: review of achievements" [SEC (2007) 1521]; Staff working paper on "instruments for a modernised single market policy" [SEC (2007) 1518]; Staff working paper on "implementing the new methodology for product market and sector monitoring: results of a first sector screening" [SEC (2007) 1517]; Staff working paper on "the external dimension of the single market review" [SEC (2007) 1519]; Staff working paper on "initiatives in the area of retail financial services" [SEC (2007) 1520].

④ European Commission, *A single market for 21st century Europe*, Communication from the Commission to the European Parliament, the Council, the European Economic and Social Committee and the Committee of the Regions, COM (2007) 724 final, Brussels, 20. 11. 2007: 4.

⑤ European Commission, *A single market for 21st century Europe*, Communication from the Commission to the European Parliament, the Council, the European Economic and Social Committee and the Committee of the Regions, COM (2007) 724 final, Brussels, 20. 11. 2007: 5, 6.

　　经过必要的法律程序，委员会的提案变成了正式的法律。鉴于欧盟立法程序的复杂性，以及条例和决定作为二级立法与通告这种"软法"的法律效力的差异性，欧盟此轮对商品单一市场政策调整的最终方案的通过还经历了一段时间，因为三个提案①均须启动共同决策程序（co-decision procedure），赋予了欧洲议会更大的影响力。2007 年 2 月 14 日欧委会将提案分别转送欧洲议会和理事会。欧洲议会和理事会分别于 2008 年 2 月 21 日和 6 月 23 日通过了包括三个独立立法措施的一揽子提案（见附录Ⅲ），并于 7 月 9 日共同发布了这三个法规。

　　第一个法规是有关相互承认的 764/2008 条例，同时取消 3052/95/EC 理事会决定②。该法规出台的目的是通过消除由成员国技术法规导致的贸易壁垒，通过避免重复检验和检测而提高效率，进而促进商品的自由流动，从而强化单一市场的作用。法规规定了成员国主管部门（competent authorities）需要作出决定时具体的规则和程序。如果一成员国要拒绝一种产品进入该国市场，该成员国必须证明该产品是不安全的，也就是必须预先提供给生产商详细的技术或者科学理由，以便生产商可以作出回应。该法规最突出的变化就是对尚未纳入欧盟立法统一调整的货物贸易规定了举证责任的倒置，当一成员国拿不出具体反对理由时就必须向其他成员国的商品开放市场。法规也规定了成员国设立产品联系点（Product Contact Points）以便更好地完成该法规的目标。联系点将为企业，尤其是中小企业提供可靠准确的目标市场的法律，主要是该成员国技术法规的信息。该法规已于 2009 年 5 月 13 日开始适用。

　　第二个法规是有关产品营销共同框架的 768/2008/EC 决定，同时取消 93/465/EEC 理事会决定③。该决定规定了为修订部门立法而提出的共同原

---

　　①　COM（2007）36 final COM（2007）37 final COM（2007）53 final.

　　②　Regulation（EC）No 764/2008 of the European Parliament and of the Council of 9 July 2008 laying down procedures relating to the application of certain national technical rules to products lawfully marketed in another Member State and repealing Decision No 3052/95/EC（Text with EEA relevance），Regulation（EC）764/2008，OJ L 218，p. 21.

　　③　Decision No 768/2008/EC of the European Parliament and of the Council of 9 July 2008 on a common framework for the marketing of products，and repealing Council Decision 93/465/EEC（Text with EEA relevance），Decision 768/2008/EC，OJ L 218，p. 82.

则和参照条款。因此该决定是协调产品营销条件的未来立法框架，以及现有立法的参照文本。也就是制定了共同的定义和程序，以便使欧盟范围以及未来的立法中可以得到统一的应用。决定通过规定协调的定义，经济运行者的职责，以及合格评定机构的标准来简化各种合格评定程序。最后决定给 CE 标志下了唯一的定义，以及 CE 使用者的责任，以解决目前的混乱和使用该标志的不当问题。为了确保公共管理部门可以对滥用该标志的行为采取行动，保护 CE 标志，欧委会正考虑将它作为共同体的集体商标。

　　第三个法规是有关认可和市场监管的 765/2008 条例①，是对欧洲议会和理事会 768/2008/EC 决定的补充。决定规定了进行合格评定的合格评定机构的认可的组织和操作规则；提供了产品市场监管的框架，以确保产品符合诸如一般健康安全，工作场所的健康安全，保护消费者，保护环境和安全等公共利益保护的高水平要求；决定提供了控制来自第三国产品的框架；规定了 CE 标志的一般原则。该规定要求每个成员国仅设唯一的认可机构；认可机构之间，认可机构与合格评定机构之间不要竞争；认可为公共权威活动；认可机构是非营利、公正的、客观的机构；对相关方的负责性；促进认可在强制领域的应用，但并非是必须的。为了使证书和检验报告在欧盟范围内可以接受，该条例包含了成员国和欧盟层面的实验室认可，检测和认证机构以及检测所方面的专门条款。目的旨在确保经认可的认证机构的高水准，将认可作为监控的最后层次。为了提高市场监管，赋予了成员国具体的方式和权力进行干预市场，以便限制或收回不符合规定的，或者不安全的产品。条例还规定成员国要在市场和边境同时进行一定规模的产品控制，在成员国层面和欧盟层面进行合作。该法规已于 2010 年 1 月 1 日实施。

　　以上这些措施源于欧委会 2007 年 2 月的立法提案。欧盟通过一套内部市场改革方案，目的是打破阻碍各成员国之间货物贸易发展的技术性壁垒，尤其是为中小企业拓展跨国业务提供便利。

---

　　① Regulation (EC) No765/2008 of the European Parliament and of the Council of 9 July 2008 setting out the requirements for accreditation and market surveillance relating to the marketing of products and repealing Regulation (EEC) No. 339/93 (Text with EEA relevance), Regulation (EC) 765/2008, OJ L 218, p. 30.

三　后续跟进

2008 年 12 月，对单一市场回溯一年之后，委员会工作人员发布了工作文件①，对一年来的情况进行了总结。文件认为，2007 年 11 月以来，委员会与所有利益相关方一起，实施了一些具体措施，以确保单一市场能够继续为欧洲带来利益。作为里斯本战略发展和就业的核心支柱，单一市场为欧盟提供了经济复兴的独特的发射台。一年来在实施 21 世纪单一市场愿景方面已经取得很大的进步，例如，如今的单一市场可以给消费者和中小企业带来可见的结果，中小企业可以从低成本和行政负担，以及简便的国际规则和其他成员国更便利的市场准入方面获得收益；跨境电子商务的壁垒正在被消除②。在伙伴关系方面，报告宣布 2009 年 6 月委员会将出台有关与成员国共同管理单一市场的通告。

作为对单一市场回溯的直接回应，2009 年 6 月 29 日委员会如期发布了题为"提高单一市场运行的措施"通告③，其中提出了旨在国家、区域和当地层面提高单一市场运行的一套实用措施，以使所有公民和企业能够充分利用单一市场的权力和机会。通告呼吁成员国积极利用这些新指南来改进单一市场。具体而言，通告提出了十条具体建议，强调有效实施和系统跟进的重要性，但同时也表明应该由成员国决定哪些措施最适合其具体的国家环境，也鼓励成员国使用附录中提供的措施和做法范例。随附的还有两个委员会工作文件，内容涵盖：委员会为支持成员国而进行的活动；委员会为单一市场领域的行政合作已建成的主要网络。

2009 年 9 月 24 日竞争理事会通过了关于"如何使单一市场更好运转"的理事会结论。该结论明确了提高内部市场运行的三大重点领域：实用的信息，行政合作，包括解决问题在内的具体实施。

---

①　European Council Conclusions, *Requesting an Effective Annual Follow up to the Single Market Review*, 13 – 14 March 2008.

②　Commission of the European Communities, *The Single Market Review*：*One Year On*, Commission Staff Working Document, SEC (2008) 3064, Brussels, 16. 12. 2008：12.

③　Council conclusions, *How to Make the Internal Market Work Better*, 2945th COMPETITIVENESS, (Internal market, Industry and Research), Council meeting, Brussels, 24 September 2009, C (2009) 4728 final.

欧盟的所有这些努力最终形成了《单一市场法案》（Single Market Act）。2010 年 10 月 27 日，欧委会发布通告，提出了 50 条具体措施，其中的第 6、第 23 和第 39 条将会全面影响我国商品对欧盟的出口①。接着欧委会就该法案进行了 4 个月的公共辩论，并于 2011 年 4 月推出单一市场法案的最后版本。

总之，正如欧委会主席 José Manuel Barroso 所描述的那样，新的一揽子立法的推出标志着欧洲单一市场新阶段的开始②。他认为"尽管单一市场已经是一个普遍承认的巨大成功，但是欧洲和世界正在变化，单一市场必须，为了 21 世纪的欧洲人，而变成 21 世纪的单一市场"。

---

① European Commission, *Towards a Single Market Act For a Highly Competitive Social Market Economy*, Communication from the Commission to the European Parliament, the Council, the Economic and Social Committee and the Committee of the Regions, COM（2010）608 final, Brussels, 27. 10. 2010.

② Single Market Review, No. 48, 2007 – V, p8.

影响篇

第 五 章
单一市场新政策解读

基于前期对单一市场的回溯分析，欧盟确定了政策调整的方向，继而出台了单一市场一揽子计划，并最终形成法案。跟欧盟其他政策的制定与调整一样，单一市场政策的调整也是其法律体系与政治体系相互作用的结果①。解读商品单一市场的新政策，其调整方向主要集中在新方法的应用，新工具的使用上；具体内容包括新方法立法和市场准入两大方面；彰显出来的特点主要有：灵活性、针对性、替代性和3S特点。

第一节　调整方向

为了更有效地调整单一市场政策，欧盟首先根据其智库及其附属机构的研究结果确定了调整的基本原则，再设计出具体的方法，进而形成最后的组合工具。

一　新原则

欧洲1992计划确实已经给欧共体带来了诸多益处，尤其在最初的那些年。但由于区域内一直过分关注"完成"单一市场的进度，试图通过立法消除所有法规差异，因而忽视了其他一些方面。诚然，在诸如确保食品安全和环境质量标准等领域和部门，有针对性的立法是非常必要的，但随着欧盟

---

① Peter Holmes, "Trade and 'domestic' policies: the European mix", *Journal of European Public Policy*, 2006, 13 (6): 815-831.

区域内外环境的变化，单一市场政策需要重新定位以使其得以整合，良好运行，以期进一步提高消费者福利和生产效率。

欧盟本轮单一市场政策调整的方向主要是依据其智库及其附属机构的研究结果确立的。2006年隶属欧委会的欧洲政策咨议局的研究人员首先提出了政策调整的方向，认为新政策应包含以下四要素[①]：

• 要素一，优先性：过去单一市场政策强调的是找到阻碍跨境交易的立法问题，并设法去解决，但没有区分轻重缓急。事实上，只有消除了阻碍新产品入市的主要壁垒，单一市场才能有效地实现欧洲增长潜力。

• 要素二，去立法化（delegalization）：差异化的增加，以及行政能力的缺失需要一个仅针对经济一体化主要障碍，而不是全面协调不同立法的方式。为了便于实施，利于简化，促进创新，欧盟应尽可能地通过框架法规，来取代详细的指令，并由分散灵活的机构来实施这些决定。

• 要素三，差异化：随着市场特性和范畴的改变，为了促进竞争，各部门间的差异越来越大。未来单一市场需要考虑多样化的现实，也需要考虑欧盟和成员国政策的一致性。

• 要素四，协调性：再重要的单一市场政策也不可能单独应对不断变化的挑战，因而需要与其他诸如竞争、贸易、环境和消费者等政策进行协调。此外，单一市场政策还需要与成员国国内政策协调，才能完全获得收益。

2007年1月布鲁塞尔经济智库Bruegel和欧委会内部市场总司共同组织了"未来单一市场的经济政策"研讨会，得出如下结论[②]：

• 结论一：单一市场政策不应仅针对市场的一体化，也要达到消费者福利最大化和生产效率的提高；

• 结论二：政策应该针对具体部门和政策领域；

• 结论三：监控结果而不是实施；

• 结论四：激励性立法；

• 结论五：将欧洲政策与国家改革相结合；

• 结论六：以灵活的工具应对日益增加的异质性；

---

① Canoy, Marcel, Roger Liddle and Peter Smith, *The Single Market: Yesterday and Tomorrow*. European Commission: Bureau of European Policy Advisers (BEPA), 2006: 4–6.

② 这些结论是由欧盟智库Bruegel的研究员Juan Delgado根据与会者的演讲归纳而成的。

- 结论七：单一市场政策应有辅助政策[①]（flanking policies），以平稳过渡；
- 结论八：单一市场政策应被理解为政策的集成而不是单一政策；
- 结论九：单一市场政策的设计应是外向的，考虑外部影响。

不难看出，研讨会以结论一至六强调了前面欧洲政策咨议局出台的四要素内容，同时还增加了三条结论：强调提高单一市场运行效率必须发掘单一市场政策与其他政策的相互关系[②]，并将单一市场政策的外延扩大，强调外部因素对政策设计的影响，这些正是欧委会设计的欧洲单一市场愿景（见图 5-1）。

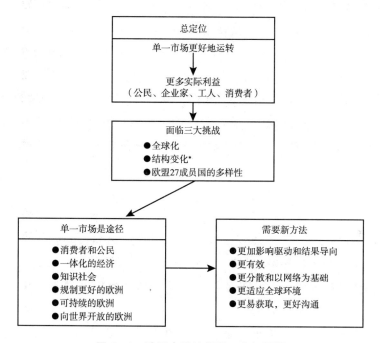

图 5-1 欧委会设计的单一市场愿景

＊知识经济、服务、能源依赖、气候变化和老龄人口的出现。

资料来源：COM（2007）60 of 21 Feb. 2007，参见，Jacques Pelkmans，"Economic Approaches of the Internal Market"，*Bruges European Economic Research Papers* BEER paper No. 13，April 2008，available at：http://www.coleurop.be/eco/publications.htm：22。

---

① 辅助政策，例如，社会政策，再培训机会和经济发展规律计划。

② Canoy, Marcel, Roger Liddle and Peter Smith. *The Single Market：Yesterday and Tomorrow.* European Commission：Bureau of European Policy Advisers（BEPA），2006：24.

二 新方法

欧盟单一市场新政策采用了与以往完全不同的方法[①]：为了更有效地给消费者带来最好的结果，更有利于增长和就业，新政策由过去主要通过法令措施消除跨境壁垒，转变为采用影响驱动方法（impact-driven approach）。过去单一市场政策强调"通过法律一体化"（integration through law），即采取"消极"一体化（"negative" integration）（即消除阻碍一体化障碍的措施，直接应用于欧洲共同体的四大自由），以及"积极"一体化（"positive" integration）（即协调成员国的法律法规、促进一体化发展的措施，例如通过指令协同成员国的立法）的举措。当年欧洲 1992 计划共提出了约 300 条立法[②]，而四大自由和立法的执行很大程度上被视为一个扶持框架（enabling framework）——使企业可以在更大的无壁垒的内部市场达到规模经济。本轮单一市场政策调整采取的影响驱动方法则表示欧盟将侧重于最关键领域，在市场无法产生效益的地方、在最能产生影响的地方采取措施。这就要求所有利益相关方参与跟踪市场发展、界定问题、确定行动范围、从最底层获取反馈。

2007 年 1 月布鲁塞尔经济智库 Bruegel 和欧委会内部市场总司共同组织了"未来单一市场的经济政策"研讨会。会上，Bruegel 的 Juan Delgado 研究员明确指出设计未来单一市场政策的十大关键点：

1. 良好运行的市场：确保良好运行的市场能够促进增长，提高生产率，利于创新和提高消费者福利。

2. 全球生产链：应将生产链全球化带来的新贸易和投资增长融入一体化和贸易政策的设计之中。要特别关注的是要使那些诸如通信、交通、银行和金融服务等可以减少贸易摩擦的行业能够良好运行。

3. 创新与研发：欧洲低水平的创新常被认为是欧盟和美国之间生产率差异造成的。认识到这一事实之后，2000 年 3 月的 Lisbon 欧洲理事会确定

---

① European Commission, *A single market for 21st century Europe*, Communication from the Commission to the European Parliament, the Council, the European Economic and Social Committee and the Committee of the Regions, COM（2007）724 final, Brussels, 20.11.2007：4.

② 单一市场立法总共达 1500 多条。

至 2010 年欧洲在研发的投入必须增加至 GDP 的近 3%。

4. 服务经济：目前服务业给欧盟带来的附加值和就业占总量的 2/3 还多。尽管单一市场计划中已经认识到服务市场一体化的缺失，但过去一体化政策的努力方向主要放在商品市场。

5. 全球资本市场：近年金融市场一体化取得的长足进步不仅得益于一体化政策，而且归因于金融市场全球化。而欧洲共同监督框架和共同监管权威的缺失给有效的欧洲资本市场的形成带来了障碍。

6. 改革的次序：不仅要实施具体的改革，而且要考虑改革之间的协同，并协调好改革的时间。

7. 改革的政治经济学：改革并不是有百利而无一害的，尽管其目的是为了提高总福利，但可能涉及租金的再分配问题。

8. 更好、更一致、更有效的立法：有效的立法不仅必须对症下药，而且必须易于实施和监控。

9. 扩大的欧洲：当今世界边境的概念越来越不重要，因此单一市场政策要与睦邻政策紧密相连。即使不考虑欧盟的扩大，经济上也没有理由要将单一市场政策仅限定在欧盟疆域之内。

10. 单一市场与世界经济：当今的世界比 20 年前更全球化，也更相互依赖。因此欧盟的政策没有理由仅对欧盟内部产生影响，也应对全世界起作用，一定程度上也应该由全球经济的变革来决定。这样内部市场政策就可以在面临外部压力而不得不改革之前被用作欧盟经济更好地适应全球化的工具。而且通过更加整合的政策，欧盟也可以在全球化过程中（shaping up）扮演更重要的角色。

资料来源：Juan Delgado, "New Challenges of the EU Single Market", Bruegel-DG *Internal Market workshop* on "The economic policy for the Single Market of the future", 16 January 2007: 2 – 7.

欧盟此轮单一市场新政策采用影响驱动方法的目的主要有以下几点考虑[①]：

---

① European Commission, *A single market for 21st century Europe*, Communication from the Commission to the European Parliament, the Council, the European Economic and Social Committee and the Committee of the Regions, COM (2007) 724 final, Brussels, 20. 11. 2007: 4.

与欧洲的"更好规制"（Better Regulation）的目标相呼应，更多关注实施和执行；进一步加强影响评估和利益相关方咨询；尽可能简化现有立法，省掉不必要的繁文缛节；让政策和法律接受系统的评估。为此，更庞大、更多元的欧盟，需要与成员国和更广范围的利益相关方的合作关系，才能确保新政策成功实施。因此需要更灵活的立法方法①：莱姆法路西程式（The Lamfalussy process）② 和标准化的新方法（new approach）是现有的已经被验证具有灵活性优点的方法，但仍有提高的空间（例如在使用者参与方面）。这些方法可以用于更广范围。另外，相互承认原则在相关领域的成功应用，证明只要可以很好实施，完全能够灵活替代立法。

三 新工具

上述影响驱动新方法需要辅以相应的新工具。当今的单一市场与过去不可同日而语：立法一体化已不再是单一市场唯一的或者主要的目标。正如欧委会"21 世纪欧洲的单一市场通告"所言，单一市场应该是给所有公民提供机遇的源泉。因此单一市场需要现代化，而现代化需要工具。欧委会在发布上述通告的同时，发布了五份工作报告，其中之一是"单一市场政策现代化的工具"③。该报告提出了塑造和治理单一市场的一系列工具，以吸取过去的教训，展望未来如何更好地迎接挑战。这些系列工具是补充和替代立法的非约束性工具（Non-binding tools）。此轮单一市场采用的是所谓最佳工具组合（optimal mix of instruments）。尽管立法在某些领域还很重要，但是并非总是必要，或者相称。有时补充和替代立法的非约束性工具反而可以带来更好的效果。事实上，《欧洲共同体条约》第 211 条也授权委员会采用更

---

① Commission of the European Communities, *Instruments for a modernised single market policy*, Commission Staff Working Document, SEC (2007) 1518, Brussels, 20. 11. 2007：8.

② 莱姆法路西框架四个层次的架构，奠定了欧盟金融业法律协调的莱姆法路西程式（Lamfalussy Process），即四层次决策法（A Four-level Approach）。由第一层次进行框架性立法，协调立法原则，第二层次关注技术性问题，制定第一层次协调立法的实施细则，第三层次主要是在准备实施欧盟指令的技术性措施，以及准备促进欧盟监管合作和监管趋同的措施中为欧盟委员会提供专家意见。第四层次由欧委会协同成员国、成员国监管当局等实施欧盟立法。四层次立法中，主要是以欧洲理事会或理事会与欧洲议会共同颁布指令的方式进行协调立法。

③ Commission of the European Communities, *Instruments for a modernised single market policy*, Commission Staff Working Document, SEC (2007) 1518, Brussels, 20. 11. 2007.

多的非立法措施——欧洲共同体条约之下规定的三方面的身份：立法的倡议者、欧盟（部分）执法者、条约的监护者。

但是欧委会对非约束性工具的使用曾遭到过批评，尤其是欧洲议会以机构平衡和民主挑战欧委会对所谓"软法"（soft law）的使用。因此，此轮单一市场政策调整中欧委会以工作文件明确提出了四类非约束性工具①：

工具一，为准备政策行动（立法的，或者非立法的）而采取的措施，例如，绿皮书（Green Papers）和白皮书（White Papers），其他咨询（consultation）文件（如网上咨询），以及在准备提案前向利益相关方征求意见而发布的通告（Communications）。

工具二，为解释法律和确保欧盟规则在底层得到正确实施以不改变欧盟既有法规（EU acquis）（技术指南、技术手册、解释通告）而采取的措施。

工具三，包含规范性（normative）成分的措施，例如（Recommendations）建议，尤其是那些欧共体条约提及的、被欧洲法庭调查定义为"当欧盟机构在条约约束下无权通过约束力的措施，或者当这些机构认为不合适采用更强制性的规则时而采纳的措施"②。

工具四，自我管制和共同管制工具，例如行为守则（Codes of Conduct），委员会以此要求产业拿出与欧盟法律和委员会政策目标不冲突的具体方案。自愿标准的制定（新方法框架之外的）也属此类。

第二节　内容解读

基于以上提及的原则和方法，根据欧盟立法程序，2008 年 2 月和 6 月欧洲议会和欧盟部长理事会分别通过了欧委会 2007 年 2 月的提案，2008 年 7 月 9 日正式发布的商品一揽子立法（the Goods Package）（见附录Ⅲ）已于 2010 年 1 月 1 日生效。欧盟推出该立法是为了提高商品单一市场的运行而建立认证和市场监管框架，并澄清和加强现有法规的应用和实施。解读该立法，我们知道，商品单一市场政策调整主要集中在新方法立法的改进以及市

---

① Commission of the European Communities, *Instruments for a modernised single market policy*, Commission Staff Working Document, SEC (2007) 1518, Brussels, 20. 11. 2007：11.

② Case C － 322/88, Grimaldi, judgement of 13 December 1989.

场准入两大方面①，具体体现在对规制对象的明确界定和对市场准入的明晰规定。

一　规制对象

首先，新出台的商品一揽子立法对其规制对象作了界定，因为新方法需要更好规制（Better Regulation），以给商品单一市场提供新动力。1985年推出的新方法立法仅规定要达到的保护程度，并不固定要达到的技术途径，改革了欧洲产品立法，成为更好规制的楷模。但新方法实施20多年的经验也告诉我们，新方法立法还须进一步改进。20多年来，由于现存法规的诠释、实施和执行方面的差异，随着欧盟内部商品贸易额的不断增加，立法体系也就需要革新。新的立法提案是以现存立法，尤其是20年前推出的"新方法"为基础的，并试图补充这些现存立法。依据委员会提案形成的商品一揽子立法侧重加强成员国的市场监管；提高检验、检测和执行合格评定的检测机构的工作质量；为所有利益相关者明确界定CE标志。

（一）规制对象一：指定机构

为了提高指定机构（notified bodies）指定、运行和监管的统一性和可比性，欧洲议会和理事会2008年7月9日发布的关于产品营销总体框架的768/2008/EC决定，由同日发布的765/2008/EC有关产品营销的认可和市场监督的要求的条例补充。新方法指令常要求产品在投放市场之前由第三方认证。欧盟现有1800家这样的第三方机构，它们包括实验室、检验和认证机构，通常称为合格评定机构（conformity assessment bodies），正式称为指定机构。各成员国有责任选择那些符合必要规定的机构成为指定机构。基本条件包括能力、公正性和信誉等。指定机构是私人公司，面临的是竞争力很强的市场。一方面对生产商是有利的，但也可能带来不公平做法，且费用昂贵，程序执行不太严格。不同的指定机构在工作中也可能采取不同的方式。这不仅可能给市场带来不安全产品，而且还将扭曲生产产业的竞争。不幸的是，一些成员国选定指定机构的标准比别国更严格。例如，一些成员国选

---

① 参见，Package on Internal Market for goods，Reference：MEMO/08/100 Date：19/02/2008，MEMO/08/100，Brussels，19th February 2008。

定、评估和监控指定机构的工作直接是由公共行政完成的；而其他成员国是由国家认可机构（national accreditation body）做支撑的。欧盟层面有专门的欧洲认可合作组织（European Co-operation for Accreditation EA），来确保成员国认可机构按照同样的要求工作，以便给予一个机构的认可与给予另一机构的有可比性。但并不是所有的成员国的认可机构都是欧洲认可合作组织的成员，也不是所有指定机构都是通过认可的。

由于成员国可以任意指定认为合格的实验室、检验和认证机构，目前欧盟除了1800多个进行合格评定的官方机构，加上其他私人机构的参与，使得评定的方法、质量和成本存在很大差别。因此，欧委会提议，以认可（accreditation）作为一个工具，赋予其法律地位，来确保各成员国用相同的标准来选择和监管这些合格评定机构。同时，继续由各成员国负责对指定机构的能力认定和监控，但在欧盟层面，以欧洲认可合作组织的现有组织为基础，引进认可和合作的法律框架。这样给予欧洲认可合作组织公认，提供认可所有指定机构但目前缺失的权威性。也可以确保所有成员国把认可作为指定的基础①。

（二）规制对象二：市场监管

其次要确保欧盟市场监管具有统一的共同法律框架。商品的自由流动是欧盟单一市场的基石。但与自由并存的是责任。为了确保市场上，包括从第三国进口的商品安全，并与必要的欧盟法规相符，就需要有效的市场监管体系。但现有的市场监管是在国家层面组织和运行的，各成员国仅对本国领土上的监管活动负责，包括可以采取任何必要的行动纠正不符合要求的产品，强制限制措施（禁止、拆市），实施制裁。尽管安全标准和其他诸如环境等产品的其他要求在欧盟已经得到大规模协调，但事实证明成员国间对这些要求的实施存在很大的差距，最终导致一定数量的不符合要求的产品得以混入市场，扭曲竞争。目前，共同体层面上市场监管立法的实施不一致，或者说不协同，使得每年有大量的不符合规定（且有潜在危险的）的产品流入市场。一方面负责市场监管的不同成员国主管部门可能缺少有效监管的途径。

---

① 这已经引起美国的高度重视。在《2010年国家贸易预测报告》中，美国有关方面表示特别关注欧盟认可新规则可能带来的潜在的负面影响，担心这将会使欧盟可能利用认可的国际体系为欧盟组织谋利。参见，*The 2010 National Trade Estimate Report: Key Elements*，avaible at: http://www.ustr.gov/about - us/press - office/fact - sheets/2010/march/ - 2010 - national - trade - estimate - report - key - elements。

它们通常面临诸如电子商务贸易，刚上市的新产品和越来越多的第三国进口产品等所带来的挑战。另一方面，当今产品一旦进入欧盟，无须通过任何内部关卡，就可以在共同体内自由流动，而成员国权威机构的权限仅限他们自己的领土。所以跨境合作对于有效地确认和追踪危险品，对付违法的生产商和进口商至关重要。鉴于目前市场监管的国家特性，信息无法传播，而不可避免其他成员国的重复劳动，也就降低了共同体层面市场监管的效率。通过充分利用这些缺陷，一些非法的生产商或进口商可以反复利用这个体系。当然已有一些成功的合作机制，例如，欧盟非食用消费品快速预警系统（RAPEX system），但还仅限于一定活动或者领域，且仅包含消费者产品，所以还需要一个更协同作战的监控环境。因此，委员会提议通过共同法律框架，达到欧盟层面的市场监管的统一，以允许成员国层面可以考虑到各国的条件差异，而组织上又有灵活性，同时达成操作方面具体的最低要求。

　　成员国间市场监管的差异主要是由于各国资源的不同，以及过去二十多年间商品贸易的变化：电子商务的出现，新商品的面市和欧盟进口商品的增多。国际化程度的加深和商品交易的复杂性使得很难在经销链上界定责任。因此欧盟这方面立法的目的就是要加强成员国间更紧密的合作，确保安全产品才能在欧盟市场流动，而不安全的产品或者伪劣产品可以很快被识别，并被从市场上撤出，而且可以对责任方采取及时有效的措施。

　　因此，2008 年出台的商品一揽子立法规定了欧洲市场监管的一般条件，并已于 2010 年 1 月生效。作为对欧洲议会和理事会 768/2008/EC 决定的补充，出台了有关认可和市场监管的 765/2008 条例①（见附录Ⅲ）。首先，条例规定了成员国在市场监管方面的责任：定期监测和检验投放在本国市场的商品，并采取措施确保商品的相符，或者把不符合规定的商品撤市。另外，成员国有权根据侵权程度对违背方进行制裁。最为重要的是，成员国必须实施，并定期修正其市场监管计划，至少每四年对其监管活动进行审查和评估。条例还赋予成员国对从欧盟以外进口的商品进行检测的权力，以便最有效地将不符合规定的商品在进入欧盟之前滤除。决定则对企业的责任做了规

---

① Regulation (EC) No. 765/2008 of the European Parliament and of the Council of 9 July 2008 setting out the requirements for accreditation and market surveillance relating to the marketing of products and repealing Regulation (EEC) No. 339/93 (Text with EEA relevance), Regulation (EC) 765/2008, OJ L 218, p. 30.

定。分销链上的每个责任方必须行使其责任以确保只销售安全产品。决定还要求确保每一产品可以从每个分销商追溯到生产商或者进口商，这样就有助于当局可以快速禁止不安全的商品进入欧盟。

为了协调认可体系，765/2008 条例要求成员国指定一个国家认可机构①。为此，德国已于 2009 年 7 月 31 日将该立法转换为国内立法，通过了《德国认可机构法》（*the German Accreditation Body Act*，AkkStelleG）②，专门成立了德国国家认证认可委（the Deutsche Akkreditierungsstelle GmbH，DAkkS），作为欧洲认可合作（EA）的成员，对德国所有领域的合格评定提供唯一认可。

（三）规制对象三：CE 标志

产品上的 CE 标志表示符合所有的法规要求，但是由于公众对 CE 标志缺乏足够的了解，使得其作为产品安全标志的作用没有得到充分发挥，因此欧盟计划通过共同体范围的信息活动来提高广大消费者对 CE 标志价值的认识。为此，提议要明确的是当生产商给产品贴上 CE 标志就要对他们产品的相符负完全的责任。欧委会已经提出将 CE 标志政策为共同体集体商标，这将给成员国监管机构更大的权力对滥用该标志的任何人员采取法律行动，也就更增加了该标志的可信度。为此，765/2008/EC 条例第四章第 30 条对产品 CE 标志的粘贴作了详细规定，而 768/2008/EC 条例附录 I 第 R3 章第 R12 条专门规定了粘贴 CE 标志的规则和条件（见附录Ⅲ）。

（四）规制对象四：法律框架

现行的法律框架包含一些不一致性和法律不确定性，已经导致了指令解释和执行的问题。产品常不只受制于一个指令，这就会带来困难，因为不同指令对诸如定义、合格评定程序等共同成分的处理会不同。因为这些指令是过去 20 年中不同时期的产物。这就给企业带来负面影响，因为他们不知道如何去符合不是一个，而是许多不同的立法工具。立法中这样的不一致性只有通过改变现行的法律框架才能解决。将现行的指令和条例的每一条相关的条款进行统一修订可以临时改变现状，但为了确保未来有协同的方法，最好

---

① 765/2008/EC 条例第二章第 4 条。

② 参见，KANBrief 2 | 10。

制定一个水平框架（horizontal framework）。这个框架将来包含产品立法的所有共同成分，例如定义、合格评定程序、CE 标志和指定机构的规定等，可以看做措施工具包（toolkit）以供不同的部门在未来随意选择。而对于各部门单个指令的改编可以另行进行。总的来说这个提案将通过消除现行立法框架的不足、不一致和不必要的繁文缛节进一步便于商品的自由流动。它将重新燃起所有利益相关方、消费者、产业和成员国对内部市场立法的信心。它将是单一市场政策未来策略的基石。

2008 年 7 月 9 日欧洲议会和理事会发布的关于产品营销总体框架的 768/2008/EC 决定（见附录Ⅲ），为未来协调产品营销条件的立法和现行立法的文本参照制定了一个横向总体框架。

二　市场准入

商品自由流动的原则是《欧共体条约》的基石之一。它要求成员国接受在另一成员国合法上市的，但在共同体层面尚未协调的产品，这些产品包括一些建筑产品、许多食品（例如面包和面条）、家具、自行车、梯子和贵金属。如果是为了诸如保护人类健康，或者环境等因素，成员国有权要求将产品修改到符合该成员国的规则。对单一市场未来的公众咨询表明，现实中由成员国规则形成的壁垒还在妨碍欧盟内部的贸易，因为：企业和成员国主管部门对商品自由流动的原则存在普遍的不了解；在出现纠纷时（当某一成员国拒绝让某种产品投放市场）对举证责任的法律不确定；对企业（尤其是中小企业）很难事前了解他们的产品是否可以在另一规则不同的成员国市场合法销售。

因此，欧委会通过商品一揽子立法试图解决一些市场准入问题。

首先，不再由进口公司承担举证责任。成员国不再能够以本国当地的规则为由，拒绝产品由另一成员国进入该国市场，这样也就给予想要将产品销售到另一成员国市场的企业一定的保障，将举证责任推给拒绝市场准入的成员国主管部门。

举证责任方的确定便是此轮单一市场政策调整的创新点之一，也就是任一成员国的技术法规不能够阻止在其他成员国市场已经可以合法销售的产品在该成员国市场销售。如果某一成员国想拒绝市场准入，该成员国就必须给出精确且详细的客观理由。具体而言，在最后裁决之前，给进口公司机会进行反驳。一般在收到书面通告后，企业有 20 个工作日的时间准备。如果事情无法顺利解决，企业可以向进口成员国的法庭或者法院申诉。法庭裁决时，就必须考虑欧洲立法，而非成员国的法律规范。

本轮单一市场政策调整的另一创新之处就是，所有成员国都将设立产品联系点。产品联系点是成员国用来将他们的联络细节传达给其他成员国和欧委会的地点①，欧委会将定期更新产品联络点的清单，并刊登在欧盟官方公报上，欧委会也可以通过网站，如远程信息网络②，来发布信息。产品联系点的任务是：在经济运营者或者另一成员国主管部门的要求下，在 15 个工作日内，免费提供以下信息③：（a）在已经设立了产品联络点的区域内某一特类产品适用的技术法规，以及此类产品是否受制于他们成员国法律下事先授权情况要求的信息，连同相互承认原则的相关信息，以及在成员国领土内本条例的适用；（b）成员国主管部门可以直接联系到的详细联系方式，包括当局在成员国领域内负责监督相关技术法规实施的详情；（c）当主管部门和经济运营者之间发生争议时，在该成员国的领域内可提供的解决措施。在产品联络点，提供给经济运营者或者主管部门在进行一项决定时所需要的任何相关信息或者观察资料。

产品联系点的设立旨在降低目标成员国企业的法规风险，通过每个成员国设立一到几个"产品联系点"的方法促进与主管部门的定期对话。为了不增加企业的行政成本，成员国可以把这个任务委托给现有的公共行政服务机构，也可以给商会、职业组织，或者私人机构。它们的主要职责包括给企业和其他成员国的主管部门提供产品的技术规则信息，并提供后者的联系详情，使主管部门了解其他成员国同行，以便于从他们那里获取所需信息，与他们交流。

在另一成员国遭遇到的问题案例

案例 1　移动工作台/脚手架［Mobile working tower（Scaffolding）］：

---

① 764/2008/EC 条例第三章第 9 条。
② 764/2008/EC 条例第三章第 11 条。
③ 764/2008/EC 条例第三章第 10 条。

为了以文件证明产品符合目的地成员国的立法，生产商被要求进行另外的产品测试。这种测试可以在任何认可的测试环境下进行，但生产商被要求在某一特别的环境下进行检测。生产商不得不支付额外的测试费用。一些遭遇到此类要求的生产商干脆放弃将产品出口到该成员国。

案例2　铝壶（Aluminium kettle）：目的地市场成员国根据成员国控制饮用水中铝含量的规则，以健康为由限制产品的销售。企业不知道有这一规则，但在向成员国提出批准的时候，该国要求以当地的技术规则为基准进行新测试。这不仅费时，而且还可能有语言障碍问题。

案例3　自行车：目的地市场的成员国要求尾灯和前灯由发电机操控。目的地市场的成员国认为这对安全是必要的，理由是发电机驱动的灯比电池驱动的更可靠。目的地市场的成员国还要求自行车有两个刹车。最后生产商不得不按规定改动产品。

案例4　儿童服装的检测：目的地市场的成员国要求检测服装暴露在体汗和唾液下的化学反应。目的地市场的成员国认为，这样对避免过敏和皮肤病问题是必要的。经销商认为仅为目的地市场的成员国进行检测不可能带来任何立竿见影的正面利益，于是选择不将儿童服装销往那个成员国。

案例5　越野机器：成员国有关越野机器（如制动、操纵）对道路安全高度重要性的规则差别不大。但不同的价值观念、标准，以及要求的检测程序迫使生产商经过不同的检测程序，为了准许上路而进行修改。各成员国立法体系要求不同的信号、警告和照明设备，以提高越野机器的能见度。这些规则的目的到处都一样，但方式各异。如果生产商不按照其他成员国的要求进行调整，机器就无法进入别国市场。

资料来源：*Package on Internal Market for goods*，Reference：MEMO/08/100 Date：19/02/2008，MEMO/08/100，Brussels，19th February 2008。

总之，为了全面挖掘商品单一市场的潜力，需要现代化的标准化程序[①]。商品一揽子立法将通过大大增加内部商品市场的价值，从而带来增长

---

① Mario Monti, *A New Strategy for the Single Market*, Report to the President of the European Commission José Manuel Barroso, 9 May 2010：50.

和就业，实现产生大范围收益的目标。对公司而言，更清楚、更易理解的立法，减少的官僚和烦琐的程序，以及公平的竞争环境都会使公司受益。成员国会感受到共同体层面协调的提高，有更多方式在必要时采取行动，更多可以确保合格评定机构能够胜任工作的支持。而合格评定机构会在该体系中感到更加透明，消费者则会对该体系更有信心，因为他们知道粘贴 CE 标志的产品是真正安全的产品。

为了提高单一市场的运行效率，2009 年欧委会提出了六大工作重点[1]：

- 采取措施，提高成员国与委员会间的合作；
- 采取措施，提高单一市场法规转换率；
- 采取措施，更好地监控市场和部门，以便确定潜在的市场运行故障（market malfunctioning）；
- 采取措施，提高单一市场法规的应用效率；
- 采取措施，加强单一市场法规的执行（enforcement），提高解决问题机制的效率；
- 采取措施，更好地将单一市场的权利通报给公民和企业。

第三节　特点分析

经过自上而下的回溯分析，到欧委会的提案出台，到最终法案的通过，调整后的单一市场政策彰显出灵活性、针对性和规范性，并具有 3S 特点。

一　灵活性

欧委会"21 世纪欧洲的单一市场通告"确定了单一市场的新方法[2]，但并没有一个经典式的立法行动计划，其目的旨在以立法和规则的稳定性确保单一市场良好运行的同时，促进灵活性和通融性。欧委会也是以灵活性应对

---

[1]　Commission of the European Communities, *Commission activities to improve the functioning of the single market*, Commission Staff Working Document, Brussels, SEC (2009) 881.

[2]　European Commission, *A single market for 21st century Europe*, Communication from the Commission to the European Parliament, the Council, the European Economic and Social Committee and the Committee of the Regions, COM (2007) 724 final, Brussels, 20. 11. 2007：4.

不断变化的外部环境。具体而言，欧委会设计的灵活性的 21 世纪的单一市场主要体现在以下几个方面：

一是更具针对性、更有执行力的单一市场①。欧委会需要"更明智"的工具组合，这些工具很简单，但又考虑到辅助性、相称性以及各成员国的传统。

二是更分散式的、以网络为基础的单一市场。单一市场需要欧盟各治理层面的权威机构和利益相关方的一致行动。

三是更易获取、更好沟通的单一市场。需要更多沟通，把单一市场提供的机会加以广泛推广宣传。

二　针对性

此轮单一市场新方法强调以证据为基础，以影响来驱动②，也就是，欧盟针对市场问题最大，能够产生最大影响的领域采取行动。更多地通过市场和部门监控收集的证据了解单一市场的问题③，以此为依据提高多边市场监管，有针对性地提出行动方案。欧委会提出了产品市场和部门监控的两步法。第一步通过市场监控确定最能挖掘潜在利益的那些部门。第二步再对所选的部门进行深入调研④，以便界定问题，改进政策（见图5－2）。

市场监控方法可以更全面地评价市场失灵的原因。过去政策主要关注的是消除欧洲跨境贸易的壁垒。这方面固然重要，但还有其他方面严重阻碍单一市场的发展。欧委会为产品市场和部门监控设计了一个两步骤的程序，以

---

① European Commission, *A single market for 21st century Europe*, Communication from the Commission to the European Parliament, the Council, the European Economic and Social Committee and the Committee of the Regions, COM （2007） 724 final, Brussels, 20. 11. 2007: 12.

② European Commission, *A single market for 21st century Europe*, Communication from the Commission to the European Parliament, the Council, the European Economic and Social Committee and the Committee of the Regions, COM （2007） 724 final, Brussels, 20. 11. 2007: 11.

③ Commission of the European Communities, *Market Monitoring*: *State of Play and Envisaged Follow-Up*, Commission Staff Working Document, SEC （2008） 3074, Brussels, 16. 12. 2008.

④ Commission Inter-Service Working Group on Product Market and Sector Monitoring, " Guiding Principles for Product Market and Sector Monitoring", *European Economy*, *Occasional Papers*, Number 34 – June 2007: 4.

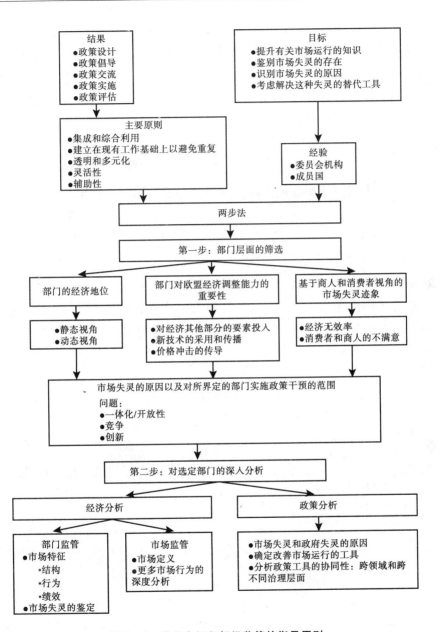

图5-2 产品市场和部门监管的指导原则

资料来源：Commission Inter-Service Working Group on Product Market and Sector Monitoring，"Guiding Principles for Product Market and Sector Monitoring"，*European Economy*，*Occasional Papers*，Number 34 - June 2007：4。

使单一市场政策源于统一的方法，更受影响驱动①。第一步就是为确定通过深入监控和最终政策动议可能带来最大经济收益的那些部门，而对所有部门进行的初步筛选过程。筛选使用的标准之一就是部门（两位数）的经济重要性，以其对欧盟价值增加和就业的贡献，以及其对未来经济增长的重要性。另一个为该部门对欧盟经济调整潜力的重要性。使用的标准包括：与经济其他部门的相互联系（用投入产出表衡量）；该部门对新技术引进和扩散的重要性，以及该部门价格黏性的相对高度；该部门市场运行不良存在的迹象，例如与美国相比不良的生产性能或者消费者满意的证据。

对商品市场的第一次调研始于 2007 年 11 月②。欧委会选择了占欧盟增值量49%、就业52%的、有迹象表明出现市场运行问题的、平均分布于制造业和服务业的 24 个部门，对这些部门进行了问题界定，发现几乎所有部门都缺少创新，但一体化和竞争问题主要出现在服务部门。在此基础上，欧委会进行了四次深入的部门市场监控调查，其中食品和饮料部门的问题相当严重③（见表 5 - 1），这也是欧盟选择以食品卫生规则的调整为试点的重要原因。

表 5 - 1　部分调研部门情况

部门	政策环境	市场表现		
	法规	一体化	竞争	创新
食品与饮料	*	**	*	*

　* 表示假定的问题无法排除；
　** 表示在相关的政策领域存在严重的问题。

总之，此轮政策调整采取的是自下而上的方法（a bottom-up approach），政策调整依据的是市场的运行情况，具有很强的针对性。

---

　① European Communities, "Implementing the New Methodology for Product Market and Sector Monitoring: Results of a First Sector Screening", *Commission Staff Working Document*, SEC (2007) 1517.

　② Fabienne Ilzkovitz, Adriaan Dierx, Nuno Sousa, *An analysis of the Possible Causes of Product Malfunctioning in the EU: First results for manufacturing and service sectors*, Economic Papers 336, August 2008.

　③ Commission Staff Working Document, *Market Monitoring: State of Play and Envisaged Follow-Up*, Commission of the European Communities, Brussels, 16. 12. 2008, SEC (2008) 3074: 8.

三 规范性

单一市场是基于法律而建成的[①]，是欧洲规范性力量的体现。欧盟在此次的政策调整中由过去内部技术标准的协调，转变到强调欧洲标准的出口应优先于欧洲商品的出口，以标准的出口带动商品的出口。欧委会认为，"欧盟单一市场给了欧洲人适应全球化和结构变化的一个坚实的基础"，"单一市场使得欧洲更能吸引全球投资者和公司，使得欧洲能够在世界范围内制定更有影响的规则和标准"[②]。同时，欧盟协助成员国调节其不同的立法规则，尤其是允许成员国在健康和安全领域制定最低的系列标准以促进贸易[③]，这方面多年建立的较完善的立法体系对国际范围内的立法合作大有益处。欧盟对贸易的兴趣越发变为"说服其贸易伙伴采纳针对非关税和规制壁垒的规则和标准"[④]。

欧委会在 2007 年 10 月为各成员国首脑峰会准备的题为《欧洲利益：在全球化时代的成功》文件［COM（2007）581 final］中，提出从单一市场获取最大利益的目标之一就是使"欧洲标准能有助于形成国际层面的标准"[⑤]。因此，2007 年欧委会在计划推出一揽子立法的时候明确提出要将单一市场标准推向世界舞台，认为欧盟应在诸如世界贸易组织这样的国际机构中表现

[①] Mario Monti, *A New Strategy for the Single Market*, Report to the President of the European Commission José Manuel Barroso, 9 May 2010: 95.

[②] Commission of the European Communities, Communication from the Commission to the European Parliament, the Council, the European Economic and Social Committee and the Committee of the Regions, *The European Interest: Succeeding in the age of globalization*, Contribution of the Commission to the October Meeting of Heads of State and Government, Brussels, 3. 10. 2007, COM (2007) 581 final: 4.

[③] Commission of the European Communities, Communication from the Commission to the European Parliament, the Council, the European Economic and Social Committee and the Committee of the Regions, *The European Interest: Succeeding in the age of globalization*, Contribution of the Commission to the October Meeting of Heads of State and Government, Brussels, 3. 10. 2007, COM (2007) 581 final: 5 - 6.

[④] Stephen Woolcock, "The Treaty of Lisbon and the European Union as an actor in international trade", *ECIPE Working Paper* No. 01/2010.

[⑤] Communication from the Commission to the European Parliament, the Council, the European Economic and Social Committee and the Committee of the Regions, *The European Interest: Succeeding in the age of globalization*, Contribution of the Commission to the October Meeting of Heads of State and Government, COM (2007) 581 final: 4.

积极，以确保"欧洲标准成为全球标准的参照"①。此前，隶属欧洲委员会的欧洲政策咨议局的专家也提出了，当其他国家无法采纳欧洲标准的时候，（这些国家的）生产商就可能被从他们想出口的市场切断②。

事实上，单一市场是欧盟迎接全球化挑战的宝贵财富。它是欧洲公司进入全球市场和消费者获取符合最低标准的廉价商品的途径。它也使欧盟可以对世界范围的规则和标准产生强烈影响，进而促进欧洲出口，确保进口满足必要的标准，从而有效地保护欧洲公民。因此欧盟提出需要进一步挖掘单一市场的潜力，达到三个目标③：

（1）通过多边和双边贸易自由化，以及市场准入的积极实施，把欧洲公司的竞争空间扩大到单一市场的实际边界之外。

（2）通过外推标准（norm）和价值，通过使欧洲法规可以从他处的最佳做法获益，扩大单一市场的法规空间，从而使欧洲标准成为全球标准的参照。除了多边的工作，委员会已经与最重要的贸易伙伴就某些特别领域，如金融服务、采购、兽医卫生问题和产品安全等达成了协议。

（3）积极地确保，通过更好的标准、更低的价格、更多的选择，使欧洲公民可以全面收获开放带来的益处。

总之，欧盟的规范性目标已经在此轮单一市场政策调整中变得更加明朗，必将逐步在新的单一市场政策的实施过程中得以彰显。

四 3S 特点

此外，本轮单一市场政策调整还显示出 3S 特点④。首先就是法律框架的简洁性（simplicity）。新立法提案的内容虽然不多，却提出了一个非常明确的法律框架。根据目前的法律规定，当某一成员国拒绝在另一成员国市场已经合法销售的产品进入该市场时，这样的案例均提交欧洲法院处理。

① Single Market Review（News?）No. 48, 2007 - V, P9.

② Canoy, Marcel, Roger Liddle and Peter Smith. *The Single Market: Yesterday and Tomorrow*, European Commission: Bureau of European Policy Advisers（BEPA）, 2006: 23.

③ Commission of the European Communities, *Instruments for a modernised single market policy*, Commission Staff Working Document, SEC（2007）1518, Brussels, 20. 11. 2007: 21.

④ Hans Ingels, "Breaking down the remaining barriers", *Enterprise Europe*, No 25, June 2007: 10.

到目前为止，已经累计有300多个的案例让专业律师之外的人士非常头疼。新提案设法将这些简化，使企业和国家主管部门等有关方能够明确有关责任方。

其次是争端解决的高速度（speed）。到目前为止，企业出口产品到另一成员国遭遇被拒时，企业必须按程序首先报告欧委会，再由欧委会要求该成员国修改其法规，以允许商品的自由流动。但如果争端无法解决，则须交由欧洲法庭审理。漫长的程序往往让企业非常不满。新提案中的做法使企业可以直接将遭遇到的不公正待遇提交进口国法庭解决。

最后是法律协调的协同作用（synergy）。新法规可以避免由于各国实施差异而带来的法律方面的不确定性。资料显示①，年营业额1500万欧元及以下的小企业只能选择出口到没有公开监管的欧盟市场，因为这些小企业花费在适应不同市场的法规等方面的成本通常是大企业的两倍。新规制则协调了成员国间的做法，可以省去以前的这些成本的投入。

综上所述，欧盟此轮单一市场政策采用了与1992欧洲单一市场计划完全不同的新方法和新工具；重点规制了指定机构、市场监管、CE标志和法律框架等内容；侧重调整了市场准入方面的规定；彰显出灵活性、针对性和规范性等特点。欧盟单一市场政策的规范性力量则是其对外影响的重要体现。

---

① Hans Ingels，"Breaking down the remaining barriers"，*Enterprise Europe*，No 25，June 2007：10.

第 六 章

欧盟单一市场政策的规范性力量研究

自从十年前当时任教于英国肯特大学的 Ian Manners 提出"规范性力量欧洲"（Normative Power Europe，NPE）这一概念之后①，尽管有学者对之颇有微词②，然而该术语已被广泛应用于欧盟外交政策和欧盟对外关系的政策讨论及相关学术研究之中。2007 年在美国的欧盟研究协会（the European Union Studies Association，EUSA）年会上，Manners 的文章被选为过去十年中最重要、最精髓、最具潜力的五篇学术作品之一③。然而在欧盟之外，"规范性力量欧洲"并没有如此轻易被理解、认可或赏识④。

在欧洲经济一体化的进程中，标准化起到了举足轻重的作用：是欧盟赖以消除内部技术性贸易壁垒、建立商品单一市场的重要工具。欧盟区域层面的标准化经过了一个从协调成员国的标准化到将协调与区域标准化活动相联系并最终形成欧盟层面标准化的过程，已历经了微协调、旧方法、新方法和

① Ian Manners，"Normative Power Europe：a Contradiction in Terms"，Copenhagen：*Copenhagen Peace Research Institute*，*Working Paper* 38‐2000，available at：http：//www. diis. dk/graphics/COPRI_ publications/ COPRI_ publications /publications/38‐2000. doc.

② 参见 Thomas Diez，"Constructing the Self and Changing Others：Reconsidering 'Normative Power Europe'"，*Millennium*：*Journal of International Studies 33*，no. 3，2005：613‐36，615；Michelle Pace，"The Construction of EU Normative Power"，*The Journal of Common Market Studies*，Volume 45. Number 5，2007：1041‐1064；Christopher J. Bickerton，"Legitimacy through norms：the political limits of Europe's normative power"，*EUSA conference*，Montreal，17‐19 May 2007。

③ Tuomas Forsberg，"Normative Power Europe（Once More）：a conceptual clarification and empirical analysis"，*the Annual Convention of the International Studies Association*，New York，15‐18 February 2009：1.

④ André Gerrits，"Normative Power Europe：Introductory Observations on a Controversial Notion"，in André Gerrits（ed.），*Normative Power Europe in a Changing World*：*A Discussion*，Clingendael European Papers No. 5，the Hague，Netherlands Institute of International Relations，December 2009：6.

三轨制等阶段①。随着内外环境的改变，尤其是全球化的深化、欧盟的扩大、电子商务的发展②以及中国等新兴经济体的迅速崛起，欧盟于2002年开始对标准化的新方法全面回顾，对单一市场政策进行调整，并于2008年推出了商品的一揽子立法（the Goods Package），明确提出要将重心从商品出口转向标准的出口。至今，国内外对欧盟标准化的研究已经达成共识：其区域层面的标准化在不同时期、针对不同国家的不同商品成功地构筑了技术性贸易壁垒③。但是，对于欧盟的标准化是否同样具有规范性力量鲜有实质性的研究。本课题尝试探讨该命题，试图将规范性力量用来解释欧盟在国际政治关系以外的行为角色，考证作为欧洲单一市场重要工具的标准化是否也是欧盟规范性力量的体现；如果存在这般的规范性力量，欧盟设计了怎样的规范性路径；在新一轮单一市场政策的调整中，欧盟标准化举措的规范性力量又将作力何方。

第一节　相关研究综述

一　概念界定

规范性力量欧洲之父，Ian Manners 于 2002 年在《共同市场研究》杂志

---

① 1984 年以后，特别是枫丹白露峰会和米兰峰会以后，一度陷入停滞的欧洲经济一体化进程重新启动。出于单一欧洲市场建立的需要，欧共体层次的技术标准化开始将协调成员国与建立欧洲的标准化活动相联系，改变了过去的做法。欧委会将 1985 年出台的技术标准的协调与制定欧洲标准的做法称作新方法（New Approach），因而把此前的做法称为旧方法（Old Approach），或者传统方法（Traditional Approach）。见陈淑梅，《欧洲经济一体化背景下的技术标准化》，南京：东南大学出版社 2005 年版，第 4 页。

② Internal market for goods set for boost, The Magazine of Enterprise Policy, 28.04.08, http://ec. europa. eu/enterprise/e_ i/news/article_ 6893_ en. htm.

③ 这类研究成果较多，例如，Denise Prévost and Mariëlle Matthee, "The SPS Agreement as a Bottleneck in Agricultural Trade between the European Union and Developing Countries: How to Solve the Conflict", *Legal Issues of Economic Integration* 29（1）: 43 – 59, 2002; Steven Jaffee and Spencer Henson, "Standards and Agro-Food Exports from Developing Countries: Rebalancing the Debate", *World Bank Policy Research Working Paper* 3348, June 2004; Ceyhun Elci, "Distortion to Terms of Trade Through SPS measures", *5th Annual Meeting of the EEFS International Conference*, April 2006; Gabriel J. Felbermayr & Benjamin Jung, "Sorting It Out: Technical Barriers to Trade and Industry Productivity", *Open Econ Rev*, DOI 10.1007/s11079 – 009 – 9114 – z, published online 24 March 2009; 陈淑梅：《欧盟技术性贸易壁垒的形成及对我国的启示》[J]，《东南大学学报》2003 年第 1 期。

上发表了划时代的论文，在先前学者们研究的基础上，将欧盟归纳为三大力量：民事、军事和规范性。Manners 将军事力量定义为使用军事武器的能力，把民事力量跟经济力量，或者"使用民事工具的能力"相联系，而规范性力量被认为是"思想的力量"，或者"观念的力量"①，是一种"软权力"②。Manners 概括了欧盟的五项核心规范和四项次要规范③，而欧盟正是通过这些规范来按照自己的标准重新定义国际规范，将自己的行为标准扩展到国际体系中④。换言之，欧盟在国际关系中的特性不仅体现在民事力量和军事力量方面，更是在一系列规范性标准之上构建起来的。欧盟在国际上也是遵循这些规范性标准来行动的。欧盟更是认为自己处理国际问题的方式和成功的多边治理经验有更为广泛的推广价值，也相信不断发展的欧盟为世界提供了在政治上、伦理上、思想上更先进、更适合全球化的全新规范性标准，即所谓的新欧洲模式⑤。

学术界对"规范性力量"主要有三种不同看法⑥。有人持批评态度，认为它不过是欧洲帝国主义政治上可疑的伪装；有人认为它只不过是分析上很差劲的"空洞的修饰词"（empty signifier）；包括 Ian Manners 本人的第三类学者则一直在尽力提炼该概念，尽量诠释它所包含的意思。总结十年来欧盟研究领域对此概念的发展，现任丹麦国际关系学院高级研究员的 Ian Manners 认为规范性力量可以从概念、规则、行动、影响和结果等五方面进

①　Ian Manners, "Normative Power Europe: A Contradiction in Terms?" *The Journal of Common Market Studies*, Volume 40. Number 2, 2002: 239.

②　周琪、李枏：《约瑟夫·奈的软权力理论及其启示》[J]，《世界经济与政治》2010 年第 4 期；这样的软权力是"经验式的概念，而非理论概念"，参见，Thomas Diez and Ian Manners, "Reflecting on Normative Power Europe", in Felix Berenskoetter and M. J. Williams（eds）*Power in World Politics*. London: Routledge, 2007。

③　五项核心规范是和平、自由、民主、法制和人权，而四项次要规范是：社会团结、反歧视、可持续发展和善治。

④　宋黎磊：《欧盟特性研究：作为一种规范性力量的欧盟》[J]，《国际论坛》2008 年第 3 期。

⑤　参见宋黎磊《欧盟特性研究：作为一种规范性力量的欧盟》[J]，《国际论坛》2008 年第 3 期；伍贻康：《关于欧洲模式的探索和思辨》[J]，《欧洲研究》2008 年第 4 期。

⑥　Tuomas Forsberg, "Normative Power Europe（Once More）: A Conceptual Clarification and Empirical Analysis", *Paper Prepared for Presentation at the Annual Convention of the International Studies Association*, New York, 15 – 18 February 2009: 1.

行诠释①:

第一,规范性力量的概念是观念(ideational),而非物质(material)或者有形的(physical),也就是说规范性力量的行使涉及规范性辩护,而不是使用物质激励,或者有形的力量。

第二,它涉及规则,也就是说,如果规范性辩护要有说服力,那么它所推行的规则必须合法,并且推行方式须具条理性和一致性。

第三,规范性力量需要行动,也就是,如果规范性辩护要具说服力,那么为推行规则必须采取相应的行动。

第四,影响,也就是说,如果规范性力量的辩护要有说服力,那么它就必须产生影响。

第五,规范性力量的实施会在更全面、更合理和更可持续的世界政治舞台产生更广泛的结果。

二　路径比较

除了对"规范性力量"进行界定和诠释,学术界还对欧盟扩散规范的路径进行了研究,有影响的主要是 Ian Manners 的六条路径说和 Tuomas Forsberg 的四条路径说。

在综合其他学者研究成果的基础上,Manners 创新地提出了欧盟扩散规范的六条路径②。第一条是感染(contagion),也就是欧洲的规范和观点是向外无意扩散的:欧盟通过其道德榜样(virtuous example)出口其区域一体化的经验。这类一体化的复制可以在目前南方共同市场(MERCOSUR)的一体化进程中明显看到。第二条是信息扩散(informational diffusion),主要通过如欧盟的新政策动议的战略性通告、欧委会主席提出动议的声明性通告等途径实现。第三条是程序扩散(procedural diffusion),通过区域间合作协议、

---

① Ian Manners, "The EU's Normative Power in Changing World Politics", in André Gerrits (ed.), *Normative Power Europe in a Changing World: A Discussion*, Clingendael European Papers No. 5, the Hague, Netherlands Institute of International Relations, December 2009: 11 – 15.

② Manners 当初使用的是要素(factor)一词,后来国内外学者把它分别诠释为机制、途径和方法等,本文根据对 Manner 文章的理解定位为路径。参见,Ian Manners, "Normative Power Europe: A Contradiction in Terms?" *The Journal of Common Market Studies*, Volume 40. Number 2, 2002: 244 – 245;洪邮生《"规范性力量"欧洲与欧盟对华外交》[J],《世界经济与政治》2010 年第 1 期。

国际组织的成员身份以及欧盟自身的扩大，使欧盟与第三方的关系制度化。第四条是转移扩散（transference），欧盟是通过实质性的，或者财政的手段，与第三方国家交换货物、进行贸易、提供援助或技术支持时扩散。这种转移可以是输出共同体规范和标准的结果，也可以是财政奖励和经济制裁即"胡萝卜加大棒"（carrot and stickism）的结果。第五条是公开扩散（overt diffusion），通过欧盟的诸如欧委会使团及成员国使领馆在第三国和国际组织公开亮相。第六条是文化渗透（cultural filter），是对第三国和组织的国际规范和"政治学习"产生影响，最终的结果是对方学习规范和适应规范，或者拒绝规范。

　　然而 Tuomas Forsberg 认为 Manners 提出的路径中有些是与规范性力量的概念相冲的，因此他区分出规范性力量扩散的四条不同路径①。第一条是通过传播信息进行说服（persuading），这与 Manners 的信息扩散大致相同。第二条是通过激活曾经的承诺唤起规范（invoking norms），这与 Manners 的程序扩散相近，所不同的是 Manners 更关注的是规范要素存在于欧盟与第三方间的协议中。第三条是通过构建规范性结构而间接影响话语（shaping the discourse），这与 Manners 的文化渗透最接近。第四条是通过榜样的力量（the power of example），而 Manners 提出的是通过感染（contagion），更多的是因相互依存而影响。

　　对 Manners 提出的另两条路径，转移扩散和公开扩散，Forsberg 认为前者指的是经济条件（economic conditionality），应该属于民事力量的范畴，而非规范力量；至于后者如何能够通过公开亮相扩散并不很清楚。作者却认为这两条被 Forsberg 舍弃的路径至关重要，不仅因为这两条路径在欧盟扩散规范的实例中确实存在，而且觉得欧盟的民事、军事和规范性三大力量不应该被割裂地认为是存在于欧洲一体化的不同时期，而是欧盟力量增量到一定程度，由量变到质变的结果。没有民事和军事力量的累积，就没有如今的规范性力量。民事力量是起点，随着民事力量的加强，其军事力量初见雏形，最后也才有了规范性力量。当下欧盟这三方面力量的共存则是欧盟力量的存量体现。

---

　　① Tuomas Forsberg, "Normative Power Europe（Once More）: A Conceptual Clarification and Empirical Analysis", *Paper Prepared for Presentation at the Annual Convention of the International Studies Association*, New York, 15 - 18 February 2009: 16 - 19.

在之后针对规范性力量欧洲的研究中先后至少出现过五种评判"规范性力量"的标准①。第一种认为规范性力量有规范性身份，或者正如曼纳斯所言，欧盟是以规范性方式建构的。第二种认为规范性力量不管是否具有规范性身份，但具有规范性利益。第三种认为规范性力量以规范方式行动。第四种认为规范性力量可以被看成影响的途径。最后第五种可以认为规范性力量是可以达到规范性目的，尤其是当我们把它看成一种"力量"的时候。

综上，正如 Manners 所言，欧盟在世界政治中的规范性力量，指"欧盟推行的、在联合国体制中被广泛认同、在世界范围适用的一系列规范性原则"②。那么，欧盟在其他领域是否也具有如此的规范性力量呢？这正是本课题所要进一步探讨的问题。尽管 Manners 对欧洲规范性力量的观念化的理解排除了将规范视为或多或少物质标准的可能性，但事实上，社会经济、劳工、环境和其他标准提供了审视"规范性力量欧洲"的另一种方法③。尽管 Manners 提出的六种扩散路径主要针对的是欧盟的国际关系，但是国际经济关系④也明显包含其中。第四条的转移扩散就专门提及欧盟通过输出其规范和标准达到这样的扩散效果。本课题将沿着 Manners 提出的欧洲规范性力量的扩散路径，借助先前学者们用来评价规范性力量的标准，对欧盟标准化的规范性力量进行实证分析。

第二节　规范性力量在欧洲单一市场进程中的实证

研究欧洲经济一体化进程中标准化的规范性力量本非本课题首创⑤，但

---

① Tuomas Forsberg, "Normative Power Europe（Once More）：A Conceptual Clarification and Empirical Analysis", *Paper Prepared for Presentation at the Annual Convention of the International Studies Association*, New York, 15 – 18 February 2009：10.

② Ian Manners, "The normative ethics of the European Union", *International Affairs*, 84：1, 2008：46.

③ André Gerrits, "Normative Power Europe：Introductory Observations on a Controversial Notion", in André Gerrits（ed.）, *Normative Power Europe in a Changing World：A Discussion*, Clingendael European Papers No. 5, the Hague, Netherlands Institute of International Relations, December 2009：8.

④ 参见崔凡、屠新泉《国际经济学、国际关系与国际政治经济学之间的关系并不互斥，而是有交叉的》，樊瑛《论当代国际贸易理论的国际政治经济学意义》[J]，《世界经济与政治》2010 年第 5 期。

⑤ 有学者提出了类似的问题：欧盟是否在其他诸如国际贸易、环境等领域已经显现出规范性力量，见 Helene Sjursen, "What kind of power?", *Journal of European Public Policy*, 13：2 March 2006：169 – 181.

到目前为止的研究仍集中在对欧盟劳工标准和环境标准方面的研究尝试，至今尚少见针对欧盟标准化的一般性研究。例如，挪威奥斯陆大学欧洲研究中心的研究员 Marianne Riddervold 2008 年的研究结果表明，欧盟在国际劳工组织的框架下努力推行其劳工标准，但这样的规范对欧盟来说，代价是很大的①。伦敦经济学院的 Robert Falkner 博士则以生物技术立法为例，证明 20世纪 90 年代开始欧盟在全球环境政治方面的领导地位的显现，但研究结果也告诉我们必须将欧盟的规范性力量放在一定的历史背景下进行讨论②。欧盟诸如危害物质限用指令（Restriction of Hazardous Substances，RoHS），报废电子电气设备指令（Waste Electrical and Electronic Equipment，WEEE），以及化学品注册、评估、许可和限制法规（Registration，Evaluation，and Authorization of Chemicals，REACH）等环境标准对美国市场、州以及联邦的"加利福尼亚效应"③，对新西兰环境政策和标准的影响④均已得到论证。

　　目前为止对规范性力量的实证分析主要采用的是解构方法。例如英国伯明翰大学的 Michelle Pace 使用的是要素分析法，从内容、过程、行为方、环境、机制和目标或预期结果等方面解构欧盟如何在某个领域建构规范性力量⑤。与其相似的是，Manners 采用的是三位一体的分析工具⑥：第一部分考

　　①　Marianne Riddervold，"Interest or Principles? EU Foreign Policy in the ILO"，*RECON Online Working Paper* 2008/09.

　　②　Robert Falkner，"The European Union as a 'Green Normative Power'?" *Center for European Studies Working Paper Series JHJ140*，2006；Robert Falkner，"The political economy of 'normative power' Europe：EU environmental leadership in international biotechnology regulation"，*Journal of European Public Policy*，14：4，June 2007：507 – 526.

　　③　所谓"加利福尼亚效应"（the "California Effect"）是指"强大而富源的"绿色政治司法在促进推动"贸易伙伴间立法竞争上"的关键作用。参见，Vogel，David. *Trading Up：Consumer and Environmental Regulation in a Global Economy*. Harvard University Press. Cambridge，Massachusetts，1995：6。该术语来自加利福尼亚的一个特定现象，也就是加利福尼亚传统上推出的环境标准比联邦政府和其他州的标准更严格。为了将产品能够销售到加利福尼亚的庞大市场，相关公司不得不设法符合这些法规的规定，最后为了保持竞争力，联邦政府不得不通过与加利福尼亚一致的法规。

　　④　Anna Maria Macdonald，*Green Normative Power? Relations between New Zealand and the European Union on Environment*，A thesis submitted in partial fulfillment of the requirements for the Degree of Master of Arts in European Studies at the University of Canterbury，June 2009.

　　⑤　Michelle Pace，"The Construction of EU Normative Power"，*The Journal of Common Market Studies*，Volume 45. Number 5，2007：1044.

　　⑥　Ian Manners，"The normative ethics of the European Union"，*International Affairs*，84：1，2008：46.

察欧盟试图建构的规则（principles），以及这些规则如何转化成欧盟在世界政界的目标。第二部分就是看欧盟是如何将这些规则变为世界政界的具体行动和政策的。第三部分就是考虑欧盟为了推行建构的规则而采取行动获得的结果和产生的影响。对规则和行动的分析强调的是欧盟对外行动的初衷和实践，而对影响的分析则需要观察政策变化的方向，以及如何重塑其伙伴，达成行动目标。综合以上的分析方法，我们从历史和当下分析考证欧洲一体化进程中规范性力量的彰显程度和具体路径。

一　历史考证

综观欧洲一体化的历程，我们极易发现欧盟的每一次行动或者每一份文件都带着固有的规范性内容，因此必须在历史和变革进程中讨论欧盟的规范性[1]，本课题对于欧盟标准化的研究也不例外。然而，尽管根据 Manners 的分析，欧盟规范性力量的扩散既有有意为之，也有无意而为的，但到目前的研究成果显示，极具讽刺意味的是，欧盟的规范性结果并非其初衷，或者说，欧盟从一开始并没有预先计划要将一定具体的行为规范向全球或者其他地区扩散，因为欧盟从一开始并没有被赋予使命有目的地计划向别国出口一定的规范，以及自己的经验教训。这一"沉默的"规范特征尤其显现于欧盟成为规范性力量的初始阶段，始于 20 世纪 80 年代，源于欧洲之外的竭力效仿。因此，伦敦经济学院的 Robert Falkner 博士认为，作为追求普遍价值和全球关注的规范性更恰当地应该被描述为欧洲政策的国际化[2]。

回溯历史，我们发现，欧盟标准化的规范性依循不同的路径、采取不同的手段、选择不同的政策，因而也产生了不同的结果：既表现为对第三方国家的规范，也体现在对国际组织相关协定的影响上。

第一，共同体成员的不断壮大，扩大了其标准化的影响，效力不仅涉及

---

[1]　Ioana Puscas, "Re-thinking 'Normative Power Europe' from a Historical Perspective: Non-European Integration and the 'Normative Shift'", *Alternatives: Turkish Journal of International Relations*, Vol. 8, No. 3, Fall 2009: 76 – 80.

[2]　Robert Falkner, "The European Union as a 'Green Normative Power'?" *Center for European Studies Working Paper Series JHJ140*, 2006: 6.

新成员国，而且涉及整个欧洲经济区①。通过申请国向其立法趋同的过程，欧盟最终将它们融入其标准化体系。

第二，利用双边相互承认协议的签订，扩大其标准化在国际上的规范性结果②。签订的双边协议主要包括，欧委会与第三国之间，以协议的形式达成的、针对协调领域的、有法律制约的、相互承认对方技术法规形式的相互承认协议（Mutual Recognition Agreement，MRA）；不同国家合格评定机构之间签订的承认一国的检验报告和/或证明的自愿协议③的相互承认安排（Mutual Recognition Arrangement，MRA）。

第三，通过欧洲标准化组织与国际相关组织签订里斯本/维也纳、卢加诺/德累斯顿等协议，扩大了其标准化在国际标准化工作中的影响，其玩具安全等标准最终能够成为事实上的国际标准。事实上，早在 2008 年，欧洲标准化组织（CEN）分布的标准中就有 27% 是国际标准化组织（ISO）的标准；欧洲电工标准化组织（CENELEC）发布的标准中有不少于 57% 的标准与国际电工组织 IEC 的标准对等，另有 8% 的标准仅做了少许改动。美日等其他发达国家的比例则要小很多④。

第四，欧盟标准化的具体措施被国际组织和第三方国家所效仿。Sykes 将过去共同体通过立法途径消除技术性贸易壁垒的方法总结为七要素⑤，其中第一要素的正当保护协调和第七要素的防止新壁垒产生的通报做法已经在 WTO/TBT 协议中得到确认，第三要素的国际标准优先权的做法也已经被 WTO 和美国等西方国家普遍采用⑥。另外欧盟预防性原则（precautionary principle）已被国际食品法典（the Codex alimentarius）采纳；欧盟卫生规则已经普遍被第三国采用，欧盟的出口认可（approval for export）已成为其他

---

① 陈淑梅：《欧洲经济一体化背景下的技术标准化》［M］，南京：东南大学出版社 2005 年版。

② 陈淑梅等：《相互承认原则与欧盟的标准化》［J］，《中国标准化》2003 年第 12 期。

③ B. Sjoberg，"MRAs：basic operating instruments"，*EOTC Workshop on Mutual Recognition：A Key Instrument for Freer Markets*？ Brussels，Belgium，4 March 2003.

④ Renda，A.，"Advancing the EU Better Regulation agenda，selected challenges for Europe"，Bertelsmann Foundation，2008，available at http：//papers. ssrn. com/sol3/papers. cfm？ abstract_ id = 1291030.

⑤ 参见 Alan O. Sykes，*Product Standards for Internationally Integrated Goods Markets*，Washington，D. C.：the Brookings Institution，1995，p. 160。

⑥ 陈淑梅：《欧洲经济一体化背景下的技术标准化》［M］，南京：东南大学出版社 2005 年版。

国家接受进口的参考；欧盟对烟草产品和跨境广告的单一生产立法已成为国际卫生组织的《烟草控制框架公约》（*Framework Convention on Tobacco Control*, FCTC）的重要参考。

此外，共同体的标准化还直接促成了《关贸总协定》的《标准守则》的制定和修改[①]：1980 年 1 月 1 日生效的《标准守则》（技术性贸易壁垒协定草案，*Draft Agreement on Technical Barrier to Trade*，简称标准守则，Standard Code）就源于美日对共同体 1969 年启动的标准化协调的担忧；现行的 WTO/TBT 协议中的将"认证制度"扩展为"合格评定制度"，以及针对技术法规和标准的制定、采纳和实施，分别制定的相应条款，也是共同体标准化规范性力量的结果。

综上，历史上欧盟采取的标准化举措是为了促进内部商品贸易的自由化，但因其正外部性对外起到了规范性力量的效果。这样的目标在欧盟相关文件中早有所提及：1996 年 11 月 13 日欧委会的《共同体在标准和合格评定领域的对外贸易政策的通告》[②] 和随后 1997 年 6 月 26 日理事会的结论[③]指出，要避免或减少在其他市场上出现新的工业产品标准和合格评定壁垒；要尽可能地促使国外采用以国际和欧洲做法为基础的或与之相一致的技术标准和立法方式，以提高欧洲产品的市场准入和竞争力。可见，当时欧盟标准化的规范性目的仍是促进其商品的对外出口。

二　改革定位

欧盟的规范性力量在其一体化进程中已逐步由隐性，或者如上文所言的"沉默"特性，演变得更具显性特征。在本轮的单一市场政策调整中，欧盟已经明确提出要出口欧洲标准。欧盟如此将立法出口作为欧洲全球领导力的中心，Robert Falkner 认为，其动机是出于为欧盟面对的不

---

① 陈淑梅：《欧洲经济一体化背景下的技术标准化》［M］，南京：东南大学出版社 2005 年版。

② European Commission, *Communication from the Commission on the Community External Trade Policy in the Fields of Standards and Conformity Assessment*, COM (1996) 564 final of 13. 11. 1996.

③ EU Council, *Council Conclusions of 26 June 1997 Communication from the Commission on Community External Trade Policy in the Field of Standards and Conformity Assessment*, OJ C 008, 11. 01. 2001, pp. 0001 – 0003.

断升级的欧美贸易紧张局势，以及面临的 WTO 的法律挑战而寻找国际合法性①。事实上，欧盟面临的压力还远不止这些。一方面，随着全球化的深入，欧盟需要对外提高其竞争力。另一方面，欧盟的不断扩大提出了对内进一步加强协调的要求。这些又继而对投放欧盟市场的内部产品以及从第三国进口的产品提出了更多的监控要求；自由流动原则又要求这些监控不应因为不必要的保护健康和安全要求而给商品的自由流动制造障碍。与此同时，日益庞大的全球市场，全球市场统一调控的缺失，以及供应链的新变化已经给产品质量增加了诸多不确定性。因此，欧盟需要出台加强市场监管的新政策，并与第三国进口产品的监控相联系，以确保实验室和认证机构有能力进行适度的监控。另外，电子商务的剧增使得明确责任方的难度加大，经济活动的多样性又使得生产商不得不遵从不同的法律，而不同部门之间的差异而带来的欧盟立法的不一致性不仅增加了这方面的难度，更增加了企业的负担。此外，中国等新兴经济体的快速发展，以及单一市场自身的缺陷也是欧盟调整其单一市场政策的主要考量。

此轮欧洲单一市场政策的调整始发于 2000 年的里斯本战略，启动于 2002 年对标准化"新方法"的历史总结，并引发对单一市场的全面回溯，进而推出了单一市场的新方法。与 20 世纪 80 年代单一市场政策自上而下的推出方式不同的是，本轮政策调整采取的是自下而上的方式：通过回溯分析，发现问题，对症下药，设计出未来单一市场政策的愿景，再据此勾勒出实现愿景的路线图，最后提出具体的实施举措。

在前期回溯调研的基础上，2008 年欧盟通过了商品一揽子立法（the Goods Package），旨在为提高商品单一市场的运行而建立认证和市场监管的框架，并澄清和加强现有法规的应用和实施。商品单一市场政策调整主要集中在新方法立法的改进以及市场准入两个方面②。尽管目前还很难推算欧盟标准化规范性力量的全面影响，但至少可以做出以下判断。

首先，欧盟设想成为世界标准的真正制定者。欧盟将单一市场视为迎接

---

① Robert Falkner, "The European Union as a 'Green Normative Power'?" *Center for European Studies Working Paper Series JHJ140*, 2006.

② Package on Internal Market for goods, Reference：MEMO/08/100 Date：19/02/2008, MEMO/08/100, Brussels, 19th February 2008.

全球化挑战的宝贵财富①，欧委会更是明确表示，"欧盟单一市场给了欧洲人适应全球化和结构变化的一个坚实的基础"，"单一市场使得欧洲更能吸引全球投资者和公司，使得欧洲能够在世界范围内制定更有影响的规则和标准"②。事实上，单一市场已成为欧盟在全世界范围推行其高质量规则和价值的强有力的工具③：单一市场确实能够便于欧盟通过高质量的欧盟标准，并又被国际所接受。移动电话 GSM 标准的成功就是一个值得一提的例子。这是欧盟将其规制方法、标准和技术出口为其具有全球竞争力的产业带来利益的最好的例证之一。现如今在世界上 220 个国家/地区有 860 个 GSM 网络。正在使用的 GSM 手机近 25 亿部④。另外在诸如产品安全、环境保护、竞争规则许多领域欧盟已经被认为是规制的领导者和标准的制定者⑤。

其次，欧盟计划向外推广其标准化做法，进一步强化其在国际上的地位。欧盟认为其在协助成员国调节其不同的立法规则，尤其是允许成员国在健康和安全领域制定最低的系列标准以促进贸易⑥，这些方面多年建立起来的较完善的立法体系对国际范围内的立法合作大有益处。因此，欧盟对贸易的兴趣越发变为"说服其贸易伙伴采纳针对非关税和规制壁垒的规则和标准"⑦，明

---

① Commission of the European Communities, *Instruments for a modernised single market policy*, Commission Staff Working Document, SEC（2007）1518, Brussels, 20. 11. 2007：21.

② Commission of the European Communities, Communication from the Commission to the European Parliament, the Council, the European Economic and Social Committee and the Committee of the Regions, The European Interest：Succeeding in the age of globalization, Contribution of the Commission to the October Meeting of Heads of State and Government, Brussels, 3. 10. 2007, COM（2007）581 final：4.

③ Commission of the European Communities, *The External Dimension of the Single Market Review*, Commission Staff Working Document, SEC（2007）1519, Brussels, 20. 11. 2007：5.

④ Commission of the European Communities, *The External Dimension of the Single Market Review*, Commission Staff Working Document, SEC（2007）1519, Brussels, 20. 11. 2007：6.

⑤ Commission of the European Communities, *The External Dimension of the Single Market Review*, Commission Staff Working Document, SEC（2007）1519, Brussels, 20. 11. 2007：2.

⑥ Commission of the European Communities, Communication from the Commission to the European Parliament, the Council, the European Economic and Social Committee and the Committee of the Regions, The European Interest：Succeeding in the age of globalization, Contribution of the Commission to the October Meeting of Heads of State and Government, Brussels, 3. 10. 2007, COM（2007）581 final：5 - 6.

⑦ Stephen Woolcock, "The Treaty of Lisbon and the European Union as an actor in international trade", *ECIPE Working Paper*, No. 01/2010.

示世人，行使其规范性力量的目标。2009 年，根据欧盟的未来发展需要，一批欧洲标准化体系的专家（Express）提出了系列建议，他们为未来的欧洲标准化体系提出了四大愿景，其中的第二条就是：在全球挑战和机遇的背景下产生超越欧洲之外的影响力①。他们还提出了十二个具体战略目标，第一个目标就是为开发和服务市场，提高欧洲竞争力和支持贸易政策，必须加强欧洲标准化在国际上的影响。

事实上，欧盟也早已将这些想法纳入其相关文件。早在 2006 年 10 月欧委会在其有关全球欧洲的通告中就提出未来的欧洲必须建立在三大支柱之上②：

第一就是将欧洲企业的竞争空间扩大到单一市场范围之外，通过多边和双边的贸易自由化，以及积极实施欧洲的市场准入权利，对外开发现有或者未来市场。

第二就是通过把欧盟的规范和价值向外推广，使欧洲的法规吸收外部的最佳做法，拓宽单一市场的立法空间，最终使欧洲标准成为全球标准的参照物。

第三就是在欧盟层面和成员国层面，通过更密切调控市场来提高市场机制或者鼓励更有竞争氛围，使更好的安全、健康和环境标准，更低的价格和更多的选择，来积极确保欧洲公民能够获取对外开放的利益。

综上所述，欧盟此次明显是要将其规范性力量用到其标准化制度模式的对外推广上。事实上，欧盟非常明白其新立法框架的优势在于标准与法规的紧密互动（也就是协调标准），所以也表示需要在新领域，以及欧洲以外加以推广③。

第三节　未来展望

总之，随着欧洲一体化的深化，单一市场业已成为欧盟的政策重心；商

---

① Report of the Expert Panel for the Review of the European Standardization System, *Standardization for a competitive and innovative Europe: a vision for 2020*, February 2010: 10.

② Commission communication " Global Europe: competing in the world " - COM （2006）567, 4. 10. 2006.

③ Report of the Expert Panel for the Review of the European Standardization System, *Standardization for a competitive and innovative Europe: a vision for 2020*, February 2010: 6.

品单一市场完善过程中标准化起到了重要的助推作用，其规范性力量得以充分彰显。"规范性力量欧洲"折射出欧盟通过欧洲一体化来"改变自己、影响世界"的一贯愿望①，其标准化也不例外。

规范性力量的本质是变化：改变"另一方"。在 Manners 的原则、行动与影响的三位一体概念中，影响意味着通过适应而改变——适应欧洲的规范和标准②。事实上，单一市场已成为欧盟在全世界范围推行其高质量规则和价值的强有力的工具/手段③。在诸如产品安全、环境保护、竞争规则许多领域欧盟已经被认为是规制的领导者和标准的制定者④。早在 Manners 提出"规范性力量欧洲"之前已经有学者提出"规范性"这一概念，而且预测可能对包括中国在内的其他国家带来影响。

"欧洲的成就是规范性，而不是经验式的……现在强加在欧洲货币联盟中心国的标准或许会在未来，直接或者间接地最后被强加在中国身上……也许让人觉得似是而非的是，曾经以帝国主义的有形强制（physical impositions）统治世界的大陆正要以规范性条件制定世界标准"⑤。

2008 年出台的商品一揽子立法充分肯定了标准化对欧盟立法，尤其是保障单一市场顺利运行所作的贡献。为了更好地发挥标准化的效力，配合单一市场政策的调整，欧委会于 2008 年 3 月 11 日发布通告⑥，呼吁进行改革，以加强欧洲标准化体系。同年 9 月 25 日的理事会邀请委员会对标准化行动计划进行回顾调研。2011 年 3 月 23 日至 5 月 21 日，欧盟就单一市场技术性贸易壁垒的免除、欧洲标准化体系适应技术变革、适应新市场和社会挑战以及标准的成本进行了公开征求意见。尽管欧洲标准化体系改革的具体措施尚

---

① 张茗：《规范性力量欧洲：理论、现实或"欧托邦"》[J]，《欧洲研究》2008 年第 5 期。

② André Gerrits, "Normative Power Europe: Introductory Observations on a Controversial Notion", in André Gerrits (ed.), *Normative Power Europe in a Changing World: A Discussion*, Clingendael European Papers No. 5, the Hague, Netherlands Institute of International Relations, December 2009: 5.

③ Commission of the European Communities, *The External Dimension of the Single Market Review*, Commission Staff Working Document, SEC (2007) 1519, Brussels, 20.11.2007: 5.

④ Commission of the European Communities, *The External Dimension of the Single Market Review*, Commission Staff Working Document, SEC (2007) 1519, Brussels, 20.11.2007: 2.

⑤ R. Rosecrance, "The EuropeanUnion: A New Type of InternationalActor", in Jan. Zielonka, ed., *Paradoxes of European Foreign Policy*, The Hague, London and Boston: Kluwer Law International, 1998: 22.

⑥ Com (2008) 133 final.

未出台，但可以肯定的是，其标准化的规范性力量将被加强，重心已经由过去促进商品的出口，转向由标准的出口带动商品的出口。鉴于食品工业在欧盟经济中的重要地位，以及 2000 年多哈会议启动的 WTO 新一轮农业谈判，欧盟首先以食品开始了单一市场政策调整的试点工作，出台了"食品卫生一揽子立法"（Food Hygiene Package）。基于此，本课题将以欧盟食品卫生规则调整为例，研究此轮单一市场政策调整对我国商品出口的影响。

第 七 章
中欧食品卫生规则的比较研究

民以食为天，食品安全问题也因此一直是国内外学者重点研究的对象：从食品保障体系的作用与完善，到食品安全问题对于国际间经济贸易的影响，再细化到食品安全中的食品卫生问题，是一个不断发展和深化的过程。食品保障体系是为了解决不断出现的食品安全风险，而各国间不同的安全保障水平会对国际间的贸易带来负面影响，即由食品安全引起的技术性贸易壁垒。欧盟是世界上最大的食品进口国和出口国，其严格的监管框架保障下安全和高质一直是欧盟食品的卖点。因此，在欧盟决定对作为单一市场支柱的标准化新方法进行全面回溯之际，欧盟选择了食品规则作为此轮单一市场政策调整的试验对象。

第一节　概念界定

在对欧盟食品规则调整进行研究之前，先对相关概念进行界定，对相关研究成果进行梳理，其目的是更全面和更准确地分析欧盟对食品规则的调整。

一　食品及食品分类

世贸组织在《国际贸易统计年报 2007》[1] 中，按照联合国《国际贸易标准分类》（SITC）定义，将产品分为，其中食品包括：SITC 第 0 类（食品

---

① World Trade Organization, *International Trade Statistics*, 2007: 157.

及活动物）、SITC 第 1 类（饮料及烟草）、SITC 第 2 类第 22 章（油籽及含油果实）和 SITC 第 4 类（动植物油、脂及蜡）。

　　欧洲议会和理事会在其发布的 178/2002/EC 法规中，将食品（food 或 foodstuff）定义为用于或即将用于人类摄取的任何物质或产品，无论是加工过的、部分加工的或未加工过的。因此，食品包括饮料、口香糖和任何物质；包括水和在食品生产、制备或者加工过程中加入的物质；包括符合指令 98/83/EC 第 6 条的要求且符合指令 80/778/EEC 和 98/83/EEC 要求的水。但是食品不应该包括：

　　（a）饲料；

　　（b）活体动物，除非它们用于投放市场以供人类消费①；

　　（c）收割前的植物；

　　（d）理事会指令 65/65/EEC 和 92/73/EEC 中所指的药品；

　　（e）理事会指令 76/768/EEC 中所指的化妆品；

　　（f）理事会指令 89/622/EEC 中所指的烟草和烟草产品；

　　（g）美国 1961 年麻醉品单一公约议定书和美国 1971 年精神药物议定书中所指的麻醉剂或精神药物；

　　（h）残留物和污染物。

　　根据以上两个定义，在 SITC 的基础上除去烟草及烟草产品，本课题将所研究的食品分为四大类：

　　（一）食品及活动物，包括：

　　（1）活动物（对应 SITC 第 00 章）。

　　（2）肉及肉制品（对应 SITC 第 01 章）。

　　（3）乳品及蛋品（对应 SITC 第 02 章）。

　　（4）鱼（海生哺乳动物除外）、甲壳动物、软体动物（对应 SITC 第 03 章）。

---

　　①　这里我们所研究的欧盟新一轮卫生规则的调整包括：关于食品卫生的 852/2004/EC 法规；关于动物源性食品具体卫生规定的法规 853/2004/EC；关于供人类消费的动物源性食品官方控制组织细则的法规 854/2004/EC；关于确保符合食品饲料法、动物健康及动物福利规定实行官方控制的法规 882/2004/EC。这四个指令涉及食品、饲料和活动物等多个方面，因此，我们所研究的食品卫生规则调整所影响的对象不仅包括 178/2002/EC 法规中定义的食品，还包括饲料及活动物。

（5）谷物及谷物制品（对应 SITC 第 04 章）。

（6）蔬菜及水果（对应 SITC 第 05 章）。

（7）糖、糖制品及蜂蜜（对应 SITC 第 06 章）。

（8）咖啡、茶、可可、调味香料及其制品（对应 SITC 第 07 章）。

（9）动物饲料（不包括未碾磨谷物）（对应 SITC 第 08 章）。

（10）杂项食品（对应 SITC 第 09 章）。

（二）饮料（对应 SITC 第 11 章）

（三）含油子仁及果实（对应 SITC 第 22 章）

（四）动植物油、脂及蜡

（1）动物油、脂（对应 SITC 第 41 章）。

（2）初榨、精制或分离的固定植物油、脂（对应 SITC 第 42 章）。

（3）已加工的动植物油、脂；动植物蜡；动植物油（对应 SITC 第 43 章）。

二　保障、安全与卫生

食品保障、食品安全与食品卫生是三个不同，但又密切关联的概念。不同国际组织、区域组织和国家对它们的定义也不尽相同。

联合国粮食及农业组织（FAO）在《世界食品首脑会议行动计划》中将食品保障（Food Security）定义为：所有人在任何时候都能在物质上和经济上获得足够、安全和富有营养的食物以满足其健康而积极生活的膳食需要①。

世界卫生组织（WHO）在其发布的《加强国家级食品安全性计划指南》中把食品安全解释为"对食品按其原定用途进行制作和食用时，不会使消费者身体受到伤害的一种担保"，将食品卫生界定为"为确保食品安全性和食用性在食物链的所有阶段必须采取的一切条件和措施"②。

欧洲议会和理事会在其发布的 852/2004/EC 法规中对食品卫生的定义是：控制危害以及考虑到其预期用途以保证人类食品消费健康的措施和条

---

① 参见，World Food Summit Plan of Action，available at：http：//www.fao.org/wfs/index_ en.htm（accessed at 20 Nov 2010）。

② WHO，*Guidelines for Strengthening A National Food Safety Programme*，1996.

件。欧委会则在《食品安全白皮书》中将食品卫生法规的重要性描述为"一个达到卫生保健的协调一致的方法是食品安全的重要因素"[1]。

我国《食品工业基本术语》（GB 15091－95）将食品安全（Food Safety）和食品卫生（Food Hygiene）作为同义词，定义为防止食品在生产、收获、加工、运输、贮藏、销售等各个环节被有害物质（包括物理、化学、微生物等方面）污染，使食品有益于人体健康、质地良好，所采取的各项措施[2]。

由此可见，食品保障是一个体系，用于减少食品中有害物质的含量，保障人们不受恐怖袭击，以科学的方法来解决公共的健康问题，将食品作为实现目标的工具，而非目标本身。欧盟的食品安全是指从农场到餐桌，对食品实现全过程的监测和控制，减少食品中有害物质的含量。食品卫生是食品安全的一个重要方面，欧盟的食品卫生规则是其食品安全战略的一个重要组成部分。为了进一步消除阻碍食品单一市场运行的因素，欧盟对其食品卫生规则进行了调整。

第二节　比较研究

欧洲的食物链是世界上最安全的食物链之一。欧洲的消费者对食品安全和健康一直都有着较高的要求。欧盟对于食品的关注在于为所有的食品，无论来自于欧盟内部的生产还是外部的进口，都设置一个服务其公民的统一高标准[3]。欧盟一直不断地加强食品安全和卫生的保护，并于2004年4月通过了"食品卫生一揽子立法"（Food Hygiene Package），即欧盟新一轮的卫生规则调整。此次调整是对欧盟原有食品卫生法规的统一和协调，在整合的基础上更加具有阶段性和层次性，更加系统，同时加强了可操作性和执行性。与欧盟完善的食品卫生体系相比，中国的卫生法规体系和监管力度还需要进一步发展和完善。

---

① 参见，White Paper on Food Safety, COM (99) 719 final, 12 January 2000。

② 参见，http：//www.tlhchem.com/qiantai/qywh/xgfg/bz/％CA％B3％C6％B7％B9％A4％D2％B5％BB％F9％B1％BE％CA％F5％D3％EF.pdf。

③ 浙江省标准化研究院编《食品安全管理基本法及其研究》，北京：中国标准出版社2007年版，第23—24页。

一　欧盟"食品卫生一揽子立法"

(一) 出台背景

从整个欧盟经济背景来看，农业食物生产部门在欧盟经济中占有重要地位，而食品和饮料工业在欧盟经济中则占有领先地位。农业、食品和饮料行业不仅为欧盟创造大量的就业机会，而且也是主要的出口创汇来源。欧盟从2000年开始逐步对它的共同农业政策进行改革，设定了新的农业政策目标。新的政策把提高农产品竞争力、食品安全和食品质量作为第一目标，正式将食品安全问题以法律的形式列入欧盟理事会议程。从这个角度说，食品安全不再是单纯的国内政策问题，尤其2001年多哈会议启动了WTO新一轮农业谈判后，欧盟在农业补贴上成为众矢之的，压力很大。

欧盟建立之初，食品安全领域的立法比较薄弱，仅在食品添加剂、食品标签、特殊营养用途食品、食品接触材料和官方控制等几个方面有些零散的立法。由于这样的法规体系不健全，而且在成员间的协调性不够[①]，在20世纪90年代，发生了举世震惊的二恶英、疯牛病和劣质橄榄油事件，造成了惨重的损失。这一系列危机的爆发暴露了欧盟旧食品法规在设计和应用上的缺陷，摧毁了公众对其食品产业和国家机构确保食品安全能力的信任，使得欧盟不得不重新审视自己的食品安全体系，并开始了彻底的改革之路。

为缓解压力，重建消费者信心，减少贸易损失，欧盟必须在提高食品质量安全方面做出进一步努力，根本扭转这种被动局面。另外，欧盟东扩也对食品安全管理工作增加了新的压力：更多贫困、落后的新成员入盟，对欧盟意味着增加了成员国之间进行经济管理与协调的难度。对新成员国则意味着要在统一欧盟政策框架下寻求发展，包括食品安全管理法规等。同时，更多小规模农场的出现加大了欧盟食品安全的不确定因素，增加了食品安全管理的难度。

加强食品安全的目标不仅在于确保欧盟的食品安全法能够及时更新，而且在于尽可能多地给消费者提供最新风险的信息，将风险最小化。虽然不可能达到零风险，但是欧盟通过执行一个综合的食品安全战略以及根据最先进

---

① 郭家宏：《欧盟食品安全政策述评》[J]，《欧洲研究》2004年第2期。

的科学技术制定和更新的食品和卫生标准，在最大程度上将食品安全的风险降到最低。这些标准和法规适用于所有欧盟生产与进口到欧盟的食品，涵盖了从农场到餐桌的全过程。

欧盟的食品安全战略包括四个重要部分[①]：一是食品和动物饲料安全的法规；二是独立的和公开适用的科学建议；三是加强法规和控制过程的行动；四是承认消费者在基于完全信息的基础上作出选择的权利，这一完全信息包括了解食品的来源以及成分。

首先，2002 年 1 月欧洲议会和理事会发布了 178/2002/EC 法规，出台了著名的《食品安全基本法》，为确保欧盟今后在食品安全立法的一致、合理和明确方面提供了法律保障。食品安全基本法包括四大部分：第一部分规定了食品立法的基本原则和要求；第二部分确定了欧洲食品安全局的建立并于 2002 年 1 月 1 日正式运行；第三部分确立了食品安全快速预警系统、风险管理和紧急事件；第四部分给出了在食品安全问题上的程序。第 178/2002/EC 号法规为确保欧盟今后在食品安全立法的一致、合理和明确方面提供了法律保障。

基于《食品安全基本法》制定的基本框架，欧盟很快又通过了一个一揽子的食品卫生规范，涵盖了危害分析和关键控制点（HACCP）、可追溯性、饲料和食品控制，以及从第三国进口食品的官方控制等方面的内容。欧盟的"食品卫生一揽子立法"，在 2004 年 4 月由议会和理事会通过，其目标是：执行从农场到餐桌的战略；介绍危害分析和关键点控制体系，对所有的食品经营者，帮助他们确定哪些是食品安全的关键点；发展良好的卫生操作规范指南（Good Practice for Hygiene）。"一揽子"食品卫生规范包括五个部分，前四个部分是四项法规：2004 年 4 月 29 日欧洲议会和理事会颁布的852/2004/EC 法规《食品卫生》、853/2004/EC 法规《供人类消费的动物源性食品具体卫生规定》、854/2004/EC 法规《供人类消费的动物源性食品的官方控制组织细则》，882/2004/EC 法规《确保符合食品饲料法、动物健康及动物福利规定的官方控制》，第五部分是一项指令，即 2004 年 4 月 21 日颁布的 2004/41/EC《废止某些有关供人消费的动物源性产品的生产和出售

---

① European Commission, *From Farm to Fork: Safe food for Europe's consumers*, Brussels, 2004.

的食品卫生和健康条件的指令》①，规定：前 4 个法规都于 2006 年 1 月 1 日起生效，同时停用涉及水产品、肉类、肠衣、禽类、蛋类、奶制品等 16 个②指令③。这些食品卫生规范的通过，在很大程度上，仍然是对欧盟食品法规的统一和协调，协调和融合了许多复杂的卫生要求，因为之前这些关于卫生方面的要求，分散在 17 个以上的指令之中④。

（二）主要内容

1. 食品安全基本法（178/2002/EC）⑤

该法规于 2002 年 1 月 28 日颁布，主要拟定了食品法律的一般原则和要求，提出要建立"欧洲食品安全局"（European Food Safety Authority, EFSA），并拟定食品安全事务的程序。因此该法规至关重要，并计划在 2002—2007 年逐步实施。

178/2002/EC 法规包含 5 章 65 项条款，其目标在于：（1）高水平地保护人类生命健康，保护消费者利益，包括食品的公平贸易，适当地考虑保护动物健康和福利，保护植物健康和环境；（2）保护符合要求的食品和饲料在共同体内自由地流通；（3）考虑已存在的相关国际标准或即将完成的相关标准的规定。

第 1 章范围和定义部分主要阐述法令的目标和范围，界定食品、食品法律、食品商业、饲料、风险和风险分析等 20 多个概念。第 2 章一般食品法律部分主要规定食品法律的一般原则、透明原则、食品贸易的一般原则、食品法律的一般要求等。基本法第 3 章欧盟食品安全局（EFSA）部分详述了 EFSA 的任务和使命、组织机构（由管理委员会、行政主任、咨询论坛、科学委员会和 8 个专门科学小组组成）和操作规程；EFSA 的独立性、透明

---

① EUROPA-Press Releases-Hygiene package：*Commissioner David Byrne welcomes political agreement on animal health rules.* Brussels, 28 November 2002.

② 由于欧盟 2003 年已经废止了欧盟委员会于 1993 年 6 月 14 日颁发的卫生第 93/43/EEC 号指令，本指令只需废止动物源食品的相关指令（2004/41/EC：P34）。

③ EUROPA-Press Releases-Hygiene package：*Commissioner David Byrne welcomes political agreement on animal health rules.* Brussels, 28 November 2002.

④ 这 17 个原有的卫生指令包括食品卫生指令 93/43/EEC 和第 2004/41/EC 号指令撤销的 16 个特定卫生指令。

⑤ European Commission, *Guidance Document on Certain Key Questions Related to Import Requirements and the New Rules on Food Hygiene and on Official Food Controls*, Brussels, 2006.

性、保密性和交流性；EFSA 财政条款；EFSA 其他条款等方面的内容。第 4 章快速预警系统、危机管理和紧急事件部分主要阐述了快速预警系统的建立和实施、紧急事件处理方式和危机管理程序。第 5 章程序和最终条款部分主要规定了委员会的职责、调节程序及一些补充条款。

该法规制定了食品安全的一般原则，此外，还重点涉及以下几个方面：

（1）引入了"可追溯性"的概念。也就是说，食物链上所有的从业者，无论是生产者、加工者还是进口方，都必须保证所有的食品、动物饲料以及饲料配料都能按食品链从农场到餐桌进行追溯。每一个从业者都必须能够鉴别其供给方和被供给方，即"后退一步、前进一步"。

（2）成立了欧洲食品安全局（EFSA），统一主持一系列科学委员会的工作，使得科学评估风险过程更加大众化。

（3）加强了欧委会和欧盟各国政府用于快速处理食品和饲料危机的快速预警系统。

2. 食品卫生法规（852/2004/EC）[①]

作为食品卫生一揽子立法的一部分，852/2004/EC 法规重点在于定义食品安全应达到的目标，使得食品业经营者有义务采取已实施的安全措施，协调欧盟各会员国的食品卫生法，以确保食品在各阶段生产过程的卫生标准，从而保障食品安全。

本法规包括 5 章 18 个条款和 2 个附件。在第 1 章一般规定中明确了适用范围，并对相关概念进行了界定，如，食品卫生、食品安全和初级产品等。第 2 章食品业经营者的义务对一般义务、特殊卫生要求、危害分析和关键控制点、官方控制注册和正式批准等作出了相关规定，指出：食品业经营者一般义务是应确保在其控制下的食品生产、加工及销售的所有阶段，满足本法规所提出的相关卫生要求；应采取的特殊卫生措施包括符合食品的微生物标准、为实现本法规目标所必需的程序、遵守食品的温度控制要求、冷冻

---

① Regulation（EC）No. 852/2004 of the European Parliament and of the Council of 29 April 2004 on the hygiene of foodstuffs, Official Journal L 139, 30 April 4 2004, Corrected version in Official Journal L 226, 25, June 2004, consolidated version: http://eur-lex. europa. eu/LexUriServ/LexUriServ. do? uri = OJ: L: 2007: 204: 0026: 0026: EN: PDF.

链的保持、取样和分析等；全面推行食品卫生的危害分析和关键控制点
（HACCP），要求食品业经营者须采用食品卫生法典委员会所颁布的 HACCP
的原则和相关要求规定，以确保食品卫生安全，包括：危害分析、关键控制
点（CCPS）的确定、制定管制的标准、制定 CCPS 例行的监测程序、制定
CCPS 修正计划、HACCP 系统之有效性确认、保留检测结果之记录；食品业
经营者须与主管机构沟通和合作，及时注册并获得相关批准。第 3 章良好的
操作指南规定了国家指南和共同体指南的制定推广和使用的具体问题。第 4
章进口和出口明确了食品进出口的相关法律要求。第 5 章最终条款规定了相
关执行措施和过渡安排及相关修订条款。

852/2004/EC 是关于食品卫生的一部重要法规，因为它承接了 93/43/
CE 指令的大部分内容，同时扩展了管辖范围，把初级食品（动物、植物）
的生产纳入进来。它规定所有食品加工业者（包括食品运输业者及仓储业
者）须遵守该法规附件 I 第 A 部分之一般卫生规范，并要求所有食品业经
营者（不包括原物料生产者）须遵守附件 II 的一般卫生规范，如食品卫生
证、运输条件、生产设备、厨余处理、供应水、人员卫生、包装、食品之热
处理及食品加工人员之培训等。

另外，该法规还规定，除初级农产品以外，所有食品生产部门都必须实
施 HACCP（危害分析与关键点控制）系统。该法规还创立了一些重要的原
则，主要包括：（1）企业经营者承担食品安全的主要责任；（2）从源头开
始确保食品生产、加工和分销各环节安全；（3）全面推行 HACCP 认证；
（4）建立微生物准则和温度控制要求；（5）确保进口食品符合欧洲标准或
与之等效的标准。

3. 动物源性食品具体卫生规定法规（853/2004/EC）[①]

853/2004/EC 法规规定了动物源性食品的卫生准则，以保证高水平的食
品安全和公共健康，包括动物性食品的生产、销售的特定卫生及动物福利的
规定，是对食品卫生基本法（852/2004/EC）的补充。其适用于未加工和加

---

① Regulation (EC) No 853/2004 of the European Parliament and of the Council of 29 April 2004 laying
down specific hygiene rules for food of animal origin. Official Journal L 139, 30 April 2004：55 – 205, consolidated
version：http：//eur – lex. europa. eu/LexUriServ/LexUriServ. do？uri = CONSLEG：2004R0853：20071114：
EN：PDF.

工过的动物源性产品，但不包括含有植物源性产品。

该法规共有 4 章 15 个条款和 3 个附件。第 1 章总则说明了本法规的适用范围和相关定义；第 2 章从一般义务、企业的注册和批准、健康标志和鉴定标志以及共同体外部的动物源性产品等方面对食品业经营者的义务作了具体规定；第 3 章从贸易的角度指出动物源性产品投放欧盟市场应适用的微生物检验要求；第 4 章最终规定是针对法规实施过程中的措施、决议及委员会程序等的说明。法规的内容主要包括以下几个方面：（1）企业的注册和批准，食品业生产者在共同体内生产动物源性产品必须经过主管部门的注册和批准，但从事初级生产、运输操作、不需要温控的产品储存和零售商除外。（2）健康标志和鉴定标志，动物源性产品必须拥有符合 852/2004/EC 法规的健康标志或是鉴定标志。（3）共同体外部的动物源性产品，从第三国进口动物源性产品的合格企业应参考以下条件：第三国现有的立法、主管机构的组织和权威；第三国的基本动物健康状况以及动物源性产品生产、加工、处理、储存和配送的卫生条件；欧盟在第三国开展的相关检查和审查的结果；第三国存在的动物营养立法及动物传染病和残留物的监控等。（4）食物链信息，经营屠宰厂的食品经营者必须对送往或即将送往屠宰场的所有动物（野味除外）进行适当的接收和检查。（5）其附件Ⅲ对以下分类食品制定了具体的卫生规定：家养蹄类动物的肉；家禽和兔类动物的肉；场养殖的野味肉；切碎的肉、肉制品和机械分离肉；肉制品；活体双壳类软体动物；水产品；鲜奶和奶制品；禽蛋和蛋制品；蛙腿和蜗牛；熬制的动物脂肪和脂渣；处理过的胃、膀胱和肠；动物胶；胶原等。

4. 供人类消费的动物源性食品官方控制组织细则的法规（854/2004/EC）[①]

854/2004/EC 法规是欧盟在食品卫生立法背景下为供人类消费的动物源性产品官方控制的共同体框架，以及为新鲜肉类、活体双壳贝类软体动物、

---

① Regulation（EC）No 854/2004 of the European Parliament and of the Council of 29 April 2004 laying down specific rules for the organization of official controls on products of animal origin intended for human consumption. Official Journal L 139, 30 April 2004. Corrected version in Official Journal L 226, 25 June 2004, consolidated version：http：//eur - lex. europa. eu/LexUriServ/LexUriServ. do? uri = CONSLEG：2004R0854：20070101；EN；PDF.

原奶和奶制品制定的具体的卫生规定。

关于新鲜肉类的规定：

（1）官方兽医的任务。作为对良好卫生规范审核通用要求的补充，官方兽医要确认食品加工企业在动物副产品包括特殊风险材料的收集、运输、储存、处理、加工和使用以及处理过程中需要食品加工企业负责的相关程序。其检验任务主要包括：食物链信息、屠宰前检验、动物福利、屠宰后检验、特定风险材料和其他动物产品、实验室检测等。此外，官方兽医应当管理卫生标志和使用标志。

（2）控制后的措施。当官方控制反映出不足时，须采取适当的控制后措施，包括：关于食物链信息的判断、关于活体动物的决定、关于动物福利的决定、关于肉类的决定等。

（3）控制的责任和频率。辅助官员可以帮助官方兽医完成所有任务，除特殊情况外，主管机构应当保证至少一个官方兽医在场。在某些情况下，屠宰场职员可授权介入控制生产中的活动，实施动物的特殊抽样和检验任务。

（4）特殊要求。作为对一般要求的补充，特殊要求适用于以下类型的动物：人工饲养的牛、人工饲养的绵羊和山羊、人工饲养的单蹄动物、人工饲养的猪和家禽以及饲养的兔类动物等。

关于活体双壳贝类软体动物的规定：

主管机构必须将生产和转运区域的分类进行固定，根据排泄的污染物将活体双壳贝类软体动物的生产区域分为三类：可直接收集供人类消费的一类；可以进行采集，但在投放市场供人类消费之前必须先经过净化区域的处理的一类；可以收集，但采集到的产品必须经过长时间的处理以满足卫生标准的一类。经过分类的生产和转运区域必须进行定期监测，主管机构须根据相关检测结果对生产区域进行管理。

水产品：

对水产品生产和投放市场的官方控制必须包括以下两个方面：对码头和首次销售水产品的场所的卫生条件的常规检验；对船只和陆地上的加工厂进行规律性间隔的常规检验。水产品的官方控制应包括：感官检验、新鲜度指示、组胺、残留物和污染物、微生物检验、寄生虫、有毒的水产品等。

原奶和奶产品：

奶类生产场地中的动物应当满足官方控制要求以确保新鲜奶产品符合健康要求；奶类生产场地应当采用官方控制以确保符合卫生条件的要求。

允许进口的动物源性产品的非欧盟国家和地区的名单：

动物源性产品只能在名单中列出的第三国或第三国的部分地区进口。

5. 确保符合食品饲料法、动物健康及动物福利规定实行官方控制的法规（882/2004/EC）①

882/2004/EC 法规主要针对第 178/2002/EC 号欧盟食品安全基本法的详细执行规则。该法规规定了执行官方控制的基本准则，其目的在于预防、消除和降低对人类及动物的直接风险或通过环境的风险。或将该风险降低到可接受的水平；保证食品饲料贸易的公平进行以及保护消费者利益，包括食品饲料标签及其他形式的消费者信息。主要内容如下：

成员国的官方控制：

（1）成员国的官方控制其基本职责在于确保官方控制在风险基础上以适当的频率有规律地执行。（2）成员国应指派负责本法规规定的官方控制的主管部门负责官方控制的各项执行事宜。（3）主管部门应确保其执行任务时高度的透明度。（4）在官方控制环境下使用的取样及分析方法应符合相关的共同体法规和国际上的约定。（5）成员国应制订可操作的应急计划，规定当发生食品或饲料对人类或动物有直接或通过环境的危险时应立即执行的措施。（6）对非动物源性食品饲料的官方控制应包括至少一种系统的文件检查、一种随机的一致性检查以及一种物理检查，对不符合食品或饲料法的食品和饲料进行官方扣留并采取相应措施。（7）成员国应确保有足够的经济来源为官方控制提供必要的人员及其他资源。

行政措施：

（1）当对饲料和食品官方控制的实施需要在一个或多个成员国间开展时，成员国的主管部门应当提供行政援助，包括参与另一个成员国主管部门

---

① Regulation (EC) No. 882/2004 of the European Parliament and of the Council of 29 April 2004 on official controls performed to ensure the verification of compliance with feed and food Law animal health and animal welfare rules. Official Journal L 191, 28 May 2004, consolidated version: http://eur - lex. europa. eu/LexUriServ/LexUriServ. do? uri = CONSLEG: 2004R0882: 20080410: EN: PDF.

实施的现场控制。每个成员国应指派一个或多个联络机构以与其他成员国的联络机构联系，其作用是援助以及协调主管部门间的沟通，尤其是对援助请求的传送和接受。（2）每个成员国应准备一个单独的完整的多年国家控制计划，并根据发展情况予以更新。（3）委员会专家可以在第三国实行官方控制，以校验第三国的立法、委员会饲料及卫生法规和委员会动物健康立法。（4）委员会应对负责该法规所涉及官方控制的成员国主管部门的工作人员组织培训，致力于对成员国官方控制建立一种和谐的方式。（5）当主管部门发现不符合的情况，则应采取措施确保操作者进行补救。

6. 废止某些有关供人消费的动物源性产品的生产和出售的食品卫生和健康条件的指令（2004/41/EC）[①]

2004 年 4 月 21 日颁布的 2004/41/EC 指令修改了欧委会 89/62/EEC 和 92/118/EEC 指令，以及欧委会的 95/408/EC 决议，并宣布下述指令应自相应日期被依法废止：（1）欧委会于 1964 年 6 月 26 日颁布的关于鲜肉生产和营销的健康标准的 64/433/EEC 指令；（2）欧委会于 1971 年 2 月 15 日颁布的关于影响禽类鲜肉生产和投放市场的卫生问题的 71/118/EEC 指令；（3）欧委会于 1972 年 12 月 12 日颁布的关于影响欧洲共同体内部成员之间鲜肉贸易问题的 72/461/EEC 指令；（4）欧委会于 1977 年 12 月 21 日颁布的关于从第三国进口家养猪类鲜肉旋毛虫（旋毛虫脓索）检查的 77/96/EEC 指令；（5）欧委会于 1976 年 12 月 21 日颁布的关于影响肉类产品以及其他一定种类的动物源性产品的生产和销售问题的 77/99/EEC 指令；（6）欧委会于 1980 年 1 月 21 日颁布的关于影响欧洲共同体内部成员间肉类贸易中动物健康问题的 80/215/EEC 指令；（7）欧委会于 1989 年 5 月 26 日颁布的关于奶制品卫生问题整体要求的 89/362/EEC 指令；（8）欧委会于 1989 年 6 月 20 日颁布的关于影响蛋类产品的生产和投放市场的卫生和健康问题的 89/437/EEC 指令；（9）欧委会于 1991 年 7 月 15 日颁布的关于规则现货双壳软体动物的生产和投放市场的卫生标准的 91/492/EEC 指令；（10）欧委会于 1991 年 7 月 22 日颁布的关于规则鱼类产品生产的投放市场的卫生标准的 91/493/

---

① Directive 2004/41/EC of the European Parliament and of the Council of 21 April 2004, available at: http：//eur－lex. europa. eu/LexUriServ/LexUriServ. do? uri＝OJ：L：2004：157：0033：0044：EN：PDF.

EEC 指令；（11）欧委会于 1991 年 6 月 26 日颁布的关于欧洲共同体成员从第三国进口家禽的动物健康标准的 91/494/EEC 指令；（12）欧委会于 1990 年 11 月 27 日颁布的与兔类及其他农场捕获肉类产品生产和投放市场相关的大众健康和动物健康问题的 91/495/EEC 指令；（13）欧委会于 1992 年 6 月 16 日颁布的与野生动物的捕杀和野生动物肉投放市场相关的大众健康和动物健康问题的 92/45/EEC 指令；（14）欧委会于 1992 年 6 月 16 日颁布的关于制定原料乳、热加工乳和乳汁产品的生产和投放市场的卫生标准的 92/46/EEC 指令；（15）欧委会于 1992 年 6 月 16 日颁布的关于制定在船板或其他工具上捕捞鱼类产品的最低卫生标准的 92/48/EEC 指令；（16）欧委会于 1994 年 12 月 14 日颁布的关于制定肉末产品的生产、投放市场以及储备等具体要求的 94/65/EC 指令。

二 欧盟食品规则调整的历史比较

欧盟新一轮的食品卫生规则调整，即"食品卫生一揽子立法"，融合并简化了原先繁杂的 16 项食品卫生指令，颁布了一般卫生法用以指导所有食品的生产，针对肉及肉制品、活体双壳贝类软体动物、水产品、乳制品和蛋类制品等制定了详细的指令，并对食品卫生官方控制的细则与实施作出了详细的规定。具体的调整关系可由图 7-1 体现。

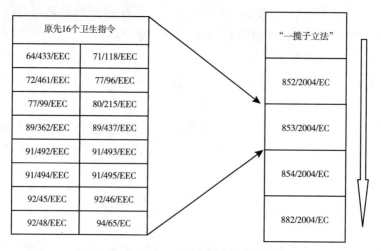

图 7-1 欧盟新一轮卫生规则调整前后图示

图7-1体现了"食品卫生一揽子立法"与原先16个卫生指令之间的关系，以及新颁布的四个法规（852/2004/EC、853/2004/EC、854/2004/EC、882/2004/EC）之间层层递进的纵向关系。其中，第853/2004/EC号指令是针对动物源性食品的具体卫生规定，是对原先分散的16个卫生指令的融合、归纳与统一。

（一）"食品卫生一揽子立法"的颁布实施将原先分散的指令整合，建立了一个完整的法规体系，从一般性的卫生法规到具体解释性的卫生规定，还包括了法规的实施与监控，从而使得整个体系具有层次性和阶段性，更加全面和完备。

852/2004/EC法规制定了食品卫生的一般规定，以及与这些规定相一致的验证程序，包括：一般原则，特别是与制造商和主管机构责任相关的内容，企业的结构、操作和卫生方面的要求，企业批准的程序，存储和运输以及卫生标志的要求。这些原则与要求给所有食品的卫生生产制定了一般依据。而853/2004/EC法规对动物源性食品制定了适合所有类型企业的特殊的卫生规定，对可能对人类健康产生危害的某些特定食品建立了特殊的卫生规则，这些规定构成了动物源性食品卫生生产的共同基础。854/2004/EC法规是对882/2004/EC法规第1条第4款中官方控制内容的扩展与补充，以公共健康风险、动物健康和福利的评估为基础，规定了适当情况下采取的官方控制措施的类型和程序。这些控制措施保证了食品加工企业遵守食品卫生规则和相关共同体法规中规定的标准。882/2004/EC法规的颁布实施是为了保证各成员国执行食品饲料法、动物健康及动物福利规定，并监督、检验在生产、加工及销售各个阶段的经营者对其中相关要求的执行，并为此目的组织官方控制。

欧盟新的食品卫生规则对现行指令进行协调、简化和融合，将食品卫生的规定由指令上升到法规，并保证其具有更高的透明度，供各成员国统一执行；依据从农场到餐桌的原则，建立了一个系统性、综合性的食品卫生体系，覆盖所有食品及所有相关部门及行业，是一个从指导思想，到宏观要求，再到具体规定的非常严谨的内部结构。整个规则体系建设围绕保证食品卫生的目标，贯穿风险分析、从业者责任、可追溯性和高水平的透明度这四个基本原则，形成了一个完善的垂直型食品卫生规则体系。

（二）从针对分散食品类别的特殊的食品卫生规则指令到针对整体食品的一般性规则体系，为欧盟的食品卫生制定了统一的标准和指导性原则。

853/2004/EC 法规把 93/43/EEC 和 16 个原有的特定产品指令整合在一起，规定了动物源产品（包括肉类、禽类、野味、兔肉、贝类、水产品、蛙类、奶类、蛋类、明胶等）的食品卫生要求①。新的卫生法规的制定把"农场到餐桌"的概念法律化，从而首次产生了一个单一的、透明的、可适用于所有食品生产企业的卫生政策。这一新法规取代对特定企业、产品的法规，并在农场和初级生产层面上填补了原有法规的不足。

以 HACCP 体系的应用为例，新的食品卫生规则在欧盟食品安全基本法178/2002/EC 法规的基础上，对 HACCP 的原则及应用制定了统一的标准。852/2004/EC 法规规定所有食品业经营者均须采用食品卫生法典委员会（Codex Alimentarius）所颁布之危害分析与关键控制点制度（HACCP）的原则及相关要求规定，以确保食品卫生安全，具体包括：（1）危害分析：从原料的生产、加工程序、销售以及消费等各环节可能产生的各种危害（包括物理、化学即为生物之危害）进行确认分析，并依据评估的危害性拟订预防措施。（2）关键控制点（CCPS）的确定：界定各阶段的必要监测措施，确保产品品质及安全。（3）制定管制 CCPS 的标准。（4）制定 CCPS 例行的监测程序。（5）制订 CCPS 修正计划。（6）HACCP 系统的有效性确认。（7）保留检测结果的记录。第 854/2004/EC 法规规定肉品、双壳软件贝类、鱼产品、奶及乳制品等食品官方查验规范，包括优良卫生规范及执行HACCP 原则。第 882/2004/EC 法规制定了落实 HACCP 原则的管理制度细则。

（三）执行是决定法规是否有效实施和实现其预期目的的重要环节。新一轮调整中包含了欧盟对食品卫生中官方控制的实施细则，同时对官方控制又制定了详细的执行规则，使得法规更加具有可操作性和执行性。

以对贝类养殖的规定为例：852/2004/EC 法规规定了对所有食品生产企业的一般卫生要求，包括对食品建筑物的一般要求，对运输条件、加工设备、食品废料、加工用水、人员卫生以及对原辅料和加工过程的卫生要求，

---

① 参见，国家认监委网站：http://www.cnca.gov.cn/rjwzcjgb/haccp/xgwzlj/5866.shtml。

是所有食品生产企业（包括贝类生产企业）都应当遵守的 GMP 法规。853/2004/EC 法规规定了动物源性产品的特殊卫生要求。其中包括了对活双壳贝类和水产品生产与投放市场的卫生要求。854/2004/EC 法规对动物源性产品的官方控制作出规定，其附件Ⅱ——活的双壳贝类软体动物，规定了官方对贝类的生产区和暂养区的划分、监控、动态管理、实验室等支持体系以及记录和信息交换等的具体要求。882/2004/EC 法规规定了执行官方控制的基本准则。

由此可见，欧盟新的食品卫生规则强化了标准和法规应用的执行性，在通用卫生规则的基础上对食品卫生进行监管，确保食品加工企业遵守卫生规则与相关标准，并采取相应措施保证官方控制得到统一执行且具有稳定的高质量。这些也是此轮单一市场新政策调整的重点。

三　中欧食品卫生规则与监管比较

（一）　管理体制的统一性

早在欧共体建立之初，食品的安全管理就构成欧洲法律建设的主体部分，2000 年 1 月欧盟理事会发表的《食品安全白皮书》的宗旨就在于要建立一个统一的欧洲食品安全的权威管理机构，实行统一的食品安全管理和监督，统一协调各成员国的食品安全标准。从欧洲议会到欧盟理事会、欧盟委员会、欧盟食品安全管理局，直至各国农林食品行政管理部门、食品生产企业、零售商，它们是一个有序的、纵向的管理系统[①]。2002 年欧盟正式成立了欧盟食品安全局的执行机构，实行统一的食品安全管理和监督，通过发布一系列的法规和指令、完善覆盖食品生产"从农场到餐桌"整个食物链的技术标准，统一协调各成员国的食品安全的标准。

同欧盟相比，我国的食品安全管理起步较晚。我国曾在 1995 年 10 月通过了《中华人民共和国食品卫生法》，对食品生产、加工、经销的责任，对消费者的保护有了一个法律框架，但面临不断出现的食品安全问题，可操作性并不强，且各监管部门间责任分工并不明确[②]。而于 2009 年 6 月 1 日起正

---

① 陈东星：《欧盟食品安全法及其监控体系——兼评我国对欧盟食品出口的借鉴》[J]，《新疆社会科学》2003 年第 1 期。

② 韩永红：《欧盟食品安全法评析——兼议我国食品安全立法》[J]，《延边大学学报（社会科学版）》，2008 年第 41 期。

式施行的《中华人民共和国食品安全法》明确界定了包括国务院质量监督、工商行政管理和国家食品药品监督管理部门以及国务院卫生行政部门在内的国务院有关食品安全监管部门的职责。国务院设立的食品安全委员会，作为一个跨部门的、全国统一的食品管理机构，来统一组织与协调整个食物链各环节的管理。虽然新出台的《食品安全法》明确了统一管理体制的方向，但由于这些规定都刚实施不久，在统一性和监管的效果上与欧盟仍然存在差距。

（二）生产者、经营者的责任

欧盟的食品卫生一揽子规则强调了食品经营者的义务和食品生产商、销售商对食品安全负有主要责任的原则，加大了经营者的安全责任感，使生产经营者获得依靠自我核查机制及对污染物的现代控制技术来确保食品的安全卫生，自觉采纳危险分析与关键控制点（HACCP）、良好操作规范（GMP）等国际通用标准[①]。生产者、经营者不仅仅是被管理者，更是主要的参与者。在这样的卫生要求下，欧盟的食品生产企业或经销企业都积极地参与标准的制定，并向政府建议法律和法令的修改。

而在我国的食品卫生管理中，生产者和经营者是被管理者，处于被动状态。在生产、加工过程中，该如何操作、该禁用何种药品全依靠上级的文件。我国有关食品卫生的法规和标准并未突出以生产企业为主体的目标，生产者执行标准的积极性和自觉性也较低。

（三）对于整个食物链的管理

欧盟强调"从农场到餐桌"整个食物链的管理，重视对于生产源头的安全质量控制，对环境、生产、加工、包装、运输等各个环节都设置了相应的标准，保证各个环节的安全卫生[②]。

我国近年来虽然也提出了"从农场到餐桌"食品安全管理的概念，但由于食物链的各个环节分属于不同的管理部门，造成了管理上的脱节和不协调。2009 年开始施行的《食品安全法》对综合协调和部门分工进行了明确的规范：分清了各分段管理的部门职责，兼顾了《食品安全法》和《农产

---

① 刘俊展、李明立、嵇俭等：《欧盟国家食品安全法规建设实施概况及启示》[J]，《中国农技推广》，2007 年第 23 期。

② 唐华：《论欧盟食品安全法规体系及其对中国的启示》[D]，对外经济贸易大学 2006 年。

品质量安全法》两法之间的相互衔接；对涉及与食用农产品如何衔接的问题都有具体的规定；明确了监管部门的分工，以及分段过程中各职能部门的责任。《食品安全法》的颁布实施对加强我国"食物链"的安全管理具有非常重要的意义。

（四）对于可追溯性的管理

欧盟的食品安全基本法对可追溯性作了明确的规定：（1）食品、饲料、用于食品生产的动物，以及其他用于或即将用于食品和饲料生产的任何物质应当在生产、加工和分销的所有阶段建立可追溯系统；（2）食品和饲料业经营者应当能够识别为其提供食品、饲料、用于食品生产的动物，以及其他混入食品和饲料的任何添加物质的人。并要求从 2005 年 1 月 1 日起，凡是在欧盟国家销售的食品必须要具有可追溯性，否则不允许上市销售；不具备可追溯性的食品禁止进口。

而在我国的食品安全管理体系下并没有一个统一的食品安全的追踪和追溯系统。2009 年 6 月 1 日起实施的《食品安全法》对食品的生产、加工、包装、采购等供应链各环节，提出了建立信息记录的法律要求，与之配套的《实施条例》作出了更加具体明确的规定。这些要求为我国食品安全追溯提供了法律保障。

综上所述，作为调整单一市场政策的试验，欧盟在对原先已有的食品卫生指令进行归并的基础上出台了食品卫生一揽子立法，与后来推出的指导整个商品单一市场的商品一揽子立法（Goods Package）的方向和原则一致；作为对具体商品的规则调整，欧盟在食品卫生规则方面的调整也体现了相当的灵活性和针对性。

第 八 章

欧盟食品规则调整对我国食品出口
影响的理论分析

建立欧洲单一市场进程中形成的一些共同立法标准已经被证明阻碍了外部商品进入欧盟市场，尽管这样的结果很大程度上只是欧盟政策的"附带"产品①，或者说是欧盟政策的"负外部性"。欧盟新一轮食品卫生规则调整，使得中欧食品卫生规则在统一性、可溯性、责任分布等方面的差异进一步扩大，必将阻碍中国对欧盟食品的出口。本章在对相关文献回顾的基础上，从中国对欧盟食品出口贸易的现状入手，分析中欧食品出口的贸易流量、增加率和贸易结构等具体方面；从技术性贸易壁垒理论出发，构建欧盟食品卫生规则调整影响中国食品出口的理论基础，同时引入博弈分析，从短期和长期两个角度进行研究。

第一节　相关文献综述

尽管没有专门针对此次欧盟食品规则调整对我国食品出口影响的研究文献，但是相关的研究文献还是有的，例如，对食品保障体系的研究、对食品安全的影响研究，以及对食品卫生的影响研究。

一　食品保障体系研究

食品安全问题的日益突出，使得各国都在努力建立一个行之有效的食

---

① Alasdair R. Young, "The Incidental Fortress: The Single European Market and World Trade", *Journal of Common Market Studies*, 2004 Volume 42. Number 2: 394.

品保障体系来保护消费者的健康。在各国食品保障体系不断改进和完善的过程中，学术界中许多经济学家和历史学家开始加强对食品安全保障相关问题的研究，包括对食品保障措施的演化、内容、分类、比较等多方面的研究，研究的视角主要集中在对食品质量的控制和管理上，即对食品市场秩序的研究上。

法国食品法专家、法国食品法协会荣誉主席 Pierre-Marie Vincent 对食品安全规范作出了很大的贡献。他特别把食品法规与食品工业、食品经济的发展结合起来进行研究，并对法国食品法、欧盟食品法以及国际食品法规的历史演化和发展脉络作出了简要和清晰的梳理①。Baker 也强调食品安全管理政策与食品安全标准在食品生产中的一般性指导原则②。Skogstad 则对欧盟和北美的食品安全管理进行了比较研究，重点探讨了欧盟、美国和加拿大制定的食品安全标准尤其是有关激素、抗生素的标准分歧的原因，包括政治目的、体制框架、历史变革和对科学技术的理解等③。Josling 等人进一步对食品安全规范进行了分类，指出存在两类食品安全规范：一类是与健康和安全相关的，如动物、植物和人类的健康与卫生方面的食品法规；另一类是非健康方面的食品规范，如对质量、标签方面的要求。Stanziani 也指出，需要对食品保障法规进行分类，一类是针对产品的法规，另一类是针对食品卫生的法规。关于食品卫生方面的规范，主要目标很明确，即保护公共健康，但是对市场秩序也有很大的影响④。

这些研究梳理了食品卫生规则的发展脉络，为进一步完善标准化食品卫生规则提供了理论基础，同时将食品卫生规则与其他领域（如经济、贸易）的发展相结合，将研究的视角进行了拓展。

我国学者对于食品保障的研究起步较晚，进入 21 世纪后，才逐渐开始

---

① 肖辉忠：《市场秩序与消费者利益——中国、欧盟、俄罗斯食品安全比较研究》[D]，华东师范大学 2008 年博士学位论文。

② Baker D A, "Use of food safety objectives to satisfy the intent of food safety law", *Food Control*, 2002 (13): 371 – 376.

③ Grace Skogstad, *Regulating Food Safety Risks in the European Union and North America: Distinctive Regulatory Policy Styles*, University of Toronto, Canada, 2003.

④ 肖辉忠：《市场秩序与消费者利益——中国、欧盟、俄罗斯食品安全比较研究》[D]，华东师范大学 2008 年博士学位论文。

对食品保障体系和措施进行关注和研究。目前来看，多数的研究集中于对国外的食品安全现状、监管、政策、标准法规与体系建设等方面的解读，中外食品保障体系的比较研究等方面，从定性的角度，为我国食品保障措施完善和相关食品保障体系的构建提供政策建议。

秦富等研究了欧盟及主要成员国和美国的食品安全管理措施和保障体系并与我国进行对比分析，对于建立健全我国食品安全及保障体系，具有重要的现实意义①。李江华等从国内外食品安全标准体系特点和现状出发，提出了中国食品安全标准体系的框架构想②。刘超、卢映西分析了欧盟食品安全的管理机构即欧洲食品安全局的性质和职责、欧盟食品安全政策与法律框架、欧盟食品安全的对外监控与执行以及欧盟食品安全立法对我国农产品出口的影响，提出我国应建立与发达国家相应的食品安全监控体系，合理应对包括欧盟在内的发达国家的食品安全要求③。王兆华、雷家骕对美国、欧盟、日本和加拿大等国家和地区在食品安全立法、监管体系、管理方式以及转基因食品安全管理等方面的情况进行了分析与述评，以期为完善我国食品安全监管体系提供参考和借鉴④。彭亚拉、庞萌对目前我国食品安全存在的问题进行了分析，并介绍了美国的食品安全体系状况，在政府监管、行政管理、执法体系、食品安全质量监督管理体系、食品加工安全控制模式和食品召回制度等方面详述了美国的食品安全体系对我国的启示⑤。张月义、季任天等对发达国家食品安全监管体系进行了研究，总结了美国、欧盟以及日本食品安全监管体系的内容和特点，通过对这些发达国家食品安全监管体系的研究，可为有关部门制定政策提供参考⑥。魏

---

① 秦富、王秀清、辛贤等：《欧美食品安全体系研究》［M］，北京：中国农业出版社 2003 年版，第 1—61 页。

② 李江华、赵苏：《对中国食品安全标准体系的探讨》［J］，《食品科学》，2004 年第 25 期。

③ 刘超、卢映西：《从农场到餐桌的保障——欧盟新的食品安全政策与立法》［J］，《国际贸易问题》2004 年第 8 期。

④ 王兆华、雷家骕：《主要发达国家食品安全监管体系研究》［J］，《中国软科学》2004 年第 7 期。

⑤ 彭亚拉、庞萌：《美国食品安全体系状况及其对我国的启示》［J］，《食品与发酵工业》2005 年第 31 期。

⑥ 张月义、季任天、韩之俊：《发达国家食品安全监管体系概述》［J］，《安徽农业科学》2007 年第 35 期。

益民、毕金峰[1]和杨志花[2]介绍了欧盟食品安全政策和管理模式，系统地描绘了欧盟食品安全战略的整体框架，回顾了欧盟食品政策和管理模式的发展历程，并在国家食品安全控制体系、食品安全法规体系以及食品安全管理体系等方面提出了中国可以借鉴的模式。

总之，我国学者的这些研究主要还是停留在对发达国家食品卫生规则的分析和解读的层面，希望通过借鉴发达国家的经验，进一步完善和加强我国食品卫生规则体系的建设。

二　食品安全影响研究

保障食品安全的措施不断调整和完善，必然对世界范围内其他领域的发展产生直接或间接的影响。其中，食品安全的经济影响逐渐成为学者们研究的主要对象。食品安全法规的经济影响过程非常复杂，其影响国际市场上需求和供给的方式很多且相互作用。局部均衡的模型被用来分析标准对于需求、供给和福利的影响。Calvin 和 Krissoff 运用价格楔方法（price-wedge method）计算了卫生与植物卫生措施（SPS）标准所带来的福利效应。他们估算出 1994—1997 年 SPS 标准的对等关税为 27.2%，标准导致生产者福利损失达 21 亿美元，即原有生产者剩余的 30%[3]。

随着食品安全问题对政治和贸易影响的加大，许多学者也从社会学和国际贸易学的角度研究食品安全及其产生的影响。从世界范围内看，各国的食品的保障措施和安全标准水平不尽相同，必定会影响食品在世界范围内的自由贸易。

首先，一些学者通过对世界贸易状况的分析来研究食品安全措施对于食品贸易的作用，并以国别研究为主，例如，Cato 与 dos Santos 通过数据分析和调查，估算出 1997 年欧委会对孟加拉国海产品的安全禁令使得孟加拉国的冷冻虾加工业受到的损失达到 1460 万美元之多[4]。Henson 等通过调查发

---

①　魏益民、毕金峰：《欧盟的食物政策与管理模式》[J]，《中国食物与营养》第 2006 年第 12 期。

②　杨志花：《欧盟食品安全战略分析》[J]，《世界标准化与质量管理》2008 年第 4 期。

③　Calvin L, Krissoff B, "Technical barriers to trade: a case study of phytosanitary barriers and U. S. - Japanese apple trade", *Journal of Agricultural and Resource Economics*, 1998, 23 (2): 351 – 366.

④　Cato J C, Lima dos Santos, "European Union 1997 Seafood-Safety Ban: The Economic Impact on Bangladesh Shrimp Processing", *Marine Resource Economics*, 1998 (13): 215 – 227.

现，1996—1997 年，美国因食品添加剂而禁止的食品进口占从发展中国家总的食品进口的 3%[1]。这些禁令所造成的损失不仅限于产品的价值，还包括出口方所支付的运输成本和其他出口成本。同时，Henson 等又研究了"二战"后的贸易壁垒，指出非关税壁垒在"二战"后迅速上升，对贸易的影响不断增大，而 SPS 即是食品安全措施作为非关税壁垒影响贸易的一个典型的例子。越来越多的证据表明，SPS 措施成为影响农产品和食品出口最重要的贸易壁垒[2]。Finger 和 Schuler 发现，最不发达国家，如一些非洲国家，为了达到 WTO 义务中与 SPS 协定相关的标准所需要的花费超过其全部的政府预算[3]。世界银行在《全球经济前景2001》的报告中指出，食品安全领域的法规影响成本相当高，尤其是对于试图进入发达国家农产品市场的发展中国家而言[4]。如果限制市场进入的 SPS 措施日益严格，这些国家将遭受巨大的出口损失。美国斯坦福大学食品研究所的 Timothy Josling，以及美国农业部的经济学家 Donna Robert 等学者，从经济贸易的角度来分析食品安全政策。他们的研究特别指出了国内的食品安全政策往往容易受到国内的利益集团影响，而不是仅仅为了公众的健康和消费者的选择。他们也指出，由于发达国家所采取的严格的食品规范，影响了发展中国家的食品出口[5]。Robin Johnson 指出，按食品生产链中的质量标准最新趋势，必须投入更多的资源对出口食品进行质量控制。而这些标准的采用在不同国家是不一致的，必将限制而不是鼓励农产品贸易[6]。

其次，部分学者研究由此引起的贸易转移。例如，Debaere 认为国家间由于食品安全而产生的技术壁垒的差别能带来相当大的贸易量转移。他的研

---

① Henson S J, Loader R J, Swinbank A, et. al, "Impact of Sanitary and Phytosanitary Measures on Developing Countries", *Department for International Development*, London, 1999a.

② Henson S, Caswell J, "Food safety regulation: an overview of contemporary issues", *Food Policy*, 1999b, 24 (6): 589 – 603.

③ Finger M J, Schuler P, "Implementation of Uruguay round commitments: the development challenge", *World Economy*, 2000, 23 (4): 511 – 525.

④ World Bank, *Global Economic Prospects 2001*, Washington, D. C., 2000.

⑤ 肖辉忠：《市场秩序与消费者利益——中国、欧盟、俄罗斯食品安全比较研究》[D]，华东师范大学 2008 年博士学位论文。

⑥ Robin Johnson, "Prescriptive approach to food safety in meat products", *Outlook on Agriculture*, 2004, 33 (3): 151 – 155.

究结果表明，当欧盟将进口的虾类产品的抗生素残留量减至零时，泰国虾类产品的出口从欧盟转向美国，并使得美国市场上的虾类产品的价格下降。因此，欧盟食品安全法规的调整不仅影响了欧盟和泰国间的贸易，也影响了泰国和美国间的贸易[1]。Anders 和 Caswell 研究了强制实施 HACCP 后向美国出口海产品最多的 33 个国家的情况。通过引力模型，他们发现 HACCP 的采用使得美国海产品进口额减少了 0.13% 至 0.35%[2]。Nguyen 和 Wilson 同时研究欧盟、美国和日本这三大市场，并将海产品分类，用引力模型量化发达国家市场日益严苛的食品安全标准对于全球不同种类的海产品贸易的影响。他们的研究表明，美国的危害分析与关键控制点（Hazard Analysis Critical Control Point，HACCP）、欧盟的最低残留量限制（Minimum Required Performance Level，MRPL）以及日本的食品安全基本法的实施，使得虾类产品对美国、欧盟和日本的出口分别减少了 90.45%、99.47% 和 99.7%，而鱼类产品的出口分别减少了 66.71%、82.83% 和 89.32%[3]。

　　近几年，国内一些学者开始关注食品安全措施对中国食品贸易的影响。这些研究主要集中于发达国家的单个食品卫生标准对我国某类食品出口的影响上，通过引力模型将这些影响量化并对我国食品出口提出建议。

　　孟菲和侯明利运用贸易引力模型分析了外国农药最大残留限量（MRL）对我国稻米出口的影响，发现稻米中农药最大残留限量制定越严格，我国稻米出口的阻力就越大，并提出加强质量安全体系建设、健全跟踪和评估机制、积极参与国际规则制定的建议，以促进我国稻米出口[4]。陈红蕾和李旋对欧盟进口茶叶农残限量新标准对我国茶叶出口的影响进行了实证分析，结果表明，欧盟实施的新标准已经对我国茶叶出口造成了严重的阻碍，而且随

　　① Debaere P, "Small Fish-Big Issue: The Effect of Trade Policy on the Global Shrimp Market", *Discussion Paper* No. 5254, Center for Economic Policy Research, London, UK, 2005.

　　② Anders S M, Caswell J A, "Standards-as-Barriers versus Standards-as-Catalysts: Assessing the Impact of HACCP Implementation on U. S Seafood Imports", *American Journal of Agricultural Economics*, 2009, 91（2）: 310 – 321.

　　③ Anh Van Thi Nguyen, Norbert L W Wilson, *Effects of Food Safety Standards on Seafood Exports to US, EU and Japan*, Selected Paper prepared for presentation at the Southern Agricultural Economics Association Annual Meeting, Atlanta, Georgia, January 31 – February 3, 2009.

　　④ 孟菲、侯明利：《技术贸易壁垒对我国稻米出口影响的实证分析》[J]，《粮食加工》2007 年第 2 期。

着欧盟主要茶叶进口国人均收入水平的进一步提高，消费者对茶叶的需求将从低价茶转移到无公害茶、有机茶以及符合欧盟农药残留检测标准要求的茶叶①。武玉英和郭珉发现，欧盟实施的关于水产品的法规和进口水产品（虾类产品）氯霉素残留限量标准对我国水产品出口有明显的阻碍作用，同时我国经济发展水平的提高以及无公害标准的制定和实施对我国水产品的出口有明显的促进作用②。

国内学者的研究大多以中国为研究对象之一，既填补了世界范围内这方面的研究空白，同时也为我国食品安全体系的完善以及应对西方食品安全措施提供了理论依据。

三　食品卫生影响研究

随着对食品安全影响的研究不断深入和扩大，食品卫生的法规和标准作为食品安全的一个重要方面，其对国际间食品贸易的影响也引起了一些学者的注意。

Roberts 和 DeRemer 以及 Thornsbury 等研究了 1996 年美国的农产品贸易，数据表明，1996 年美国因技术性壁垒而损失的农产品出口高达 49.07亿美元，食品卫生标准的影响在 228.8 万美元左右③。Moenius 用引力模型的框架衡量了产品标准对于贸易量的影响，提供了一个研究的框架基础④。Otsuki、Wilson 和 Sewadeh 利用引力模型估测了新的黄曲霉毒素标准对欧盟从非洲进口食品的影响。其研究结果说明，新黄曲霉毒素标准的实施对非洲向欧盟的谷类、干果类和坚果类的出口带来了负影响⑤。Mitchell 在美国农业部的一篇经济报告中指出，食品卫生法规的不同会导致国家间的贸易争

---

① 陈红蕾、李旋：《欧盟绿色贸易壁垒对我国茶叶出口影响的实证分析》［J］，《科技管理研究》2007 年第 27 期。

② 武玉英、郭珉：《我国水产品出口欧盟遭遇技术性贸易壁垒的影响研究》［J］，《财贸研究》2007 年第 2 期。

③ 张海东：《技术性贸易壁垒研究述评》［J］，《经济学动态》2007 年第 12 期。

④ Mark Vancauteren, Bruno Henry de Frahan, "Harmonization of Food Regulations and Trade in the Single Market: Evidence from Disaggregated Data", *European Review of Agricultural Economics*, 33 (3): 337 – 60.

⑤ Otsuki T, Wilson J S, Sewadeh M, "Saving two in a billion: Quantifying the trade effect of European food safety standards on African exports", *Food Policy*, 2001, 26 (5): 495 – 514.

端，会增加关于食品卫生标准的对话[①]。Wilson 等人研究了药品残留标准对牛肉贸易的影响，发现牛肉中四环素含量标准对世界牛肉贸易有显著的负影响[②]。Wilson 和 Otsuki 研究了毒死蜱限量标准对香蕉贸易的影响。他们在经济合作与发展组织（OECD）中选取了包括拉美、亚洲和非洲的 11 个进口国和 21 个出口国的数据。结果显示，标准严格 1%（即杀虫剂毒死蜱的限量严格 1%），香蕉进口减少 1.63%[③]。孙东升等人通过研究日本的杀虫剂残留量限制对于中国蔬菜出口的影响发现，日本的毒死蜱标准对于中国向日本的蔬菜出口有负影响[④]。

综上所述，从食品保障到食品安全再到食品卫生是一个不断深入的过程。目前的研究主要集中于食品安全问题对贸易的影响，而针对食品卫生规则的较少；关注某项卫生措施或标准对于某一类或几类食品贸易的影响较多，而研究某一国或某一组织内整体食品卫生规则调整对于该国食品贸易影响的较少，存在着继续研究的空间。

食品的卫生问题作为安全问题的一个重要领域引起越来越多的关注，因此本课题集中于对食品卫生问题的研究，将欧盟食品卫生规则的调整作为对象，研究其对于中国对欧盟食品出口的分类影响，并在此基础上提出进一步的对策建议。

第二节　中欧食品贸易现状

中欧食品贸易历史久远，这里从贸易流量、增长率和贸易结构等几方面综述中国食品近年来出口欧盟市场的贸易现状。

---

① Mitchell L, "Economic Theory and Conceptual Relationships between Food Safety and International Trade", *International Trade and Food Safety/AER – 828*, Economic Research Service, USDA, Washington, DC, 2003: 10 – 27.

② Wilson J, Otsuki T, Majumdsar B, "Balancing Food Safety and Risk: Do Drug Residue Limits Affect International Trade in Beef", *Journal of International Trade and Economic Development*, 2003, 12（4）: 377 – 402.

③ Wilson J, Otsuki T, "To spray or not to spray: pesticides, banana exports, and food safety", *Food Policy*, 2004（29）: 131 – 146.

④ 孙东升、周锦秀、杨秀平：《我国农产品出口日本遭遇技术性贸易壁垒的影响研究》[J]，《农业技术经济》2005 年第 5 期。

一 流量分析

中国是世界上最大的发展中国家，欧盟是世界上最大的区域经济集团，中欧之间的经贸往来由来已久。跨入 21 世纪后，随着中国成功加入世贸组织，以及欧盟内部统一大市场的逐渐形成与欧元的成功启动，双方之间的经贸交流又大大向前推进了一步。2007 年中国和欧盟的双边贸易总额达3561.5 亿美元，比上年增长 27%，欧盟继续保持中国第一大贸易伙伴地位；而中国也于 2003 以来取代日本成为欧盟第二大贸易伙伴，中欧彼此成为不可缺少的重要贸易对象。图 8-1 显示，近十年来，欧盟从中国进口商品数量保持持续增长的趋势。在这样的背景下，欧盟从中国进口食品的情况如何，下面将进行详细的分析。

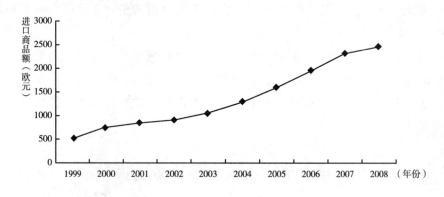

图 8-1 1999—2008 年欧盟从中国进口商品额

注：该图为欧盟 27 国的数据。
数据来源：根据 Eurostat 整理。

2008 年，中国对欧盟食品出口额约为 38 亿欧元①，与 1999 年相比增长了一倍多，中国已经成为欧盟重要的食品出口国。近十年来，中国对欧盟食品出口基本保持着增长趋势，但随着欧盟不断严格的食品卫生政策，中国出口到欧盟的食品也逐渐受到欧盟方面的限制，这种增长出现了一定的波动。

下面按照《联合国国际贸易标准分类目录》（SITC）的相关规定，从四

---

① 此数据为欧盟 25 国除去塞浦路斯的中国对欧盟食品出口额。

大食品分类的角度，即 SITC 第 0 类（食品及活动物）、SITC 第 1 类（饮料及烟草）①、SITC 第 2 类第 22 章（油籽及含油果实）和 SITC 第 4 类（动植物油、脂及蜡），对近十年来中国向欧盟的食品出口流量情况进行分析。

从表 8-1 及图 8-2 中不难看出，中国对欧盟的食品出口量总体持上升趋势。2002 年出现了一个低谷，随后持续上升，并在 2004 年后取得了较快增长。通过简单的流量分析，我们可以发现，2002 年时可能存在某种因素，使得中国对欧盟的食品出口受到了较大的阻碍。本课题接下来的研究将会试图解释这一现象。从图 8-2 还可以看出中国对欧盟的 SITC 第 0 类食品出口量的变化趋势与食品出口总额的变化基本一致，而另外三种分类食品中国对欧盟的出口额变化则不太相同。通过图 8-3 的放大处理，可以清晰地看到另外三种分类食品从 1999 年到 2008 年的变化趋势，其中中国 SITC 第 1 类食品对欧盟的出口一直比较平缓；中国 SITC 第 2 类食品对欧盟的出口波动性较大，并在 2002 年、2004 年和 2006 年出现了大幅降低；中国 SITC 第 4 类食品对欧盟的出口在 2006 年和 2007 年出现了显著上升，但是 2008 年又回到之前的水平。总体而言，2002 年、2004 年和 2006 年的某些因素可能给中国对欧盟的分类食品出口产生了阻碍作用，但这种阻碍作用对于不同的食品分类的影响也不尽相同。

表 8-1 1999—2008 年中国对欧盟食品出口分类统计表

年 份	SITC 第 0 类	SITC 第 1 类	SITC 第 2 类	SITC 第 4 类	食品总额（欧元）
1999	1128114785	108363070	204778632	105453526	1546710013
2000	1456652656	23139886	192386745	19044032	1691223319
2001	1700258519	24178953	211042565	20982268	1956462305
2002	1435241658	31388279	187068496	17254398	1670952831
2003	1583629236	19216971	226724487	29308674	1858879368
2004	1732446732	20510261	188023771	23748723	1964729487
2005	2169093028	23607250	242400164	34454898	2469555340
2006	2703538676	25175774	183196425	83316061	2995226936
2007	3249734286	26066145	227107738	82885849	3585794018
2008	3430558988	27968746	307536816	38830778	3804895328

注：该表为欧盟 25 国（除去塞浦路斯）的数据。

数据来源：根据 Eurostat 整理。

---

① 由于烟草具有其自身特殊性，因此本课题在统计的过程中将烟草剔除。下同。

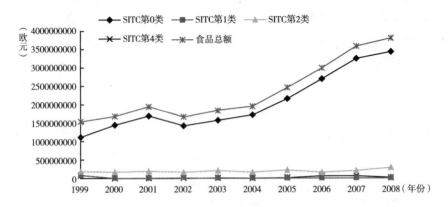

图 8 – 2 1999—2008 年中国对欧盟食品出口分类统计流量图

　　注：该表为欧盟 25 国（除去塞浦路斯）的数据。

　　数据来源：根据 Eurostat 整理。

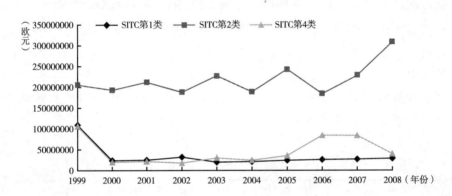

图 8 – 3 1999—2008 年中国对欧盟食品出口分类统计（SITC 第 1、2、4 类）流量图

　　注：该表为欧盟 25 国（除去塞浦路斯）的数据。

　　数据来源：根据 Eurostat 整理。

二　增长分析

　　对贸易流量的分析有利于观察贸易走向和趋势，对贸易增长量的分析，可以更加完善对贸易趋势的分析。

　　如图 8 -4 所示，近十年来，中国对欧盟食品出口的年增长率基本保持较高水平，但出现了较大的波动。2002 年中国对欧盟的食品出口出现了较大的负增长，这在整个时间段的观察中极为特殊，结合前述流量的分析结果，更加肯定了 2002 年的某种因素导致了中国对欧盟食品出口受到了极大阻碍作用。在 2003 年重新恢复较高的增长后，2004 年的中国对欧盟食品出口年增长率仅为 5.69%，可见 2004 年的一些因素同样给中国对欧盟食品出口产生了一定的负影响，但是这种阻碍影响显然没有 2002 年严重。之后中国对欧盟食品出口的年增长率基本保持较高水平，只是在 2006 年之后增长的速率逐渐回缓。

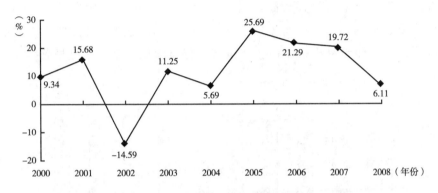

图 8 - 4　中国对欧盟食品出口总额的年增长率分布图

注：该表为欧盟 25 国（除去塞浦路斯）的数据。
数据来源：根据 Eurostat 整理。

根据本部分关于增长率的分析，再结合上一部分中国对欧盟食品出口的流量分析，可以初步断定，某种或某些因素，于 2002 年、2004 年和 2006 年使得中国对欧盟食品出口在一定程度上被限制。而这正与本课题之前提到的欧盟新一轮食品卫生规则调整相关法规指令的颁布和实施时间相吻合。因此有理由相信，欧盟新一轮食品卫生规则调整，在一定程度上对中国食品出口欧盟产生了一定的抑制和阻碍作用，恰当的分析这种阻碍作用并积极应对相关规则调整的变化，可以使中欧食品贸易不断向积极方面发展。

三　结构分析

按照上文提到的《联合国国际贸易标准分类目录》（SITC）中关于食品的分类，1999—2008 年，中国对欧盟食品出口分类所占比重统计分布如图 8 - 5 和图 8 - 6 所示。从中可以看出，SITC 第 0 类食品所占比重较大，均超过了 70% 以上，并于 2008 年达到 90%（如图 8 - 7 所示）。可见 SITC 第 0

类食品是中国对欧盟食品出口的主要力量，其变化趋势可能在很大程度上影响中国对欧盟食品出口总量的变化。此外，SITC 第 2 类食品所占的比重为第二位，可以认为其对中国对欧盟食品出口总量的变化具有一定的贡献。而其余两类食品所占比重非常低，一般而言不会对中国对欧盟食品出口总量带来太大影响，甚至可以忽略。从图 8 - 5 中还可以清晰地看出，SITC 第 0 类食品所占的比重一直处于较高水平，而 SITC 第 2 类食品所占第二位的比重持续降低，可见其影响程度逐渐被 SITC 第 0 类所侵蚀，而另外两类食品分类在中国对欧盟食品出口中所占比重持续保持较低水平，未见显著变化。

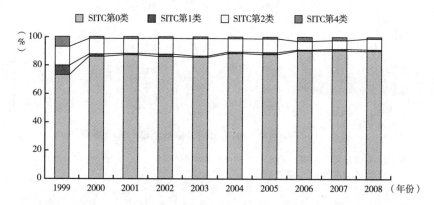

图 8 - 5　1999—2008 年中国向欧盟出口食品分类所占比重统计分布图 1

注：该表为欧盟 25 国（除去塞浦路斯）的数据。
数据来源：根据 Eurostat 整理。

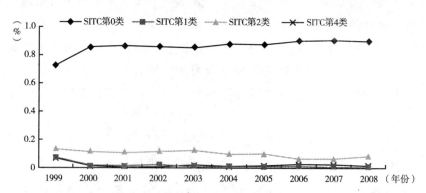

图 8 - 6　1999—2008 年中国向欧盟出口食品分类所占比重统计分布图 2

注：该表为欧盟 25 国（除去塞浦路斯）的数据。
数据来源：根据 Eurostat 整理。

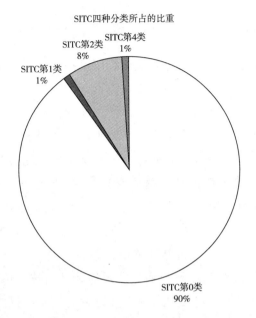

图 8 - 7　2008 年中国向欧盟出口食品分类统计分布图

注：该表为欧盟 25 国（除去塞浦路斯）的数据。

数据来源：根据 Eurostat 整理。

综上所述，中国对欧盟食品出口的结构中，以 SITC 第 0 类食品为绝对力量；SITC 第 2 类食品次之，但其在整个结构中所占比重已经非常低了；而另外两类 SITC 第 1 类和 SITC 第 4 类食品从量上来讲，其对总量的影响基本可以忽略。因此，本课题之后对分类食品的理论和实证分析应该主要集中在 SITC 第 0 类食品，并适当结合 SITC 第 2 类食品。

第三节　技术性贸易壁垒的一般影响分析

到目前为止，国内外对技术性贸易壁垒概念的界定仍无定论[1]，但这并不影响我们从其对出口产生的数量价格双重控制调节机制，产生的经济效益和具体选择的博弈过程分析其一般影响。

---

[1]　参见本课题研究的第二章第二节的技术性贸易壁垒研究综述。

一　控制机制分析

技术性贸易壁垒是指一国或区域组织以维护其基本安全、保障人类与动植物的生命及健康和安全、保护环境、防止欺诈行为、保证产品质量等为由而采取的一些强制性或自愿性的技术性措施，这些措施对其他国家或区域组织的商品、服务和投资进入该国或该区域市场将造成影响[①]。

严格意义上，技术性贸易壁垒可分为狭义和广义两种。狭义的技术性贸易壁垒主要是指《技术性贸易壁垒协定》（《WTO/TBT 协议》）界定的内容。广义的技术性贸易壁垒包括所有的世界贸易组织、国际公约、国际组织等规定的相关内容，除了《WTO/TBT 协议》，还有《实施卫生和动植物检疫措施协定》以及《关于贸易与环境的决议》、《与贸易有关的知识产权协议》、《农业协定》、《纺织品与服装协定》等涉及的技术性贸易壁垒的内容。国际公约、国际组织等规定的对贸易产生影响的技术性措施也属于技术性贸易壁垒的范围。

狭义的技术性贸易壁垒主要是指《WTO/TBT 协议》中规定的技术法规、标准和合格评定程序。广义的技术性贸易壁垒还包括包装、标签及标识要求，产品的检验和检疫措施，绿色技术壁垒，信息技术法规、标准和评定程序形式。

从技术性贸易壁垒的形成过程来看，首先是进口国对进口商品制定标准或技术法规等技术性要求，并根据这些技术性要求对进口商品进行合格评定，产品符合规定，则允许进口，否则禁止进口。如果进口商品完全达到进口国的各项要求，则进口可以自由进行，这时技术性贸易措施并没有形成对贸易的障碍，并未形成贸易的技术壁垒；而一旦法规或标准的制定使得进口产品不符合规定的技术性要求，进口商品将被禁止进口，这时技术性贸易措施的壁垒作用是显而易见的，技术性贸易措施演变成为贸易的技术壁垒，对进口商品产生明显的数量控制作用。

图 8-8 中横轴表示进口国的商品进口数量，Q 表示同类商品的进口批

---

① 参见，中国商务部网站：http://sms.mofcom.gov.cn/aarticle/wangzhanjianjie/jingjidongtai/200406/20040600230625.html。

量；纵轴表示进口国对商品的技术性要求，由下至上表示技术性要求水平的提高。当技术性要求为 X_0 的水平时，图中所列商品 A、B、C、D、E 等都因达到或超过规定的技术性要求而被允许进口。而当进口国对进口品的技术性要求提高到更高的 X_1 水平时，则 A、B 商品因低于 X_1 的要求而被拒绝进口。这里，进口国技术性要求的提高明显地形成了对进口品的贸易障碍，对进口商品产生了数量控制作用。

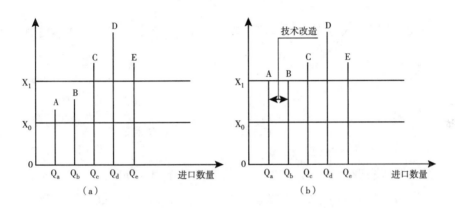

图 8 – 8　技术性贸易壁垒的数量控制模型

出口企业只有通过增加成本，对产品进行技术性改进，方能使产品达到新的要求，进而出口到该进口国市场。这时，技术壁垒便又会通过影响进口商品的成本，进而形成对进口商品的价格控制作用。

图 8 – 9 中 P 表示商品的价格或成本，Q 表示某出口企业生产的产品数量，AC 表示该产品的单位平均成本。由于一般情况下生产过程存在规模经济，AC 曲线凸向原点并严格递减，即产量越大单位产品的成本越低。假设该产品的国际市场价格是 P_0，则在没有技术壁垒的情况下，出口企业产量为 Q_1，出口到国际市场的单位产品利润为 w，如（a）所示。当进口国的标准、技术法规等与该产品的生产国不一致，或者进口国有意设置技术性贸易障碍时，出口企业势必要调整生产过程或付出额外的费用以使其产品符合进口国的要求，这一额外的代价记为 ACt，如（b）所示。在出口企业产量仍为 Q_1 的情况下，该产品在进口国的售价至少需要从 P_0 提高到 P_1 企业才能获得正常利润，否则会产生亏损。而价格的提高，无疑将降低该出口产品相

对于进口国同类产品的竞争力。这就是技术壁垒对进口产品的价格控制作用。

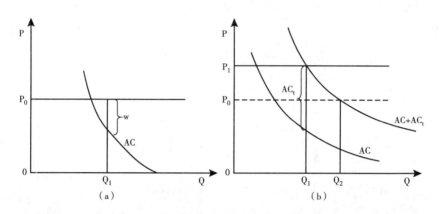

图 8 - 9   技术性贸易壁垒的价格控制模型

技术性贸易壁垒由于其对出口产品的阻碍作用，使得其一旦实施，便会对出口产品产生明显的数量价格双重控制调节机制[1]。一般来讲，技术性贸易措施的制定和实施过程是由进口国一方根据自身国内的需求和政策要求，制定相应的规则和法规，并据此对进口产品进行合格评定，产品符合规定则允许进口，否则禁止进口。在技术壁垒未形成之前，进口可以自由进行，这时不存在数量限制；而技术壁垒一旦形成，即产品不符合要求被禁止进口，就对进口产品形成了明显的数量控制作用，也就是说此时的技术性贸易壁垒是一种典型的数量控制机制。同时，由于权益驱动，出口方必然想方设法跨越壁垒抓住市场空间和市场机会。但此时进口产品若想进入进口国市场，必须按照进口国的技术性要求，改进产品质量，提高产品技术水平或改进产品的包装，使之符合进口国的标准、法规或规定。而这往往需要引进新技术、进行新投资，从而使该进口的产品具有相当高的成本，进而削弱产品的成本优势。由于进口产品在进入市场前必须经过一定的合格评定程序，要支付检验费用及其他费用，从而进一步增加了进口产品的成本。而且检验费是出口

---

①　Antle J M, "Chapter 19: Economic Analysis of Food Safety" in B. Gardner and G. Rausser (eds.), *Handbook of Agricultural Economics*, Volume 1, 2001.

方难以控制的，具有很大的不确定性和随意性。因此，此时技术性贸易壁垒通过提高进口产品的成本，进而提高进口产品的销售价格来实现其对国内市场的保护，形成典型的价格控制机制。

图 8 - 10 显示了这一过程。以进口国的国内供给需求平衡为研究对象，其中 S_{0sum} 代表技术性贸易壁垒实施前的进口国对进口商品的总供给函数，S_{0forei} 代表技术性贸易壁垒实施前进口国对进口商品的国外供给函数；S_{1sum} 和 S_{1forei} 分别代表技术性贸易壁垒实施之后进口国对该进口商品的总供给函数和国外供给函数；D 代表技术性贸易壁垒实施前后进口国对该进口商品的总需求函数[1]。如图所示，技术性贸易壁垒实施前的均衡点为 E_0 点，对应的均衡价格和该进口商品的进口额分别为 P_0 和 Q_0；技术性贸易壁垒实施后的均衡点为 E_1 点，对应的均衡价格和该进口商品的进口额分别为 P_1 和 Q_1。可见技术性贸易壁垒的实施，使得进口国对该类商品的进口量下降（$Q_0 \rightarrow Q_1$），而价格上升（$P_0 \rightarrow P_1$），即技术性贸易壁垒的实施抑制了进口商品的数量，提高了进口商品的价格，实际上对本国市场实现了保护[2]。

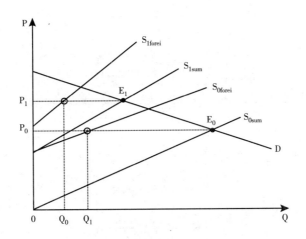

图 8 - 10　技术性贸易壁垒的数量价格控制模型

①　该模型假设进口国的国内需求在短期内保持不变。

②　郑晓艳：《技术性贸易壁垒对贵州出口贸易的影响与对策研究》［D］，贵州大学 2008 年硕士学位论文。

由以上分析可以看出，技术性贸易壁垒具有价格和数量的双重控制机制。技术壁垒的数量和价格的双重复合调控机制不是孤立的而是共同的对进口产品发生作用，同时在进口品进入的不同时期，这种机制的主要表现形态是可变的。呈现出数量控制——价格控制——数量控制……这一双重控制机制及其主要职能交替循环变化的过程。

二　经济效益分析

技术性贸易壁垒的经济效益分析，主要是针对出口国企业的，即从出口国相关出口商品的生产企业的角度，对其受技术性贸易壁垒影响的过程进行分析，从而分析其经济效益的变化。对出口企业的经济效益分析，在一定程度上，可以扩展到对整个出口国家的经济效益分析。

技术性贸易壁垒对出口企业的经济效益的影响主要是通过对其成本影响来传递的。图 8 - 11，反映了这一传导路径。技术性贸易壁垒的实施，对出口企业增加了限制，从而加大了出口企业的成本。这一部分增大的成本，可以被分为四个部分：

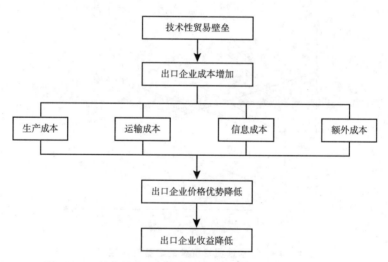

图 8 - 11　技术性贸易壁垒对出口企业效益影响的传导路径

（一）生产成本

由于技术性贸易壁垒的实施，进口国增加了对相关商品标准的限制，提高了相关商品的进入门槛，使得出口商品在质量、包装、技术水平等方面都需要进行大幅提高。因此，出口企业需要不断改善生产设备，进行技术创新，提高产品质量和要求，加大投资建设，从而使得产品的生产成本增加。

（二）运输成本

技术性贸易壁垒的实施，使得各项规则标准更加严格并细化，从而使得商品在运输过程中需要更高的要求，比如保鲜、时间限制等方面，在一定程度上增加了运输成本。另外技术性贸易壁垒还使得海关的通关过程变得更加复杂，因为更多的检验和评定程序使得通关时间大大增加，一方面通关时间的增加会提高运输过程的成本，另一方面各项检验程序难以控制，具有较大的随机性和偶然性，检验费用和检验风险也使得运输成本增加。

（三）信息成本

信息成本主要指的是对技术性贸易壁垒相关措施的信息获取和吸收成本，以及相关资格证书的获取成本。应对技术性贸易壁垒的有效措施是更好地了解相关信息，并且结合自身的特点和现状做出快速恰当的应对，因此在这个过程中不断获取和更新相关信息使得信息成本大大增加。此外一些技术性贸易壁垒中规定了出口企业必须获得一定的资格证书，才能进行相关商品的出口，因此取得某些资格认证在很大程度上也增加了信息成本。

（四）额外成本

额外成本，也可以称为虚拟成本，指的是文化、社会或者名誉上的影响所带来的成本增加。一方面，各个国家的经济发展水平、生产方式、消费习惯和传统习俗等都不尽相同，因此可能会在一些进口国家留下不好的印象；另一方面，如果一国在某一时期内发生了某一特定危机事件，也会影响对进口国的该国企业的整体评价。这些印象和评价都可能使得进口国对一国某类商品的出口企业实施歧视性政策，从而增加出口难度，带来额外成本的增加。

技术性贸易壁垒通过增加出口企业的成本，从而使得出口企业的价格优势不断降低，甚至不复存在。这一影响直接导致出口企业的经济效益下降，从而带来出口国整体出口贸易数量的下降，以及与之相关的经济效益的下降。因此，技术性贸易壁垒从经济效益的角度分析，会对出口国贸易带来阻碍作用。

三 博弈分析

(一) 技术性贸易壁垒选择的博弈模型

技术性贸易壁垒的制定和实施实际上是当事双方进行的博弈过程。技术性贸易壁垒的制定过程中，是否应该制定，以及当事双方哪一方应该率先制定，可以通过下面的博弈模型解释（见图 8 – 12）。

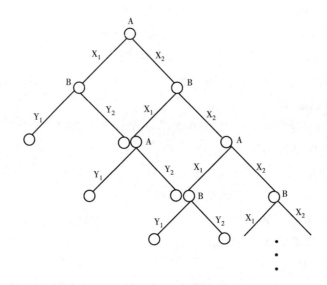

图 8 – 12　技术性贸易壁垒选择的博弈模型

在这个博弈模型中，参与人为 A 和 B；是否率先制定技术性贸易壁垒由决策组（X_1，X_2）表示，其中 X_1 代表率先制定技术性贸易壁垒的决策，X_2 代表不率先制定技术性贸易壁垒的决策；当一方制定了技术性贸易壁垒之后，另一方的反应由策略组（Y_1 和 Y_2）表示，其中 Y_1 代表当一方制定了技术性贸易壁垒之后，另一方采取跟随策略，即及时进行相关调整以适应这一技术性贸易壁垒，Y_2 则代表不反应不跟随策略，即维持原状不做改变。

在分析的时候，首先假设 A 的影响力大于 B，这就意味着当 B 率先实施技术性贸易壁垒时，A 不会受到太大影响，因此不会做出 Y_1 追随策略，即这样的情况既不会发生，也不会是最优解。基于这样的假设，如图 8 – 12 所示，如果 A 采取 X_1 策略（即率先实施技术性贸易壁垒），B 可以选择 Y_1

（即跟随策略）或者 Y_2（即不跟随策略），显然后者非最优解；如果 A 采取 X_2 策略（即不率先实施技术性贸易壁垒），B 可以选择 X_1 或者 X_2，若 B 采取 X_1 策略（即率先实施技术性贸易壁垒），此时 A 只采取 Y_2（即不跟随策略），显然此时非最优解，因此 B 只会选择 X_2（即不率先实施技术性贸易壁垒），等待 A 的策略选择。依此类推，如果 A 和 B 均选择 X_2 策略，博弈将会不断进行下去，直到 A 选择了 X_1 策略，B 选择 Y_1 策略。因此在 A 的影响力大于 B 的假设下，最优的选择是 A 选择了 X_1 策略（即率先实施技术性贸易壁垒），B 选择 Y_1 策略（即跟随策略）。也就是说，影响力大，或者势力大的参与人，选择率先实施技术性贸易壁垒的策略，而势力小的一方选择跟随策略，是这一博弈的最优解。这一解释意味着，技术性贸易壁垒的实施，从长远和整体上来看，都是有利于参与贸易活动的双方利益的。

（二）技术标准制定的博弈模型

技术性贸易壁垒实际上是不同的参与国在技术标准上的差异，使得进口国的要求较高并且符合自身利益的技术标准，对出口国的商品出口产生了限制作用。因此，技术标准的选择，关系到进出口双方的利益分配，同时由于技术标准的不同所带来的协调成本的增加，也将影响到博弈双方的长远关系和发展。

一般来讲，发达国家在技术标准的制定方面，做得比较早，因此其技术标准的要求水平也比较高。而发展中国家，随着经济的不断发展，参与国际事务的范围不断扩大，能力不断提高，时常遇到因技术标准不同而导致的技术性贸易壁垒，同时发展中国家也在不断完善自身的技术标准体系，以适应发达国家和世界标准的要求。

综上分析，得出势力大的国家（发达国家）率先推行实施技术性贸易壁垒，尤具必然性和合理性，那么参与贸易的博弈双方究竟应该选择怎样的技术标准？发达国家应该制定仅适合自己发展的技术标准还是采用世界范围内相对统一的技术标准？发展中国家应该迎合发达国家的技术标准还是通过世界通用技术标准（如 WTO 的条款）来维护自身利益？下面建立的博弈模型将解答技术标准制定的博弈问题。

假设贸易双方参与人为 A 和 B，其中 A 为发达国家且是进口国，B 为发展中国家且为出口国；技术标准分为三种，TS_A 为发达国家的技术标准，

TS_B 为发展中国家的技术标准，TS_W 为世界范围内相对通用的技术标准，参与人 A 和 B 可以在这三种标准中进行自由选择；R_{ij} 为 A 发达国家的收益，其实 i 代表 A 选用的技术标准，j 代表 B 选用的技术标准，i 和 j 的取值为 A、B 和 W，分别代表发达国家标准、发展中国家标准和世界通用标准；r_{ij} 为 A 发展中国家的收益，其实 i 代表 A 选用的技术标准，j 代表 B 选用的技术标准，i 和 j 的取值为 A、B 和 W，分别代表发达国家标准、发展中国家标准和世界通用标准。

博弈双方的收益矩阵如表 8 - 2 所示。根据表 8 - 2 的结果分析，如果发达国家 A 采取的是 TS_A 即发达国家技术标准，此时发展中国家 B 有三种选择，如果 B 选择 TS_B（发展中国家技术标准），则将会受到技术性贸易壁垒的限制，使得自身的出口受到极大的影响，并且由于技术标准不同产生了较大的协调成本，会进一步影响出口方收益；如果 B 选择 TS_A（发达国家技术标准），显然可以避免技术性贸易壁垒的限制，尽管对自身技术标准的改革会增加成本，但是此时发展中国家的收益显然大于前种选择（TS_B）；如果 B 选择 TS_W（世界通用技术标准），此时同时存在协调成本和技术标准改革成本，但是由于世界通用技术标准是相对维护世界范围内贸易各方的利益的，因此对发展中国家有一定的保护措施，保障发展中国家的贸易利益不受侵犯，在这样的前提下，可以认为此时发展中国家的总成本要小于前种选择（TS_A），同时其收益也是最大的，即发展中国家的收益为 $r_{AW} > r_{AA} > r_{AB}$。也就意味着当发达国家选择自己的技术标准的时候，发展中国家应该选择世界通用的技术标准加以应对。

表 8 - 2   博弈双方的收益矩阵表

	TS_A		TS_B		TS_W	
TS_A	R_{AA}	r_{AA}	R_{AB}	r_{AB}	R_{AW}	r_{AW}
TS_B	R_{BA}	r_{BA}	R_{BB}	r_{BB}	R_{BW}	r_{BW}
TS_W	R_{WA}	r_{WA}	R_{WB}	r_{WB}	R_{WW}	r_{WW}

假设发展中国家 B 都是经济理性的，在上述情况下，其选择的是世界通用的技术标准 TS_W，那么此时发达国家 A 面临三种选择：如果 A 选择 TS_B

（发展中国家技术标准），则将对发展中国家带来比较大的技术性贸易壁垒的限制，使得发达国家的进口受到极大的影响，同时发达国家选择发展中国家的技术标准，一方面不适合自身的体系，将会产生极大的转换成本，同时也会带来比较大的协调成本，显然发达国家不会选择这样的策略；如果 A 选择 TS_A（发达国家技术标准），此时发达国家会对发展中国家形成一定程度的技术性贸易壁垒，短期来看，由于技术标准的不同，对发达国家来讲，需要增加一定的协调成本，长远来看，发达国家将难以融入世界范围的贸易活动，不利于其自身发展，但是此时发达国家的收益显然会大于前一种选择（TS_B）；如果 A 选择 TS_W（世界通用技术标准），此时需要一定的技术标准改革成本，同时减少了协调成本，可以认为此时发达国家成本增加远远小于其收益的增加，此时其收益为最大，即发达国家的收益为 $R_{WW} > R_{AW} > R_{BW}$。也就意味着当发达国家选择自己的技术标准的时候，发展中国家会采用选择世界通用的技术标准加以应对，此时发达国家应该调整自己的技术标准至世界通用标准。因此最终的纳什解为（TS_W，TS_W），即双方都采用世界通用技术标准。实际上，当最优的情况发生的时候，技术性贸易壁垒的影响也降到了最低。

通过本节的理论分析可知：

（1）技术性贸易壁垒的实施，通过数量和价格双重调节机制，对进口国市场进行保护，使得出口商品的数量降低，价格上升。这两种机制相互作用，动态地看，呈现出数量控制——价格控制——数量控制……的反复演进、交替循环变化的过程。

（2）技术性贸易壁垒对出口国企业的影响主要通过增加企业成本，进而降低出口企业的价格优势，最终导致企业经济效益的降低。出口企业成本增加通过多种形式体现，如生产成本、运输成本、信息成本、额外成本等。技术性贸易壁垒使得出口企业的经济效益降低，最终必然导致出口贸易受损，经济发展受到一定程度的阻碍。

（3）长远来看，技术性贸易壁垒的存在有其合理性，并且技术性贸易壁垒的实施必须由势力强的国家（如发达国家）率先进行，而势力弱的国家（如发展中国家）则应该采取跟随战略，改进自身的技术标准体系，以适应这样的发展。同时，在技术标准的制定方面，只有同时采用世界范围内的通用技术标准，才能使进出口双方、发达国家和发展中国家的利益最大化，同时也有利于全球贸易环境和经济的发展。

第四节　欧盟食品卫生规则调整的影响分析

欧盟新一轮食品卫生规则调整，属于技术性贸易壁垒的范围。因此其对中国向欧盟食品出口的影响完全可以用上述技术性贸易壁垒对出口影响的理论进行分析。这里将从短期和长期两个不同角度进行分析。

一　短期影响分析

欧盟新一轮食品卫生规则调整，作为一种技术性贸易壁垒，其出现虽然存在一定合理性，但是短期来看，必将对出口国（即中国）产生负面影响。

（一）造成成本上升、经济效益降低、国际竞争力下降

为了达到新食品卫生规则的要求，企业需要加强自身的生产和管理，增加生产过程中的花费，从而提高了产品的成本，削弱了价格的竞争力。例如，如果卫生规则要求食品在处理过程中的温度应控制在某一水平，企业为了生产出合格的产品则需要在温度控制上投入更多的成本；如果标准限定了食品包装的成分和规格，则企业需要改进其原有的生产线，增加了包装成本；如果规则禁止某种杀虫剂的使用，则农民在种植过程中只能退而求其次地使用一些效果较差的杀虫剂，农作物的收成可能会因此受到负面影响。这些必然会给我国的食品生产企业带来不小的损失。

欧盟的食品卫生新法规中对食品药物残留的苛刻程度可以说是史无前例的。食品出口企业为达到这些规定标准，需要对药物残留进行准确的检测和有效的监控，必然要增加科研和设备投入；而检测项目的骤增无疑会大幅增加企业的检测费用。

此外，通关速度大大减慢。对输欧盟食品，对方均要求我国出入境检验检疫机构出具卫生证书。货抵对方港口后，还要抽查检验，有的产品甚至是批批检验。欧盟调整后的食品卫生规则，增加了很多的检验项目，检验周期加长必然导致通关速度减慢，通关时间延长。而对于一些需要保持新鲜的食

品类产品，如水产品、蔬菜产品，出口的成功率将大打折扣。

食品出口企业的成本增加，价格上升，必然导致其经济效益的降低。而中国食品出口企业的最大优势为价格优势，价格优势不断被削弱，使得其国际竞争力不断下降。

（二）贸易摩擦频繁，影响国际市场地位

我国的经济水平、生产方式、消费结构和传统习俗等与欧盟相比还存在较大差距。欧盟制定的食品卫生规则对我国很多企业来说还无法适应，使得我国食品频繁遭受欧盟的 TBT 措施。如 2006 年 10 月 6 日，西班牙在欧盟食品和饲料快速预警系统中通报我国产干姜片使用了未经批准的色素 E127——赤鲜红；2007 年 2 月 25 日，意大利在欧盟食品和饲料快速预警系统中对原产于中国的蒜瓣发布信息通报，其原因为蒜瓣中的亚硫酸盐含量超标；2007 年 2 月 16 日，希腊在欧盟食品和饲料快速预警系统中对原产于中国的花生发布信息通报，其原因为其中含有黄曲霉素①。

欧盟新一轮食品卫生规则调整，使得我国的食品出口数量减少，国际市场空间被挤占受限，甚至失去市场。这将使得一些与我国产业结构相似的其他发展中国家从中得利，从而影响中国的国际市场地位。

（三）贸易增长速度减缓，不利于中国国民经济发展

欧盟新一轮食品卫生规则调整，属于一定的贸易保护政策，必然对中国向欧盟出口食品产生阻碍作用，由于食品在中国出口中占据着重要地位，因此在一定程度上将会减缓中国贸易增长速度。

中国是一个劳动力资源丰富的大国，劳动密集型产业的发展对我国国民经济的增长和解决就业问题具有重要意义。然而现阶段我国向欧盟出口的主要食品产品仍是以劳动力密集型为主，且粗加工产品比较大，高科技含量、高附加值含量较低。欧盟采取新一轮食品卫生规则调整，使得中国的出口食品进入欧盟时，由于遭受技术性贸易壁垒的影响和冲击，企业面临亏损甚至倒闭，造成在社会上存在过多剩余劳动力，造成一定的就业压力，从而进一步影响到我国国民经济结构的调整和优化，最终导致恶性循环，将不利于我国国民经济的发展。

---

① 夏学超：《技术性贸易壁垒对中国食品贸易的影响及发展对策》［D］，中国海洋大学 2007 年。

二　长期影响分析①

从理论上讲，作为技术性贸易壁垒的一个表现形式，食品卫生规则对我国食品出口的影响具有两面性。除了上面提到的短期内带来明显的阻碍作用外，从长远角度看往往能够体现一定的正外部性。以欧盟的标准化为例，欧盟标准化的外部性可以分为正外部性和负外部性，在造成负外部性的同时，标准化也通过技术溢出对外产生正外部性②。欧盟的食品卫生规则，特别是食品卫生标准，同样体现了这样的正外部性。从长远角度来看，这种卫生规则调整，有助于国内发展绿色食品，采用新技术、新工艺，促使食品行业向健康、生态的方向发展，有助于提高社会效益和经济效益，有利于我国农产品对外贸易的持续发展。

（一）促进技术创新、提高产品质量和生产效率

欧盟新一轮食品卫生规则调整，强调食品从农场到餐桌的全过程安全卫生质量控制，突出强调了食品生产者在保证食品安全中的重要职责义务，强调食品的可追溯性是确保其安全的一个重要因素。食品生产企业要确保食品制备、处理或加工的场所、运输、设备、食品肥料、饮用水、个人卫生、食品内与外包装、加热处理、人员培训等符合规定要求。食品生产企业要严格食品生产过程中的卫生管理，杜绝任何可能的交叉污染。食品生产企业要按规定采用欧盟规章规定的方法或其他国际认可的方法，对其生产的产品取样和分析。

这些规则一方面使中国的食品出口企业增加了各种成本，但从长远来看，使得食品出口企业必须加强技术创新，增加设备和管理投资，加强员工职业技能和职业素养培训，努力提高产品质量和生产效率，通过技术进步、效率提高和减少成本，推动企业经济效益的提高。这实际上是对企业长远发

---

① 由于欧盟新一轮食品卫生规则调整对于中国对欧盟食品出口的长期影响需要一定的时间范围才能够进行实证研究，因此本课题之后所进行的实证研究主要是针对欧盟新一轮食品卫生规则调整对于我国食品出口在短期内所带来的负面影响，从短期角度看，我们更应清醒地看到欧盟所制定的各种卫生规则在很大程度上制约着我国食品的出口。

② 陈淑梅：《欧盟标准外部性对我国出口企业技术创新路径的影响》［J］，《中国软科学》2007 年第 1 期。

展的促进，帮助食品出口企业加快与世界先进技术接轨的步伐，最终有助于增强出口产品的国际竞争力，有利于企业的可持续发展。

（二）促进科技产业发展和产业结构升级

从本质上讲，技术性贸易壁垒是当代科技进步的必然要求和必然结果。要面对和破解技术性贸易壁垒，必须依靠本国的技术进步。当一国的科学技术不断进步，其生产的效率将迅速提高，资源配置的状态也会随之趋向优化。特别是严格的技术标准、细化的技术要求，再加上实施过程中标准本身持续不断的升级和发展，势必会对出口国贸易产品顺利通关形成强大压力，从而迫使其既要不断研制新产品，又要对原有产品的生产流程工艺和方法进行革新，实现产品的更新换代。

欧盟新一轮食品卫生规则调整，从长远来看，要求中国加快发展科技产业，改变粗放式增长方式，通过产品结构的调整带动和实现产业结构的调整和优化。这实际上也是对中国科技产业发展和产业结构调整的有效促进。

（三）加速同世界接轨、加快相关制度的完善

尽管欧盟所实施的新一轮食品卫生规则调整是出于更多的维护欧盟内部成员国的利益，但不可否认，其相关规则的内容，很大程度上保障了欧盟甚至全球人民的健康，有益于国家安全和社会发展，对促进全球食品卫生发展具有推动作用。因此其对于中国对欧盟食品出口的短期阻碍影响是，帮助和促进了中国加快自身食品卫生规则的制定和调整。从源头看，有利于加快中国食品卫生体系的建立，提高食品行业技术标准，完善食品卫生信息管理体系，加强食品卫生监管力度。中国在不断跟踪、制定、协调，建立与国际接轨的技术法规和标准体系的过程中，提升食品产业发展和经济发展。2009年6月1日，《中华人民共和国食品安全法》的正式实施便是这一促进作用的最好例证。

第 九 章
欧盟食品卫生规则调整影响我国
对欧盟食品出口的实证研究

从理论上看，欧盟食品卫生规则调整对于中国食品出口短期存在阻碍作用，这种负向的影响在现实中究竟是否真实存在，则需要通过实证分析进行验证。本课题即通过选用 1999 年 1 月到 2009 年 6 月中国对欧盟各国食品出口的月度数据作为样本，实证分析欧盟食品卫生规则调整对于中国向欧盟食品出口的短期影响[①]。

第一节 引力模型与研究假设

一 引力模型

引力模型是以牛顿万有引力定律为基础，研究双边贸易流量和流向的经验性工具。最早将引力模型用于研究国际贸易量的是 Tinbergen[②] 和 Poyhonen[③]，他们通过实证研究发现，一国向另一国的贸易流动主要取决于用 GDP 测量的国家经济规模和两国间的地理距离，贸易量与它们的经济规

[①] 陈淑梅、王思璇：《欧盟食品卫生规则调整对我国食品出口的影响研究》 [J]，《国际贸易问题》，2010 年第 10 期。

[②] Tinbergen J. , *Shaping the World Economy: suggestion for an International Economic Policy*. New York: The Twentieth Century Fund, 1962

[③] Poyhonen P. , "A Tentative Model for the Flows of Trade between Countries", *Weltwirtschaftliches Archiv*, 1963, 90 (1): 93 – 99.

模之积正相关，而与两国之间的空间距离负相关。Linnemann 则对模型做了重要拓展，首次引入了人口数量和贸易政策这两个值作为解释变量[1]。Bergstrand 为了更好地解释贸易量流动，认为在引力模型中应加入其他促进或阻碍两国之间贸易流动的因素。后续研究者逐渐在模型中引入人口、人均收入、汇率、是否同属一个经济组织、是否拥有共同边界、是否拥有共同语言或文化、是否使用同一货币等诸多变量，进一步丰富了引力模型的含义。Otsuki，Wilson 和 Sewadeh 用引力模型评估欧洲黄曲霉素标准对非洲国家农产品出口可能造成的影响，分析欧洲和非洲国家之间农产品的贸易情况，首次将具体的 SPS 引入引力模型来说明贸易摩擦对于两国间贸易的影响[2]。Anderson 和 Van Wincoop 认为："引力模型是将贸易壁垒和贸易流联系起来的主要研究工具"[3]。

一般来讲，可以把引力模型按如下形式表达：

$$M_{ij} = aGDP_i GDP_j / D_{ij} \tag{9.1.0}$$

其中，M_{ij} 表示一定时期内第 i 国从第 j 国的进口量，GDP_i、GDP_j 分别表示第 i 国和第 j 国在此时期内的国内生产总值，D_{ij} 表示两国之间的距离，此距离代表着运输成本，a 为常系数。

在实证处理过程中，会对（9.1.0）式进行去对数化处理，转化为：

$$\ln M_{ij} = \ln \frac{aGDP_i GDP_j}{D_{ij}} \tag{9.1.1}$$

亦即：

$$\ln M_{ij} = c + c_i \ln GDP_i + c_j \ln GDP_j + d_{ij} \ln D_{ij} \tag{9.1.2}$$

二　研究假设

根据前面的理论分析，本课题就其短期影响主要提出两个主要假设：

①　Linnemann H., *An Econometric Study of International Trade Flows*, Amsterdam：North-Holland Publishing Company，1966.

②　Otsuki T，Wilson J S，Sewadeh M.，"Saving two in a billion：Quantifying the trade effect of European food safety standards on African exports"，*Food Policy*，2001，26（5）：495 – 514.

③　Anderson J E，E van Wincoop，"Gravity with Gravitas：A Solution to the Border Puzzle"，*American Economic Review*，2003，93（3）：70 – 192.

H_0：欧盟新一轮食品卫生规则调整给中国对欧盟食品出口带来负面影响。

在短期内，欧盟新一轮食品安全法规的调整，由于提高了食品卫生标准，增加了对从农场到餐桌的全过程安全卫生质量控制，强调了食品来源的可追溯性，提高了对生产企业的要求，如食品生产企业要确保食品制备、处理或加工的场所、运输、设备、食品肥料、饮用水、个人卫生、食品内与外包装、加热处理、人员培训等符合规定要求；食品生产企业要严格食品生产过程中的卫生管理，杜绝任何可能的交叉污染；食品生产企业要按规定采用欧盟规章规定的方法或其他国际认可的方法，对其生产的产品取样和分析等，使得食品出口企业的成本增加，出口食品价格上升，欧盟内部市场对进口食品的需求降低。显然，在这样的背景下，中国向欧盟出口食品会受到负面影响。

H_1：这种影响会因食品类别的不同而不同。

欧盟新一轮食品卫生规则调整对于中国对欧盟食品出口总额会有负面影响，但是由于出口食品种类不同、特性不同、数量不同，显然这种影响会因为食品类别的差异而有差异。

本课题将应用引力模型的基本理论，从定量角度研究欧盟新一轮的食品卫生规则的制定及实施对于中国对欧盟食品出口贸易的影响，进一步验证假设 H_0 和 H_1。

第二节　模型构建与理论预期

一　模型构建与变量说明

本课题研究的欧盟食品卫生规则调整，主要针对 2002 年后的新一轮食品卫生规则重大调整[①]，第一部分是指欧盟委员会和欧洲议会于 2002 年 1 月

---

① 欧盟新一轮食品卫生规则调整包括 （EC） No. 178/2002 号法规和 "卫生一揽子立法" ［即 （EC） No. 99/2002 指令、 （EC） No. 852/2004、853/2004、854/2004、882/2004 规章］。其中 （EC） No. 99/2002 指令于 2002 年 12 月 12 日颁布，并于 2003 年 2 月正式实施，由于其相对于基本法 （EC） No. 178/2002 号法规的颁布实施和 （EC） No. 852/2004、853/2004、854/2004、882/2004 规章的联合颁布实施影响较小，因此在本文的实证研究中，没有涉及 （EC） No. 99/2002 指令。

28 日正式通过的 178/2002/EC 号法规，该法令（ACT）确定了食品法的通用原则和要求，建立了欧洲食品安全局，并确定了有关食品安全的程序要求，也被称为欧盟食品安全基本法；第二部分是指 2004 年 4 月 29 日欧洲议会及理事会发布的 852/2004/EC、853/2004/EC、854/2004/EC、882/2004/EC 规章，这些规章规定了欧盟对各成员国以及从第三国进口到欧盟的水产品、肉类、肠衣、奶制品以及部分植物食品的官方管理控制要求与加工企业的基本卫生要求，并于 2006 年 1 月起正式实施。

鉴于此，本课题拟通过将"欧盟食品卫生规则"因素以虚拟变量的形式引入引力模型，分析其制定与实施对中国对于欧盟食品出口产生的影响，进而进一步分析和预测中国未来针对欧盟相关食品卫生规则调整的应对措施。

因此，在（9.1.2）式基础上建立本文的基本模型如下：

$$\ln M_{it} = C_i + \alpha \ln GDPC_t + \beta \ln GDPE_{it} + \lambda D_i + \theta \ln R_t + \delta X_{it} + \varepsilon \qquad (9.2.0)$$

其中，M_{ij} 代表欧盟第 i 国在第 j 时期从中国的食品进口额，也就是中国在第 t 时期对欧盟第 i 国的食品出口额，$GDPC_t$ 表示中国（China）第 t 时期的国内生产总值（GDP），$GDPE_{it}$ 表示欧盟（EU）第 i 国第 t 时期的国内生产总值。D_i 表示欧盟第 i 国与中国的距离（Distance）。R_t 代表欧盟在第 t 时期是否通过或者实施相应的食品卫生规则（Rule），如实施或制定则为 1，否则为 0。X_{it} 表示欧盟第 i 国第 t 时期的影响其与中国贸易额的控制变量。α，β，λ，θ，δ 为系数向量，C_i 为常数向量，ε 为随机误差项。

在 R_t 变量的选择上，由于 178/2002/EC 号法规和 852/2004/EC、853/2004/EC、854/2004/EC、882/2004/EC 规章的制定实施时间不同，故对其分别设置具体变量。令 BR_t[①] 代表第 t 时期 178/2002/EC 指令，2002 年之前为 0，2002 年 1 月开始为 1；令 SRM_t[②] 代表 852/2004/EC、853/2004/EC、854/2004/EC、882/2004/EC 规章的制定，2004 年 4 月之前为 0，2004 年 5 月之后为 1；令 SRE_t[③] 代表 852/2004/EC、853/2004/EC、854/2004/EC、882/2004/EC 规章的实施，2006 年之前为 0，2006 年 1 月开始为 1。这样的

---

① 意取 Basic Rule 缩写。
② 意取 Special Rules Making 缩写。
③ 意取 Special Rules Executing 缩写。

设置是考虑到在指令制定之后，即可能对于中国对欧盟食品出口产生一定的影响。而针对规章制定中的一些内容，中国政府和企业等相关利益方可能会采取一定的应对和调整措施，这可能导致其影响在实施前后未必明显。因此将制定和实施时间不同的 852/2004/EC、853/2004/EC、854/2004/EC、882/2004/EC 规章设置为"制定"和"实施"两个虚拟变量。

在控制变量的选择方面，考虑选择人均劳动生产率（Labour Productivity per Person Employed）作为描述一国生产力发展水平的主要指标[①]。而考虑到贸易的路径依赖性，贸易额前一期或前两期[②]的数值对贸易额当期也会存在一定的影响，因此同时引入贸易额的前一期值 M_{it}（ -1 ）和前两期值 M_{it}（ -2 ）作为控制变量。

在此基础上，对假设 H_0 的检验模型构建如下：

$$\ln M_{it} = C_i + \alpha \ln GDPC_t + \beta \ln GDPE_{it} + \lambda \ln D_i + \theta_1 \ln BR_t + \theta_2 \ln SRM_t + \\ \theta_3 \ln SRE_t + \delta_1 \ln M_{it}(-1) + \delta_2 \ln M_{it}(-2) + \delta_3 \ln LP_{it} + \varepsilon \quad (9.2.1)$$

具体变量说明如表 9 - 1 所示。

表 9 - 1　变量名称、描述及符号预测

变量类型	变量名称	变量符号	预期系数符号	变量描述
被解释变量	欧盟食品进口总额或分类食品进口额	M		欧盟各国一定时期（月、季、年）从中国的食品进口额或分类食品进口额，数据来源于 Eurostat 网站
原始引力模型变量	中国 GDP	GDPC	+	中国的国内生产总值，数据来源于国家统计局网站
	欧盟 GDP	GDPE	+	欧盟各国国内生产总值，数据来源于 Eurostat 网站
	距离变量	D	–	中国与欧盟各国之间。用上海与各国首都间的直线距离近似代替，数据来自 www.indo.com

① 此控制变量如果不能很好地解释因变量时，也可以考虑在模型中删除。

② 此处考虑前两期数值的影响也是由于文中的数据为月度数据，时间间隔比较小，前一期的数据可能不能够完全解释贸易的路径依赖性，此尝试将前两期的滞后项作为控制变量引入，以加强解释力度。

续表

变量类型	变量名称	变量符号	预期系数符号	变量描述
欧盟食品卫生规则调整变量	178/2002/EC 号法规	BR	-	资料来源于欧盟网站
	852/2004/EC、853/2004/EC、854/2004/EC、882/2004/EC 规章的颁布	SRM	-	资料来源于欧盟网站
	852/2004/EC、853/2004/EC、854/2004/EC、882/2004/EC 规章的实施	SRE	-	资料来源于欧盟网站
控制变量	欧盟进口额的前一期	M(-1)	+	前一期的欧盟各国各年从中国的进口额,数据来源于 Eurostat 网站
	欧盟进口额的前两期	M(-2)	+	前两期的欧盟各国各年从中国的进口额,数据来源于 Eurostat 网站
	欧盟进口额的前三期	M(-3)	+	前三期的欧盟各国各年从中国的进口额,数据来源于 Eurostat 网站
	中国 GDP 前一期	GDPC (-1)		中国的国内生产总值的前一期,数据来源于中国国家统计局网站
	欧盟 GDP 前一期	GDPE (-1)	+	欧盟各国的国内生产总值的前一期,数据来源于 Eurostat 网站
	人均劳动生产率	LP	+	作为描述一国生产力发展水平的主要指标,数据来源于《2008 年欧盟年报》及《2007 年欧盟年报》

注:以上数据均按照文中需要经过了作者的处理。"+"代表正相关,"-"代表负相关。

在 (9.2.1) 式基础上,将解释变量换成分类食品的出口额,即是对假设 H_1 的检验模型,具体如下:

$$\ln M_{jit} = C_i + \alpha \ln GDPC_t + \beta \ln GDPE_{it} + \lambda \ln D_i + \theta_1 \ln BR_t + \theta_2 \ln SRM_t + \\ \theta_3 \ln SRE_t + \delta_1 \ln M_{it}(-1) + \delta_2 \ln M_{it}(-2) + \delta_3 \ln LP_{it} + \varepsilon \quad (9.2.2)$$

二　理论预期

理论分析可知,欧盟食品卫生规则的调整,使得相关程序进一步加强,控制体系更加完善,标准和规则制定得更加详细和严格,这在很大程度上都会对中国向欧盟出口食品的数量产生负面影响。如果不能合理调整和积极应对，欧盟食品卫生规则的制定和实施都会使中国食品出口遇到的阻力增大。

一般来讲，一国的国内生产总值 GDP 对进出口具有正向的影响作用。就本模型而言，GDPE 越高表明欧盟的进口需求越旺盛，GDPC 越高表明中国的生产能力越高，潜在出口能力越强。根据引力模型的基本理论，距离变量 D 与中欧贸易额之间应该是负向关系，通常，两国距离越远，由于运输成本等因素的影响，两国之间的贸易额应该越小。人均生产力水平跟贸易额之间应该是正相关关系，人均生产力水平越高，参与贸易往来的机会越大。贸易额的前期项由于存在路径依赖的可能性，一般跟当期贸易额正相关。

第三节　数据来源与样本选择

一　样本选择①

由于本课题的实证研究主要针对 78/2002/EC 法规和 852/2004/EC、853/2004/EC、854/2004/EC、882/2004/EC 规章等几个法规的制定和实施，因此在时间序列选择上采用 1999 年 1 月到 2009 年 6 月的欧盟各国从中国进口食品的月度数据，共计 126 个时间序列点。按照联合国《国际贸易标准分类》（SITC）定义，将食品出口分为四类：SITC 第 0 类（食品及活动物）、SITC 第 1 类（饮料）②、SITC 第 2 类第 22 章（油籽及含油果实）和 SITC 第 4 类（动植物油、脂及蜡）。中国对欧盟食品出口的总量为上述四类食品分类的总和。具体符号分别用 M0、M1、M2、M4、M 表示。

在截面数据的选择上，考虑到这两部分法规的制定和实施集中在 2007 年之前，因此将 2007 年加入欧盟的罗马尼亚和保加利亚两国的数据剔除。另外，由于塞浦路斯与中国之间的贸易额很小，对整体影响几乎可以忽略，而其贸易额的相关统计资料不足，故未列入计算。

---

① 本课题的样本选择进行了多方面的尝试。除用月度数据进行处理外，还使用季度数据进行了类似处理，最终比较检验结果，选择月度数据进行分析。一是由于月度数据间隔更短，分析更为详尽；二是从结果上来看，月度数据更能证明文中假设。

② 此处依然除去香烟。

因此，最终按中国对欧盟食品出口总量和四类食品分类出口量得到五个样本，各个样本均为面板数据，包含了 24 个截面单位在 126 个月内的时间序列数据，每个样本观察点共计 3024 个。

二 数据来源与说明

中国对欧盟的食品出口额来源于 Eurostat 网站。对分类食品 M0、M1、M2、M4 的数据可直接获得，但对食品出口总量 M 的数据，则是通过对上述四类食品分类数据的加总[①]。

欧盟各国的 GDP 来源于 Eurostat 网站。此 GDP 数据为季度数据，考虑到一个季度中各月的 GDP 数值相差不大，因此月度的 GDP 数据是用季度数据除以 3 近似得到的。

中国的 GDP 数据来源于国家统计局网站，此数据同样是季度数据，相关的月度数据的近似处理与欧盟各国 GDP 数据的处理相同。

中国与欧盟各国之间的地理距离用上海于各国首都间的直线距离近似代替，数据来自 www. indo. com。

人均劳动生产率 LP 数据来源于《2008 年欧盟年报》及《2007 年欧盟年报》。其数据为年度数据，因此一年中各月的 LP 近似地认为等同于当年的 LP，而 2009 年前六个月的 LP 用 2008 年的替代。

第四节 模型检验与实证分析

一 对假设 H_0 的模型检验

本课题采用 Eviews5.1 软件，对模型进行检验。在进行计量运算的过程中，为了对各个解释变量引入的合理性及经济学意义进行解释，以下按照分步的原则，逐渐加入解释变量和控制变量，对引力模型进行修正，从而得到最后的计量模型，并对计量结果进行详细分析，进而为中国对欧盟食品出口

---

① 在加总的过程中，对缺失值的处理可以采用两种方法。一是将分类食品中的缺失值按照"零值"进行之间加总处理，二是将分类食品中存在缺失值的对应的食品总量按照缺失值进行处理。在比较两种方法的检验结果之后，文中最终选择后者的方法，按照"缺失值"处理。

贸易趋势的发展进行判断和预测。

首先,对基本的引力模型进行检验。检验模型如下:

$$\ln M_{it} = C_i + \alpha \ln GDPC_t + \beta \ln GDPE_{it} + \lambda D_i + \varepsilon \tag{9.4.1}$$

由检验结果得知,中国对欧盟食品出口额 M 与 $GDPC$ 和 $GDPE$ 的相关系数均为正值(0.077352,0.973518),与中欧之间的距离 D 的相关系数为负(−0.658628)。这很好地证明了引力模型的正确性,但是 DW 值为0.113679,远远小于2,所以存在非常严重的正序列自相关性,这就意味着需要引入一些控制变量以消除序列自相关性。

在消除序列自相关性的方法中,以加入因变量的滞后项为最常见的方法。结合前面提到的本文选择的是月度数据,时间间隔比较短,因此引入中国对欧盟食品出口额的滞后项 M(−1)和 M(−2)。建立模型①如下:

$$\ln M_{it} = C_i + \alpha \ln GDPC_t + \beta \ln GDPE_{it} + \lambda \ln D_i + \delta_1 \ln M_{it}(-1) + \delta_2 \ln M_{it}(-2) + \varepsilon \tag{9.4.2}$$

由检验结果得知,DW 值为2.128774,很好地消除了序列自相关性。但是距离变量的系数的显著性较低(0.4027),使得引力模型的解释不够完善。故试图引入 GDP 的一期滞后项 GDPC(−1)和 GDPE(−1),对(9.4.2)进行修正,并在此过程中,加入人均劳动生产率 LP 作为控制变量。此时模型为:

$$\begin{aligned} \ln M_{it} = {} & C_i + \alpha \ln GDPC_t + \beta \ln GDPE_{it} + \lambda D_i + \delta_1 \ln M_{it}(-1) + \\ & \delta_2 \ln M_{it}(-2) + \sigma_1 \ln GDPC(-1) + \sigma_2 \ln GDPE(-1) + \omega LP_{it} + \varepsilon \end{aligned} \tag{9.4.2*}$$

对(9.4.2*)进行检验发现,DW 值为2.116119,距离变量 D 的显著性得到改善(0.2913)。此时的 $GDPC$ 和 $GDPE$ 系数的显著性分别大于其各自的一期滞后项 GDPC(−1)和 GDPE(−1)系数的显著性,故以后者为解释对象。GDPC(−1)和 GDPE(−1)的系数均为正(0.022146、0.799856),说明 GDP 对食品出口量的影响存在滞后性。至此,对引力模型

---

① 在加入因变量食品贸易额 M 的滞后项的过程中,主要尝试了三种方案,一是只加入一期滞后项 M(−1);二是加入一期、二期滞后项 M(−1)和 M(−2);三是加入一期、二期、三期滞后项 M(−1)、M(−2)和 M(−3)。结合距离变量的显著性和 DW 值,最终选择了第二种方案,即文中(9.4.2)式的形式。

的修正基本完成，接下来在（9.4.2*）式的基础上，考虑引入欧盟食品卫生规则调整变量 BR，SRM，SRE，对食品出口额进行进一步的解释。建立模型如下：

$$\ln M_{it} = C_i + \alpha \ln GDPC_t + \beta \ln GDPE_{it} + \lambda \ln D_i + \delta_1 \ln M_{it}(-1) + \delta_2 \ln M_{it}(-2) +$$
$$\sigma_1 \ln GDPC(-1) + \sigma_2 \ln GDPE(-1) + \omega LP_{it} + \theta_1 \ln BR_t + \theta_2 \ln SRM_t +$$
$$\theta_3 \ln SRE_t + \varepsilon \qquad\qquad (9.4.3)$$

由检验结果得知，DW 值为 1.883694。距离变量 D 的系数为负（−0.040550），且显著性进一步改善（0.1284），符合引力模型的理论。BR 的系数为负（−0.026522），显著性较好（0.1924），说明 178/2002/EC 号法规的制定实施对中国对欧盟食品出口产生较为显著的负影响；SRM 的系数为负（−0.042694），显著性很好（0.0864），而 SRE 的系数为正（0.009565），但显著性极低（0.6431），故后者的系数不能通过显著性检验，这说明了 852/2004/EC、853/2004/EC、854/2004/EC、882/2004/EC 规章的制定，对中国对欧盟食品出口产生了显著的负影响，而其正式实施并没有对中国对欧盟食品出口产生负影响。食品出口额 M 的一期、二期滞后项的系数均为正（0.626670、0.325126），这意味着前一期或前两期的食品出口额越大，下一期的食品出口额则越多，即说明了当期的食品出口额有严重的路径依赖性，并且这种路径依赖性随着时间推移慢慢减弱，就本模型而言 M 对其前两期的食品出口额均有显著的路径依赖性。中国和欧盟 GDP 前一期滞后项的系数均为正（0.033937、0.802840），且显著性很好（0.0621、0.0027），这意味着中国前一期的 GDP 越大，其生产能力越强，食品供应越充分，对欧盟下一期食品的出口量越多，欧盟各国上一期的 GDP 越大，欧盟内部的需求越大，则在下一期对中国食品进口量越多，即说明了 GDP 对食品出口的促进作用具有一定的滞后性，但是这种滞后性仍然不能掩盖其正向的促进作用。LP 的系数为正（0.056964），尽管显著性一般（0.1742），但是仍然能够从一定程度上说明人均劳动生产率对中国对欧盟食品出口产生了正向影响作用。

各回归模型检验的具体结果如表 9−2 所示。根据以上分析，我们基本可以证明假设 H_0 是成立的，即欧盟新一轮食品安全法规调整的确对中国对欧盟食品出口带来了较为明显的负面影响。

表 9 - 2 对假设 H_0 的各回归模型检验的结果汇总表

变量 系数	回归模型 9.4.1	回归模型 9.4.2	回归模型 9.4.2*	回归模型 9.4.3
C	10.88711 (0.0000)	0.846287 (0.3394)	0.786969 (0.3657)	
GDPC	0.077352 (0.0079)	0.020992 (0.0124)	0.006732 (0.6319)	0.024501 (0.1771)
GDPE	0.973518 (0.0000)	0.030040 (0.0009)	-0.770414 (0.0012)	-0.767202 (0.0042)
D	-0.658628 (0.0116)	-0.079978 (0.4027)	-0.101267 (0.2913)	-0.040550 (0.1284)
BR				-0.026522 (0.1924)
SRM				-0.042694 (0.0864)
SRE				0.009565 (0.6431)
M(-1)		0.633450 (0.0000)	0.620768 (0.0000)	0.626670 (0.0000)
M(-2)		0.328124 (0.0000)	0.337706 (0.0000)	0.325126 (0.0000)
GDPC (-1)			0.022146 (0.1190)	0.033937 (0.0621)
GDPE (-1)			0.799856 (0.0008)	0.802840 (0.0027)
LP			0.050843 (0.2412)	0.056964 (0.1742)
调整后的 R 值	0.735596	0.998798	0.998834	0.964612
DW	0.113679	2.128774	2.116119	1.883694
F	1354.020	169115.8	108825.6	2770.416
Prob(F)	0.0000	0.0000	0.000000	0.0000

注：每一系数下方括号内为其显著性。

二 对假设 H_1 的模型检验

对假设 H_1 进行检验，实际上就是在模型（9.4.2*）和（9.4.3）基础上将解释变量分别替换成 M_0、M_1、M_2 和 M_4，进而构建具体模型[①]。

（一）对 M_0 的两步骤检验模型为：

$$\ln M_{0it} = C_i + \alpha \ln GDPC_t + \beta \ln GDPE_{it} + \lambda \ln D_i + \delta_1 \ln M_{0it}(-1) + \delta_2 \ln M_{0it}(-2) + \\ \delta_3 \ln M_{0it}(-3) + \sigma_1 \ln GDPC_t(-1) + \sigma_2 \ln GDPE_{it}(-1) + \varepsilon \qquad (9.4.3.1)[②]$$

$$\ln M_{0it} = C_i + \alpha \ln GDPC_t + \beta \ln GDPE_{it} + \lambda \ln D_i + \delta_1 \ln M_{0it}(-1) + \delta_2 \ln M_{0it}(-2) + \\ \delta_3 \ln M_{0it}(-3) + \sigma_1 \ln GDPC_t(-1) + \sigma_2 \ln GDPE_{it}(-1) + \\ \theta_1 \ln BR_t + \theta_2 \ln SRM_t + \theta_3 \ln SRE_t + \varepsilon \qquad (9.4.3.2)$$

在模型（9.4.3.1）的检验过程中发现，距离变量 D 的系数为负（-0.019784），符合引力模型的假设，但显著性一般（0.1928）；中国和欧盟各国的 GDP 前一期值与中国对欧盟食品出口额中第 0 分类 M_0（食品及活动物）正相关（0.022979、0.609776），其解释类似于模型（9.4.2*）和模型（9.4.3），体现的是出口双方 GDP 对食品分类 M_0 的中欧出口所产生的促进作用是具有滞后性的；M_0 的前一期、二期、三期值均与 M_0 正相关（0.496726、0.247457、0.189209），且显著性极高（0.0000、0.0000、0.0000），同样说明了 M_0 具有一定的路径依赖性，且依赖性随着时间的推移逐渐降低；模型的 DW 值为 1.824046，意味着模型不存在严重的序列自相关性。

在模型（9.4.3.2）的检验过程中发现，模型（9.4.3.1）分析中所涉及的变量的特性基本保持了一致性，且显著性得到了大大改善，距离变量 D 系数的显著性提高到 0.0114，中国和欧盟各国的 GDP 前一期滞后项的显著性分别提高到 0.0154 和 0.0001，且分别大于其各自当期 GDP 系数的显著性，使得"出口双方 GDP 对食品分类 M_0 的中欧出口所产生的促进作用是具有滞后性的"的解释更加明显。对于新引入的欧盟食品卫生规则调整变量，BR 的系数为负（-0.031505），显著性为 0.0297，说明 178/2002/EC 号法规的制定实施对中欧食品分类 M_0 的出口产生了显著的负向影响；SRM 的系数为负（-0.025341），说明了 852/2004/EC、853/2004/EC、854/2004/

---

① 为节省篇幅起见，模型只涉及两步骤模型检验：第一步是对将所有控制变量引入后的引力模型进行检验；第二步是对引入虚拟变量欧盟食品卫生规则调整变量的总模型进行检验。第一步的目的是对基本引力模型进行检验，完善控制变量的引入；第二步的目的是针对主要研究对象"欧盟食品卫生规则调整"进行检验。

② 在（9.4.2*）的基础上，经过不断尝试，增加 M(-3)，而去掉 LP，以保证（9.4.3.00）的合理性。

EC、882/2004/EC 规章的制定，对中欧食品分类 M_0 的出口产生了较为显著的负向影响；SRE 的系数为正（0.001490），但显著性极低（0.9237），故未通过显著性检验，说明 852/2004/EC、853/2004/EC、854/2004/EC、882/2004/EC 规章的正式实施没有对中欧食品分类 M_0 的出口产生负向影响。就显著性进行比较，78/2002/EC 号法规比 852/2004/EC、853/2004/EC、854/2004/EC、882/2004/EC 规章的制定对中欧食品分类 M_0 的出口的负向影响更加显著。

（二）对 M_1 的两步骤检验模型为：

$$\ln M_{1it} = C_i + \alpha \ln GDPC_t + \beta \ln GDPE_{it} + \lambda \ln D_i + \delta_1 \ln M_{1it}(-1) + \delta_2 \ln M_{1it}(-2) +$$
$$\delta_3 \ln M_{1it}(-3) + \sigma_1 \ln GDPC_t(-1) + \sigma_2 \ln GDPE_{it}(-1) + \omega LP_{it} + \varepsilon$$

$$(9.4.3.3)$$

$$\ln M_{1it} = C_i + \alpha \ln GDPC_t + \beta \ln GDPE_{it} + \lambda \ln D_i + \delta_1 \ln M_{1it}(-1) + \delta_2 \ln M_{1it}(-2) +$$
$$\delta_3 \ln M_{1it}(-3) + \sigma_1 \ln GDPC_t(-1) + \sigma_2 \ln GDPE_{it}(-1) +$$
$$\theta_1 \ln BR_t + \theta_2 \ln SRM_t + \theta_3 \ln SRE_t + \omega LP_{it} + \varepsilon$$

$$(9.4.3.4)$$

在模型（9.4.3.3）的检验过程中发现，距离变量 D 的系数同样为负（－0.090833），符合引力模型的假设；中国 GDP 前一期系数为正（0.050027），且显著性大于其当期的显著性，欧盟各国的 GDP 当期系数为正（0.291166），且显著性大于其前一期的显著性，故中国 GDP 前一期值和欧盟各国当期的 GDP 值，分别与中国对欧盟食品出口额中第 1 分类 M_1（饮料）正相关，对前者的解释类似于模型（9.4.2*）和模型（9.4.3），体现的是中国 GDP 对食品分类 M_1 的中欧出口所产生的促进作用是具有滞后性的，而后者的显著性较低（0.6007），说明了欧盟各国的当期 GDP 对食品分类 M_1 的出口的正向促进作用并不显著；M_1 的前一期、二期、三期值均与 M_1 正相关（0.270079、0.237402、0.265206），且显著性极高（0.0000、0.0000、0.0000），同样说明了 M_1 具有一定的路径依赖性，且依赖性随着时间的推移变化不大；模型的 DW 值为 2.005840，意味着模型不存在严重的序列自相关性。

在模型（9.4.3.4）的检验过程中发现，模型（9.4.3.3）分析中所涉及的变量的特性基本保持了一致性，部分变量的显著性得到了改善，如距离

变量 D 系数的显著性提高到 0.0128，中国 GDP 前一期滞后项的显著性提高到 0.0539，使得"中国 GDP 对食品分类 M_1 的中欧出口所产生的促进作用是具有滞后性的"的解释更加明显。在欧盟食品卫生规则调整变量中，BR、SRM 和 SRE 的系数均为负（-0.074883、-0.017372、-0.028065），但只有 BR 的显著性较高（0.0685），这说明了 178/2002/EC 号法规的制定实施对中欧食品分类 M_1 的出口产生了显著的负向影响，而 852/2004/EC、853/2004/EC、854/2004/EC、882/2004/EC 规章的制定和实施对中欧食品分类 M_1 的出口产生的负向影响并不显著。

（三）对 M_2 的两步骤检验模型为：

$$\ln M_{2it} = C_i + \alpha \ln GDPC_t + \beta \ln GDPE_{it} + \lambda \ln D_i + \delta_1 \ln M_{2it}(-1) + \\ \delta_2 \ln M_{2it}(-2) + \sigma_1 \ln GDPC_t(-1) + \sigma_2 \ln GDPE_{it}(-1) + \varepsilon \tag{9.4.3.5}$$

$$\ln M_{2it} = C_i + \alpha \ln GDPC_t + \beta \ln GDPE_{it} + \lambda \ln D_i + \delta_1 \ln M_{2it}(-1) + \\ \delta_2 \ln M_{2it}(-2) + \sigma_1 \ln GDPC_t(-1) + \sigma_2 \ln GDPE_{it}(-1) + \\ \theta_1 \ln BR_t + \theta_2 \ln SRM_t + \theta_3 \ln SRE_t + \varepsilon \tag{9.4.3.6}$$

在模型（9.4.3.5）的检验过程中发现，具体变量 D 的系数同样为负（-0.153267），符合引力模型的假设，但显著性较低（0.3128）；中国和欧盟各国的 GDP 前一期值与中国对欧盟食品出口额中第 2 分类 M_2（油籽及含油果实）正相关（0.128440、1.305157），其解释同样类似于模型（9.4.2*）和模型（9.4.3），体现的是出口双方 GDP 对食品分类 M_2 的中欧出口所产生的促进作用是具有滞后性的，且显著性较高（0.0000、0.0001）；M_2 的前一期、二期均与 M_2 正相关（0.592640、0.314103），且显著性极高（0.0000、0.0000），同样说明了 M_2 具有一定的路径依赖性，且依赖性随着时间的推移逐渐降低；模型的 DW 值为 2.094338，意味着模型不存在严重的序列自相关性。

在模型（9.4.3.6）的检验过程中发现，模型（9.4.3.5）分析中所涉及的变量的特性基本保持了一致性，距离变量的显著性得到了改善（0.2608）。BR 的系数为负（-0.049520），显著性一般（0.1227），说明 178/2002/EC 号法规的制定实施对中欧食品分类 M_2 的出口产生了一定的负向影响；SRM 的系数为负（-0.085494），显著性较好（0.0400），说明了

852/2004/EC、853/2004/EC、854/2004/EC、882/2004/EC 规章的制定，对中欧食品分类 M_2 的出口产生了明显的负向影响；SRE 的系数为正（0.004304），但未通过显著性检验（0.8994），认为 852/2004/EC、853/2004/EC、854/2004/EC、882/2004/EC 规章的实施并未对中欧食品分类 M_2 的出口产生负向影响。

（四）对 M_4 的两步骤检验模型为：

$$\ln M_{4it} = C_i + \alpha \ln GDPC_t + \beta \ln GDPE_{it} + \lambda \ln D_i + \delta_1 \ln M_{4it}(-1) + \delta_2 \ln M_{4it}(-2) + \sigma_1 \ln GDPC_t(-1) + \sigma_2 \ln GDPE_{it}(-1) + \omega LP_{it} + \varepsilon \qquad (9.4.3.7)$$

$$\ln M_{4it} = C_i + \alpha \ln GDPC_t + \beta \ln GDPE_{it} + \lambda \ln D_i + \delta_1 \ln M_{4it}(-1) + \delta_2 \ln M_{4it}(-2) + \sigma_1 \ln GDPC_t(-1) + \sigma_2 \ln GDPE_{it}(-1) + \theta_1 \ln BR_t + \theta_2 \ln SRM_t + \theta_3 \ln SRE_t + \omega LP_{it} + \varepsilon \qquad (9.4.3.8)$$

在模型（9.4.3.7）的检验过程中发现，距离变量 D 的系数同样为负（-0.845195），符合引力模型的假设，且显著性较高（0.0363）；中国和欧盟各国 GDP 前一期值与中国对欧盟食品出口额中第 4 分类 M_4（动植物油、脂）正相关（0.087797、1.406808），但显著性一般（0.1901、0.1628），即中国和欧盟各国的 GDP 对该类食品 M_4 的中欧出口额的促进作用在一定程度上是具有滞后性的；M_4 的前一期、二期均与 M_4 正相关（0.372213、0.337682），且显著性极高（0.0000、0.0000），同样说明了 M_4 具有一定的路径依赖性，且依赖性随着时间的推移变化不大；模型的 DW 值为 2.089515，意味着模型不存在严重的序列自相关性。

在模型（9.4.3.8）的检验过程中发现，模型（9.4.3.7）分析中所涉及的变量的特性基本保持了一致性。对欧盟食品卫生规则调整变量，BR、SRM 和 SRE 的系数均为正（0.020675、0.091579、0.056738），但显著性都很低，说明这一轮欧盟食品卫生规则调整对中欧食品分类 M_4 的出口并未产生显著的负向影响。

具体回归结果如表 9-3 所示。

（五）对 H_1 假设的综合分析

通过对上述四组模型的回归结果比较分析，可以得出，BR（178/2002/EC 号法规）对食品分类 M_0、M_1 的中欧出口额有显著的负向影响，对食品分

表 9 - 3　对假设 H_1 的各回归模型检验的结果汇总表

系数变量	M₀		M₁		M₂		M₄	
	模型 5.4.3.00	模型 5.4.3.01	模型 5.4.3.10	模型 5.4.3.11	模型 5.4.3.20	模型 5.4.3.21	模型 5.4.3.40	模型 5.4.3.41
C					1.860695 (0.1760)	1.507775 (0.2754)	3.284918 (0.3563)	4.047861 (0.2572)
GDPC	0.028605 (0.1609)	0.029826 (0.0203)	-0.019358 (0.5815)	0.003415 (0.9261)	-0.114780 (0.0000)	-0.083541 (0.0036)	-0.034344 (0.6032)	-0.077132 (0.2678)
GDPE	-0.539407 (0.0281)	-0.629139 (0.0002)	0.291166 (0.6007)	0.194874 (0.7259)	-1.241161 (0.0001)	-1.236319 (0.0002)	-1.117371 (0.2681)	-1.007452 (0.3199)
D	-0.019784 (0.1928)	-0.031176 (0.0114)	-0.090833 (0.0447)	-0.120370 (0.0128)	-0.153267 (0.3128)	-0.171292 (0.2608)	-0.845195 (0.0363)	-0.874222 (0.0300)
BR		-0.031505 (0.0297)		-0.074883 (0.0685)		-0.049520 (0.1227)		0.020675 (0.7680)
SRM		-0.025341 (0.1758)		-0.017372 (0.7413)		-0.085494 (0.0400)		0.091579 (0.3092)
SRE		0.001490 (0.9237)		-0.028065 (0.5127)		0.004304 (0.8994)		0.056738 (0.4455)
$M_i(-1)$	0.496726 (0.0000)	0.549901 (0.0000)	0.270079 (0.0000)	0.268763 (0.0000)	0.592640 (0.0000)	0.592051 (0.0000)	0.372213 (0.0000)	0.366164 (0.0000)
$M_i(-2)$	0.247457 (0.0000)	0.201432 (0.0000)	0.237402 (0.0000)	0.238236 (0.0000)	0.314103 (0.0000)	0.314632 (0.0000)	0.337682 (0.0000)	0.332608 (0.0000)
$M_i(-3)$	0.189209 (0.0000)	0.204633 (0.0000)	0.265206 (0.0000)	0.266567 (0.0000)				
GDPC (-1)	0.022979 (0.2702)	0.031358 (0.0154)	0.050027 (0.1589)	0.070908 (0.0539)	0.128440 (0.0000)	0.157468 (0.0000)	0.087797 (0.1901)	0.048454 (0.4877)
GDPE (-1)	0.609776 (0.0130)	0.671994 (0.0001)	-0.100073 (0.8573)	-0.001984 (0.9972)	1.305157 (0.0001)	1.302570 (0.0001)	1.406808 (0.1628)	1.303638 (0.1975)
LP			0.240277 (0.0069)	0.218929 (0.0144)			0.881689 (0.0000)	0.935967 (0.0000)
调整后的 R 值	0.944595	0.999025	0.990412	0.990616	0.992850	0.992805	0.980265	0.980185
DW	1.824046	1.988614	2.005840	2.010879	2.094338	2.102671	2.089515	2.083361
F	6927.746	291382.9	19460.18	14463.45	47891.25	33309.37	8115.860	5878.709
Prob(F)	0.000000	0.000000	0.000000	0.000000	0.000000	0.000000	0.000000	0.000000

类 M_2 的中欧出口有较为显著的负向影响，而对食品分类 M_4 的中欧出口不具有负向影响；SRM（852/2004/EC、853/2004/EC、854/2004/EC、882/2004/EC 规章的制定）对食品分类 M_2 的中欧出口有显著的负向影响，对食品分类 M_0 的中欧出口有较为显著的负向影响，对食品分类 M_1 的中欧出口的负向影响不显著，对食品分类 M_4 的中欧出口则没有负向影响；SRE（852/2004/EC、853/2004/EC、854/2004/EC、882/2004/EC 规章的实施）对食品分类 M_1 的中欧出口的负向影响不显著，对其他三种食品分类的中欧出口没有负向影响。

以上分析说明，在中国对欧盟的食品出口中，不同的食品分类受到欧盟食品卫生法规的影响是不同的，即证明 H_1 假设是成立的。

第五节 结果分析

模型最终结果分析如下：

（1）欧盟新一轮食品卫生调整对于中国对欧盟食品出口从整体上产生了阻碍作用。其中，2002 年制定实施的 178/2002/EC 号法规，对于中国对欧盟食品出口产生了较为显著的负向影响；2004 年制定的 852/2004/EC、853/2004/EC、854/2004/EC、882/2004/EC 规章，自制定之时即对中国对欧盟食品出口总额产生了显著的负向影响，而 2006 年其正式实施并未对于中国对欧盟食品出口总额产生显著的负向影响，这种现象可能是因为中国政府及企业等相关利益集团自其制定之时便开始采取一定的应对措施，使这种阻碍作用逐渐降低，并在最大程度上减轻了影响，很大程度上实现了中国企业对 852/2004/EC、853/2004/EC、854/2004/EC、882/2004/EC 规章从制定到实施阶段的有效接轨。

（2）欧盟新一轮食品卫生调整对于中国对欧盟食品出口的分类食品出口产生了阻碍作用，并且因食品分类不同而阻碍形式和程度不同。除对分类食品 M_4 的中欧出口未见负向影响外，对其他三类食品的中欧出口均起到了一定程度的抑制作用。2002 年制定实施的 178/2002/EC 号法规，对中欧大部分分类食品出口产生了负向影响，其中分类食品 M_1（饮料）受到的负向影响最为显著，M_2（油籽及含油果实）次之，M_0（食品及活动物）受到的负向影响较不显著；2004 年制定的 852/2004/EC、853/2004/EC、854/2004/EC、882/2004/EC 规章，自制定之时即对中欧分类食品 M_0（食品及活动物）和 M_2（油籽及含油果实）的出口产生了负向影响，而 2006 年其正式实施对各分类食品的中欧出口均产生了显著的负向影响。

（3）通过对 H_0 和 H_1 的假设检验结果分析可知，2002 年制定实施的 178/2002/EC 号法规，对中欧大食品出口整体产生的负向影响主要来源于分类食品 M_0（食品及活动物）和 M_1（饮料）；2004 年 852/2004/EC、853/2004/EC、854/2004/EC、882/2004/EC 规章的制定，对中欧大食品出口整体产生的负向影响主要来源于分类食品 M_0（食品及活动物）和 M_2（油籽及含油果实）。

（4）在对模型中控制变量的分析中可以发现，距离变量 D 在各个模型中的系数均为负，这意味着借用引力模型作为基本的分析工具是正确和合理的；中国 GDP 和欧盟各国的 GDP 对于中国对欧盟食品出口的促进作用具有一定的滞后性，这主要是因为对市场需求的反应和对生产能力的利用需要一定的时间加以消化；食品出口额在很大程度上具有路径依赖性，并且这种依赖性一般会随着时间的推移而逐渐减弱。

（5）从模型估计结果总体来看，基本验证了欧盟食品卫生规则调整对中国对欧盟食品出口产生了不小的阻碍作用。但同时，其他一些变量如 GDP、生产力水平和前期贸易额的正面促进作用仍占主导地位，因此，中国对欧盟的食品出口仍处于不断上升的趋势。

对策篇

第 十 章
企业问卷调查与案例研究

以欧盟食品卫生规则的调整为例，本课题已经证实，欧盟单一市场政策在对外彰显规范性力量的同时，其负外部性已经不可避免地影响到我国商品对欧的出口。作为中欧贸易摩擦的主体，我国相关企业必须主动积极应对。为了更有针对性地提出应对欧盟本轮单一市场政策调整的对策，本课题对部分出口企业进行了问卷调查，并以浙江打火机企业应对欧盟 CR 法规为例，探讨企业应对贸易摩擦的一般策略模式。

第一节　企业问卷调查

为了了解出口企业，尤其是中小企业，遭遇国外技术性贸易壁垒的真实现状和面临的具体问题，我们于 2010 年底在江苏省某县级市选取了 100 家典型出口企业发放了问卷调查表（见附录 V），回收了 89 份问卷样本，其中 33 份由于填写不正确或内容缺失而被视为无效问卷，最后剩余 56 份作为本课题的研究样本。

一　企业情况

根据问卷调查，该市的出口企业以劳动密集型民营中小企业为主，贸易形式以一般贸易和加工贸易为主，出口额不大且以欧盟为主要出口目的地。之所以选择这样的县级市作为调研对象，是基于我们的先期调研而决定的：这样的出口企业常常在遭遇目标市场贸易壁垒时缺少应对的有效措施，它们也正是本课题需要为之寻求应对之策的主要对象。

就企业性质而言，我们所调查的 56 家出口企业中，64.29% 是民营企业，16.07% 是股份合作企业，国有企业和外资投资企业分别只占 1.79% 和 5.36%（见表 10-1）。

表 10-1　企业性质统计表

企业性质	企业数（家）	比例（%）
国有企业	1	1.79
股份合作企业	9	16.07
民营企业	36	64.29
外资投资企业	3	5.36
港澳台投资企业	6	10.71
其他	1	1.79

就企业规模而言，所调查的 56 家企业中，一共有 42 家（即 75%）企业拥有的员工低于 500 人，其中有 27 家企业在 100 至 500 人之间，15 家在 100 人以下。可见，调查的企业中绝大部分属于中小企业。这些企业中有 22 家从事纺织业生产加工，这一数目占所有企业的 39.29%；从事设备制造业和化工原料及化学制品制造业的企业都占 14.29%（见表 10-2）。

表 10-2　企业所在行业分布情况表

行业	企业数（家）	比例（%）
食品制造业	4	7.14
纺织业	22	39.29
造纸及纸制品业	0	0
橡塑制品业	2	3.57
石油加工、炼焦及核燃料加工业	0	0
化工原料及化学制品制造业	8	14.29
设备制造业	8	14.29
金属制品业	3	5.36
通信设备、计算机及其他电子设备制造业	2	3.57
其他	7	12.50

这些企业的贸易方式主要是两种：一般贸易和加工贸易，其中有 5 家企业既进行一般贸易，又进行加工贸易（见图 10 – 1）。

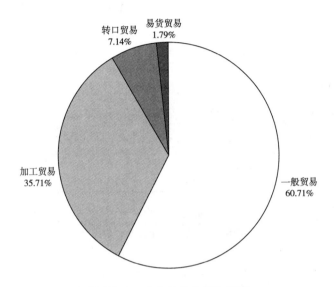

图 10 – 1　企业贸易方式比例图

跟我们预先了解的情况一致，所调查的企业数量超过一半是出口到欧盟，比例达 57.14%；其次是日本和美国，两者分别占总数的 41.07% 和 39.29%（见图 10 – 2）。

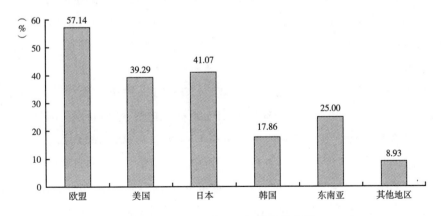

图 10 – 2　企业出口目标地区分布图

这些以中小企业为主的企业中出口额也不大：有 16 家的年出口额在 50 万—200 万美元之间，占比 28.57%；12 家企业在 200 万—500 万美元之间，占比 21.43%；1000 万美元以上的有 9 家，占比 16.07%（见图 10-3）。

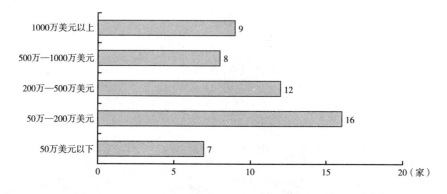

图 10-3　企业年出口额分类图

二　壁垒现状

在我们调查的 56 家企业中，2009 年遭遇国外 TBT 的出口企业数 23 家，未遭遇 TBT 的出口企业数 33 家。日本是出口企业遭遇到 TBT 的最主要来源国，占所有遭遇 TBT 的出口企业总数比例达 34.78%；美国为第二大来源国，占比为 26.09%；其次为欧盟和除日本、韩国以外的东南亚地区，占比都为 21.74%；韩国占 13.04%。可见，与近几年商务部对全国出口企业的调研结果一致，日本、美国、欧盟仍是出口企业遭遇 TBT 的前三大来源国（见图 10-4）。

2009 年遭遇 TBT 的 23 家出口企业中，73.91% 的企业由于产品质量安全标准不符合国外相关产品标准的要求而被拒于门外，因包装、标签或标识要求不符合的企业占比达 39.13%，由于卫生标准和认证程序方面不符合进口国要求的出口企业占比都达到了 21.74%，动植物检验检疫和其他原因只占 8.7%（见图 10-5）。可见，产品质量安全标准成为出口企业遭遇 TBT 的最主要类型，包装、标签或标识要求，卫生标准和认证程序也正不断成为出口产品进入国外市场的关键因素。

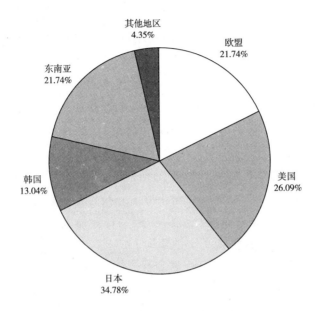

图 10 - 4　TBT 主要来源国分布图

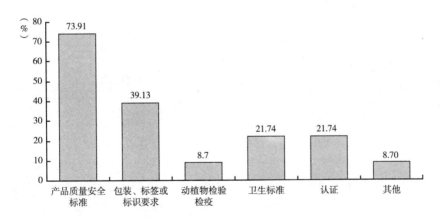

图 10 - 5　TBT 类型分类图

三　成因分析

问卷调查结果显示，2009 年遭遇 TBT 的 23 家出口企业中，有超过一半的企业表示对国外技术法规和标准熟悉程度一般或根本不熟悉；未遭遇 TBT

的 33 家出口企业中，有 23 家企业表示非常熟悉或比较熟悉国外相关产品技术法规和标准，而只有不到 1/3 的企业对国外相关产品技术法规和标准不太熟悉甚至不熟悉，这说明掌握国外相关产品技术法规和标准有助于减少来自国外的技术性贸易壁垒。遭遇 TBT 的 23 家出口企业取得国外技术法规和标准的渠道比较单一，共有 12 家企业标准来源渠道只有一种，这一数目接近一半；未遭遇 TBT 的 33 家出口企业中，获得国外标准和技术法规的渠道包括两个或两个以上的出口企业有 17 家，占据一半。可见，出口企业获得国外技术法规和标准的渠道越宽，获得的信息越全面，遭遇 TBT 的概率就越低。从图 10 - 6 可以看出，出口企业获得国外技术法规和标准的前三大来源渠道是进口商、国家/地方标准化机构和相关行业协会，其次是出入境检验检疫机构和质量技术监督机构。

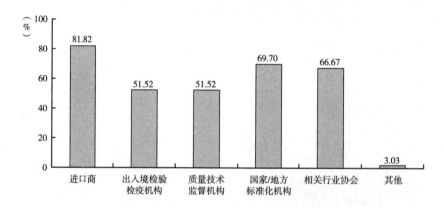

图 10 - 6　出口企业对国外技术法规和标准的来源渠道分布图

由表 10 - 3 分析得出，超过一半的企业认为国内技术水平不能满足进口国要求和国外设定的标准过高现实难以达到，这成为出口企业难以将产品出口至国外市场最主要的两大原因。近 1/3 的企业则表示由于公司自身技术落后而无法进入国外市场；同时，出口企业事先不了解进口国的要求及标准的具体要求缺乏可操作性也是导致企业遭遇国外技术壁垒的关键因素，其比例分别为 17.39% 和 13.04% 。可见，我国与发达国家现实存在的技术差距及信息不对称是导致我国难以满足国外技术法规或标准的最根本和最主要的原因。

表 10 - 3　出口企业遭遇 TBT 的原因统计结果表

原　　因	企业数(家)	比例(%)
事先不了解进口国的要求	4	17.39
国内技术水平不能满足进口国要求	12	52.17
公司自身技术落后,不能满足进口国要求	7	30.43
国外设定标准过高,现实难以达到	12	52.17
标准的具体要求缺乏可操作性,难以执行	3	13.04
标准审查程序复杂冗长、费用过高	2	8.70
其他	1	4.35

四　应对措施

调研结果表明,遭遇壁垒的企业多数已经能够主动积极应对:只有 1 家企业未采取任何措施,其他都采取了相应措施积极应对技术壁垒。出口企业为跨越国外技术壁垒采取的最主要行动为技术改造,从而提高了出口产品的技术含量,保证了产品质量。导致出口企业频繁遭遇技术壁垒的最根本原因为技术差距,这与之前的统计结果一致（见表 10 - 4）。

表 10 - 4　出口企业跨越国外 TBT 措施统计表

措　　施	企业数(家)	比例(%)
未采取任何措施	1	4.35
技术改造,提高产品质量	16	69.57
缩小贸易规模,放弃难以达到标准的市场	4	17.39
通过法律手段向政府部门或行业协会等申请帮助	1	4.35
争取国际权威认证或进口方认证	10	43.48
其他	3	13.04

同时,由于卫生标准和认证程序越发成为出口企业进入国外市场的障碍,争取国际权威认证或进口方认证也越来越成为出口企业解决问题的途径之一:56 家被调查企业有 9 家从未获得过任何产品认证资格,40 家获得了

ISO9000 系列认证，占企业总数的 71.43%；20 家企业获得了 ISO14000，占比 35.71%（见图 10 – 7）。

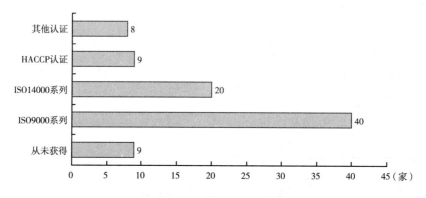

图 10 – 7 　企业获得相关认证现状图

另外，这些出口企业应对 TBT 的费用支出也呈增加趋势：23 家遭遇 TBT 的出口企业中有 21 家（约 91.3%）表示将不断增加费用支出以积极应对国外 TBT，从而减少 TBT 对其造成的负面冲击。33 家未遭遇 TBT 的出口企业中，有 19 家未明确填写，填写的 14 家中有 12 家也表示会增加投入。

值得政府部门思考的是，这些出口企业要求政府提供的帮助内容多样：56 家企业里，选择的帮助在两个或两个以上的有 46 家，其中有 17 家同时选择了四项政策支持。可见，企业在频繁面对国外技术壁垒时亟须政府或行业协会给予各种政策帮助或支持（见表 10 – 5）。

表 10 – 5 　企业希望政策提供的帮助列表

政　　策	企业数（家）	比例（%）
提供一定的资金支持和政策优惠	32	56.14
及时提供相关产品国际标准和技术法规的最新信息	30	52.63
帮助企业了解认证程序,协助企业完成产品认证	27	47.37
定期举办产品技术法规和标准的培训	28	49.12
其他	2	3.51

第二节　打火机个案研究

由各国和各地区技术法规、标准和合格评定等差异而引起的技术性贸易壁垒，对企业来说既是机遇也是挑战，机遇在于有利于企业向标准化发展，提高产品的竞争力；挑战是因为随着经济、金融、科技全球化的深入，基于经济发展水平低，出口商品结构档次落后，信息闭塞等原因，技术性贸易壁垒已成为影响我国企业出口的巨大障碍。在对外贸易中，出口企业既是国际经济活动的参与者，同时又是技术贸易壁垒的真正受害者，因此企业必须主动制定应对策略，才能真正跨越壁垒。这里以中欧打火机贸易摩擦为例，探讨出口企业应对技术性贸易壁垒的一般模式①。

一　案例简介

我国已成为全球最大的打火机制造基地，主要集中在浙江、广东和福建3大片区，年产量占世界总销售量的2/3以上，其中浙江产打火机出口占全国出口总量的2/3。由于中国打火机的"价格优势"②，直接冲击了欧盟打火机生产商的经济利益，致使欧盟采取了一系列的标准化举措。从1998年欧委会启动CR（Child Resistance，防儿童开启）标准，到2006年正式通过CR决议，欧盟轮番采取了不同的标准化举措，对外（主要是针对中方生产商）猛砌壁垒。最初，欧盟出台的CR标准（欧洲标准EN13869）因其自愿性的特征，导致生产商和进口商不执行，最终未能起到有效阻挡盟外，尤其是中国打火机进入欧盟市场的目的。接着，欧盟的有关利益方想到了将该标准公布为《通用产品安全指令》（GPSD指令）的参照标准的执法。根据欧盟决议的规定，一旦自愿的标准与指令挂钩之后，该标准的作用就因合格假定原则被提升。但是由于中方的有力抗辩，欧盟未能如愿。后来，欧盟又启动了CR法案，企图将CR标准的要求以立法的形式实施。尽管中方进行了

---

① Shumei Chen, "Fight or Flight: A Study on Strategic Approaches Adopted by Chinese Lighter Manufacturers Facing EU CR Standard and Regulation", *Global Trade and Customs Journal*, Volume 3, Issue 2, 2008.

② 据宁波市外经贸局统计，2005年全市打火机的平均出口单价仅有0.094美元。

积极的沟通与抗辩，欧盟也对决议进行了适当的修改，但是在最后出台的实施细则中，欧盟还是坚持加入了许多对中方生产商不利的内容。

尽管 CR 法规及其实施细则最后都出台了，但是中方的五次正式抗辩（见图 10－8），使得 CR 标准/法案的实施一拖再拖，为企业赢得了时间，用于开发具有自主知识产权的打火机。中方有能力和有条件的企业，在配合我国商务部与欧盟据理力争的同时，通过自主创新，已研制出一些符合 CR 法案要求的打火机新产品。但在 CR 决议正式生效之后，我国更多的中小企业面临 1994 年美国 CR 法案实施后的同样结果：最终不得不完全退出目标市场。无论如何，在中欧打火机贸易冲突中，我方积累了与发达国家技术性贸易壁垒抗争的经验，值得总结和借鉴。

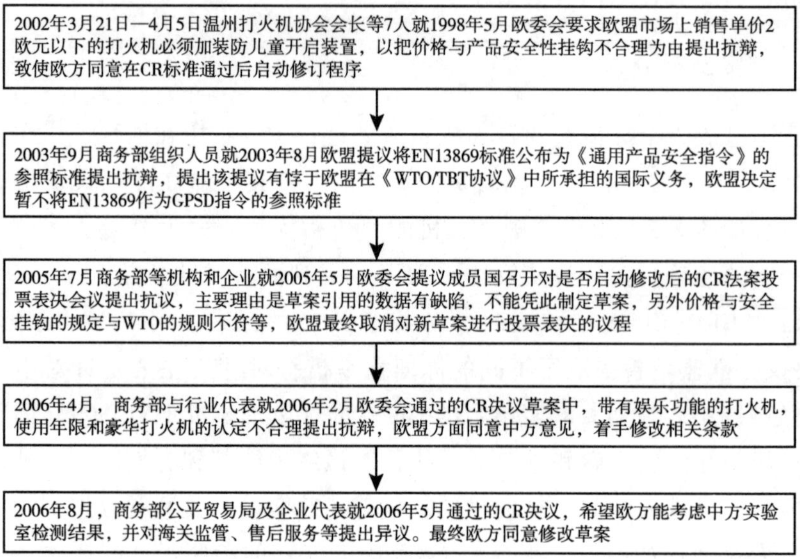

> 2002年3月21日—4月5日温州打火机协会会长等7人就1998年5月欧委会要求欧盟市场上销售单价2欧元以下的打火机必须加装防儿童开启装置，以把价格与产品安全性挂钩不合理为由提出抗辩，致使欧方同意在CR标准通过后启动修订程序

> 2003年9月商务部组织人员就2003年8月欧盟提议将EN13869标准公布为《通用产品安全指令》的参照标准提出抗辩，提出该提议有悖于欧盟在《WTO/TBT协议》中所承担的国际义务，欧盟决定暂不将EN13869作为GPSD指令的参照标准

> 2005年7月商务部等机构和企业就2005年5月欧委会提议成员国召开对是否启动修改后的CR法案投票表决会议提出抗议，主要理由是草案引用的数据有缺陷，不能凭此制定草案，另外价格与安全挂钩的规定与WTO的规则不符等，欧盟最终取消对新草案进行投票表决的议程

> 2006年4月，商务部与行业代表就2006年2月欧委会通过的CR决议草案中，带有娱乐功能的打火机，使用年限和豪华打火机的认定不合理提出抗辩，欧盟方面同意中方意见，着手修改相关条款

> 2006年8月，商务部公平贸易局及企业代表就2006年5月通过的CR决议，希望欧方能考虑中方实验室检测结果，并对海关监管、售后服务等提出异议。最终欧方同意修改草案

图 10－8　中欧打火机贸易摩擦中中方抗辩情况简图

二　策略分析

分析中欧打火机案例，我们发现，中方企业应对欧盟技术性贸易壁垒的策略与世界银行高级经济学家 Jaffee 等人提出的应对 TBT 一般模式非常相符。依据对 Hirschman（1970）分析公司、组织和国家衰退时的经济政治行

为选择框架的修正，世界银行的高级经济学家 Jaffee 带领他的团队，通过对农产品的出口商遭遇目标市场标准与国内标准①不一致情况的实证分析，提出了一般的应对模式（以下简称 Jaffee 模式）：设法符合（compliance，简称 C）进口国标准；退出（exit，简称 E）目标市场；进行抗辩（voice，简称 V）②。尽管 Jaffee 等人的研究对象是发展中国家农产品出口商，但是本课题对中欧打火机贸易冲突中中方的应对策略的解读，同样证明了 Jaffee 模式的普遍适用性。

在 Jaffee 模式中，企业对三种基本形式（相符 C、退出 E 与抗辩 V）的选择可能发生在企业预计自己可能遭遇壁垒之前，或者发生在企业已经遭遇壁垒之后。因此，一般而言，企业就可能存在两种基本选择：先发式（Proactive，P）和后发式（Reactive，R）两种不同情况（见表 10 - 6）。根据 Jaffee 模式，我们下面具体分析中国企业的三种基本选择策略。

表 10 - 6　遭遇进口国不同标准/技术法规时的一般策略模式

	先发式 P	后发式 R
相符 C	预计可能出台的标准,事先努力符合标准(CP)	待标准出台后,设法与之相符(CR)
退出 E	预计可能出台的标准,选择退出特定市场(EP)	待标准出台后,选择退出市场(ER)
抗辩 V	在标准出台前参与标准的制订或进行商谈(VP)	待标准出台后,提出异议(VR)

（一）进行技术创新，生产相符产品

通常情况下，当出口商遭遇或者预计可能遭遇进口国不同的标准/技术法规时，他们首先考虑的是如何使自己的产品或者服务符合进口国的标准/法规。根据改进产品或者服务的时间与目标市场标准/法规出台的时间关系，出口商采取的方法可以分为后发式（C^R）和先发式（C^P）两种。所谓后发式，也就是出口商在进口国标准/法规出台之后才进行努力；所谓先发式，则是在进口国标准/法规尚未出台之前，出口商就根据自己对标准/法规的未

① 正如前文所述，TBT 既有广义的又有狭义的，但无论是什么类型的 TBT，出口商的应对策略是相同的。

② Jaffee, Steven, et al., "Food Safety and Agricultural Health Standards: Challenges and Opportunities for Developing Country Exports, Poverty Reduction & Economic Management Trade Unit and Agriculture and Rural Development Department", *World Bank Report*, No. 31207, January 10, 2005.

来发展趋势作出判断，对产品或者服务进行相应的改进。先发式自然可以比后发式给企业带来先发制人的优势，可以降低经济损失，但对企业的技术和管理的要求也更高。出口商为了使产品或者服务符合进口国标准/法规，一般可以采取一系列措施，包括改变规程；改革体制；重组供应链；调整生产；变革质量保障和安全管理体系；加强监管体系；进行技术改进和研发；投资基础设施；加强认证工作。

欧盟等经济发达国家根据技术水平和贸易需求的变化，不断地修订和更新相关标准，使他们的技术标准与发展中国家的技术标准产生较大差距，从而构建了技术壁垒。而生产出符合欧盟标准产品的前提是必须有充分、稳定、准确的信息渠道，由此中国企业才能及时采取有效的处理贸易壁垒的措施。据商务部调查，36%的企业认为应对技术性贸易壁垒的最大困难在于信息不灵、不知道对方规定已经改变。另外企业在单独开发技术时存在极大的风险，企业在技术开发中投入了大量的资金，万一研发失败则会损失惨重，所以可以推进行业内企业技术战略联盟，实现利益最大化。

在浙江打火机案例中，一些有条件和有能力的打火机企业一直在努力进行科技创新，设法使自己的打火机符合欧盟将要出台的 CR 标准/法案。宁波新海电气股份有限公司（原来的宁波新海电子制造有限公司）在 1998 年通过有关渠道了解到欧盟起草 CR 标准的消息，就加大了研发投入，购买国外先进的模具和注塑加工设备，重金聘请世界著名打火机公司的专家进行技术指导。公司还于 1999 年成立了浙江大学新海电气研发中心，并于第二年成功研制出 5 款拥有自主知识产权的 CR 打火机，其中两款在欧盟取得证书。新海公司 2005 年 6000 多万美元的打火机出口中，有将近两成是装有 CR 装置的打火机。同样，2002 年下半年，厦门钜同源进出口有限公司与宁波兴达打火机制造有限公司一起通过自主创新，研制出了带 CR 装置的打火机，向国外申请了专利。另外，2006 年 4 月份，温州东方实业有限公司和浙江大虎打火机有限公司分别以浙江大学的技术为依托，紧急启动了研发应对欧盟 CR 法案的打火机安全锁课题，经过近 5 个月的努力，9 月，东方实业公司的一款具有自主知识产权的打火机安全锁成功问世，并顺利通过了浙江省经贸委和浙江大学专家组验收，成为温州为应对欧盟 CR 法案而通过省级验收的第一只打火机安全锁。

（二）退出欧盟市场，选择其他市场

对于发展中国家的出口商而言，他们可能面临的是不得不选择退出现有目标市场。他们的决策主要是基于他们的有限财力、能力或人力等方面的考虑，因为无论他们怎么努力，也无法让自己的产品达到进口国的标准/法规要求。他们的选择也可能是基于效益方面的考虑，也就是即使通过努力，他们可以使产品达到进口国的标准/法规，但这样努力改进的结果可能反而使自己处于竞争劣势或者会带来负面经济和社会效益。因此，他们选择退出现有产品的目标市场，转向生产其他不会付出如此高成本的产品，或者将原有产品转至其他标准/法规要求不太高且有利可图的市场销售。部分有实力的企业可以通过合资、独资、收购、兼并、投资等手段进行企业的跨国经营，在其境内投资设厂，利用他国的劳动力、技术设备生产符合标准要求的产品以成功规避技术性贸易壁垒。同样，根据出口商选择退出市场的时间与目标市场标准/法规出台的时间关系，出口商采取的方法可以分为后发式（E^R）和先发式（E^P）两种。

浙江部分打火机生产企业在衡量了自身的科研能力和经济实力之后，则选择放弃出口欧盟，考虑出口到别的国家和地区，例如东南亚地区，甚至到更远的非洲、南美洲；一些中小企业则转向国内市场，向中小城市和农村市场进军。例如，对于专业生产玩具型打火机的腾洪烟具而言，其产品60%以上出口欧盟，新的 CR 法案一旦实施，公司将会百分之百失去欧盟市场。总经理李云龙意识到产品转型是他们唯一的出路，因此，他们也在尝试着制作传统造型的打火机。当然要完成转型，资金压力和产品销路将是公司面临的主要问题：转型需要更换全部设备，光模具就要损失将近 200 万元；而生产出来的传统型打火机的销售问题则是摆在他们面前的又一难题。事实上，在欧盟 CR 法案实施以后，大部分中国的打火机企业不得不退出欧盟市场，其中温州打火机企业的数量也从两年前的 500 多家急剧减少到现在的 50 多家。

（三）积极参与抗辩，争取最大利益

在根据自身情况选择符合目标市场标准，或选择退出目标市场的同时，发展中国家的出口商及其政府还可以进行抗辩，也就是通过目标市场国标准/法规出台前参与标准的制订或者就法规的内容进行磋商（V^P），或者在

进口国的新标准/法规出台后，对标准/法规的不合理部分提出异议（V^R）、进行必要的商谈来试图改变进口国的现行法规或者标准，同时为自己的企业赢得足够时间。作为 WTO 的成员，我们既可以通过 TBT 委员会提出不满，也可以直接进行双边协调。由于通过 TBT 委员会提出抗议后，多边范围的解决需要很长的时间，因此，WTO 成员国即使通过 TBT 委员会提出了不满，受害国还会寻求双边协调的可能性。

三　模式总结

在实践中，正如中欧打火机贸易摩擦中中方所采取的策略，遭遇目标国家 TBT 的有关国家政府和出口商可能会将以上这些策略进行组合。抗辩结果的不可预测性决定了仅进行抗辩并不太可取，因此，企业在参与抗辩的同时，往往还会尝试另外两个策略。

根据采取行动时间的不同和采取策略的不同，企业可以采取的策略包括以下一些模式（组合）：$V^R + C^R$、$V^R + E^R$、$V^P + C^P$、$V^P + E^P$、C^R、V^R、E^R、C^P、V^P、E^P（见表 10 – 7）[①]。

表 10 – 7　企业遭遇目标市场不同标准/法规时可以采取的策略组合

模式	先发式措施			后发式措施			主要因素			
	V	C	E	V	C	E	资金	技术	信息	途径
V_P	○						◎		○	○
C_P		○					○	○	○	
E_P			○						○	
V_R				○			◎		◎	◎
C_R					○		○	○	◎	
E_R						○			◎	
$V_P + C_P$	○	○					◎		○	○
$V_P + E_P$	○						◎		○	○
$V_R + C_R$				○	○		○		◎	
$V_R + E_R$				○		○	◎		◎	○

注：○表示选择；◎表示程度略低。

---

① Shuemi Chen, "Fight or Flight: A Study on Strategic Approaches Adopted by Chinese Lighter Manufacturers Facing EU CR Standard and Regulation", *Global Trade and Customs Journal*, Volume 3, Issue 2, 2008.

　　然而由于各出口商所控资源的不同，他们的选择也不尽相同。尽管还有其他影响因素，但在商务部近年对全国出口企业的调研中，出口中反映出最影响他们决策的方面包括资金、技术、信息和途径（见表 10 - 8）。

表 10 - 8　应对目标市场技术性贸易壁垒时企业遭遇的困难

单位：%

调研年度/因素	2005 年	2006 年	调研年度/因素	2005 年	2006 年
资金	50.7	45.8	信息	43.7	29.8
技术	40.8	20.6	途径	41.5	28.2

　　资料来源：商务部科技发展与技术进出口司：《我国出口受技术壁垒的影响加剧》［N］，2003 年 6 月 16 日《经济日报》；2006；2007。

　　事实上，不少企业是在同时实施三种策略：在积极参与跟欧盟抗辩的同时，做着两手准备。例如，对于 90% 的产品出口国外，其中 60% 以上出口欧盟的温州日丰打火机公司而言，董事长黄发静在积极参与应诉的同时，就随时准备着欧盟 CR 法案的真正到来。他们一方面研发安全锁，申请专利；另一方面积极地开发市场，在启动国内市场的同时，设法进入中东、俄罗斯等市场。另外，他们还和国外顶级厂商进行合作，美国的 ZIPPO，法国的宝富美，德国的邱博，这些本是竞争对手的企业现已成为他们的生意伙伴。因此，在与欧盟 CR 标准/法规抗争的这五年间，他们公司的产值翻了一番，整个产品的质量档次都有了很大提高，日丰打火机也已被评为中国打火机的十大名牌之一。

　　总之，当一国生产商可能遭遇，或者正遭遇到他国 TBT 时，他们可以根据自身的情况，作出不同的选择，当然不同的选择肯定会带来不同的结果。中欧打火机贸易冲突中中方绝大多数的小企业一开始考虑的选择就是 E^R；也有一些中小型企业分别选择了 C^R、V^R 或者 $V^R + E^R$；但是一些有条件和有能力的企业还是坚守 $V^R + C^R$ 选择，在积极参与抗辩、力图影响 CR 标准和 CR 决议的同时，努力进行技术创新，但同时也做好了一旦标准或决议通过后，仍无法使自己的产品符合有关标准或决议的准备。

　　综上所述，欧盟标准化产生的负外部性已经严重影响到我国企业的对欧出口，而企业作为贸易摩擦中的主体，必须主动积极应对。我国打火机企业在中欧摩擦中的应对模式值得其他相关企业借鉴。反思这些应对方法，我们发现任何一种方式都离不开各类人才。企业不仅可以采取短期培训、委托培养、出国考察等途径培养出熟悉标准化方面的国际规范和惯例、掌握标准化动向的人才，而且也要注重能够参与贸易争端解决的专门人才的培养，这对于我国企业参与国际标准竞争至关重要。另外，在积极参加抗辩时，企业要充分利用政府的作用，相互配合，双方均应积极主动地收集和掌握欧盟对华贸易政策的发展趋势、正在实施或拟订中的与贸易相关的措施，建立和完善贸易壁垒通报和快速反应机制，使我们在获知欧盟贸易政策和措施的变化后，能迅速有效评估该变化对我国有关产业和对外贸易产生的影响，同时周知国内产业，适时采取调整和适应措施。诚然，我们也应依据 WTO 规则，对其中诸如缺乏科学依据的技术标准、滥用检验检疫措施等不合理的市场准入机制据理力争，争取自己的权益。

第十一章

别国应对贸易摩擦的经验研究

以欧盟食品规则调整为例,通过理论分析和实证研究,我们已经证实欧盟新一轮食品卫生调整对中国食品出口欧盟整体上产生了阻碍作用。经过理论推理,我们知道,随着欧盟单一市场政策调整的深入,政策的外部性已由隐性上升为显性,政策的规范性力量也逐步彰显,我国商品出口欧盟将不可避免地受到冲击。事实上,欧盟一直是我国商品出口遭遇贸易壁垒最多的目标市场之一。因此如何将负面影响降至最低,如何利用可能的正面影响,促进中欧双边经贸关系的发展,推动我国对外贸易战略的转型,不仅需要总结前期的学术研究成果,而且需要借鉴他山之石。随着入世后我国商品遭遇贸易壁垒频率的增多和范围的扩大,学者们从宏观、中观和微观层面分别提出了应对策略。而欧、美、日等发达国家曾经成功应对的经验也是值得总结和借鉴的。

第一节　学术研究比较

针对国外越来越频繁的技术性贸易措施对我国商品出口造成的困扰,国内学者主要从政府宏观管理、企业微观主体、行业中观协调以及联合应对等几个角度提出了应对策略。

一　国家层面

政府层面可以采取的对策主要包括如何利用国际平台、完善标准体系、加大基础投入①。

首先，充分利用国际贸易规则，积极参与相关领域的国际活动。充分利用国际贸易规则不仅可以保护和发展相关的产业，而且可以以协调一致的立场积极参与国际活动，争取话语权，影响相关国际贸易规则的制订和修订，包括国际标准的制订和修订。加强国际合作，也利于开展国际互认工作。

其次，实施标准化战略，完善我国的相关体系。建立完善的技术法规体系、标准体系、合格评定体系，加强国家技术性贸易措施预警、应对和跨越的信息服务体系建设，建立并完善与进口国的合作机制，这些均有利于进一步加强国内出口管理，促进商品出口。

另外，需要加大基础性投入。不仅要加大政策投入，而且要加强质量安全、检验检疫等基础的建设，加强技术性贸易措施的人力资源建设，建立并完善政府、中介、企业协调配合、共谋应对的发展平台，建立并完善政府支持、金融界介入的产学研合作平台。

二　行业中介

一些学者在比较欧盟等发达国家/地区的技术性贸易措施中的非政府行为时，发现非政府行为具有一定的优越性，因此建议应充分利用非政府行为来构筑我国的技术性贸易壁垒②，其中就是要充分发挥行业的桥梁和协调作用③，因为行业协会不仅可以起到沟通政府和企业的中介作用，以促进政府与企业的结合，而且还可以协调成员企业间的利害关系，以维持企业间正常的生产经营秩序，在成员企业间开展互利的产、供、销研究，并共同建立企

---

① 参见徐战菊、李柏洲：《技术性贸易措施的新趋势及我国宏观管理对策研究》[J]，《中国软科学》2009 年第 9 期；王粤、韩新毅：《"后危机时代"的技术性贸易壁垒及应对》[J]，《国际经济合作》2010 年第 2 期；高运胜、张永安：《欧盟新绿色壁垒对我国中小企业出口影响分析》[J]，《财贸经济》2007 年第 13 期；周正祥：《TBT 对我国出口影响的实证研究》[J]，《中国软科学》2005 年第 4 期；刘新民：《技术壁垒对我国出口的影响及对策》[J]，《宏观经济研究》2004 年第 4 期；朱钟棣：《"合规性"贸易壁垒的应对和应用研究》[M]，北京：人民出版社 2007 年版。

② 宋宇：《技术性贸易壁垒中的非政府行为研究》[J]，《国际贸易问题》2003 年第 3 期。

③ 王厚双、邓晓馨：《日本"三位一体联动"应对国际贸易摩擦的经验与启示研究》[J]，《东北亚论坛》2008 年第 3 期。

业经营的外部环境，集中收集产、销情报，增强企业对市场的应变能力。基于此，学者们提出需要改革和完善我国行业协会的建立及运行机制。

三 企业主体

一些学者专门从企业微观视角提出了应对策略[①]：学习掌握 WTO 游戏规则和相关的协议要求；改进生产技术，提高产品科技含量和附加值；实施出口市场多元化战略；增强产品品种，提升企业产品与外国产品的替代性；加强和改善企业管理，提升企业竞争力；研究国外技术标准与认证体系，申请国际认证及贸易对象国的认证；采取跨国经营，绕开国外复杂烦琐的技术壁垒；提高创新能力，重视专利的"基础建设"，等等。

四 综合考量

还有部分学者在综合考量政府、行业和企业的力量之后，提出了体系平台的建设和联合行动的方案。

体系和平台的建设各有侧重：袁志明[②]构建了一个由政府部门、行业协会和广大企业共同参与的"五位一体"的 TBT 整体应对机制体系，基本框架包括 TBT 研究经费投入体系、TBT 风险预测预警体系、TBT 快速反应应对体系、TBT 信息咨询服务体系、TBT 应对互动合作体系；齐欣、岳晋峰[③]建立了一个标准制度互认机制的路径模型，其要点是通过产业共性技术研发——自主知识产权——产业技术标准——标准输出，在此基础上建立健全测试、检验和认证制度与机构，从而在与国外检验、认证机构合作的基础上实现互认机制的建立；焦允和郭秋萍[④]从技术层面研究了 TBT 联合应对平台

---

① 参见王厚双、邓晓馨：《日本"三位一体联动"应对国际贸易摩擦的经验与启示研究》[J]，《东北亚论坛》2008 年第 3 期；周正祥：《TBT 对我国出口影响的实证研究》[J]，《中国软科学》2005 年第 4 期；张娟、张永安：《欧盟技术性贸易措施及我国民营中小企业联合应对策略》[J]，《国际经济合作》2009 年第 2 期。

② 袁志明：《论构建我国 TBT 整体应对机制体系》[J]，《国际经贸探索》2007 年第 2 期。

③ 齐欣、岳晋峰：《标准制度互认机制与发展中国家技术性贸易壁垒的突破》[J]，《国际贸易》2005 年第 6 期。

④ 焦允、郭秋萍：《我国技术性贸易壁垒联合应对平台构建研究》[J]，《中国科技论坛》2007 年第 5 期。

的构建方案，设计了一个以 WEB 为载体、以三大系统（TBT 风险预警子系统、TBT 快速反应子系统和 TBT 咨询服务子系统）为服务支撑、以两大平台（多方互动支持平台和群体决策沟通支持平台）为沟通保障、以 TBT 专题数据库和应对策略库为存储方式的 TBT 联合应对平台。

学者们提出的政府、行业和企业的联合行动方案也不尽相同：基于技术性贸易措施应对策略框架分析，孙泽生①等提出应按照市场结构和产业集聚状况等因素来区分和界定不同主体在应对策略框架中的职能定位。从公共选择的角度出发，对策研究框架中需要重点关注处于完全竞争的市场结构及中小企业，完全基于各主体的自我激励动机，根据中小企业和可能的产业集聚界定不同级别政府、行业协会和企业自身在应对技术性贸易壁垒中的职能分解；张娟和张永安②以中小企业为研究对象提出形成政府、行业协会与企业的多方联合，建立国家间、行业间、企业间等多个层面的经济合作协调机制。

综合现有研究成果发现，我国学者探讨了政府、行业、企业在应对国外贸易壁垒时可以分别或者联合采取的措施，但对应对主体的具体分工，尤其对学术界的角色鲜有论述，对应对体系的建设主要强调的是几位一体的较为笼统的做法。

第二节　国际经验比较

经济全球化背景下，随着一国或一个地区对外贸易的不断开展，摩擦将不可避免。即便是发达国家也曾经或者正在经历这样的摩擦，这些国家和地区成功化解贸易纠纷的经验值得我国借鉴。

一　日本的双边与多边并重

日本应对贸易摩擦历经了从双边磋商为主到双边与多边手段并重的过程③。20 世纪 50 年代中期到 80 年代中后期，日本应对贸易摩擦的手段以双边磋

---

① 孙泽生等：《中小企业应对技术性贸易壁垒的策略研究框架》[J]，《财贸研究》2006 年第 2 期。
② 张娟、张永安：《欧盟技术性贸易措施及我国民营中小企业联合应对策略》[J]，《国际经济合作》2009 年第 2 期。
③ 刘向丽、王厚双：《日本应对外贸摩擦手段变化趋势分析》[J]，《国际经贸探索》2009 年第 5 期。

商为主。20 世纪 90 年代后，双边与多边手段并重则已成为日本处理外贸摩擦的新趋势。

伴随日本经贸的发展，对外贸易摩擦初见于 20 世纪 50 年代中期，其后与美国和欧洲之间的贸易摩擦主要集中在 50—60 年代的纺织品，60—70 年代的钢铁、家电，80 年代的电子产品、汽车产品，并最终导致日元大幅升值。鉴于当时的国内外形势，日本化解贸易摩擦的手段主要以双边协调和谈判为主。日本比较健全的外贸法律体系赋予了政府足够的处理外贸摩擦的主导权和企业充分的交易自主权以及行业协会处理贸易摩擦的行动权，因此，日本在处理对外贸易摩擦中，各主体的分工相对比较明确：政府定基调并出面与美、德、英、法等国谈判，企业出资金并由行业协会出面到摩擦对象国进行公关和舆论宣传活动。这样的分工使得政府、行业协会和企业在处理摩擦时立场能够协调一致：首先充分协商，达成一致意见，用一个声音对外说话，也就提高了应对摩擦的效率。

20 世纪 90 年代以来，随着经济全球化的加深、日本贸易市场的多元化、WTO 争端解决机制的不断健全，以及欧美态度的转变，日本改变了过去对利用多边贸易体制的消极态度，开始积极利用 WTO 规则应对贸易摩擦，并取得了不错的效果。因此，日本应对贸易摩擦的手段逐步由以双边手段为主转向双边与多边并重：在积极利用多边磋商手段解决其对外贸易摩擦的同时，并不放弃双边磋商手段。

二　欧盟的事前与事后并举

跟日本相比，欧盟处理对外贸易摩擦的方式有所不同[①]，因为它不仅是世界上最成功的区域经济体，而且是由 27 个有独立主权的国家所组成，因此，可以利用的工具更多。第一，欧盟强调事前对贸易摩擦的防范。也就是通过跟目标市场国或者地区签订贸易协议的形式来保障其商品在目标市场的准入，并已成为一个重要工具。第二，定期或者不定期地与第三国的接触也

---

① Communication from the Commission to the European Parliament, the Council, the European Economic and Social Committee and the Committee of the Regions on the External Dimension of the Lisbon Strategy for Growth and Jobs: *Reporting on market access and setting the framework for more effective international regulatory cooperation—Brussels*, COM (2008) 874: 7 - 9.

是欧盟使用的来消除市场准入壁垒的办法之一。第三，欧盟能够充分利用WTO/TBT 和 WTO/SPS 协定框架下的通报程序。根据这两个协定的规定，WTO 成员国有义务通报新措施，以便其他的贸易伙伴可以及早作出反应，关注相关事宜。欧盟的经验是，深入和积极地参与其中，并辅以后续行动，尽可能地避免新壁垒的形成。第四，就是利用其在单一市场建立和完善过程中区域内部立法的协调结果而影响第三国，这就是我们在前面章节中所提及的单一市场政策的规范性力量。第五，欧盟区域内部委员会、成员国与企业之间的通力合作是确保欧盟商品在其区域内外市场准入的重要保障。

除了事前对贸易摩擦的防范，在摩擦不可避免地出现之后，欧盟主要诉求的应对方式是欧盟贸易壁垒条例调查程序（Trade Barriers Regulation (TBR) Procedure）和 WTO 的争端解决程序。前者使得欧盟的企业在遭遇到贸易壁垒时可以向委员会提出进行调查和寻求解决方式的请求。后者可以针对那些不符合 WTO 规定而引起的贸易壁垒诉诸于 WTO 的争端解决程序。

欧盟贸易壁垒条例是欧委会于 1994 年颁布的，旨在为私人投诉非欧共体成员国采取的不公平贸易措施提供救济途径，捍卫共同体在有关国际机构，特别是 WTO 中的合法权利，确保欧共体能够迅速有效地行动，强化共同商业政策。欧盟贸易壁垒条例立法的目的是对欧共体市场或者第三国市场造成影响的贸易壁垒作出反应，并消除由此造成的损害或不利影响。该条例投诉所针对的贸易壁垒范围也与 WTO 规则体系相对应，包括第三国采取或者维持的影响货物贸易、服务贸易和知识产权保护等三方面的贸易实践。

现行的 WTO 争端解决机制是以 GATT40 多年争端解决实践为基础、经过发展和创新而确立的，是成员之间处理贸易纠纷的途径之一，其重要的依据就是乌拉圭回合通过的《关于争端解决的规则和程序的谅解协议》（Understanding on Rules and Procedures Governing Settlement of Disputes，以下简称 DSU）。WTO 的成立在很多方面改进了 GATT 的不足，主要表现在争端解决机制严格的时间限制，保障专家组应有的权力以及报复行动的合法化，并且专门成立了争端解决机构（DSB）。尽管 WTO 争端解决机制本身存在一些问题，但是包括欧盟在内的 WTO 主要发达国成员最大限度地利用了 WTO 争端解决机制，以充分维护其 WTO 成员资格所产生的权益。欧盟之所以能够在利用 WTO 争端解决机制方面积极进攻、成效显著，除了贸易实力、人力、财力、智力居于绝对优势地位外，还因为其已经建立了一个十分完备和强有力的处理 WTO 贸易诉讼的官民合作的公私伙伴关系机制①。

三 美国单双多边齐头并进

20 世纪 70 年代开始，随着美国对外贸易的扩大，其与欧盟、日本、中国等主要贸易伙伴之间频繁出现贸易战和贸易摩擦，从此美国开始采取单、双、多边齐头并进的应对方式，并一直沿用至今。

首先，美国认为关贸总协定在解决贸易争端、消除外国贸易和投资壁垒方面效率较低，且缺乏强制效力，因此不能完全依赖 GATT 规则解决问题。20 世纪最后的二三十年中，美国在不放弃使用 GATT 规则的同时，一方面更多地采用关税同盟或自由贸易区协定项下的争端解决机制，另一方面则在其认为双多边机制无法有效解决问题的情况下，通过单边调查和报复措施迫使外国取消贸易壁垒措施。21 世纪以来，美国频繁地采用 WTO 争端解决机制解决其贸易问题，同时积极推动区域化贸易安排，并通过区域化贸易安排中规定的途径更有效地解决贸易纠纷。同时，美国始终不放弃"301 条款"，并坚持认为"301 条款"的存在既是多边、区域性或双边争端解决机制有效运转的一种保障，也是解决 WTO 管辖范围外问题，以及解决美国与非 WTO 成员之间贸易问题的有效手段。

"301 条款"是美国应对国外贸易壁垒最重要的国内法依据。目前通常所谈及的"301 条款"，作为一个整体，实际上指的是经修正后的《1988 年综合贸易与竞争法》第 1301—1310 节的全部内容以及两类"301 变种"（超级 301 和特别 301）的有关规定。

对外经济贸易大学的沈四宝教授将美国、日本和欧盟应对贸易摩擦的机制总结为攻击型、防御型和攻守兼备型②，跟本课题归纳的美国单双多边齐头并进、日本双边与多边并重和欧盟事前与事后并举有异曲同工之处。

---

① Gregory C. Shaffer, *Defending Interests: Public-Private Partnerships in WTO Litigation*, Washington, D. C, Brookings Institution Press, 2003, p. 227.

② 沈四宝：《美国、日本和欧盟贸易摩擦应对机制比较研究———兼论对我国的启示》[J]，《国际贸易》2007 年第 2 期。

第十二章

我国标准化立体体系的构建

本课题的研究已经证实，欧盟单一市场政策的调整对我国商品出口的影响将主要集中在中欧内部产品质量安全体系的差异上，因为欧盟此轮政策调整的目的是"确保产品的高质量和安全性"［COM（2007）35 final］。通过单一市场的建设和不断改进，欧盟的标准化体系日臻完善：包括强制性指令和自愿性标准的上层标准法规体系，分布于各成员国的超过两千家合格评定机构所践行的中层合格评定体系，以及包含欧盟层面与成员国层面的双层终端市场监管体系。近年来，中欧间标准、技术法规和合格评定程序的差异业已成为阻碍我国产品出口欧盟的主要根源之一。欧盟的这些标准化举措，不仅增加了我国出口产品的成本，提高了我国产品进入欧盟市场的门槛，而且影响着我国相关产业的发展。我国政府已经形成了一套应对体系，并且出钱、出力、出主意为企业打官司，但一般做法仍以一旦案发即成立应对机制的形式为主，国家层面实时跟踪、长期应对的机制仍然缺失。因此，本课题以欧美等发达国家和地区的相关做法为标杆（benchmarking），通过比对，尝试建立起相应的具有中国特色的由上层标准法规体系、中层合格评定体系和底层市场监管体系组成的我国标准化立体体系。

第一节　上层标准法规体系

参照欧盟在其单一市场建设过程中不断完善的标准化体系，对照国际多边贸易体系的规范，我国首先应尽快建立与国际接轨的标准和技术法规体系的对接机制。

一　标准与法规的差异界定

标准和技术法规作为构成一国或一个地区标准化体系的重要组成部分是有差别的，它们在国际贸易中的作用也不同：如果商品不能满足进口国技术法规的要求，进口国有权不允许进入其市场销售；而不符合进口国标准的产品照样可以进入其市场[①]。因此，区分作为技术性贸易壁垒主要内容的标准和技术法规[②]不仅对建设我国的国家技术标准化体系[③]，也对应对欧美等国的技术性贸易壁垒，有特别重要的意义。

我国现行的《中华人民共和国标准化法》（简称《标准化法》）将标准按属性分为强制性标准和推荐性标准，这与《世界贸易组织技术性贸易壁垒协定》（WTO/TBT 协议）中将标准划分为技术法规和标准的内容不一致（见表 12 - 1）。尽管世贸组织已基本承认我国的强制性标准属于国际通用的技术法规范畴，但是我国的强制性标准不能完全涵盖技术法规。对标准划分的不协调，增加了我国企业发展对外贸易的难度。因此，立法区别技术法规与标准已经成为当务之急，这也是政协委员提出修订《标准化法》的依据之一[④]。

受计划经济体制的影响，我国一直将标准和技术法规混淆对待。1979年 7 月 31 日公布的《中华人民共和国标准化管理条例》第四章第十八条规定"标准一经批准发布，就是技术法规，各级生产、建设、科研、设计管理部门和企业、事业单位，都必须严格贯彻执行，任何单位不得擅自更改或降低标准"。但由于物质和技术条件的限制，这在实际执行中很难做到。因此，1988 年 12 月 29 日颁布的《中华人民共和国标准化法》[⑤] 第二章第七条

[①]　陈虹编译《世界贸易组织贸易技术壁垒协定：WTO/TBT 协议》［M］，北京：中国标准出版社2000 年版，第 4 页。当然如果消费者无法接受这种不符合标准的产品，该产品同样没有市场。

[②]　陈志田、叶柏林主编《贸易技术壁垒与商品进出口》［M］，北京：中国计量出版社 2002 年版，第 2 页。

[③]　国家标准化体系建设工程已于 2009 年全面启动，实施时间为三年，即 2009 年 1 月至 2011 年 12月，但鉴于目前的相关法律法规的规定，其中仍将标准依据性质区分为强制性标准和推荐性标准。

[④]　全国政协十一届二次会议提案第 0545 号（提案人：况平）关于修订《中华人民共和国标准化法》（全国人大 1988 年 12 月 29 日通过）的提案，其中一条原因就是：标准属性的划分与 WTO/TBT 协议中的有关内容不协调。

[⑤]　同日《中华人民共和国标准化管理条例》失效。

表 12 - 1　标准与技术法规的比较

		标准	技术法规
相同点	表现形式	文件	文件
	相同内容	包括或专门规定适用于产品、加工或生产方法的术语、符号、包装、标志或标签要求	包括或专门规定适用于产品、加工或生产方法的术语、符号、包装、标志或标签要求
不同点	约束性	使用和相符是自愿的	强制执行的
	制定机构	由公认机构(如标准化机构)制定、采用和实施	由中央政府机构、地方政府机构和非政府机构制定、采用和实施
	不同内容	提供(产品或相关加工和生产方法的)规则、指南或特性	规定产品特性或相应加工和生产方法,包括可适用的行政管理规定

资料来源:《WTO/TBT 协议》附件 1。

将国家标准、行业标准区分为强制性标准和推荐性标准。保障人体健康,人身、财产安全的标准和法律、行政法规规定强制执行的标准是强制性标准,其他标准是推荐性标准。从《管理条例》将发布的标准等同于技术法规,到《标准化法》将标准区分为强制性标准和推荐性标准,这种改变参考了国外的立法经验,改变了我国过去一向是强制性标准的规定①,体现了我国标准化建设的进步。目前我国的强制性标准就是技术法规的主要形式②,但是这种分类与《WTO/TBT 协议》有明显差异,因为强制性标准仍属标准,不应与技术法规相等同。因此,本课题组认为,我国标准化体系的建设必须先由最基本的术语——标准的标准化工作开始。为了与国际接轨,适应市场经济的发展,必须取消强制性标准,立法界定标准与技术法规的关系;规定标准是自愿的,而技术法规是强制性的;规定技术法规是免费的,而标准是收费的。

技术法规的制定在我国也是有法可依的。根据我国《立法法》规定,在行政法规和地方性法规的层次上制定具有实质内容的技术法规比较合适。因为,行政法规和地方性法规的制定程序比法律的制定程序要快捷和灵活一些,这可以满足技术法规的急需和适应突发情况的立法需求,也有利于技术

① 国家技术监督局政策法规司法规处编著《中华人民共和国标准化法讲座》[M],中国标准出版社 1991 年版,第 52 页。

② 李忠海:《中国标准化工作面临的新问题》[E],http://www.jsqts.gov.cn/。

法规的修订。我国还缺少真正意义上的技术法规，而技术法规的制定又有其独特性，因此，我国技术法规体系的建立首先应在《立法法》以及《行政许可法》等行政程序法的框架下，由国务院制定发布一个关于技术法规制定的决定或一个试行的行政法规来约束、规范技术法规的制定和实施①。同时在制定时应考虑 WTO 有关协定的要求。

通过以上的比较，我们知道标准和技术法规间既有区别，又有联系。那么何种技术应以标准形式公布？何种技术应以法规形式公布？我们认为可以将《WTO/TBT 协议》第 2 条 2.2 款对技术法规的正当目标的规定作为界限。也就是涉及国家安全要求、防止欺诈行为、保护人身健康和安全、保护动植物的生命和健康、保护环境等方面的问题时，以技术法规的形式公布，否则，则以标准的形式公布。

二　标准与法规的耦合分析

由于标准和技术法规间的天然的联系，它们之间也常常被以某种方式结合在一起。《WTO/TBT 协议》第 2 条 2.4 款规定"当需要制定技术法规并且已有相应的国际标准或者其相应部分即将发布时，成员国应使用这些国际标准或其相应部分作为制定本国技术法规的基础……"。这一条款将标准与技术法规联系起来，也就是可以将标准用于立法。早在 1973 年，联合国欧洲经济委员会（UNECE）的专家就曾起草文件，说明将技术要求放在标准中可能带来的好处②：简便和加快立法工作；有利于消除贸易壁垒；更易考虑国际标准化组织的工作成果；更便于修改技术法规以适应技术进步；技术要求能更好地被遵守，因为技术人员更习惯于使用标准而不是法律；所有的技术法规可以被集中统一收集；能确保更好地贯彻国家技术法规。欧委会也认识到标准减少立法的潜力③：自愿的标准可被用来减少立法，尤其是政府的干预；使强制性的法规数量减少，内容稳定并可不受技术干扰，有利创新。另

---

① 梁津：《完善我国技术法规体系应对 TBT/SPS 挑战》[J]，《WTO 经济导刊》2009 年第 1 期。

② *A standard for standards—Part 1: Guide to the context, aims and general principles*, BSI 28 August 2002, ISBN 0 580 27658 9, p.14.

③ Commission Staff Working Paper, *European Policy Principles on International Standardization*, Brussels, 26 July 2001. SEC (2001) 1296, p.5. p.8.

外，在技术法规中使用标准还可以促进贸易。事实上，国际上一些国家或地区颁布的技术法规就直接引用标准，标准常常成为技术法规的重要内容。欧盟将标准用于其立法的做法较为成功，其具体做法值得借鉴。根据欧盟的经验，在立法中参照标准的方法可以分为直接方法和间接方法（见表12-2）。

表 12 - 2　技术法规中参照标准的方法

参照方法	子方法	具体参照做法	优点	缺点
直接参照标准	具日期的直接参照	法规中标明参照标准号和标准日期	立法者和执行者对具体技术要求非常了解	一旦标准被修改或被替代，法规也需相应改动
	不具日期的直接参照	法规中仅标明参照标准号，但不具标准日期	更灵活，一旦标准被修改，法规不需变动	一旦标准被完全替代或标准草案变为正式标准，立法者需修改法规，但他无法控制整个过程
间接参照标准	"新方法"	如果产品符合协调标准，就被认为与具体法规中的基本要求相符	●欧洲立法者能控制最后结果； ●新方法总能与"最新技术水准"保持一致； ●执行者对法规的具体要求很明确，因为这些要求都公布在官方公报上	立法者对最后结果的影响不大，因为不是由他来选择标准
	参照最新技术水准或公认技术规则	生产商满足最新的标准，但并未具体说明	相关标准被修改后，法规不需改动	●立法者对立法无任何控制； ●执行者无法肯定哪个标准属最新技术水准

资料来源："Enterprise Guides：Methods of referencing standards in legislation with an emphasis on European legislation"，European Communities，2002。

　　所谓直接参照标准就是在法律文件中参照某一具体的标准，这样，标准很可能成为强制性的，因而可能对外形成技术性贸易壁垒；随着技术发展，法规也需作相应修改。直接参照标准又可分为具日期的直接参照和不具日期的直接参照。所谓具日期的直接参照就是在法规中标明标准号和日期，这种参照的好处就是立法者和执行者都明确知道法规所指的技术结果。而唯一不足的就是当标准更新时，法规也需做相应调整，这不仅复杂而且费时。为了避免这一问题，在具体的指令中可以将修改授权给政府机构，或采用其他方法。例如，欧委会 1994 年 1 月 21 日的第 94/2/EC 号指令① （为实施有关家用电冰箱、冰柜和它们的合并体的能量标签的理事会第 92/75/EEC 号指令）的第 1（2）条款规定 "这一指令所需的信息的衡量将依据 1990 年 5 月的欧洲标准 153 号（EN153），或者《欧共体官方公报》上公布参照的成员国转换时已将参照号公布的协调标准"。这一做法就是将直接的具日期的参照与官方公报上公布的参照协调标准的间接参照相结合，避免经常性的改动。

　　与具日期的直接参照有所不同的是，不具日期的直接参照就是在法规中引用具体的标准号，但不具日期。这种方法更灵活，但是一旦标准被完全替代或标准草案变为正式标准，立法者需修改法规。1993 年 7 月 22 日《有关合格评定程序的各个阶段的模式和 CE 合格标志的粘贴和使用规则的第 93/465/EEC 号理事会决议》② 附录中第 A（m）点规定 "能提交认可证书或其他书面证据证明与协调标准（EN45000 系列）相符的指定机构就被认为是符合指令的要求"。如果 EN45000 系列更新了，本决议不需做任何改动，但一旦该标准被完全替代，本决议就需调整。

　　所谓间接参照标准就是在法律文件中不直接参照具体的标准，这样间接参照的标准仍是自愿的，因而不会产生技术性贸易壁垒；而一旦标准被修改，法规不需做改动。欧盟的新方法就是一种典型的间接参照标准的例子。1985 年 5 月 7 日欧共体理事会颁布了《技术协调和标准的新方法》③ 决议，规定欧共体层次的立法主要以指令④的形式，制定关于安全、健康、环境和消费者保护等方面应达到的主要目标和基本要求。而具体的技术问题，即满足这些基本要求的技术标准，则委托欧洲标准化组织（ESOs）⑤ 以 "协调

---

①　OJ L045，17/02/1994，pp. 0001—0022.

②　OJ L220，30/08/1993.

③　OJ C136，04/06/1985.

④　"directive" 指令作为欧盟立法的二级渊源之一在《欧共体条约》189 条中得到明确：指令只说明必须达到的目的，成员国则保留权力自行决定取得规定的结果的方式或方法，并仅对指令的结果负有欧盟法上的义务。

⑤　三大欧洲标准化组织为欧洲标准化委员会（CEN，1961 年成立）、欧洲电工标准化委员会（CENELEC，1973 年定名）和欧洲电信标准学会（ETSI，1988 年成立）。欧委会将它们称为 "欧洲标准化机构"（European Standardization Bodies）或欧洲标准化组织（European Standardization Organizations）；而欧洲标准化委员会将它们称为欧洲标准组织（European Standards Organizations）。但这些名称现已被互相承认。

标准"形式制定，从而使欧洲标准成为支持技术立法、消除贸易技术壁垒的重要工具。欧共体授权并资助这些标准化组织，以指令的基本要求为基础，制定协调标准。指令规定结果应该是什么，指令是强制性的；而标准提供了如何达到结果的规范，标准是自愿的①，标准以技术细节补充立法。标准被用于技术法规中，标准也就取得了法律地位。欧盟的立法者在立法过程中，充分利用标准，使得欧洲标准成为单一市场运行的关键因素，并在其他政策目标中，如企业竞争、创新、健康安全、保护消费者利益和保护环境等②之中，发挥了重要作用。

新方法下标准的使用避免了上述直接参照标准的许多不足。由于需要欧洲立法者将参照标准在《欧共体官方公报》上公布，标准才有法律效应（也就是符合假定），因此能控制最后结果；即使标准被修改，法规却不需改动，只需将被修改标准的参照公布即可。因此，新方法的创新之处就在于它避免了过去那种规定每种产品详细技术要求的做法，只需说明这类产品的基本要求，因而也就达到了制定灵活且不受技术约束的立法。这种立法方式不仅可以促进创新，带来竞争，而且总能与最新技术水准一致③；执行者对法规的具体要求很明确，因为这些要求都公布在官方公报上。唯一不足的是立法者对最后结果的影响不大，因为不是由他来选择标准。新方法中的参照标准的方式可以以2009年6月18日欧洲议会和理事会共同颁布的《关于玩具安全的2009/48/EC指令④》为例，该指令第13条款规定"如果玩具与参考号公布在《欧共体官方公报》上的协调标准，或者其中的一部分相符，玩具就可以被认为是满足了这些标准或者其中一部分在第10条款和附录Ⅱ中所规定的要求"。

---

① Komma Consultants (compiled for CBI), *The Unification of Europe：Harmonizing Technical Regulations*, CBI Netherlands, 1994：X.

② *Report from the Commission to the Council and the European Parliament on Actions Taken Following the Resolutions on European Standardization Adopted by the Commission and the European Parliament 1999*, Brussels, 26 September 2001. Com (2001) 527 final.

③ 事实上，我国目前的标准法规体系下，由于一些食品安全标准出台不及时、不统一，常常导致监管"无法可依、违法难究"，特别是因缺乏食品安全标准和检测方法，影响了食品安全事件的应急处置。

④ OJ L187, 16/07/1988, p. 1.

除了新方法外，另一种间接参照标准的方法就是参照最新技术水准或公认技术规则。也就是生产商满足最新的标准，但并未具体说明。其唯一的优点为相关标准被修改后，法规不需改动。但立法者对立法无任何控制；执行者无法肯定哪个标准属最新潮流。因此，欧盟的立法中没有此类做法，但其成员国中有这种做法。

总之，在技术法规中参照标准的这些做法各有千秋，但是将标准用于技术法规的好处是可以肯定的：立法者不需为技术难题找答案，可以依靠标准制定者的技术能力，这样也就节约了公共开支；由于标准是一致、公开原则下的产物，使得参照了标准的立法也极易被接受；标准还反映了技术的最新发展，参照了标准的法规也就同样能跟上技术发展的要求。如此，标准与法规之间的耦合效应也就自然产生。

因此，理顺标准和技术法规的关系，做好标准的标准化工作可能是首要的任务。只有界定了标准和技术法规间的关系，明确了它们在我国标准体系建设中的分工，才能尽快完善我国技术法规的建设，缩短标准的制定时间，迅速建立符合市场经济的标准体系，应对欧盟相关政策的不定期调整。欧盟将标准用于立法的做法，为我国技术标准体系的建设，尤其是《标准化法》的修订工作中标准和技术法规的关系的界定，提供了一个参考思路。

第二节　中层合格评定体系

鉴于经济发展水平、社会环境、历史文化等方面的差异，各国和各地区对于产品的要求也就存在差异，相关的标准和技术法规差异也因此不可避免，更毋庸置疑。但是否能够相互承认和认可这种差异，一直影响着，也必将在不短的时期内继续影响到各国间的贸易往来。事实上，WTO/TBT 协议也是允许这样的差异存在的。如果贸易伙伴间有顺畅协调的合格评定体系，合格评定的费用和时间当然会降低。因此，"只要有有效的合格评定机制，技术法规将不会成为严重的贸易壁垒"[①]。如何通过合格评定顺利有效地消

---

① Shinji Fujino, "Technical Regulations and Standards: Implications for Trade", *Standards and Conformity Assessment in Trade: Minimizing Barriers and Maximizing Profits*, OECD Workshop and Policy Dialogue, Berlin, 21 – 22 November, 2005: 39.

除各国和地区间标准和技术法规的差异变得更为重要。正是认识到这种承认的可能性和重要性，欧盟在单一市场政策的完善中成功应用了相互承认原则①，这是针对其成员国在未协调领域相互承认的大胆尝试。

因此，除了标准法规体系必须符合国际惯例，需要与国际接轨的还有我国合格评定体系。尽管以认证认可为重要组成部分的我国合格评定体系已经初步建成，但是我国目前现行做法与国际惯例还有差异，也因此给我国商品的出口带来了障碍。为此，本课题依据国际惯例，在进行国际比较之后，尝试设计符合我国国情的合格评定体系。

一　认证认可与合格评定

国际上经历了认证制度向合格评定制度的发展过程。国际合格评定的发展可追溯至 20 世纪 70 年代。当时根据国际贸易发展的要求，关贸总协定（GATT）决定在国际范围内拟定"技术性贸易壁垒协定"，旨在通过消除国际间技术性贸易壁垒，加快世界贸易的发展，并于 1970 年正式成立了标准和认证工作组，着手起草协议。根据 GATT 要求，为了使各国认证制度逐步走向以国际标准为依据的国际认证制度，国际标准化组织（ISO）于同年成立了认证委员会。经过五年的谈判，"技术性贸易壁垒协定草案"（Draft Agreement on Technical Barrier to Trade，简称标准守则〈Standard Code〉）于 1979 年 4 月正式签署，并于 1980 年 1 月 1 日起生效，规范了技术法规、标准和认证制度。GATT 的乌拉圭回合于 1994 年又修订了《标准守则》，将"认证制度"一词扩展为"合格评定制度"，并在定义中将内涵扩展为"证明符合技术法规和标准而进行的第一方自我申明、第二方验收、第三方认证及认可活动"②，明确其定义为：任何用于直接或间接确定满足技术法规或标准要求的程序（WTO/TBT 协议附件 1），并且规定合格评定程序应包括：抽样、检测和检查程序；合格评价、证实和保证程序；注册、认可和批准程序以及它们的综合运用。随着认证制度逐渐向合格评定制度发展，1985 年 ISO 的认证委员会更名为合格评定委员会（简称 ISO/CASCO）。随着 ISO 的改革，

---

① 在协调的"基本要求"之外，各成员国必须相互接受其他成员国的技术法规和标准，这就是相互承认原则，这一原则已经成为自第戎的黑加仑酒案例之后的司法复审原则。

② 供货商是第一方，购买者为第二方，而在交易中没有任何商业利益的其他组织则是第三方。

1994 年该委员会更名为合格评定发展委员会（简称仍为 ISO/CASCO）。

合格评定与认证认可的关系可以从相关国际标准中准确定位。ISO/IEC 17000：2004 第 2.1 条给出了合格评定的定义："有关产品、过程、体系、人员或机构的规定要求被满足的证实"，因此，合格评定的对象共有五种，即产品、过程、体系、人员和机构。其中，产品包含了硬件、软件、流程性材料和服务。标准中还列举了几种合格评定活动，如检测、检查、认证和认可。其中，认证是与产品、过程、体系或人员有关的第三方证明[1]，认可是正式表明合格评定机构具备实施特定合格评定工作的能力的第三方证明[2]。由此可见，认证和认可分别是合格评定活动的表现形式之一，属于第三方合格评定活动。与此相对应的还有第一方合格评定活动和第二方合格评定活动，这是根据合格评定实施的主体不同而区分的。

二　合格评定体系国际比较

经过多年的不断完善，美国、欧盟、日本等发达国家和地区的合格评定体系已经相对固定，也较为先进，并各具特色。

首先，美国的合格评定有法可依：美国标准技术研究院合格评定政策委员会（CAPC）于 2007 年 5 月发布了《美国国家合格评定原则》第二版，明确了美国合格评定活动的原则。其次，美国合格评定体系符合国际上的一般惯例，主要包括认证和认可两部分[3]。其中认证体系分为产品认证和管理体系认证两部分，由美国国家标准与技术研究院（NIST）负责编制认证计划，由美国国家标准学会（ANSI）负责对认证机构进行认可，并代表美国参加国际认证的互认活动。而产品认证分政府认证和民间认证两种，其中的政府认证有联邦认证和各州认证之分，而联邦认证又分强制性和自愿性。而对于管理体系认证，目前美国尚无强制性要求，但许多政府机构已经或正在其法规中运用强制性标准。美国的认可制度分为认证机构的认可和实验室的认可，其中的两个最重要的认证机构分别是由美国劳工部职业安全卫生监察局（OSHA）和美国国家标准学会（ANSI）运作的，而实验室认可体系是由各级

---

① 参见，ISO/IEC17000：2004 第 5.6 条。
② 参见，ISO/IEC17000：2004 第 5.2 条。
③ 李珣：《美国合格评定体系简介》[J]，《世界标准化与质量管理》2008 年第 7 期。

政府和私人机构分别运作的，两者虽在特定的体系间或与其他有关利益方之间（例如政府机构、贸易协会或专业协会）存在一定的协调，但是并没有集中统一的协调机构。因此，美国合格评定虽有专门的立法可依，但政府和民间的双层认证与认可体系给美国的合格评定增添了复杂性和不确定性。

　　日本的合格评定工作由政府管理，其经济产业省具体负责质量检验、认证和实验室认可①，依据的法律文件是《工业标准化法》，并为此设有标准与综合评定政策处、标准处、综合评定处、计量和技术基础处等处室。就产品检验认证制度而言，日本经济产业省实行强制性和自愿性两种制度，其中强制性认证的产品，在质量、形状、尺寸和检验方法上都要满足特定的标准，否则不能生产和销售。因此，凡进入日本市场的外国商品，日本进口部门都要预先在本国的生产、消费领域中作动向调查，由日本商品流通业界作出定性定量分析，确定其具有代表性、适用性和流通性，并对其生产工艺和生产流程进行合格评定，这样才能获准进入日本市场。总之，日本的合格评定体系有专门的立法规定，有专门的部门归口管理。

　　合格评定的全球方法（Global Approach）是欧盟为了消除内部技术性贸易壁垒而设计的一揽子立法的一部分。欧盟于 1989 年推出全球方法，2008年新的立法框架②修改了该方法。为了保持成员国法律的一致性，全球方法规定了立法者起草立法时可以使用的一系列合格评定模式，尤其当成员国间贸易因不同法律受到阻碍，涉及安全问题时。对于每一条立法，通常以欧盟指令的方式，根据与该指令中规定的要求不相符时而带来的危险程度，提供可供选择的模式。对于低危险的情况，供货商的合格声明就足矣，而对高危险的状况，则规定产品和质量管理体系的第三方评定。立法中包含不同模式的组合，以便供货商根据情况自由选择，而又能够确保所需的合格程度。合格评定模式主要包括：生产商的自我评定；独立机构（指定机构，notified

---

　　① 袁俊：《美国、日本、韩国及欧盟的合格评定制度》［J］，《电子产品可靠性与环境试验》2004年第 3 期。

　　② 欧洲议会和理事会 2008 年 7 月 9 日发布的关于产品营销总体框架 768/2008/EC 决定（DECISION No 768/2008/EC OF THE EUROPEAN PARLIAMENT AND OF THE COUNCIL of 9 July 2008 on a common framework for the marketing of products, and repealing Council Decision 93/465/EEC)，废除了理事会93/465/EEC 决定。

body）的形式评定；指定机构的质量保障评定；指定机构的生产项目检测。总之，欧盟的全球方法可以看做是一种由不同指令的独立方案（scheme）组合而成的合格评定体系（system）。现行的欧盟合格评定体系是区域一体化的典范，一方面其协调统一的规定给第三国商品进入欧盟市场带来便利，但另一方面其不断完善的体系有如一道屏障可以起到坚固的抵挡外部商品进入的作用。

三 我国合格评定体系设计

鉴于本课题研究的是欧盟单一市场政策对我国商品出口的影响，因此这里仅设计出口商品合格评定体系。如上文所言，因为我国与欧盟的上层标准法规体系迥异，我国商品在出口欧盟时常常遭遇到重复检测或者重复认证的情况，这不仅增加了成本，而且还可能因欧盟不同的、不透明的或者带有歧视性的合格评定程序导致我国商品最终根本无法出口[①]。如图 12 - 1 所示，我国出口企业在遭遇欧盟标准化时，不仅要花费成本学习其标准和技术法规，并与之相符，而且还需要不断地付出用于定期的检验，抑或由于较低市场规模带来更高的边际市场成本。欧盟这样的合格评定也就演变成了实质性的保护工具，或者说成功构筑起了技术性贸易壁垒。归根结底，还是源于我国标准法规体系，以及相应的合格评定结果得不到欧盟的认可。为了适应不断变化的欧盟单一市场政策的调整，本课题首先试图界定我国现行合格评定体系的根本问题，以此为基础，尝试设计出符合中国国情的合格评定体系。

首先，以认证认可为重要组成部分的我国合格评定体系已经初步建成。根据中国入世承诺和体现国民待遇的原则，国家于 2001 年 12 月 3 日对外发布了《强制性产品认证管理规定》，从 2003 年 5 月 1 日（后来推迟至 8 月 1 日）起全面实施，对强制性产品认证使用统一的标志"中国强制认证"（英文名称为"China Compulsory Certification"，英文缩写为"CCC"，又简称"3C"认证），逐步取代了原来实行的"长城 CCEE"标志和"CCIB"标

---

① 即使一国或者一个地区的标准被另一国或者地区承认，出口国的检测证书在目标市场可能仍不足以证明其与相关标准的相符，参见，Hart, M.（2004），"Risks and rewards: New frontiers in international regulatory cooperation"，paper prepared for *the Conference on Multi-Level Regulatory Governance in Canada*，October 27 - 28，Ottawa。

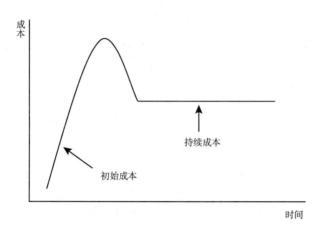

图 12 - 1   企业符合成本的时间变化趋势示图

资料来源：Baldwin, Richard E., "Regulatory Protectionism, Developing Nations, and a Two-Tier World Trade System", *Brookings Trade Forum*: 2000, 242.

志，试图通过"统一目录，统一标准、技术法规、合格评定程序，统一认证标志，统一收费标准"等一揽子解决方案，彻底解决长期以来我国产品认证制度中出现的政出多门、重复评审、重复收费以及认证行为与执法行为不分的问题，并建立与国际规则相一致的技术法规、标准和合格评定程序，以促进贸易便利化和自由化。2005 年随着《国务院办公厅关于加强认证认可工作的通知》、《中华人民共和国认证认可条例》的先后出台，一批部门规章和规范性文件顺利发布，认证认可工作实现了有法可依。2006 年 3 月31 日，由国家认证认可监督管理委员会（国家认监委）批准设立并授权，在原中国认证机构国家认可委员会（CNAB）和原中国实验室国家认可委员会（CNAL）基础上组建成我国统一的国家认可机构——中国合格评定国家认可委员会（China National Accreditation Service for Conformity Assessment, CNAS），建立了统一的认可制度，统一负责对认证机构、实验室及相关机构和检查机构的认可工作。地方认证监督管理工作的组织体系也初步建立，职责分工明确。随着新的强制性产品认证制度等一系列工作制度顺利实施，我国初步建立了认证认可制度体系，完成了对认证机构、认证咨询和培训机构的重新审批登记工作，组织了查处违法违规认证机构、认证有效性监督抽查等重大专项整治行动，认证已由过去单纯地对产品质量进行认证，拓展到服务和管理体系领域。

在双边平台上，我国与主要贸易伙伴国，如美国、日本、韩国、俄罗斯等已经建立了固定的合作机制。例如，近年与美国达成的协议包括，其玩具新法案的第三方测试结果的承认问题、节能认证的结果、有机产品的互认、美国标准化技术委员会信息平台的建立等。另外，在我国与新西兰签署的自由贸易区协定中，已经针对电子电器产品合格评定的结果达成了共识。欧盟的合格评定体系世界领先，但我国与欧盟这方面的合作非常有限。经常的做法是在出现问题之后，我国相关机构再出面与欧盟进行协商解决。我国现行的合格评定体系决定了我们不得不采取这样的被动和事后的解决模式。

在多边领域里，我国的认证和认可机构已经加入了国际目前现存的认证认可的多边互认体系，例如，我国的认可机构加入了国际认可论坛，跟国外其他一些国家的相关认可机构签署了多边互认协议，使得我国质量管理体系认可，环境管理体系认证和产品认证获得了国外 30 多个国家认可机构的认可。在实验室和检查机构认可领域，我国的认可机构已经与 40 多个国家 62 个认可机构达成了互认，这些互认为我国产品的出口创造了市场认可的机会。

但是我国现有体系仍存在不利于我国商品出口的问题，主要症结在于合格评定机构主体问题，以及由此带来的我国认证认可制度的国际认可问题。根据国际惯例，如前文提及的 ISO/IEC17000 的界定，作为合格评定活动重要表现形式的认证和认可，属于第三方合格评定活动。事实上，国际上对于合格评定结果采信的均为第三方的检测和认证结果，而我国在进出口方面更多采用的是政府主导的合格评定的方式，这就给我国质监总局在对外技术对外贸易措施跟踪研究和对外交流方面带来压力，并因此给我国商品出口带来问题。因为对目标市场而言，我国政府出示的相关证明更多的代表的是供方，难以界定为是第三方的评价结论。这不利于通过国与国之间合格评定体系的相互承认和结果的相互接受以及通过多边的方式相互承认，达到我国本土的检测和认证结果获得目标市场承认的目的。因此，一段时间以来，推进我国认证认可制度的国际认可一直是国家认监委的工作重心之一。国家层面正在尽力充分利用认证认可制度国际化的优势，通过双边多边合作，发挥政府职能的作用和利用第三方与合格评定技术的优势相结合，在突出企业应对技术贸易措施主体地位的前提下，努力服务于企业需要，最终尽可能消除目标市场的技术性贸易壁垒。

因此，完善我国出口商品合格评定体系的首要任务就是要立法界定第一、第二和第三方在合格评定中的责任和义务。在国际贸易中，供货商是第一方，购买者为第二方，在交易中没有任何商业利益的其他组织是第三方。根据国际惯例，三方的责任和义务可以区分如下（具体模式示例见图12－2）：

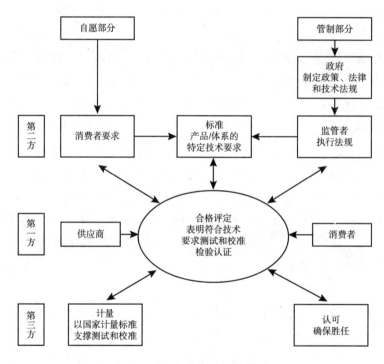

图 12－2　合格评定模式示例

资料来源：ISO，UNIDO，*The Conformity Assessment Toolbox*，2010：15。

提供产品的第一方，也就是供货商负责产品符合具体的要求，这些要求可以是其自身的规范，也可以是购买者提出的规范，或者是产品相关的法律要求。以上这些情况都可以参照国内、区域或者国际标准。

购买产品的第二方一旦对产品提出具体要求，则由其负责确保产品符合这些相关要求。

第一方或者第二方可以邀请独立的第三方评定产品是否与规定的要求相符，并负责提供产品合格（或者不合格）的证明。

其次，我国合格评定体系可以由不同层级的子系统构成。针对我国现行合格评定体系存在的问题，本课题提出适合我国国情的合格评定体系可以根据 ISO/IEC 17000 的合格评定功能法（functional approach）（见图 12-3）进行设计，主要包括以下几个系统：

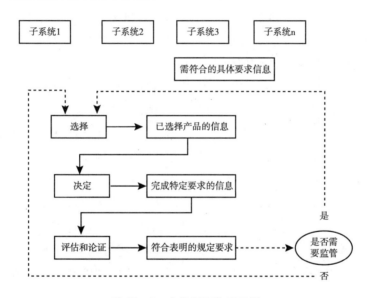

图 12-3　合格评定体系示例

资料来源：ISO, UNIDO, *The Conformity Assessment Toolbox*, 2010：30.

企业合格评定子系统——企业通过该系统对其产品进行检验、检测和复审，并发布合格声明；

认证机构合格评定子系统——认证机构作为第三方负责设计、应用、管理和维护其系统，并对申请合格评定的商品进行合格评定，出具相关证明；

行业协会合格评定系统——根据具体情况，行业协会聘请一家或者多家认证机构以合约或者其他正式协议的形式进行合格评定，但该系统的运行由行业协会负责。

再次，我国出口商品合格评定体系中的不同层级子系统可以采取相同的评定步骤（见图 12 - 3）：选择（Selection）- 检测（Determination）- 复审与鉴证（Review & Attestation）+（必要时）监管（Surveillance）。具体而言，首先，根据出口目标市场或者进口商的要求选择合格评定依据的标准，并从全部送评的商品中选出进行合格评定的具体商品，必要时说明抽样方法。接着，检测所评定商品以决定其具体特性，包括物理特性，审核与所评定商品相关的系统和记录，评估特性，验证规格，得出结论。然后，复审之前所收集的证据，对不合格的情况重新打回检测阶段重检。最后，对合格评定结果出具合格声明，并在合格产品上加贴合格标志；对不合格的情况提出整改和预防措施。必要时，在生产地或者投入市场的供应链上进行检测，包括：在市场进行检测，在使用地进行检测。

此外，我国出口商品合格评定体系还需要设计如何与主要贸易伙伴国相互接受合格评定结果，因为这样的相互承认已被证实完全可以促进贸易[①]。通过双方政府、行业协会、合格评定机构等组织，在承认彼此合格评定体系差异存在的前提下，采取不同形式的合作机制使我国企业在出口时可以避免商品的重复检测，降低成本来达到顺利出口的目的（见图 12 - 4）。事实上，随着合格评定机构的全球化和网络化，这样的合作不仅可以给出口商提供理想的途径跨越目标市场合格评定的差异方面的障碍，而且可以给各自的合格评定机构带来商机。例如，我国生产商可以向我方的合格评定机构申请评定，通过我国合格评定机构与欧盟合格评定机构间的谅解备忘，我国合格评定机构签发的检测报告可以送达欧盟指定的合格评定机构。也可以由我国生产商向欧盟合格评定机构在我国的分支机构申请评定。我国生产商也可以直接向指定的欧盟的合格评定机构，或者其在欧盟的分支机构申请评定。出口时，我国生产商可以根据企业的情况自行决定选择最合适的合格评定程序。

最后，作为我国出口商品合格评定体系主体的合格评定机构的指定需要立法制度化，这方面欧盟合格评定机构的指定和通告值得我们借鉴。执行评

---

① 主要采用的研究方法有以下三种：引力模型、问卷调查和案例分析，参见：Mark Vancauteren，"Trade Effects of Approaches Intended to Facilitate Acceptance of Results of Conformity Assessment: What Is the Evidence?" *2009 Workshop and Policy Dialogue on Technical Barriers to Trade: Promoting Good Practices in Support of Open Markets*，OECD Headquarters，Paris，5 - 6 October 2009。

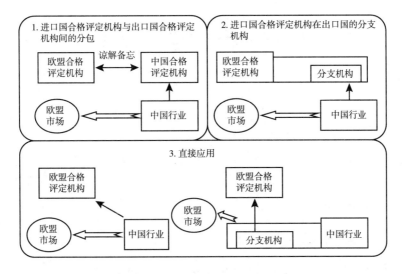

图 12 - 4　两国不同形式的合作机制示例

定的这些第三方机构在欧盟被称为指定机构（Notified bodies），它是由成员国在其境内所有符合指令规定要求的机构中指定的。当欧盟合格评定全球方法中需要第三方干预时，90/683/EEC 决定规定必须由这些指定机构依据新方法指令的基本要求提供合格评定服务。为了确保由指定机构进行合格评定的商品能在共同体内部自由流通，该决定规定指令必须列出指定机构应达到的最低标准[①]，一般包括人员和设备的配备；机构的独立性和公正性；技术能力以及专业人员的配备；人员对职业秘密的维护以及民事责任保险的认缴。指定机构的指定与通告程序一般由认定和通告两个步骤组成：第一步通过评定程序确认检验实验室或认证机构的资质。评定程序由两个模块组成：认定与一般管理要求有关能力的程序；认定与具体指令有关特定产品相关技术能力的程序。第二步就是通告本身，也就是将认定的机构通知欧委会。根据我国出口的需要，指定有能力的合格评定机构积极与包括欧盟在内的目标市场的合格评定机构建立必要的联系，然后公开这些指定的合格评定机构供我国出口商选择。

[①]　European Commission, *The EN 45000 Series of Standards and the Conformity Assessment Procedures of the Global Approach*, DG III Industry, Brussels, Certif 97/5 EN Rev. 1, 24 March 1998: 2.

第三节　底层市场监管体系

所谓市场监管是由公共权威机构采取措施，确保上市的产品符合法律要求，或者说不给健康安全带来危险，或者达到立法中规定的保护公共利益的目的。尽管我国频发的食品安全事件与进口食品关系不大，但是上层标准法规体系、中层合格评定体系，还需要底层市场监管体系才能够组成一个完整的系统。本课题仍以食品安全为例，首先比较世界主要食品生产和消费大国的市场监管体系，进而探讨我国目前这一体系存在的问题，最后提出一些政策建议。

一　食品监管体系国际比较

世界主要食品生产国和消费国的市场监管体系各不相同，但目的只有一个，也就是要确保食品安全，因为民以食为天，食以安为先。

作为农产品生产大国，美国的食品安全监管机制一直比较分散，按照联邦、州和地区分为三个层面监管。三级监管机构大多聘请相关领域的专家，采取进驻饲养场、食品生产企业等方式：从原料采集、生产、流通、销售和售后等各个环节进行全方位监管，从而构成覆盖全国的立体监管网络。不过，这种监管体系由于管理权分散，近年来暴露出效率低、部门之间缺乏协调等诸多弊端，这也是奥巴马政府推动食品安全体系改革的原因所在①。

与美国相比，英国的食品安全监管则更为集中有效：成立于2000年的英国食品安全监管机构——食品标准署不仅监测市场上的各种食品，而且将触角延伸至食品产地进行长期持续监管。例如，由于1986年的切尔诺贝利核事故使得大量放射性物质飘散到欧洲上空，有不少放射性物质在英国养殖绵羊的一些高地地区沉降，20多年来英国食品标准署一直监控着当地绵羊的情况，在其2009年发布的公告中还提及有369家农场的绵羊产品受到限制。英国食品标准署对食品的追溯能力也在去年的克隆牛风波中得到展示。2010年有媒体披露，一些英国农场主表示饲养了克隆牛及其后代，并将其

---

① 2011年1月，美国总统奥巴马签署《食品安全现代化法案》，美国食品安全监管体系迎来一次大变革。

牛奶和牛肉制品拿到市场上销售。由于公众对克隆动物食品还存在一些不同看法，特别是不少人在食用安全问题上存有疑虑。食品标准署很快查明报道中的牛是一头从美国进口的克隆牛的后代，并据此确认了其后代8头牛所在的农场，以及是否有相关奶制品或肉制品进入市场。这些结果公布后，公众掌握了相关事实，一场风波逐渐消散。

作为一个具有悠久历史的农产品和食品生产及消费大国，法国食品质量安全监管机构的主要特色为采用中央至地方两个主要层面、多个部门之间展开分工协作管理的运作模式。① 在中央层面，由法国政府农业部、经济财政和工业部，以及卫生部等三大政府机构，以及下属部门分别从生产、加工、贮运、销售等环节，以及食品公共卫生安全环节进行协同配合，对食品质量安全展开全方位的监控。而在地方层面，则由法国国内22个大区，以及其下属管辖的100个省市的地区农业和林业分局（DRAAF），省级兽医服务分局（DDSV），地区消费、竞争和稽查分局（DRCCRF），以及地区卫生分局（ARS）负责日常监管事务的具体运作。为了避免监管工作出现空当，以及预防执法任务重叠现象的发生，法国政府特意建立起每一部门各司其职、相互协作的食品安全监管体系，因此政府各部门以及其下属机构对于农产品和食品安全监管的具体分工安排也不尽相同，其中植物性食品从生产至消费环节，以及动物性产品从流通至消费环节的监管工作由经济财政和工业部具体负责管理，动物性产品的生产环节的监管工作由农业部具体负责管理，而动物性产品的卫生监管工作则由卫生部具体负责管理。

因此，采取两层面、多部门分工协作式的全程管控模式的法国比起美国的三层面分散监管要更有效，与英国集中管理一样可以实行严格监控，确保食品安全。

除了各成员国国家层面的管控，面对不断出现的食品安全危机，欧盟于2002年首次对食品生产提出了"可溯性"概念，以法规形式对食品、饲料等关系公众健康的产品强制实行从生产、加工到流通等各阶段的溯源制度。2006年，欧盟推出从"农场到餐桌"的全程控制管理，对各个生产环节提出了更为具体、明确的要求。欧盟市场监管根据负责主体和监管时间的不同

① 信息来源：中国贸促会驻法国代表处，http://ccn.mofcom.gov.cn/spbg/show.php?id=11230。

区分为上市前（pre-market）和上市后（post-market）。上市之前由经营者负责使产品符合基本要求，并根据要求加贴 CE 标志。上市之后再由成员国的执法机构监控产品以使其达到基本要求。该执法主体的职责包括，信息交流、风险评估、模式统一、经验分享、执法优化。

二　我国食品监管问题界定

同样作为食品生产和消费大国的我国近年来食品安全事件频发。将我国食品监管体系与上述其他食品生产和消费大国比较，我们可以发现一些明显的问题。

首先，我国现行的食品监管体系存在漏洞。我国多部门涉足食品安全的现状使得我国食品安全问题相当复杂。尽管 2010 年 2 月国务院专门设立了食品安全委员会，但从组成部门来看，目前对外正式公布的有 13 个，包括国家发改委、科技部、工信部、公安部、财政部、环保部、农业部、商务部、卫生部、国家工商总局、国家质检总局、国家粮食局、国家食品药品监管局。每个部门负责一部分，这就导致了极低的效率及较少的合作。不同部门的重复检查及检测导致了严重的资源浪费。由于不同部门参与到监督体系，没有哪一方承担最终责任。目前多部门监管，监管上既存在缝隙，又无法形成监管合力。因此出现食品事件后也就不知道该由哪个部门负责，似乎是谁都没有责任。监管缺位已经成为食品安全事件中的"公式化情节"。

其次，食品监管没有统一的法规标准。由于不同的部门参照他们各自的法规标准，很可能导致不同的甚至冲突的评判。① 最终不同的部门可能会对公众发布不同信息。此外，我国食品安全临界或关键领域没有（国家）标准。当紧急情况发生时，国家监督机构没有任何参考标准，相关生产商没有任何

① 例如，各部门对黄花菜工序设立的标准是一个极端的例子：2004 年上半年，卫生部将黄花菜不列为干蔬菜［2004 年 5 月 12 日卫生部签发文件，在《食品添加剂使用卫生标准》（GB2760 - 1996）中明确将黄花菜不列为干蔬菜］，不允许任何二氧化硫残留在最终产品内；商务部（商务部自 1967 年 6 月 12 日实施《黄花菜国家标准》，并于 1992 年成为工业标准）明确黄花菜是干蔬菜，应该符合《食品添加剂使用卫生标准》（GB2760 - 1996），每千克中允许 0.1 克以内的二氧化硫残留；国家质检总局［在全国主要产品分类与代码（GB/T 7635.1 - 2002），国家质检总局明确将黄花菜作为干蔬菜的一种］将黄花菜列为干蔬菜；农业部在产品标准中明确表示在每千克黄花菜中允许 0.1 克以内的二氧化硫残留。在卫生部 2004 年发布上述文件后，绝大部分厂商所产黄花菜变得"有毒"，在事件提交到温家宝总理之前，整个黄花菜产业几乎遭遇灭顶之灾。最后卫生部在 2004 年 8 月 9 日签发公告，允许每千克黄花菜中 200 毫克以内的二氧化硫残留。

标准遵循。例如在 2008 年奶粉事件发生后，大家发现共有 31 个标准指导生产、加工和销售，但没有标准提及三聚氰胺的检测。国家质检总局认为这是农业部门的事务，是奶源污染。当然诸如美国食品药品管理局是不能理解为什么会有三聚氰胺加入的，因为在美国没有供应商或生产商会做这样的事情。但在中国这样的怪事确实发生了，正如普通消费者经常听到的往食品中添加奇怪物质的做法。所以中国的立法委员们应该考虑到中国现状，必要时设定标准。

此外，监管的执行力较差。尽管监管依据已经存在，尤其在 2009 年 6 月 1 日《中华人民共和国食品安全法》颁布实施之后，但到目前为止，我国的食品监管机构执行力仍然较差，且由于各个部门分割监管，无法形成监管合力。

最后，监管主体存在被动监管的问题。我国食品监管机构普遍存在监管的积极性、主动性不够，几乎都是被动式、事后的、消极的监管，绝大多数都是在事发之后，在媒体报道之后，或者是领导批示后才去监管。

总的来说，中国现有的食品安全监管制度势必使监管具有被动性和事后性，只有事后纠正这唯一的一个途径。鉴于中国法律法规的缺失，在发生严重的食品安全问题后，政府只能通过临时行政措施解决，而不是法律管辖。此外，由于各种有关食品安全的法律由不同部门颁布，有不同的法律地位，由不同机构不同执行措施，这导致监管体系最终更加不协调。

三 监管体系未来改革设想

第一，统一监管主体。建议国家强制要求各省市成立独立于其他部门的食品安全委员会，统一领导食品安全工作，采用垂直管理模式，以排除各种干扰，实行食品安全的无缝监管。成立食品安全委员会，是许多发达国家取得良好食品安全监管绩效的重要经验[1]，为此，2010 年 2 月，国务院决定设

---

[1] 例如，比利时在食品安全问题上也曾经有非常惨痛的经历：1999 年，比利时发生二噁英污染危机，波及 746 家养猪场、440 家养鸡场和 390 家养牛场，经济损失高达 35 亿至 125 亿欧元。比利时政府痛定思痛，吸取教训，于 2000 年成立联邦食品安全署，专门负责监控食品安全。与此同时，食品安全署也接受公众的监督。它虽然是一个政府机构，可是按照 ISO17020 标准实行管理，并接受相应审计和检查。该署一年两次借助民意测验评估实际工作，一次是面向普通消费者，另一次是面向被其监控的企业。为保证肉食安全，比利时联邦食品安全署对整个生产链条——从最初的养殖场到最终的屠宰场——实施信息化"档案管理"，即养殖时实行"身份登记"，屠宰时实行"身份鉴定"。参见 http://www.people.com.cn/h/2011/0705/c25408-1705401001.html。

立食品安全委员会①，此后陆续有省市设立了各自的食品安全委员会，但尚未覆盖至全国。设立自上而下统一各部门职能的食品监管机构，不仅可以避免多头管理，而且可以遏制地方保护主义。

第二，明确监管客体。全面构建从源头到餐桌的全程监控体系，确保所有食品，包括出口食品的全程安全。因此，建议安全监管部门让供应商支付安全失败成本。如果奶粉丑闻中的原奶供应商知道他们无论在财务上还是法律上都将被严惩，他们根本不敢在牛奶中添加三聚氰胺。而要实行全程监控体系，需要制造商将企业社会责任融入他们的供应链管来迫使供应商履行相应责任，以降低其声誉风险，最小化产业系统风险。

第三，加强监管手段。由上述各级食品安全委员会负责加强各级风险监控能力的建设。国际上所说的食品安全是基于风险分析框架下的一种工作模式。风险分析包括三个内容，一是风险评估，二是风险管理，三是风险交流，也称为风险沟通。从风险评估到风险管理再到风险交流，这是世界范围内面临突发的食品安全事件时所采用的应急框架体系。基于风险的监管是新公共风险管理（NPRM）② 两大发展之一。自 1999 年至 2000 年英国国家审计局已经催促一些政府机构发展基于风险的方法来监管和检查，并已被英国一些安全监管机构如食品安全执行署及食品标准机构发展并应用。受英国这些成功例子的启发，我们认为中国应逐步建立基于风险的食品安全制度，以在未来避免类似三鹿奶粉丑闻这样的食品安全事件的发生。

第四，将检测技术机构市场化、社会化。食品生产企业的质检部门往往不得不听命于公司总经理甚至生产经理，没有独立的权力。如果以法律形式确定下来，食品生产企业的质监人员不仅要对企业第一责任人负责，也要对政府监管部门负责。企业的质监人员有权力有义务将企业生产情况报告给监管部门，这其实也是对社会负责。国内为数众多的所谓独立第三方至今仍未与行政部门真正脱钩，其公信力基于政府信用。因此，应当积极推进市场化取向的检测机构改革，加快检测机构机制改革步伐。

第五，加大惩罚力度。在食品安全制度相对先进的发达国家，食品安全

---

① 国发〔2010〕6 号。

② 另一个发展是"内部风险管理"。参见，Black，J，"The emergence of risk-based regulation and the new public risk management in the United Kingdom"，*Public Law*，2005：512 - 48.

事故也时有发生，各国为此都加大了惩罚力度，其中的许多做法值得我们借鉴，包括立刻关门、禁止营业、刑事诉讼、巨额赔偿等手段。立法规定惩处方法，可以让食品产业链的所有利益相关方明确自身的责任，更可以起到震慑作用。使生产者采取保护性措施的激励行为可以由市场（如通过名誉、认证和标签的需求方要求）或公共政策设计（如实行责任赔偿或直接监管过程或产品质量）实现①。圣塔克拉拉（Santa Clara）大学教授 Starbird 区分了内部惩罚（由安全监管机构执行）和外部惩罚（由市场或法庭执行）。Starbird 教授研究发现，安全监管机构应该对违规行为采取内部惩罚，而不是靠市场或法庭执行外部惩罚②。就中国而言，食品市场食品安全的外部性和信息不对称很容易导致市场失调，因此，现阶段安全监管机构的内部惩罚对调节市场很有必要。

第六，构建食品立体监管网。在食品安全监管上，需要构建以政府管理为主、社会监督为辅、全社会共同参与的立体监管网络。媒体可起到舆论监督作用，社会组织可在专业技能方面发挥优势，消费者则可通过维权行为遏制不法行为。这样结合政府、社会和个人资源的社会监管模式，可以发挥非政府组织（NGO）的作用，以降低成本，使社会福利最大化。

---

① Segerson, K. "Mandatory vs. voluntary approaches to food safety", *Food Marketing Policy Center Research Report*, Department of Agricultural and Resource Economics, The University of Connecticut, CT, 6 May 1998.

② Starbird, S. A., "Designing food safety regulations: The effect of inspection policy and penalties for noncompliance on food processor behavior", *Journal of Agricultural and Resource Economics*, 25, no. 2: 616, 630.

第十三章
应对欧盟政策调整的动态机制设计

构建我国标准化立体体系是以相对不变应对欧盟万变的单一市场政策调整。针对欧盟此轮单一市场政策调整的特点，基于前面的理论分析、实证研究、案例分析和经验研究，我们认为需要动态应对机制与标准化立体体系组合使用。本课题设计的动态机制包括政商学界的分工协作，以及对话机制、双边关系和多边体制的综合利用。

第一节　应对主体的分工

上文的研究结果告诉我们，欧盟新一轮食品卫生规则调整已对中国食品出口欧洲产生了一定的阻碍作用，因此如何应对是我们必须直面的：由谁来应对，如何来应对将是我们接下来需要重点研究的课题。应对主体有狭义和广义之分，狭义主体指涉案企业，广义主体通常指应对机制下的相关政府部门、中介组织和企业等。本课题所指的应对主体是广义主体，囊括相关的政商学界。针对欧盟食品卫生规则调整及其影响中国食品出口欧洲的情况，结合前面的理论、实证和案例分析结果，下面首先重点探讨政商学界在应对新一轮欧盟食品卫生规则调整时，如何实施分工，进行合力应对，以尽量减少负向影响。

一　政府政策与配套机制的完善

政府健全和完善的政策是应对欧盟食品卫生规则调整的政策保障，这其中既包括了食品卫生规则及安全监管政策，又包括了食品预测和预警机制，同时还应该包括一些辅助性的程序和规则调整。政府政策是一个系统的、全面的、层次性的工程，既需要中央政府的宏观政策保障，也需要地方政府的针对性政策实施。

（一） 食品卫生规则的完善

由于中国与欧盟食品卫生规则之间的差异，欧盟新一轮食品卫生规则的调整更对中国输欧食品构成了贸易壁垒，并因此必然对我国食品出口的数量和价格带来负向作用。这就要求中国必须针对欧盟食品卫生规则调整，对现有的食品安全法律体系进行分析和比较，对欧盟食品安全管理的发展进行研究和总结，进一步健全和完善中国食品卫生法规与食品安全监管。

中国食品卫生规则完善的过程，是中国食品卫生法规、标准与国际接轨的过程。中国在食品出口中所处的相对劣势的博弈地位，决定了中国的食品卫生标准必须尽可能地与世界先进标准同步。这就要求充分研究中国与欧盟食品卫生规则的不同，在对食品国家标准、行业标准和地方标准进行清理的基础上，切实执行新颁布的《中华人民共和国食品安全法》中的相关标准；同时积极推广采用国际标准，对不符合国际标准的进行修订和更新，并做到尽可能采用国际标准；对由于中国国情造成目前无法采用国际标准的，要让出口食品生产企业和相关行业了解这些标准的制定目的和使用标准中的注意事项；对标准缺失的，要加快制定相关标准。事实上，我国食品法制建设还没跟上，违法成本低，这也是我国食品安全事件频发的原因之一。

（二） 食品安全监管的协调

在食品安全监管方面，国务院质量监督、工商行政管理和国家食品药品监督管理部门以及国务院卫生行政部门等国务院有关食品安全监管部门应切实履行其职责。目前多部门监管造成的监管缝隙形成的监管漏洞，导致无法最终形成监管合力。而当下被动式监管、事后监管、消极监管也是源于法律上监管保障的缺失。因此必须在国务院下设的食品安全委员会的统一领导下，组织与协调整个食物链各环节的管理。加大政府的有关执法力度，出口食品的管理部门，要利用熟悉和掌握欧盟技术法规和标准的优势，以欧盟的食品卫生标准和要求进行检验。充分发挥地方政府对食品安全负总责的作用，加强地方政府对食品源头的监管。另外还必须建立全国统一的食品安全追溯系统，以便协调食品安全监管。[①] 目前我国企业、行业和部门常常采用各自的食品安全追溯编码，没有采用统一的标识系统，非常不利于食品安全监管的协调。联合国欧洲经济委员会已经正式推荐由国际物品编码协会推出的全球统一识别标志 GSI 系统。尽快采用统一的标识系统，是加强我国食品安全监管协调的首要任务。

（三）预测和预警机制的健全

欧盟食品卫生规则新一轮调整之所以成为中国向欧盟食品出口的技术性贸易壁垒，在一定程度上也是由于中国对其调整缺乏预见性，同时相应的预警机制的不完善也使得其影响显著。这就要求中国必须进一步完善预测和预警机制，建立起"中央政府、地方政府、行业协会和食品企业"四层次、专业化的预警信息网络，并将整个信息系统整合，达到系统内的信息共享，四体联动[②]。

如果缺乏贸易摩擦预警机制，国内出口企业往往在应对"突发的"技术性贸易壁垒方面十分被动，甚至遭受惨重损失。建立预警机制，对具有潜在危险的出口食品进行风险评估，可提高预见、处理和控制风险能力，把可能的出口损失降低到最低水平。预警信息的生成一般来源于三个途径：首先是出口食品产地监管、出口动植物源性食品残留监控及出口食品预检中发现的并极有可能在全国其他地区同样存在的问题，如违禁农（兽）药的使用等。其次是国外对中国某些食品启动预警管理措施、对某些食品的某项指标严格控制或者检测指标的更改情况等，最后是出口食品退货及国外查获的中国出口食品不合格等信息。

预警信息网络要求中央政府积极参与制定国际法规和国际标准、与国际组织开展相关的研究和合作，加强信息和技术交流。政府部门在预警机制里既扮演了信息收集和分析的角色，同时也扮演着信息传递的角色。各级政府部门应提供对欧盟有关食品卫生规则进一步调整的信息通报，增强信息分析和处理的能力，并通过多种途径将有效的技术法规和标准信息传递给行业协会和有需要的食品企业。同时必须加大预警信息来源渠道，确

---

① 杨林：《建立食品安全追溯体系是确保食品安全的最佳思路》[J]，《标准科学》2010 年第 8 期。
② 戚亚梅：《欧洲食品安全预警系统建设及启示》[J]，《世界农业》2006 年第 11 期。

保信息的真实可靠，并增强对信息的处理和分析能力，使出口食品预警系统能发挥最大作用。

此外，政府政策方面还需要不断完善与食品出口相关的辅助工作和程序的改进完善。如进一步精简海关通关程序，减少通关手续，提高通关效率等。建立专门的出口预警网站，不仅及时发布 WTO 成员国的 SPS 和 TBT 通报，而且要及时给予进出口企业，尤其是中小企业其出口市场新规制变化的通报，让这些企业可以更多地参与其中。

二　行业协会规模与实力的壮大

食品行业的整体发展和监管有利于提高政府相关法规政策的执行性，同时行业协会作为连接政府和企业的中间组织，能够起到很好的传递和监管作用。应对欧盟新一轮食品卫生规则调整，也需要从食品行业发展的角度出发，推进行业协会发展，提高其监管力度，同时根据不同行业的特点和影响程度采取针对性措施或制定特定标准和规则，加强对影响较大行业的管理和能力提升。行业协会可以帮助避免给产业带来高昂的和不切合实际的成本，以免产生"人为"的技术壁垒。为了充分利用 WTO/TBT 通报程序，首先，行业协会要注册加入商务部的 TBT 数据库，要求获得所有的 TBT 通告。其次，行业协会可以分析通告，识别新技术法规的目的，确定其与国际法规的相符情况；同时向通报国索取通报提及的技术法规、标准或者其他诸如实施指南、行政规定等文件；确认 WTO 确定的提交意见的最后期限，尽可能地要求延迟提交，以便有时间翻译和传送文本。还要建立政府相关部门与行业协会联系的网络。

（一）加大食品行业协会发展和统一监管力度

行业协会作为食品安全预警信息网络的重要组成部分，起着不可忽视的作用。行业协会可以帮助企业吸收和消化国家宏观政策，解读政策法规，对关于食品安全的政策、标准等信息进行收集、整理和传递；同时，对自身行业内食品企业在贸易实践中遇到的困难进行汇总和上报，为企业提供指导和帮助。

欧盟新一轮食品卫生规则调整，使得中国对欧盟的食品出口受到了一定的负面影响。这就要求中国应该进一步推进食品行业协会发展，建立起分行业、分地区的食品协会，同时加强地区及行业间食品协会的合作和沟通，完善食品协会运作的流程，加大统一监管力度。例如针对危险分析与关键控制点（HACCP）体系，食品行业协会的任务是监管各类食品的生产技术和标准，给企业提供准确的先进的国际化信息，帮助企业解决生产和管理问题。代表政府对企业进行培训加强食品卫生安全和食品生产标准HACCP体系的知识。鼓励以及推动中小企业建立完整的良好卫生操作系统，建立验证和审议系统，从而使企业最终采纳，形成HACCP系统。如果条件允许的话，行业协会可以专门建立中小企业援助机制，对企业培养食品标准的精神，使其意识到HACCP体系的重要性，这对提高食品生产水平、食品卫生安全和提高企业在国内外市场的地位大有帮助。此外还要对生产者强调道德规范，让企业了解在承担经济和法律责任之外，还必须担当社会责任。

（二）针对重点行业及影响较大行业采取专门措施

欧盟新一轮食品卫生规则调整对中国向欧盟的分行业食品出口产生了不同的影响，这就要求不同的行业需要根据自身的特点及影响的程度采取专门措施。

2002 年制定实施的 178/2002/EC 号法规，分类食品 M_1（饮料）出口受到的负影响最为显著，这意味着整个饮料行业需要详细地分析，切实研究178/2002/EC 号法规可能对其行业产生的影响，如"添加剂"等原因[①]，进一步加强行业内部的合作，改进生产技术，优化原材料采购，修订行业食品安全标准，做到尽可能地与欧盟食品卫生标准同步。

2004 年制定的 852/2004/EC、853/2004/EC、854/2004/EC、882/2004/EC 规章，自制定之时即对中欧分类食品 M_0（食品及活动物）的出口产生了负影响。由于 M_0（食品及活动物）分类食品在中国对欧盟食品出口中占据着绝对重要地位（自 2000 年以来超过食品出口总量的 80%），这就要求该分类食品行业中的各个子行业，要针对欧盟的 852/2004/EC、853/2004/EC、854/2004/EC、882/2004/EC 规章切实修订自身行业标准，提高行业监管力度，改善行业环境，进一步加强其行业食品安全的"可溯性"。

---

① 据行业协会统计，2010 年全国食品添加剂产量在 710 万吨左右，同比增长约 11%，产品销售额约 720 亿元，同比增长 12.5%，出口创汇约 32 亿美元。

三　企业信息管理与质量控制

食品企业是食品出口的载体，也是受欧盟新一轮食品卫生规则调整影响的直接对象。企业不仅要增强应诉意识，而且要提高应诉能力。事实上，企业越摩擦越壮大，而当其产品走到高端时遭遇摩擦的机率也就很小。因此，食品企业应该从经济效益分析的各个方面，尽可能地利用环境信息，提高生产效率，降低各项成本，使得企业能够将这种负向影响减至最低，同时建立起灵活的预警应急机制，有效提高企业经营活力。

（一）　建立企业食品卫生信息系统，提高应急预警管理

食品企业要想积极应对欧盟食品卫生规则调整对其出口产生的负向影响，必须构建和完善自身的食品卫生信息系统，以信息为保障，提高应急预警管理。

首先，食品企业需要有效利用政府信息，解读政府政策。对政府政策法规信息的解读、学习和执行，能够帮助企业及时获得相关资格证书和资质，降低信息成本。特别是一些新的法规政策，往往是对以往政策的改进和修正，或者是与国际先进标准的接轨，企业必须在自身的信息系统中注入相关信息更新子系统，保证对政府的食品卫生规则进行实时更新，及时改进。

其次，食品企业应该积极加入全国或者当地的行业协会，有效利用和整合同行业信息。行业协会往往能够对本行业的基本信息进行汇总和分析，加入行业协会，可以增强行业内企业的协作和交流，帮助企业快速地获取与食品卫生规则相关的信息。同时，提高企业的信息利用效率。

此外，企业食品卫生信息系统还需包括企业自身的基本信息，如产品特点和属性、企业资质、贸易流量等。在充分了解企业自身信息的基础上，在"四层次食品安全预警信息网络"的保障下，提高应急预警管理，结合自身的特点和现状作出快速恰当的应对[①]。

（二）　提高质量检验标准，争取与国际先进水平接轨

食品企业应该在保证正常的生产经营的基础上，努力提高质量检验

---

① 郭敬东、行嵩山：《食品出口企业常见技术壁垒形式及对策》［J］，《中外食品》2004 年第 11 期。

标准，争取与国际先进水平接轨。欧盟新一轮食品卫生规则调整之所以对中国向欧盟食品出口带来了负向影响，其中一个重要的方面就是因为其提高了食品卫生规则标准，使得中国食品出口企业的产品难以满足其要求。因此，食品企业需要切实承担起作为经营者的安全责任，自觉采纳危险分析与关键控制点（HACCP）、良好操作规范（GMP）等国际通用标准，依靠自我核查机制及对污染物的现代控制技术来确保食品的安全卫生[①]。

食品企业应该改变被动管理的状态，积极主动地与国际先进技术和质量标准接轨，努力提高企业执行先进标准的积极性和自觉性。目前一些食品生产企业的质检部门往往不得不听命于公司总经理甚至生产经理，没有独立的权力。因此如何赋予企业质检部门必要的权力也是企业管理中必须思考的一个重要方面。

（三）改进生产技术，降低生产成本及生产转换成本

在经济效益分析中，我们提到"由于技术性贸易壁垒的实施，进口国增加了对相关商品标准的限制，提高了其进入门槛，使得出口商品在质量、包装、技术水平等方面都需要进行大幅提高"。这就要求食品企业必须不断改善生产设备，进行技术创新，提高产品质量和要求，加大投资建设，在保证质量的基础上尽可能地降低生产成本[②]，因为原材料、劳动力成本上涨和人民币升值已经挤压外贸企业相当的利润空间。

欧盟新一轮食品卫生规则调整这样的技术性贸易措施的实施，使得各项规则标准更加严格并细化。对企业在商品的运输过程中也提出了更高的要求，比如保鲜、时间限制等方面，通过改进运输技术和流程，在一定程度上降低可能增加的运输成本。另外积极协调各方面利益，尽可能地缩减海关的通关过程，保证自身产品质量从而减少因为更多的检验和评定程序而增加的通关时间。改进生产技术，提高生产效率，才能保证食品企业在面对类似的技术性贸易壁垒时，能够最大限度地降低由此增加的生产成本及运输成本等生产转换成本。

---

① 马永昆：《食品企业建立实施 HACCP 管理方法》[J]，《山西食品工业》1996 年第 3 期。
② Chunlai Chen, Jun Yang, Christopher Findlay, "Measuring the Effect of Food Safety Standards on China's Agricultural Exports". *Review of World Economics*, 2008, 144（1）: 83–106.

四　学界舆论呼吁与应对参与

尽管我国学术界一直在研究如何应对贸易壁垒，但至今尚未有人明确提出学界如何参与，或者说参与的途径或者方式。结合之前的理论分析、实证研究和案例分析，本课题认为学术界可以在前期跟踪、联合应对和后续研究等几个方面有所作为。

（一）长期紧盯相关政策

无论是欧盟 CR 法规出台这样的个案，还是此轮单一市场政策调整这类的大案，政策跟踪已被证实是有效应对的先决条件。知己知彼，方能百战不殆。尽管目前也有学者在自发地进行一些跟踪研究，但是这类研究还是零星的、不够系统的、不尽全面的。因此充分发挥高等院校科研院所的学术科研优势，让学术界有组织有系统地、及时地跟踪我国商品出口主要目标市场的政策法规的变化，应该是学术界有效参与应对贸易壁垒的分工体现。

具体的跟踪目标可以以两种不同的方式确定：自上而下式的和自下而上式的。所谓的自上而下式就是由国家，或者地方的相关部门根据国家产业政策的调整和地方产业战略规划的需要确定跟踪的目标市场和产品类别，然后不定期地以国家或者地方科研项目的形式向全社会高等院校科研院所招标，根据项目的重要性确定由一家或者多家承担，进行一定时期的跟踪研究，项目的资助经费也可以根据跟踪研究报告的成效分阶段下拨。所谓的自下而上式就是由行业协会和相关企业根据在对外贸易过程中遭遇到的壁垒提出跟踪研究的申请，可以定向由某一高校科研院所承担研究，也可以同样以招标方式完成。这类跟踪研究的经费可以由国家或者地方政府与收益企业共同分担。以这两种不同方式收集到的课题可以列入当年的国家或者地方的课题指南中，也可以根据时效性不定期地以某种方式发布。

以欧盟新一轮食品卫生规则调整为例，本课题从一开始就紧密跟踪其调整的全部过程，并由课题组的一位研究生以此为研究对象作为学位论文选题进行了研究，在国内核心期刊上发表了相关论文，并且已经完成了毕业论文。鉴于我们的课题偏向宏观方面的影响和对策研究，让我们课题组比较疑惑的就是，不知道如何让我们的研究成果及时送达需要的企业手中，更不知道下一步如何能够根据企业的需要继续跟踪研究。

（二） 与政商界联合应对

从本课题分析的打火机企业应对欧盟 CR 法规的案例，以及我国近年来应对国外贸易壁垒的其他案例，我们认为，官产学研结合是成功应对的最佳组合。尽管也有个别实力强大的企业可以单独应对，并且能够达到预期的效果，但毕竟绝大多数企业，尤其是中小企业，没有足够的人力和财力单独应对。

以相关政策跟踪结果为依据，学界应定期发布研究报告，以便政府、行业协会和相关企业可以首先做好规避工作。在目标市场政策演变成壁垒之前，学界发布的研究报告不仅要及时，而且要准确判断可能的变化和影响，并分别给政府、行业协会和相关企业提出此阶段可以采取的措施。一旦目标市场政策实施之后，学界可以协助相关机构积极应对。提高企业的应对意识也是学界需要加强的一个重要方面。尽管多数时候企业才应该是第一顺位的应对主体，但中国传统中"冤死不打官司"的烙印让多数企业"不想惹事"。因此让企业"不怕事"也是学界可以发挥其特长之处。而在应对过程中，学界更要发挥科研方面的优势，帮助企业收集整理需要的应对资料。当然如何形成一个良性循环的机制，使政商学界能够合力有效应对，还需要搭建一个基本的平台。这样的平台搭建还需要政府和行业协会的协调组织。

（三） 跟踪研究相关案例

自 1829 年被法国工程师、社会学家和经济学家 Frederic Le Play 引入社会科学之后，案例分析方法已经被证明是一个非常有用的研究方法，无论是描述性，还是解释性的案例分析，无论是选择典型的单一案例，还是研究一系列的相关案例。

正如前面我们分析打火机企业应对欧盟 CR 法规的案例一样，学界如果能够对已经结案的相关案例进行分析，总结成功的经验，吸取失败的教训，对后面其他案例的应对一定可以起到借鉴作用。但是这样的案例分析一定要有针对性，有目的性，有系统性，否则很难达到预期的效果。中国加入WTO 之后很长一段时间一直是应诉方，而不是起诉方，很大方面的原因是我们不太熟悉如何正面应对，因而只能被动应对。因此，学界通过典型案例的分析，要能够分别给予政府、行业协会和企业提出建设性建议。这样的案例分析不仅需要对案例进行全面描述，而且需要深入的解释，因而需要不同专业背景的学者从不同的视角进行合作研究。

对欧盟单一市场政策调整的研究是一个长期的、延续性的工作，还需要从理论和实证各个角度不断地完善和发展。特别是在后金融危机经济复苏的大背景下，对其长期影响的研究和预测显得尤为重要，也是学界未来必须关注的重点。

第二节　动态机制的设计

无论是单边、双边、区域或者多边争端解决机制，每种争端解决机制均有不足之处，而政治、经济等因素会影响各种争端解决机制的选择①。借鉴日本和欧盟的应对经验，我们认为现阶段我国应对欧盟单一市场政策的调整应遵循单边、双边、多边三管齐下的原则，因为跟日本相比，我国的外贸法律体系并不十分健全；跟欧盟相比，我们没有可以利用的区域经济体优势。这里的单边，不是指通常意义上的单边行动，也就是强国对弱国所采取的单边贸易制裁措施，而是指我国目前自身可以努力的方向。鉴于近期中国与欧盟之间没有实现区域一体化的可能性，因此利用区域争端解决机制解决中欧贸易争端的时期也不成熟。因此，与政商学界的分工协作相互配合，本课题设计的动态应对机制包括综合利用对话机制、双边关系和多边体制。

一　对话机制的分级构建

我国对外贸易面临的重重压力，以及战略转型的迫切需要决定了我国在现阶段必须构建分级对话机制。中国对外贸易正面临诸多的压力。首先由过去承接发达国家产业转移，到需要培育新增长点的压力。其次为来自国际竞争的压力。由于世界经济总体的不景气而导致的空间压力；由于国际分工新格局而引发的来自发达国家的结构压力；由于相似性遭遇到的发展中国家的竞争压力。另外，随着成本优势渐去而不得不面对的国内要素价格上升的压

---

① 强永昌、权家敏：《贸易争端解决机制及其选择研究综述》[J]，《经济评论》2010 年第 3 期。

力。所以需要加速我国对外贸易战略转型：从外向动力到内向动力的转型，以降低对外依赖性；从市场广度向市场深度的转型，是贸易可持续发展的需要；从低端要素到高端要素的转型，是解决贸易规模与贸易利益极不对称问题的关键。

中欧建交以来，从建设性伙伴关系到全面伙伴关系，再到全面战略伙伴关系（见附录Ⅱ），中欧之间已经建立了全方位、多层次、宽领域的合作框架，形成了各种对话机制。除了 1985 年《中欧贸易与经济合作协定》框架下建立了正部级经贸混合委员会，各工作组在竞争政策、海关合作、教育与文化领域、能源领域、环境领域、知识产权、海上运输、产业政策调整、贸易政策、纺织品贸易、科技与空间合作等多个领域已经建立了中欧对话机制。2008 年 4 月中欧之间建立了中欧经贸高层对话，为双方就经贸领域的战略、前瞻性和规划性问题进行对话提供了平台。另外，一年一度的中欧领导人峰会对中欧之间的经贸联系也有较好的指导作用。

如何积极有效地利用各种对话机制和交流平台，妥善解决经贸问题、协调立场、处理分歧和促进经贸合作，是中欧发展经贸关系的必由之路。中欧间的互补性和依赖性决定了双方争端的长期性和交替性。因此，本课题认为，国家应该将现有对话机制进行分级，形成系统全面的应对机制，以发挥不同应对主体的作用。具体而言，国家可以根据争端的对象、范围、等级等不同状况，在现有对话机制的基础上，出台可操作的分级机制，列出可供选择的应对模式：何种状况由何种机构出面进行何种形式的对话，并规定相应的谈判原则。这样的分级一方面可以发挥不同应对主体的作用，节约资源，另一方面可以更有针对性地应对争端，并避免贸易保护主义的升级。

二 经贸关系的不断拓展

合理有效地利用现有对话机制和交流平台，无疑有助于疏解中欧双方的贸易摩擦，但相信短期内还不会根本改变双边贸易的现状。因此如何拓展中欧经贸关系将是双方必须面对的难题，政商学界等不同应对主体可以在其中发挥不同的作用。本课题从如何利用欧盟现有机制方面提出以下的几点想法。

首先，应充分利用欧盟现有的服务平台。2004 年欧委会推出了一项名

为 "为发展中国家出口服务平台" （export helpdesk for developing countries）
的新的在线服务①。自 2006 年之后，该服务提供的信息得到了扩充，特别包
含了欧洲和成员国层面有关健康与动植物卫生检疫的要求，并以英文、法
文、葡萄牙文和西班牙文准备了有关服务平台的资料供发展中国家政府和出
口商参考。但到目前为止我国政府和企业并没有充分利用这一平台。因此，
利用好这一平台应该是有效促进我国商品出口欧盟的途径之一。

其次，充分利用欧盟标准化方面的优势。在标准化方面，欧方认为中
方致力于制订和提升产业标准是限制市场开放的举措，并对其推广欧式标
准构成挑战。尽管中欧双方在标准方面已经进行了有效合作，但欧方正着
手通过推广企业社会责任、公私伙伴关系等外延更为宽泛的标准化措施来
迫使中方进一步开放市场。② 不可否认欧盟的标准化举措已经给我国商品出
口带来了障碍，但是我国企业依据欧盟的标准化要素进行技术创新也已被证
明是可行的③。

最后，充分利用欧洲单一市场政策持续调整的契机。历时整整五年，
《单一市场法案》终于于 2011 年 4 月 13 日面世（见附录 IV），并提出了
"促增长、强信心" 的 12 条举措，迎接 2012 年单一市场计划二十周年的到来。
从商品一揽子立法，到 12 条措施，单一市场政策的外部性决定了其正面和负
向影响的客观存在，而如何充分利用正面影响，如何将负向影响为我所用，
是拓展中欧经贸关系成败的关键。本课题认为，作为欧洲一体化的一项重要
政策，单一市场政策的长期有效跟踪对拓展现阶段中欧经贸关系至关重要。

三　协调体制的合理利用

除中欧双边机制中存在可以长期利用以消除欧洲单一市场政策调整的负
向影响的要素之外，多边协调体制也同样有可以利用之处。

首先，借鉴发达国家和地区充分利用 WTO 等多边协调体制的做法，并
用好自身发展中国家的地位优势，是我国目前必须坚持的方向。要解决摩

---

① 参见，http：//exporthelp. europa. eu/。
② 崔洪建、童天齐：《后危机时期的中欧经贸关系》[J]，《国际问题研究》2010 年第 5 期。
③ 陈淑梅：《欧盟标准化外部性对我国出口企业技术创新路径的影响》[J]，《中国软科学》2007
年第 1 期。

擦，单靠外交途径的谈判是不够的，还要靠法律。因此需要注重加强国际经贸规则的研究，并敢于和善于运用法律规则，积极维护国家和企业的权益。我国政府应积极参与国际谈判，在贸易壁垒制定的标准和规则方面，争取一席之地。尽管 WTO 争端解决机制还存在着许多的不足和缺陷，但它仍不失为有效解决国家之间贸易摩擦的一个重要途径和手段。随着我国与其他国家双边经贸关系的发展和相互依存度的提高，任何贸易摩擦的激化或单边及双边的制裁都会导致两败俱伤的结果。因此，寻求多边框架下的贸易摩擦解决机制，通过谈判解决贸易争端是一种最好的选择。中国作为世贸组织的成员，可以积极运用世贸组织规则，通过磋商谈判和利用争端解决机制，就我国出口产品遭受的不公正待遇开展有理、有利、有节的斗争，以合理、合法地维护自身利益，因为 WTO 多边体制已经考虑到发达国家与发展中国家之间经济水平的客观差异，在某些领域赋予发展中国家特别优惠和差别对待。中欧都奉行多边主义，在亚欧会议机制下，双方也有着广泛的交流与合作。欧盟是世界上最大的区域一体化集团，其中一些西欧国家如德、英、法等更是较发达的国家，与我国经贸往来也最为密切。我国应积极利用多边体制的各种规则和可能安排，寻求发达国家对我国给予技术上的援助和支持，从而能促进我国产品质量不断提高和产业结构优化升级。

事实上充分利用 WTO 成员的身份也是作为发展中国家的权利。WTO/TBT 协议第 11 条的技术援助、第 12 条的对发展中国家成员的特殊和区别待遇，是目前我国出口企业可以用来提高消除国外技术性贸易壁垒的主要工具。根据 WTO/TBT 协议第 11 条的要求，这些发达国家和地区必须向其他 WTO 的成员，尤其是像中国这样的发展中国家成员提供必要的技术咨询和援助，但到目前为止，我国获得的技术援助还非常有限。因此，我国政府应当出台相应政策，鼓励企业充分利用技术援助的规定，积极要求这些发达国家和地区就有关的技术法规、标准和合格评定体系向我方提供咨询和技术援助，为我国出口企业进行技术创新提供必要的帮助。

另外，积极推动亚洲区域经济一体化进程，是我国可以用以抗衡欧盟的重要砝码。中国应在 WTO 多边贸易体制下，积极参与区域贸易自由化，促进 WTO 多边贸易体制与区域贸易协定的协调发展。同时，中国应充分利用已拥有的诸如 APEC（亚太经济合作组织）、CAFTA（中国—东盟自由贸易区）等资源，在深化发展已形成的区域贸易协定的基础上，努力加快以中国、日本、韩国、东盟为中心的亚洲经济一体化进程。这不仅将使中国从亚洲经济一体化进程中获得优惠安排和经济效益，也会使这些发达国家或地区认识到中国的实力与潜在的利益，意识到与中国建立互信互惠关系变得更为重要，为提高我国国际话语权，争取各种有利条件提供砝码，提高中国及整个亚洲在世界上的地位和作用，促进欧盟与我国建立互信互惠关系。

　　鉴于欧盟一直是我国商品出口遭遇贸易壁垒最多的目标市场之一，随着欧盟单一市场政策的调整到位，我国商品输欧将不断遭遇到欧盟市场准入壁垒。因此政商学界的分工协作与单边、双边和多边的结合应对也就变得非常必要。

第十四章
中欧贸易摩擦走向及其影响预测

随着国际经济相互依赖逐渐加深,各国保护主义日渐增强,国际贸易摩擦也就不可避免①。贸易摩擦几乎与国际贸易共生,因此西方很早就有学者认识到贸易是冲突的源泉②。随着中欧双方经贸关系的不断拓宽和加强,以及欧盟单一市场政策的调整,彼此之间的各种贸易摩擦也会接踵而至,逐渐升级。因此有必要从定性角度探讨中欧贸易摩擦的发展趋势,然后通过进一步的实证分析,预测贸易摩擦对中欧双边经贸关系的影响。

第一节 中欧贸易关系

自 2001 年中国加入世界贸易组织(WTO)以来,中欧贸易发展迅猛,双边贸易额保持着高速增长。但是欧盟相关的进口限制、出口限制、通关环节壁垒、技术性贸易措施、卫生与植物卫生措施,以及贸易救济措施等不断阻碍中国商品进入欧盟市场。根据 WTO 统计,仅 2009 年欧盟就向WTO 共通报技术性贸易措施 84 条,其中技术法规和标准 60 条,卫生和植物卫生措施19 条③;2011 年欧盟向 WTO 共通报技术性贸易措施 82 条,卫生和植物卫生措施 60 条。这些措施已经也必将继续引发贸易争端,影响中欧经贸关系。

---

① 罗伯特·欧汉、约瑟夫·奈著《权力与相互依赖(第三版)》,门洪华译 [M],北京:北京大学出版社 2002 年版,第 42 页。

② Albert O. Hirschman, *National Power and the Structure of Foreign Trade*, Berkeley, California, 1945.

③ 商务部:《国别贸易投资环境报》,2010:212。

一　贸易现状

首先，中欧货物贸易额保持不断增长的势头。拥有 27 个成员国的欧盟总面积已达 432 万平方公里，人口约 4.998 亿人①，是世界上规模最大、一体化程度最高的区域经济体。自中国入世以来，中欧贸易发展迅猛，双边贸易额保持着高速增长。中欧货物贸易额在 2003 年首次突破了 1000 亿美元，达到了 1253 亿美元，增幅高达 44.4%，大大超过了同期中美贸易、中日贸易的增长速度。与此同时，中国也是欧盟该年进出口贸易增长最快的贸易伙伴，居欧盟第二大贸易伙伴地位。到 2009 年，中欧双边货物贸易额进一步扩大至 3641 亿美元，以 2003 年为基期计算，贸易额增长率达到了 290% 以上。从图 14-1 和图 14-2 可以看出中欧货物贸易额保持不断增长的势头，且增长率基本上呈增大趋势，仅在 2006 年我国对欧出口额的增长率有所下降，达到了 152%。其中，中国出口额和贸易额及其各自的增长率在 2009 年都有所下滑，这主要是源于 2008 年爆发的全球金融危机给中欧贸易带来的负面影响。

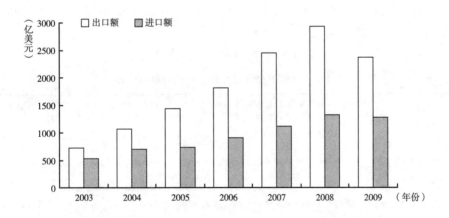

图 14-1　2003—2009 年中欧货物进出口贸易额

数据来源：中华人民共和国国家统计局网站（http://www.stats.gov.cn/）。

---

① 截止到 2009 年 1 月 1 日的数据，参见，Monica MARCU，*The EU-27 population continues to grow*，eurostat，31/2009。

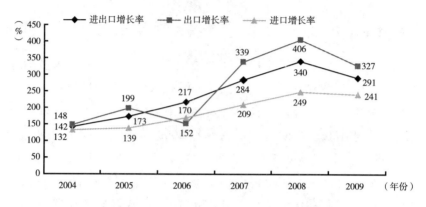

图 14 - 2　2004—2009 年中欧货物进出口贸易额的增长率*

* 以 2003 年为基期计算得出。
数据来源：中华人民共和国国家统计局网站（http：//www. stats. gov. cn/）。

　　其次，欧盟在我国进出口贸易中的地位不断提升。自 2004 年起，欧盟成为中国的第一大贸易伙伴：欧盟是中国最大的出口市场，对欧盟出口约占我国外贸出口总额的 20% 左右；欧盟是中国第二大进口市场，从欧盟进口约占我国进口总额的 12% 左右[①]。2007 年欧盟成为中国第一大出口市场（见表 14 - 1，图 14 - 3）。

表 14 - 1　欧盟在我国货物进出口贸易中的地位

年份	出口市场地位	进口市场地位	年份	出口市场地位	进口市场地位
2003	3	2	2007	1	2
2004	2	2	2008	1	2
2005	2	5	2009	1	2
2006	2	2			

数据来源：根据中华人民共和国国家统计局网站数据（http：//www. stats. gov. cn/）整理。

　　另外，随着中国出口构成近十年的变化，中国的出口结构与欧盟越来越接近，但进口结构与欧盟有着相当大的差异性，中国在诸如纺织品等传统行

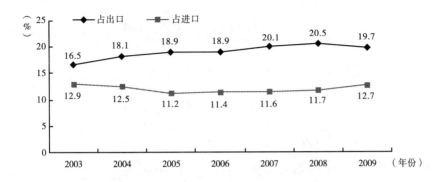

图14-3　与欧盟贸易占我国进出口总额的比重

数据来源：根据中华人民共和国国家统计局网站数据（http：//www.stats.gov.cn/）整理。

业仍具优势，欧盟在机械和运输设备等领域保持竞争地位，中欧贸易具有较强的互补性和稳定性。近年来中国对欧盟的依赖性加深，双边贸易更趋平衡，货物贸易与服务贸易相互补充，相互彰显优势，呈现互利合作的良好发展态势。

二　摩擦现状

经济全球化背景下，中国经济未能置之度外。加入WTO之后，伴随对外贸易的快速增长，我国出口商品不断遭遇贸易壁垒，其中欧盟市场是"重灾区"。国家质检总局2006年12月30日发布的《中国技术性贸易措施年度报告（2006）》显示，2005年在中国遭受国外技术性贸易措施影响的合同中，中国出口到欧盟的产品遭受的直接损失最大，总额达101.5亿美元左右，占中国此类损失总额的35.2%。质检总局发布的《中国技术性贸易措施年度报告（2007）》显示，2006年技术性贸易壁垒对我国出口企业影响较大的国家和地区的前五位分别是欧盟、美国、日本、俄罗斯和东盟，分别占直接损失总额的43.59%、23.67%、19.07%、5.34%和2.96%。随着中欧双方的经贸关系不断拓宽和加强，彼此之间的各种贸易摩擦也接踵而至，逐渐升级。由欧盟标准化外部性产生的技术性贸易壁垒已经成为影响我国商品出口的主要贸易壁垒（见表14-2）。

表 14 – 2   TBT 对中国企业的影响现状

年份	受影响的外向型企业比率	受影响的出口商品/HS 税则号类比率	目标市场及受影响的企业比率		损 失（单位：亿美元）
2000	66%	25%	—	—	110
2002	71%	39%	欧盟	40%	170
			美国	27%	
			日本	25%	
			韩国及其他	8%	
2005	15.14%	18/22	美国	81.30%	691（直接损失）1470（机会损失）
			欧盟	57.72%	
			日本	31.71%	
2006	15.22% 31.4%*	21/22	欧盟	43.59%**	758（直接损失）1437（机会损失）
			美国	23.67%**	
			日本	19.07%**	
			俄罗斯	5.34%**	
			东盟	2.96%**	

＊国家质检总局 2007 年调查结果。

＊＊总的直接损失比率，同上。

数据来源：Shumei Chen，"Fight or Flight：A Study on Strategic Approaches Adopted by Chinese Lighter Manufacturers Facing EU CR Standard and Regulation"，*Global Trade and Customs Journal*，Volume 3，Issue 2，2008：70。

根据商务部产业损害调查局发布的《全球贸易摩擦研究报告（2009）》[①]，自 2004 年以来，欧盟 RAPEX 通报的产品数量逐年增加，有效通报数在 5 年后就翻了两番，即从 2004 年的 468 项增至 2008 年的 1866 项。其中，根据《欧盟通用产品安全指令》（GPSD）第 12 条发布的严重危险产品通报从 2004 年的 388 项迅速增至 2009 年的 1684 项，增速达 334%。自 2004 年修订的欧盟 GPSD 生效后，中国就一直位于欧盟 RAPEX 通报的首位，且呈逐年递增趋势。2009 年，欧盟对华发布的严重危险产品通报达到 1004 项（包括对香港地区的通报，下同），比 2004 年的 147 项增加了 5 倍多。从 2006 年起，玩具、电器和照明设备一直是我国受到欧盟 RAPEX 通报最多的中国产

① 中国国际贸易促进委员会南京市分会，中国国际商会南京商会，国际商务动态，2010 年第 2 期，http：//nanjing. ccpit. org。

品类型，连续 4 年在欧盟对华通报中占据了半壁江山。到了 2009 年，服装和纺织类产品也一举成为欧盟对华消费品安全的关注焦点。

第二节 贸易摩擦走向

随着欧盟单一市场政策的调整，中欧贸易摩擦将更加不可避免。从发展趋势上看，中欧贸易摩擦的未来走向主要可以从摩擦程度、摩擦形式、摩擦范围、摩擦性质及摩擦层面等方面进行分析[①]。

一 摩擦程度

由于各国关税水平、环保要求、技术标准、检验检疫制度等的差异，当一国经济体以自己的标准与他国经济体进行贸易往来时，摩擦就不可避免。一般来说，贸易摩擦的激化与贸易总额没有直接关系，而是与当事国的出口增长率直接相关：增长率高则激化，增长停滞则摩擦趋于消失。从 1993 年到 2007 年，中国对欧盟出口总额从 117.094 亿美元增加至 2451.917 亿美元，增长了 20 多倍，年均增长率超过 17%。2009 年中国对欧盟出口总额为 2360 亿美元，占中国总出口额的 19.7%。欧盟对中国出口总额约为 1280 亿美元。最近几年内，中国的出口增长率由于工资率上升、中间产品价格上涨和人民币升值等原因，呈现放缓的趋势，但仍然给中国带来了巨额的贸易顺差。

世界贸易向自由化发展，但贸易保护主义在很多领域依然存在。为了谋求国际政治经济巨大利益，欧盟对华采取了总体政策与具体政策相分离的政策，一方面对中国总体政策越来越积极，另一方面对中国经贸实践的具体政策措施却日趋苛刻[②]。欧盟进口产品苛刻的质量技术、安全、环保、检验等标准不仅高于我国相关标准，甚至高于国际标准，形成了实实在在的"技术壁垒"。此外，WTO 规则的弱约束性使得各国都希望利用 WTO 来合法地实施保护贸易政策。从这一角度上分析，中欧之间的贸易摩擦势必会长期存在并有激化的趋势。

---

① 丁育生：《中外贸易摩擦的趋势与应对之策》[J]，《对外贸易实务》2007 年第 8 期。

② 周弘：《论中欧伙伴关系中的不对称性与对称性》[J]，《欧洲研究》2004 年第 2 期。

二 摩擦形式

在以世界贸易组织为主的国际多边贸易制度的约束下，摩擦的形式主要向两个方向发展：一是 WTO 一定程度上允许使用的反倾销、反补贴、保障措施等手段；二是 WTO 基本上未涉及或很难限制的知识产权保护、技术标准、卫生检验检疫标准、劳工条件、环境保护等措施。

反倾销规则本身的模糊性、反倾销法的不断弱化以及实施上的便利性，使其成为现代贸易保护的首选工具。据欧盟统计，自 1990 年 3 月至 2007 年 4 月，欧盟对中国共发起的近 100 起贸易救济立案中，反倾销立案达 97 起（不含反吸收和反规避案件），占绝大多数。反倾销可以为本国产业提供有效的保护且简便易行，涉及面仅是具体的行业或产业，又不易受"互惠原则"和"非歧视性原则"的约束，同时其为本国产业提供的保护一般不会引起大范围的国际争端，特别是反倾销针对我国企业生产环节中的低成本优势。因此，短期内，由反倾销引起的贸易摩擦依然是中欧贸易摩擦的重要形式。

但是随着我国出口产品反倾销案绝对胜诉率提高，反倾销对我国出口的影响在逐渐减小，我国每年受反倾销措施影响的出口额仅占全国出口额的 1% 左右，而受技术性贸易壁垒影响的出口额已经超过 25%，技术性贸易壁垒摩擦显著上升，"企业社会责任"（特别是劳工标准）以及知识产权保护也越来越多地用来阻止我国产品的出口。技术性贸易壁垒正取代反倾销，成为我国出口面临的第一大贸易壁垒。基于欧盟标准化的技术性贸易壁垒使得我国出口产品不断受阻，欧盟也成为我国企业遭受到的技术性贸易壁垒最主要的来源地之一。众所周知，标准本身并不形成壁垒，但"有时因为缺乏改进产品的技术，或者因为改进所涉及的费用（包括合格评定的费用）太高，出口商最后被迫放弃出口，在这种情况下，技术标准就成功地担当了技术性贸易壁垒的重任"[①]。从 WTO 成员采取的各种贸易措施通报统计来看，自 1995 年以来，TBT – SPS 通报量一直保持第一，截至 2003 年底，TBT –

---

① 陈淑梅：《欧盟技术性贸易壁垒的形成及对我国的启示》［J］，《东南大学学报》（哲学社会科学版）2003 年第 1 期。

SPS 通报量累计达 10464 件，占通报总量的 80%。2004 年全年、2005 年 1 月至 4 月的 TBT 和 SPS 通报总量虽然有所减少，但从总量上看，TBT – SPS 已成为影响国际贸易的最重要壁垒[①]。商务部近几年不定期地对我国出口遭遇技术性贸易壁垒的情况进行了调研：2000 年抽样调查，2003 年以抽样调查为主，案例调查为辅的方式，2005 年首次在全国范围内进行抽样调查。比较这几年商务部调查的结果，我们发现，虽然出口企业受到国外技术性贸易措施影响的比例已经下降（2000 年、2002 年和 2005 年分别为 66%、71% 和 15.14%），但是造成的损失却大幅度增加（2000 年和 2002 年分别为 110 亿和 170 亿美元，2005 年直接损失已经达到 691 亿美元，对我国企业造成的出口贸易机会损失则高达 1470 亿美元）。近年有回升的趋势：2008 年中国有 36.06% 的出口企业遭受到国外技术性贸易措施的影响，比 2007 年增长 1.5 个百分点。仅 2008 年企业因为国外技术性贸易措施新增加的成本就达到 240.72 亿美元；国外技术性贸易措施对出口企业造成的直接损失达 505.42 亿美元，同比增长 10.83 亿美元，占同期出口额的 3.54%[②]。

随着经济发展水平的提高，人们对健康、安全和环境等涉及生活质量的诸多方面的要求越来越高，企业和消费者对新的标准和技术法规的需求与日俱增。而建立在这种新标准和技术法规基础上的各种合格评定程序、认可制度、检验制度却成为限制外国产品进口的障碍。欧盟具有全世界最完备的标准和法规体系，其对技术性贸易壁垒的重视程度不断加深，使得我国出口受到的影响也会日益增大。

三　摩擦范围

随着我国对外贸易的不断扩大，贸易摩擦涉及的领域和范围也不断扩大。摩擦领域由最初的农产品、化工原料、鞋类、纺织品等初级产品或劳动密集型的工业制成品向钢铁、彩电、电信等资本密集型和技术密集型的工业制成品转移，钢铁、纺织品等敏感产品所面临的摩擦风险将

不断加大。

商务部调查结果显示，2006 年我国有 15.2% 的出口企业受到国外技术性贸易措施不同程度的影响；出口行业遭受直接损失金额达 758 亿美元，同比增加 9.7%。这次调查结果有以下几个显著特点：一是食品土畜行业仍然是受影响面最广的行业，约有 35.98% 的出口企业遭受不同程度的影响，直接损失 43 亿美元；二是机电高新领域成为受损失最严重的行业，直接损失 462 亿美元，占当年全部直接损失的 60.95%；三是受影响最大的地区仍然是深圳、广东、江苏、上海和浙江等东南沿海出口大省。

而诸如 SA8000 这样的企业社会责任管理体系，劳动密集型产业是"重灾区"，主要涉及电子、纺织、服装、制鞋、玩具、工艺品六大行业，从分布上看，珠江三角洲、长江三角洲是主要的集中地。

可见，劳动密集型产业仍是中欧贸易摩擦的高发领域，但从长远来看将呈下降趋势。主要因为这些行业属于发达国家经济中的"夕阳产业"，占国民经济的比重逐渐下降，和我国发生贸易摩擦的可能性会进一步降低。而随着我国产业结构和出口结构的不断升级，我国的新兴优势行业，如汽车、通信设备等成为与发达国家之间的贸易摩擦新领域。贸易摩擦的重点开始由低附加值产品扩大到高附加值产品。

四　摩擦性质

中欧贸易摩擦的性质正从一般性贸易摩擦转变为战略性贸易摩擦。战略性贸易摩擦的发生很大程度上要归结于贸易伙伴国战略性贸易政策的实施，其往往是通过一系列一般性贸易摩擦表现出来。在战略性贸易摩擦的条件下，一般性贸易摩擦会表现出强度提高、频度增加、覆盖面宽的特征。过去，战略性贸易摩擦仅存在于发达国家之间，但随着中国经济的不断发展，我国也面临着战略性贸易摩擦的威胁。从世界贸易发展的进程看，一个新兴贸易大国的崛起，意味着其取得了在国际贸易中一个新的、特殊的贸易比较利益的优势，由此带来贸易大国之间贸易利益的重新分配，以及各国内部非常激烈的结构调整和各利益集团间的利益冲突，因此其与传统的发达国家之间产生战略性贸易摩擦往往难以避免。例如，德国、美国成为贸易大国时，曾经分别和英国、欧洲传统贸易大国产生战略性贸易摩擦；20 世纪 70—80

年代崛起的日本与美欧间也同样发生了战略性贸易摩擦①。中国经过30年的改革开放，充分积累和发挥了自身在国际贸易中的比较优势，引起了国际分工与贸易比较利益格局的重大变化，这将不可避免地带来一系列贸易摩擦。

此外，国际政治格局及政治关系的变化同样会对中欧经贸摩擦产生影响。由于社会制度、意识形态等方面的差异，中欧之间在政治上也存在一定分歧。在特殊时期，政治问题会由于某种原因激化，影响双边经贸关系。

五　摩擦层面

20世纪90年代，日美就激烈的经济摩擦进行多次协调基本无效之后，双方开始认识到，日美之间出现的大部分问题是由两国不同的经济结构和规制造成的，贸易摩擦已开始体现为制度摩擦②。而随着我国与发达国家贸易额的扩大，贸易摩擦不断升级，中欧摩擦也正在向这个趋势发展，中国所面临的贸易摩擦正由商品层面转变为制度层面，由微观层面转向宏观层面。宏观经济摩擦作为新的焦点，是由一方巨额顺差或逆差引发的宏观经济政策的摩擦。这种转变的原因在于：近年来世界经济的低迷与中国经济繁荣的强烈反差，使得主要贸易伙伴的政治家出于国内政治与经济的目的，将矛头直接指向中国。中国产品质量、食品安全等"威胁论"就是突出表现，欧美纷纷调整对华贸易政策，给中国的贸易造成了不小的压力，增加了摩擦的几率和程度。

第三节　对双边经贸关系的影响预测

国内关于贸易摩擦的研究主要集中于定性分析以及贸易摩擦对中国出口与经济的影响。一个通常的观点认为贸易摩擦阻碍了中国商品的出口，

---

① 全毅：《WTO后过渡期我国对外贸易摩擦的趋势与化解途径》[J]，《东南学术》2007年第6期。

② 赵瑾：《日美贸易摩擦的历史演变及其在经济全球化下的特点》[J]，《世界经济》2002年第2期。

使中国的贸易得益减少，国内产业发展受损，劳动力就业率降低，对我国经济的长远发展相当不利。因此，国内很多学者①在分析了我国贸易摩擦的现状和特点的基础上对其发展趋势做了进一步的研究，由此提出我国应采取的应对策略。在实证方面，张亚斌、段辉娜等②对中国产品出口所遭遇到贸易摩擦的情况进行了定量分析，结论指出中国产品出口受到了严重的负面影响。

与此同时，也有一些学者认为贸易摩擦在带来负面影响的同时，也会带来一定的积极效应。贾海基、李春顶提出，中国贸易摩擦的积极效应表现在：提升产业结构、刺激对外投资、引入竞争而激励技术创新、优胜劣汰以及优化资源配置等方面③。陈淑梅以欧盟的标准化为例分析认为：在造成负的外部性的同时，标准化也通过技术溢出对外产生了正外部性④。巫强和刘志彪指出，适当的质量管制水平将促进我国出口企业创新，带来被动产业升级⑤。

虽然近年来国内学者对贸易摩擦问题比较关注，但专门研究中欧贸易摩擦的文章并不多见，且国内的研究较多集中于定性分析和局部均衡分析，定量的经验研究较少。因此，本课题将从定性角度研究中欧贸易摩擦的发展趋势，然后通过进一步的实证分析，研究贸易摩擦对中欧双边经贸关系的影响。

多数研究认为，贸易摩擦会减少贸易量，缩小贸易范围，降低一国消费者及该国的总体福利水平。Draze 用一个基于贸易摩擦的模型来分析经济周期，得出贸易摩擦会降低一国的出口量，从而抑制该国的投资和消费，使经

---

① 参见，包小忠《我国对外贸易摩擦前瞻》[J]，《华南师范大学学报》2006 年第 1 期；齐东锋：《多边贸易框架下国际贸易摩擦的发展趋势》[J]，《经济纵横》2006 年第 6 期；全毅《WTO 后过渡期我国对外贸易摩擦的趋势与化解途径》[J]，《东南学术》2007 年第 6 期。

② 张亚斌、姚志毅：《技术壁垒影响中国主要农产品出口贸易的实证分析》[J]，《湖南财经高等专科学校学报》2003 年第 12 期；段辉娜、王巾英：《SPS 措施对中国畜产品出口的影响及对策——基于引力模型的实证分析》[J]，《国际经贸探索》2007 年第 12 期。

③ 贾海基、李春顶：《中国对外贸易摩擦频繁爆发之合理性研究及对策》[J]，《国际贸易问题》2006 年第 7 期。

④ 陈淑梅：《欧盟标准化外部性对我国出口企业技术创新路径的影响》[J]，《中国软科学》2007 年第 1 期。

⑤ 巫强、刘志彪：《进口国质量管制条件下的出口国企业创新与产业升级》[J]，《管理世界》2007 年第 2 期。

济在一个较低的水平达到均衡[1]。Calvin 和 Krissoff 运用价格楔方法（price-wedge method）计算了技术性贸易壁垒所带来的福利损失[2]。

引力模型是以牛顿万有引力定律为基础，研究双边贸易流量和流向的经验性工具。最早将引力模型用于研究国际贸易量的是 Tinbergen[3] 和 Poyhonen[4]，他们通过实证研究发现，一国向另一国的贸易流动主要取决于用 GDP 测量的国家经济规模和两国间的地理距离，贸易量与它们的经济规模之积正相关，而与两国之间的空间距离负相关。Linnemann 则对模型做了重要拓展，首次引入了人口数量和贸易政策这两个值作为解释变量[5]。Bergstrand（1989）为了更好地解释贸易量流动，认为在引力模型中应加入其他促进或阻碍两国之间贸易流动的因素。后续研究者逐渐在模型中引入人口、人均收入、汇率、是否同属一个经济组织、是否拥有共同边界、是否拥有共同语言或文化、是否使用同一货币等诸多变量，进一步丰富了引力模型的含义。Otsuki，Wilson 和 Sewadeh[6] 用引力模型评估欧洲黄曲霉素标准对非洲国家农产品出口可能造成的影响，分析欧洲和非洲国家之间农产品的贸易情况，首次将具体的 SPS 引入引力模型来说明贸易摩擦对于两国间贸易的影响。

引力模型的简约形式具体表达式如下：

$$M_{ij} = aGDP_i GDP_j / D_{ij}$$

其中 M_{ij} 表示一定时期 i 方从 j 方的进口额，GDP_i、GDP_j 分别表示 i 方和 j 方的国内生产总值，D_{ij} 表示二者之间的距离，a 是比例常数。

---

[1] Drazen, Allan, "Self-Fulfilling Optimism in a Trade-Friction Model of the Business Cycle", *AEA Papers and Proceedings*, 1988 (4).

[2] Calvin, L., Krissoff, B., "Technical Barriers to Trade: A Case Study of Phytosanitary Barriers and U. S. -Japanese Apple Trade", *Journal of Agricultural and Resource Economics*, 1998, 23 (2).

[3] Tinbergen. J, *Shaping the World Economy: Suggestion for An International Economic Policy*, New York: The Twentieth Century Fund, 1962.

[4] Poyhonen, P., "A Tentative Model for the Flows of Trade Between Countries", *Weltwirtschatfliches Archiv*, 1963. 90 (1).

[5] Linnemann, H., *An Econometric Study of International Trade Flows*, Amsterdam: North-Holland Publishing Company, 1966.

[6] Otsuki, Tsunehiro, John S. Wilson and Mirvat Sewadah, "Saving Two in a Billion: Quantifying the Trade Effect of European Food Safety Standards on African Exports", *Food Policy*, 2001 (26).

本课题将应用引力模型,从定量角度研究 SPS、TBT 和反倾销这三大主要的贸易壁垒对中欧贸易所产生的影响,并对中欧双边经贸关系作进一步预测。

一 模型建立与变量说明

将"贸易壁垒"因素引入引力模型,建立基本模型:

$$\ln M_{it} = C_i + a\ln GDPC_t + \beta\ln GDPE_{it} + \lambda D_i + \theta\ln TF_t + \delta X_{it} + \varepsilon \tag{00}$$

其中,M_{it} 代表欧盟第 i 国在第 t 年从中国的进口额,也就是中国在第 t 年对欧盟第 i 国的出口额,$GDPC_t$ 表示中国第 t 年的国内生产总值 GDP[①],$GDPE_{it}$ 表示欧盟第 i 国第 t 年的国内生产总值。D_i 表示欧盟第 i 国与中国的距离。TF_t 代表欧盟在第 t 年的主要贸易壁垒因素,X_{it} 表示欧盟第 i 国第 t 年影响其与中国贸易额的控制变量。α,β,λ,θ,δ 为系数向量,C_i 为常数向量,ε 为随机误差项。

贸易壁垒作为影响两个贸易体之间贸易量的重要因素,包括很多内容,显然不可能有一个完整性的指标对其进行描述。根据中欧之间贸易摩擦的现状,用动植物检验检疫措施(SPS)、技术性贸易壁垒(TBT)和反倾销三个最主要的贸易摩擦形式可以对贸易壁垒进行相对全面的描述。因此采用欧盟的 SPS 和 TBT 通报数以及欧盟对中国的反倾销立案数三个变量作为贸易壁垒的指标描述。

在控制变量的选择方面,用人均劳动生产率(Labour Productivity per Person Employed)作为描述一国生产力发展水平的主要指标。考虑到贸易的路径依赖性,贸易额前期的数值对贸易额当期也会存在一定的影响,同时引入贸易额的前期值 M (-1)作为控制变量。

在此基础上,建立具体的计量模型:

$$\ln M_{it} = C_i + a\ln GDPC_t + \beta\ln GDPE_{it} + \lambda D_i + \theta_1\ln SPS_t + \\ \theta_2\ln TBT_t + \theta_3\ln AD_t + \delta_1\ln Lp_{it} + \delta_2\ln M(-1) + \varepsilon \tag{01}$$

其中,SPS_t 表示欧盟第 t 年的动植物检验检疫,TBT_t 表示欧盟第 t 年的

[①] 尽管有研究用人均 GDP 来描述国内生产力(段辉娜,2007),但作者认为,GDP 作为一个总量指标可以更好地解释贸易额总量,而实证结果也证实了 GDP 指标比人均 GDP 指标更具合理性。

技术性贸易壁垒，AD_t 表示第 t 年的欧盟对华反倾销立案。LP_{it} 代表欧盟第 i 国第 t 年的人均劳动生产率，详见表 14 - 3。

表 14 - 3　变量名称、描述及符号预测

变量类型	变量名称	变量符号	预期系数符号	变量描述
被解释变量	欧盟进口额	M		欧盟各国各年从中国的进口额，数据来源于中国国家统计局的《中国统计年鉴》
原始引力模型变量	中国 GDP	$GDPC$	+	中国的国内生产总值，数据来源同上
	欧盟 GDP	$GDPE$	+	欧盟各国的国内生产总值，数据来源于《2008 年欧盟年报》及《2007 年欧盟年报》
	距离变量	D	—	中国与欧盟各国的距离，用上海与各国首都间的直线距离近似代替，数据来自 www.indo.com
贸易壁垒变量	动植物检疫检验	SPS	—	动植物检疫检验措施数，数据来源于中国 WTO/TBT-SPS 通报信息网
	技术性贸易壁垒	TBT	—	技术性贸易壁垒通报数，数据来源同上
	欧盟对华反倾销立案	AD	—	当年的欧盟对华反倾销立案数，数据来源于中国贸易救济网
	动植物检疫检验的前期	$SPS(-1)$	—	前期
	技术性贸易壁垒的前期	$TBT(1-)$	—	前期
控制变量	欧盟进口额的前期	$M(1-)$	+	前一年的欧盟各国从中国的进口额，数据来源于中国国家统计局的《中国统计年鉴》
	人均劳动生产率	LB	+	欧盟各国的人均劳动生产率，数据来源于《2008 年欧盟年报》及《2007 年欧盟年报》

理论上，GDP 对进口具有正影响，GDPE 越高表明欧盟的进口需求越旺盛，GDPC 越高表明中国的生产水平越高，潜在出口能力越强；而欧盟的 SPS、TBT 的通告数和对华反倾销的立案数 AD 对欧盟进口具有负影响，SPS、TBT 的通告数越多说明中国出口付出的代价越高，反倾销的立案数越多说明中国出口遇到的阻力越大；距离变量 D 与中欧贸易额之间相负向，一般来讲，两国距离越远，由于运输成本等因素的影响，两国之间的贸易额

越小;人均生产力水平跟贸易额之间正相关,人均生产力水平越高,参与贸易往来的机会越大。

二 数据来源

本课题采用2000—2006年欧盟各国的面板数据[①]。原则上应取欧盟25国的数据,但由于塞浦路斯与中国之间的贸易额很小,对整体影响几乎可以忽略,而在《中国统计年鉴》上也未公布,故未列入计算。因此,最终的面板数据包含了24个截面单位在7年内的时间序列数据,样本观察值共计168个。

欧盟各国GDP来自《欧盟年报2008》(Eurostat Yearbook 2008),该数据是以欧盟2006年的价格水平核算。其他数据来源详见表14-3。

三 实证分析

为了对各个解释变量引入的合理性及经济学意义进行解释,本课题按照分步原则,逐渐加入解释变量和控制变量,对引力模型进行不断修正,从而得到最终模型。

第一,对基本的引力模型进行检验。检验模型1:

$$\ln M_{it} C_i + \alpha \ln GDPC_t + \beta \ln GDPE_{it} + \lambda D_i + \varepsilon \tag{1}$$

检验结果知,中欧贸易额 M 与 $GDPC$ 和 $GDPE$ 的相关系数均为正值(2.081193,0.850892),与中欧之间的距离 D 的相关系数为负(-0.636621)。这很好地证明了引力模型的正确性,但是DW值为0.142879(≤2),存在严重的序列自相关性。

第二,为消除序列自相关性,引入中欧贸易额M的滞后项M(-1)。建立模型2。

$$\ln M_{it} + C_i + \alpha \ln GDPC_t + \beta \ln GDPE_{it} + \lambda D_i + \delta_2 \ln M(-1) + \delta \tag{2}$$

检验结果知,DW值为1.798726,很好地消除了序列自相关性。但是距

[①] 由于本课题研究的欧盟单一市场政策的调整始于本世纪初,到2006年才真正拉开调整的大幕(见附件IV),因此这里选取了该时段的数据。

离变量 D 的系数为正，且显著性极低（0.9942）。因此考虑引入贸易壁垒变量，对贸易额 M 进行解释。

第三，引入贸易壁垒变量，即 SPS，TBT，AD 三个描述贸易壁垒的指标。建立模型 3：

$$\ln M_{it} = C_i + \alpha \ln GDPC_t + \beta \ln GDPE_{it} + \lambda D_i + \\ \theta_1 \ln SPS_t + \theta_2 \ln TBT_t + \theta_3 \ln AD_t + \delta_2 \ln M(-1) + \varepsilon \tag{3}$$

检验结果知，距离变量 D 的系数为负，符合引力模型的理论。但是 SPS、TBT、AD 的系数与实际不符。正如前文提到的那样，贸易壁垒对贸易额的影响往往存在滞后性，因此考虑引入 SPS 和 TBT 的滞后项 SPS（-1）和 TBT（-1），以消除这种滞后性的影响。

第四，为消除贸易壁垒滞后性，引入滞后项，建立模型 4。

$$\ln M_{it} = C_i + \alpha \ln GDPC_t + \beta \ln GDPE_{it} + \lambda D_i + \theta_1 \ln SPS_t + \theta_2 \ln TBT_t + \\ \theta_1' \ln SPS_t(-1) + \theta_2' \theta_1' TBT_t(-1) + \theta_3 \ln AD_t + \delta_2 \ln M(-1) + \varepsilon \tag{4}$$

检验结果知，SPS 和 TBT（-1）的系数均为负，这说明 SPS 的当期对贸易额产生了负向的影响，而 TBT 则是前期对贸易额存在抑制作用。AD 始终对贸易额产生抑制作用，且显著性水平良好（0.0856）。但是滞后项的引入导致距离变量的系数为正，$GDPC$ 的系数为负，且显著性极低（0.9867 和 0.9538），这可能是缺乏控制变量对解释变量的解释。考虑此，引入表示生产力发展水平的人均劳动生产率指标 LP。

第五，引入控制变量 LP，建立最终计量模型 5。

$$\ln M_{it} = C_i + \alpha \ln GDPC_t + \beta \ln GDPE_{it} + \lambda D_i + \theta_1 \ln SPS_t + \theta_2 \ln TBT_t + \theta_1' \ln SPS_t(-1) + \\ \theta_2' \ln TBT_t(-1) + \theta_3 \ln AD_t + \delta_1 \ln LP_{it} + \delta_2 \ln M(-1) + \varepsilon \tag{5}$$

检验结果知，中欧之间的贸易额与中国的国内生产总值 $GDPC$ 和欧盟各国的国内生产总值 $GDPE$ 呈正相关性，与两国之间的距离 D 呈负相关性。SPS 的当期、TBT（-1）即 TBT 的前期以及 AD，对中欧之间的贸易额有抑制作用。各回归模型检验的具体结果如表 14-4 所示。

四　结果分析

（1）SPS 和 TBT 通报数。以上结果显示，SPS 的通报数相对于它的前期，

表 14 – 4　各回归模型检验的结果汇总表

变量系数	回归模型 1	回归模型 2	回归模型 3	回归模型 4	回归模型 5
C	– 11. 31104 (0. 0532)	– 2. 851430 (0. 2285)	– 8. 929488 (0. 0000)		
GDPC	2. 850892 (0. 0000)	0. 330876 (0. 0023)	0. 812753 (0. 0000)	– 0. 010665 (0. 9538)	0. 019833 (0. 9156)
GDPE	0. 850892 (0. 0000)	0. 035709 (0. 2284)	0. 011943 (0. 4825)	0. 031951 (0. 2626)	0. 029788 (0. 2979)
D	– 0. 646621 (0. 2699)	0. 001693 (0. 9942)		0. 003730 (0. 9867)	– 0. 061030 (0. 7937)
SPS			0. 275594 (0. 0000)	– 0. 267022 (0. 3604)	– 0. 258548 (0. 3762)
TBT			– 0. 198267 (0. 0241)	0. 646151 (0. 1009)	0. 631420 (0. 1092)
AD			– 0. 066477 (0. 0519)	– 0. 408463 (0. 0856)	– 0. 405049 (0. 0884)
SPS(– 1)				0. 342145 (0. 1868)	0. 338577 (0. 1916)
TBT(– 1)				– 0. 141435 (0. 5290)	– 0. 141847 (0. 5277)
M(– 1)		0. 915089 (0. 0000)	0. 948886 (0. 0000)	0. 919629 (0. 0000)	0. 915048 (0. 0000)
LP					0. 068211 (0. 3428)
调整后的 R 值	0. 851552	0. 979051	0. 999806	0. 981191	0. 981418
D-W	0. 142879	1. 798726	1. 797049	1. 731741	1. 736558
F-statistic	314. 5868	1624. 064	99938. 09	880. 3233	782. 0670
Prob(F-statistic)	0. 0000	0. 0000	0. 0000	0. 0000	0. 0000

对贸易额的负影响更为明显，而 TBT 的前一期通报数相对于当期来说才是真正阻碍贸易的主要因素。这可能是由于动植物的出口受时间的影响较大，一般来说，一项 SPS 通报公布以后，当期的动植物出口由于来不及达到新的标准而过了保质期，严重阻碍了当期的出口额，而出口商由于出口的压力会在技术上迅速改进，在下一期之前使自己的产品达到新的标准，因而前一期

的通报对当期并未产生负效应；而在 TBT 协议透明度原则的约束下，TBT 措施要事先通告，在评议期期间不会对贸易额产生阻碍作用，评议期后，前一年的通报在当年发挥了最大效应。

（2）反倾销立案数。从计量的结果来看，反倾销立案数对贸易额产生了相当大的负影响，这与实际情况基本吻合，反倾销由于其规则本身的模糊性、反倾销法的不断弱化以及实施上的便利性，属于现代贸易保护的首选工具。

（3）其他变量。$GDPC$、$GDPE$、D 以及 LP 对贸易额的影响基本符合预期。同时，前一期的贸易额也是对当期贸易额产生正效应的主要因素。

从模型估计结果总体来看，基本验证了三大主要的贸易壁垒对中欧之间的贸易产生了不小的阻碍作用。但同时，其他一些变量如 GDP、生产力水平和前期贸易额的正面促进作用仍占主导地位，因此，中欧双方的贸易额仍处于不断上升的趋势中。

面对日渐激烈的贸易摩擦，著名学者周世俭教授曾用"小摩擦，大前景"来描述中欧经贸关系的特点。由于当前中欧双方的贸易规模与在世界上的实力、地位、作用和潜力都很不相称，以及一些不和谐因素不时地干扰中欧经贸关系的正常发展，双边经贸关系中存在着若干亟待解决或消除的问题和障碍，双边贸易中的摩擦会在很长的一段时期内持续存在，甚至会逐步升级。

此外，值得一提的是欧盟东扩后产生的贸易转移效应也会对我国出口欧盟的产品造成阻碍。2004 年 5 月 1 日和 2007 年 1 月 1 日，欧盟进行了其第五次和第六次扩大，正式成员增加至 27 国。新入盟的中东欧国家与我国经济发展水平相近，出口产品结构相似，产品高度可替代，再加上优越的地理位置大大降低了运输成本，使得我国的出口产品不再具备基于充裕劳动力的低成本优势。随着欧盟的东扩，区域内成员的商品很可能替代部分从中国进口的商品，我国输欧的大量劳动密集型产品不可避免地丧失部分市场。

总体而言，中欧经贸关系的发展是积极的和良好的。欧盟是世界上最大的区域经济集团，中国是世界上最大的发展中国家，双方的经贸关系有着很大的前景。诚然，贸易摩擦给我国带来的负面影响要大于其促进作用，但既然摩擦已经存在，我们就应该正视，努力避免和克服，营造更加和谐的中欧双边关系。贸易摩擦是政治、经济博弈的产物，只有双方都做出让步才能达到共赢。

第十五章
结语与展望

第一节　结语

面对不断变化的内外环境，欧盟选择了在21世纪初对单一市场进行大规模调研回溯，于2008年下半年正式出台了商品一揽子立法，并在推出《单一欧洲法案》25年之后，于2010年春天通过了《单一市场法案》。从单一欧洲到单一市场，是欧盟政策调整的起因，也是欧盟政策调整的结果。

本课题着重研究了欧盟此轮单一市场政策调整中商品立法部分对我国商品出口欧盟的影响，探询我们可以采取的应对之策。课题首先对单一市场、一体化、标准化、外部性、规范性等基本概念进行界定，对公共政策、欧盟立法等相关理论进行综述，然后从单一市场与技术性贸易壁垒两个相辅相成的角度对国内外研究现状进行梳理。接着课题从欧盟内外环境的演变、中国因素的显著性和单一市场自身的缺陷等视角对欧盟单一市场政策调整的背景进行了挖掘。从里斯本战略到单一市场战略，从标准化回顾到单一市场回溯，直至单一市场2.0版本的面世，课题回顾了单一市场政策调整的历程，结束了政策调整的背景篇。

第二部分为影响篇，分别从理论和实证两方面进行了影响分析。课题首先对调整后单一市场政策的方向、内容和特点进行了解读，接着以史实资料论证了欧盟单一市场政策，尤其是欧洲标准化的规范性力量，为后续的理论和实证研究做铺垫。而后课题以欧盟食品卫生规则的调整对我国食品出口的影响为重点研究对象，通过历史比较和与我国的横向比较，具体分析此轮欧盟食品政策调整的情况，理论分析其一般影响，以及短期和长期影响。而后选取 1999 年 1 月至 2009 年 6 月间的月度数据以引力模型进行了实证分析。

第三部分为对策篇，提出了政商学界联合应对的思路。首先通过对江苏省 100 家典型出口企业的问卷调查和对浙江省打火机个案的案例分析，课题提炼出我国企业应对相关壁垒的一般模式，而后在对欧美日等发达国家应对经验的比较研究基础之上，构建了包括上层标准法规体系、中层合格评定体系和底层市场监管体系的我国标准化立体体系，讨论了应对主体的分工，设计出包括对话机制、经贸关系和协调体制的动态应对机制。课题最后预测了中欧贸易摩擦的未来走向。

本课题研究结果表明，欧盟单一市场政策在对外彰显规范性力量的同时，其负外部性已经不可避免地影响到我国商品对欧的出口：欧盟标准化措施不仅增加了我国产品的出口成本，提高了产品市场准入门槛，而且已经影响到我国一些相关产业的发展——无论理论上，还是实证中，无论从整体上，还是从分类上，作为欧盟单一市场政策调整试点的食品卫生规则的调整均被证明对中国输欧食品产生了不小的阻碍作用，并且因食品分类不同而阻碍形式和程度有所不同。欧盟由过去商品的出口到现在提出以标准的出口带动商品的出口，正好迎合了当下贸易保护主义的趋势。综合问卷调查、案例分析、经验比较的研究结果，我们认为政商学界的联合应对才是我们直面日益模糊化和不断常态化的贸易保护主义措施的长久之策。作为新兴经济体，中国正在不可避免地遭遇到诸多国际发展争端，可持续贸易的未来仍将是今后一段时间我国学者需要继续研究的课题。

2008 年源发于美国的次贷危机引爆了由全球经济失衡导致的全球经济危机。经济周期决定经济危机之后将是经济萧条，全球经济全面复苏尚需时日。展望世界贸易的未来绝非本课题能够涉猎的，这里仅围绕本课题研究内容，从贸易保护、贸易体系和可持续贸易等方面对未来进行展望。

第二节　展望

一　贸易保护主义

爆发于 2008 年的全球经济危机已经引发贸易保护主义在全球范围肆虐。

随着世界各国纷纷采取救济措施抵制危机，全球贸易保护主义暗流涌动，呈现模糊化和常态化两大特点。

（一）模糊化倾向

研究表明，全球贸易保护主义背景下，"政府用以应对危机的措施以新的、更加模糊的保护形式大量涌现"①。全球模糊保护主义趋势下，贸易保护手段更加隐蔽灵活，除了传统的贸易救济措施（如反倾销、反补贴和保障性措施）外，出现了更加模糊的贸易壁垒（如知识产权保护形式、移民措施、公共采购规则、技术性贸易壁垒等），其中技术性贸易壁垒更是花样百出、模糊难辨。随着全球气候变化愈演愈烈，能源、环保、贸易等复杂地交织在一起，各国在权衡贸易与环境之间内在复杂关系时，往往从自身利益出发，将本国贸易政策和环境保护目标相结合，出台了边境调节税（border adjustment tax），甚至碳关税（carbon tariffs），以环境保护为名，行贸易保护之实。这些措施被披上"绿色"外衣，极具伪装性质，其背后隐藏着复杂的战略利益分配关系②。

近年欧盟不少人士担忧，欧盟本土企业将面临竞争力损失（competitive loss）和碳泄漏（carbon leakage）问题，并多次提出要征收"碳关税"或"边境碳调整"，以进行补偿。欧盟碳关税具有法律争议性、性质两面性和效益不确定性等特点，具有利用其能源、技术、资金等优势实行贸易保护主义之嫌，具有关税壁垒和技术性贸易壁垒的双重性质。世界银行研究报告表明，若碳关税全面实施，"中国制造"可能将面临平均26%的关税，出口量因此可能下滑21%③。

（二）常态化趋势

中国在世界贸易中的地位和当下的世界贸易形势决定了中国将常态性地面临贸易伙伴国的贸易保护主义。2010年下半年中国经济总量超过日本，成为世界第二大经济体。在大国兴起的过程中，尤其是当其逐步成为贸易大国时，必然会引起国际分工格局和利益分配格局的巨大变化，致使新兴

---

① Richard Baldwin, Simon Evenett. *The collapse of global trade, murky protectionism, and the crisis: recommendations for the G20*. Center for Economic Policy Research, 2009: 1.

② 夏先良：《碳关税、低碳经济和中美贸易再平衡》［J］，《国际贸易》2009年第1期。

③ 参见，中国低碳网：http://chanjing.ditan360.com/cyzl/10048.html。

大国同现有国际体系和现有大国在经贸领域发生冲突，从而导致既得利益国家与新兴大国之间的博弈。因此中国在现阶段遭遇战略性贸易摩擦也就不可避免。

二　区域主义与多边主义

历经近十年贸易谈判，多哈回合仍未达成最终协议。WTO 多边贸易体制的某些局限性正是许多国家热衷于区域贸易安排（Regional Trade Agreements，RTAs）的重要原因。

（一）并存的无奈

自从 1991 年哥伦比亚大学 Jagdish Bhagwati 教授提出区域性贸易安排（RTAs）究竟是多边贸易自由化的垫脚石（Stepping Stone）还是绊脚石（Stumbling Block）这个著名命题[1]之后，学术界逐渐分成两派，一派为巴格瓦蒂学派，认为区域主义会损害多边贸易；一派为桑默斯学派[2]，认为区域主义会促进多边贸易自由化。不管是阻碍还是促进，其不争的事实是，区域与多边贸易体系仍将在不短的时间内共存[3]。

（二）抗衡的现实

随着近年来区域贸易协定的日益增多[4]，几乎所有的世贸组织成员都是至少其中一个区域贸易协定的成员[5]，区域贸易安排似有与多边贸易体系抗衡的趋势。因此有学者提出区域主义的多边化问题[6]，是否区域贸易协定会最终达到一个大数，届时纵横交错的区域协定与世界贸易组织达到稳定均

---

[1]　Bhagwati, J. *The World Trading System at Risk*. Princeton, NJ：Princeton University Press, 1991：3.

[2]　Summers, L. "Regionalism and the World Trading System", in *Policy Implications of Trade and Currency Zones*, Symposium sponsored by Federal Reserve Bank Kansas City, 1991, (9)：295 – 301.

[3]　Rafael Leal-Arcas, "European Union-China Trade Relations：Current Difficulties and Ways to Improve Them", *International Security Forum*, 2010, available at：

http：//www. intersecurity – rum. org/index. php？ option = com_ content&view = article&id = 112：eu – china – traderelations – current – difficulties – and – ways – to – improve – them&catid = 49：global – issues – agovernance&Itemid = 166.

[4]　20 世纪 90 年代之后，区域贸易协议一直持续增加，截止到 2011 年 5 月 15 日，通报至世界贸易组织的数量已经达到 489 个，参见，http：//www. wto. org/english/tratop_ e/region_ e/region_ e. htm。

[5]　唯一的例外是蒙古。

[6]　Richard Baldwin and Patrick Low (eds.), *Multilateralizing Regionalism：Challenges for the Global Trading System*, Cambridge, 2009.

衡? 这不仅是今后学术界需要继续研究的课题, 而且也可能是我们必须直面的现实。

三 贸易争端与可持续贸易

在现有国际贸易体系之下, 国际贸易争端不可避免。可持续贸易将是中国这样的发展中国家必须面对的问题。

2010 年 8 月我国商务部宣布, 重新组建国际贸易谈判办公室, 旨在加强中国政府协调贸易谈判的能力, 因为中国已经不仅是遭遇反倾销调查最多的国家, 而且已经成为国际发展争端的主要对象。

对于中国这样新兴的发展中国家, 一种新的争端正在不可避免地出现: 国际发展争端 (international development dispute),[①] 一种源于如何发展的法律差异问题的争端。具体而言, 国际发展争端有以下几个类型: 与经济发展政策相关的争端; 与基于权力 (rights-based) 发展政策相关的争端; 与可持续发展政策相关的争端。[②]

众所周知, 中国的出口业绩非常显著, 可以说中国人制造了几乎所有商品。然而, 纵使如今中国与德国可能出口几乎同样多大类的商品, 但每一大类商品的种类差别令人深思, 因为各自的专业化模式大相径庭[③]。以 iPod 为例[④]。普通消费者购买的 iPod 是中国制造 (Made in China)。贸易数据也告诉了我们类似的故事: iPod 是从中国出口到其他国家的。但这个简单化了的故事忽视了关键的事实。第一, 像 iPod 这样由 451 个既轻便又廉价的零部件组成的产品, 是由许多国家进口的零部件最后组装而成的。第二, 生产和组装零部件仅是生产过程的一部分。从 GDP 的角度, 产品开发, 市场营销同样重要。就贸易量而言, iPod 被认为是中国的产品, 但就 GDP 而言, 却不是, 因为 iPod 价格中仅有极小的百分比是由中国附加价值完成的。因此,

① Tomer Broude, "Development Disputes in International Trade", *Research Paper*, No 05 - 10, the International Law Forum of the Hebrew University of Jerusalem Law Faculty, November, 15, 2010: 8.

② Ibid: 11.

③ Lionel Fontagné, Guillaume Gaulier, Soledad Zignago, "Quality matters: Everything is (not) made in China", 28 March 2008, available at: http://www.voxeu.org/index.php? q = node/1009.

④ Greg Linden, et al., "Who captures value in a global innovation network?: the case of Apple's iPod", *Communications of the ACM*, vol. 52 (3), 2009.

我国可持续贸易的路在何方,将是我们必须直面和继续研究的课题。

经济全球化背景下经济相互依存的现实决定了无论是欧盟的单一市场政策,还是其他国家和区域相关政策法规的变化都将对我国商品出口产生程度不等的影响。保护主义、区域主义、多边主义等还将继续存在,而如何让它们最小限度地影响国际贸易,如何尽可能降低它们对全人类福利的负面影响,仍是国际经济学、国际关系学等不同学科的学者们必须继续探究的问题。

致　　谢

　　经过三年努力，本项目按期完成了。项目成果幸运地入选 2011 年《国家哲学社会科学成果文库》，并免于结项鉴定。首先，我们项目组全体人员衷心感谢全国哲学社会科学规划办公室的各位领导及各位专家给予我们这样的机会，让我们可以有一定的经济保障专心研究我们感兴趣的课题。其次，还要感谢我们学校社会科学处和经济管理学院的领导和专家，感谢他们一直以来对我们的激励和帮助。这里要特别感谢徐康宁院长和邱斌处长一直以来对我们的鼓励和支持，感谢胡汉辉教授对项目的指导。我们感谢参与本项目问卷调研的企业，他们的积极参与使我们的调研工作可以顺利进行，为我们的研究工作增加了不可或缺的素材。我们还要感谢参与本项目的所有研究生，他们的坚持和辛劳，让项目的资料收集、数据整理和结果分析变得轻松愉快，也让我们师生之间可以教学相长。在本项目三年的研究过程中，他们陆续走出校门，走上了工作岗位。现在每当提及他们在校参与项目过程中的甘苦，他们的收获，他们的成长，我们就更加坚信科研工作对研究生培养的重要性，这也一直激励着我们不断继续努力。这里我们要特别感谢已经在艾欧史密斯（中国）热水器有限公司工作的王思璇同学，她的聪慧，她的勤奋和她的热情给我们留下了深刻印象。

　　作为项目负责人，我们由衷感谢本项目组的所有成员，他们是：南京大学的舒小昀教授，东南大学的花俊副教授、臧新副教授、陈小怡副教授和任凤慧博士。没有大家三年来不懈的共同努力，本项目不可能按时完成。我们还要感谢我们系的全体同仁，我们之间不定期的交流，使我们在项目研究中可以集思广益，许多问题迎刃而解。大家对我们工作的支持也一直是我们工作的动力和源泉。我们还要感谢我们的家人，是他们的支持和关心，让我们项目的研究在不受到任何外界干扰的情况下，按部就班地进行着。非常重要的是，我们还要感谢江苏省两位给予我们项目成果预鉴定的专家，南京大学范从来教授和南京师范大学蒋伏心教授，感谢他们在百忙之中阅读拙作，感谢他们对于我们成果的充分肯定，更感谢他们提出的非常有建设性的修改意见。

最后，我们向中国社会科学院社会科学文献出版社的编审团队的辛勤劳动和专业策划致以衷心感谢！

本项目完成期间已发表相关论文

1. 卢仁艳、陈淑梅：《欧盟技术标准化的政治经济学分析——以 REACH 法规为例》[J]，《世界经济与政治论坛》2008 年第 5 期。

2. 陈淑梅：《欧洲单一市场研究综述》[J]，《东南大学学报》（哲学社会科学版），2008 年第 6 期。

3. 王思璇：《中欧贸易摩擦的趋势预测及对双边关系的影响——基于引力模型的实证研究》[J]，《国际贸易问题》2009 年第 6 期。

4. Shumei Chen, "Sham or shame: Rethinking the China's milk powder scandal from a legal perspective", *Journal of Risk Research* (SSCI), 2009, Volume 12 Issue 6: 725 – 747.

5. 王丽萍、陈淑梅：《欧盟标准化外部性条件下的企业应对模式研究——以中欧打火机贸易摩擦为例》[J]，《标准科学》2009 年第 10 期。

6. Shumei Chen, "A Transatlantic Comparison on Poultry Disputes with China: A Case Study of Murky Protectionism", *Journal of Chinese Economic and Foreign Trade Studies*, 2010, Issue 2: 169 – 184.

7. 陈淑梅、王思璇：《欧盟食品卫生规则调整对我国食品出口的影响研究》[J]，《国际贸易问题》2010 年第 10 期。

8. 陈淑梅：《从商品出口到标准出口——欧盟标准化规范性力量的实证研究》，第二届"标准化与国际贸易"国际论坛，中国杭州，2010 年 10 月。

9. 殷超、陈淑梅：《欧盟动物福利法规对我国动物源性食品出口的影响》，第二届"标准化与国际贸易"国际论坛，中国杭州，2010 年 10 月。

10. Shumei Chen, et al, " 'Normative Power Europe' and European Economic Integration", *European Union Studies Association Biennial Conference*, Boston, March 3 – 5, 2011.

附　录　Ⅰ

中欧政治关系（1980—2006）*

一　20世纪80年代：萌芽发展期①

随着20年代70年代中美关系趋于正常化，中欧关系也开始解冻。由于存在较多的共同利益而无实质性的利益分歧，中欧双方开始出现政治、经济良好的发展势头。中国与欧共体在1975年5月建交。从1980年起，欧共体给予中国普遍优惠制待遇。但到了80年代末，随着两极格局的瓦解，苏联解体、冷战结束、六四运动发生，中欧关系进入了一个倒退期②。1989年6月以后，中欧关系出现了重大滑坡，倒退到建交以来的最低点。之后，欧共体各成员国首脑在1989年6月的马德里峰会上通过了对华制裁的《对华声明》，决定冻结对华关系，并对中国采取包括暂停双边部长级及高层接触，中断共同体成员国与中国的军事合作，实行对华武器禁售等6项制裁措施。本阶段具体里程碑事件如下：

1975年5月中国与欧共体建交。

1979年7月双方草签了为期5年的《纺织品贸易协定》。

1980年6月16日至19日，中国人大代表团与欧洲议会在法国斯特拉斯堡首次举行会晤。1984年欧共体和中国政治合作框架下的第一次部长会议

---

*　背景资料涉及的时间以20世纪80年代初欧洲单一市场启动到2006年欧盟单一市场政策正式调整为界，下同。

①　参见李现全《20世纪90年代以来的中欧政治关系》，《外交学院2002级硕士研究生学位论文》，2002。

②　参见章敏《中欧关系的历史、现状和前景》[J]，《国际观察》1996年第3期。

召开。

1984 年中欧签订了《附加议定书》。

1984 年，欧共体第一个在华合作项目——商务管理培训和农村发展项目启动。

1985 年欧委会主席德洛尔成功访问中国。

1985 年中欧签订了《贸易与经济技术合作协定》，并成立了贸易与经济合作委员会。

1987 年启动中国—欧共体政治合作部长级会议。

1988 年中欧签订了新《纺织品协定》。

1988 年 10 月 4 日，欧委会正式在中国设立驻华代表团。

二 20 世纪 90 年代：调整提升期

低谷期（1990—1992）[①]

1990 年 10 月 22 日欧洲理事会和欧洲议会决定逐步恢复同中国的双边关系。

1992 年欧共体同中国的关系主体恢复正常，但对华军售禁令并未解除。

调整期（1992—1994）[②]

1993 年，欧委会第一次对联合国世界粮食计划组织的在华项目提供援助。

1993 年 10 月，欧委会设立香港办事处。

1994 年 6 月，中欧达成进一步加强双方政治对话协议。

1994 年 7 月，欧委会发表《走向亚洲新战略》，认为加强与中国在各个领域的合作，是实现其亚洲新战略的基本保证之一。

---

① 参见王运祥、郭友群《消极政治因素对中欧经贸关系的影响》[J]，《世界贸易研究》2001 年第 4 期。

② 参见戴炳然《中欧关系的回顾与展望》[J]，《世界经济文汇》1995 年第 1 期。

提升期（1995—1999）

1995 年 7 月 5 日欧盟通过《中欧关系长期政策》文件，强调建立"长期合作伙伴"，标志着欧盟第一份全面对华政策的出台，也预示中欧政治关系进入到了相对稳定的阶段。①

1996 年，欧委会又公布了《欧盟对华合作新战略》，明确提出欧洲支持中国更多地参与国际事务，支持中国加入世贸组织，将中欧关系提升到战略高度。②

1996 年 3 月，欧盟和中国参加了在曼谷举行的第一次亚欧会议。

1998 年 2 月 23 日，欧盟外长一致同意放弃在人权问题上与中国对抗的政策，表示在联合国人权会议上，无论作为整体的欧盟，还是单个成员国都将不再提出也不再支持谴责中国人权。

1998 年 3 月 25 日，欧委会通过了《与中国建立全面伙伴关系》文件，主张建立"全面伙伴关系"。该文件是对 1995 年文件的进一步充实、提升，旨在建立与中国的"全面伙伴关系"。③

1998 年中欧签署《中国与欧盟科技合作协定》，中国于 1999 年全面参加欧盟第五个科技框架计划。④

1998 年 4 月 27 日，欧盟外长理事会决定采纳欧委会 1997 年 12 月提出的不再把中国列入"非市场经济"国家名单的建议。

三　21 世纪：成熟重塑期

在 21 世纪国际政治大背景下，中欧双方拥有了全球战略合作意志，进一步拓展了政治对话内容、机制和沟通渠道。此阶段里程碑事件如下：

---

① 参见冯仲平《中欧长期合作关系的基石——欧盟公布对华新政策》[J]，《世界知识》1995 年第 16 期。

② 参见顾俊礼《架构面向 21 世纪的中欧关系》，《和平与发展》2000 年第 2 期。

③ 参见冯仲平《中欧长期合作关系的基石——欧盟公布对华新政策》[J]，《世界知识》1995 年第 16 期。

④ 参见房乐宪《当前欧盟对华战略及其对中欧关系的政策含义》[J]，《国际论坛》2004 年第 3 期。

2000 年 7 月 11 日，在中国与欧盟建交 25 周年之际，朱镕基总理首次对欧盟总部进行正式访问。朱镕基强调，中国重视欧盟在世界多极化进程中的重要作用和地位，重视发展与欧盟及其成员国的关系，将其置于中国外交全局中的重要位置。

2000 年 9 月 8 日，欧盟委员会通过了《关于〈与中国建立全面伙伴关系〉文件执行情况的报告》，其意义在于确立了欧委会定期向欧盟理事会和欧洲议会报告对华政策执行的制度。

2001 年 5 月日欧盟发布了《欧盟对中国的战略：1998 年文件执行情况与今后使欧盟政策更有效的步骤》。重点在于扩大欧盟对华政策中短期目标，并对现有政策加以调整和扩充，是对 90 年代两份对华政策文件在行动层面的实施贯彻和量上的具体安排，实现了中欧政治关系量的飞跃。①

2001 年 9 月 5 日，中国国务院总理朱镕基与欧盟领导人举行了第四次中国—欧盟领导人会晤。会后首次发表了《第四次中欧领导人会晤联合新闻公报》。

2002 年 3 月 1 日，欧盟委员会批准了关于中国的《国家战略文件 2002—2006》，为今后 5 年欧盟与中国的合作提供了一个总体框架，以支持其对华政策的广泛与长期目标。②

2003 年 9 月 10 日，欧盟委员会出台了欧盟第五份对华战略文件——《欧中关系的共同利益与挑战——走向成熟的伙伴关系》，文件旨在为欧中关系发展提供进一步的动力，指导今后 2 到 3 年欧盟对华政策和行动。③

2003 年 10 月 30 日国务院总理温家宝与欧洲理事会主席，举行第六次中欧领导人会晤，签署了《伽利略卫星导航合作协定》和《旅游目的地国地位谅解备忘录》。④

2003 年 10 月 13 日中国发表了《中国对欧盟政策文件》，这是中国政府

---

① 参见李现全《20 世纪 90 年代以来的中欧政治关系》[D]，《外交学院 2002 级硕士研究生学位论文》，2002。

② 参见房乐宪《当前欧盟对华战略及其对中欧关系的政策含义》[J]，《国际论坛》2004 年第 3 期。

③ 参见温家宝《开创中欧关系合作、共赢、和谐的新局面——在中欧论坛第二次会议开幕式上的演讲》[J]，《中华人民共和国国务院公报》2006，第 32 页。

④ 参见火正德《论中欧战略关系》[J]，《国际问题研究》2005 年第 2 期。

首次发表的对外政策文件，显示出对中国发展与欧盟关系的重视程度。

2004 年中国领导人多次访问欧洲，欧盟领导人以及欧洲各国领导人也纷纷访华，12 月发表《关于防扩散和军控问题的联合声明》，该文件反映出中欧双方政治关系中政治互信、战略互动的新特点。[①]

2005 年是中欧建交 30 周年，应国务院总理温家宝邀请，欧盟轮值主席国主席英国首相托尼·布莱尔 9 月 5 日上午抵达北京，出席当日举行的第八次中欧领导人会议，并于 6 日对中国进行访问。

---

① 参见阮宗泽《中欧全面战略伙伴关系：从构想到实现》[J]，《外交学院学报》2005 年第 81 期。

附　录　Ⅱ
中欧经贸关系（1980—2006）

随着中欧政治关系的正常化，中欧经贸关系也趋于正常。其中的变化体现在贸易量的变化、贸易结构的变化、直接投资的增加、合作领域的拓宽以及贸易摩擦的增多等几个方面。

一　中欧贸易量变化[①]

第一阶段：稳定发展期（1975—1988）

这段时期，中欧贸易关系虽然发展很快，但中国在欧共体贸易份额中所占的比重很小，和双方经济实力是很不相称的：中欧经贸关系的发展远远滞后于中国的经济发展，而且发展水平也很不平衡，直接投资合作和技术合作开展不够，远远落后于贸易关系的发展，自20世纪80年代后期开始，中欧贸易发展迅速，到1988年已增至128.7亿美元。这一阶段年均增长率达30.4%。

第二阶段：低谷期（1989—1994）

1989—1991年间，由于政治方面的特殊原因，中欧贸易增长速度开始放慢，1990、1991两年呈负增长，直到1993年才重新超过1989年的水平，达到261亿美元。这一阶段年均增长率仅为5.68%。

第三阶段：加速发展期（1995—2006）[②]

[①]　参见陈欣《欧盟东扩对中欧贸易影响的实证分析》[D]，《浙江大学硕士生毕业论文》2007年第3期，第18页。

[②]　参见张晓《从欧盟东扩看中欧经贸关系》[D]，《外交学院硕士毕业论文》2007年第5期。

自 1995 年以来中国与欧盟的经贸发展已步入快速发展的轨道，进出口总额每年都保持强劲的增长势头。1995—2005 年，中国与欧盟的进出口贸易总额增长了 4.38 倍，年均增长速度为 42.7%。据中国海关统计，2003 年中欧贸易额达 1252.2 亿美元，首次突破千亿美元。2004 年，中欧贸易额再创新高，达 1772.8 亿美元，是中欧建交时的 74 倍，欧盟一举成为中国第一大贸易伙伴，中国也成为欧盟第二大贸易伙伴，2006 年中欧双边贸易额已经达到 2723 亿美元，占中国对外贸易总额的 15.5%。

二　中欧贸易结构的变化[①]

从中欧双方贸易结构上来讲，中国由于 GDP 增长受固定资产投资拉动比重比较大，第二产业在三次产业中高于其他两个产业，而且国内需求不足。欧盟则是第三产业比重比较大。在双方进出口商品结构方面，最初中国向欧盟出口的商品主要为粮油、土畜、工艺、纺织和五金矿产产品，现在出口商品的结构虽有所改善，工业制成品增多，但仍以低附加值的轻纺产品和机电产品为主。中国从欧盟进口的产品以生产资料和技术密集型产品为主，但欧盟某些成员国的日用消费品、化妆品、酒精饮料、服装等也已大量进入中国市场。

三　欧盟对华直接投资的变化[②]

1986—2005 年，欧盟对华投资项目数从 32 个增长到 2846 个，占全国的比重从 2.14% 增长到 6.47%；合同外资金额从 3.52 亿美元增长到 115.3 亿美元，占全国的比重从 10.57% 波动下降到 6.10%，其后基本保持稳定；实际使用外资金额从 1.79 亿美元增长到 51.94 亿美元，占全国的比重在 7% 左右。在投资区域上，欧盟各国企业除继续在中国沿海地区大力开展经济合作外，还积极参与中国西部大开发和振兴东北老工业基地建设。部分欧盟企业

---

① 参见王鹤《评中欧贸易关系》[J]，《欧洲》1999 年第 2 期。
② 参见阎冬《欧盟对华战略调整与中欧经贸关系发展》 [D]，《对外经贸大学硕士毕业论文》2007 年第 4 期。

正将其在华生产和研发基地向劳动力、土地等成本更为低廉的西部和东北老工业基地转移。

四　中欧合作领域的变化[①]

中欧科技合作始于 20 世纪 80 年代初，并在欧盟第四、第五科研框架计划期间（1994—2002）得到长足发展。中国参与了 100 多个欧盟的科研项目，已成为欧盟最活跃的合作伙伴。2001 年，中国争取到了 33 个欧盟项目，总资金为 39.4 百万欧元。2003 年 10 月，在北京举行第六次中欧领导人会晤时，双方正式签署了《伽利略卫星导航合作协议》，该协议规定了卫星导航在诸多领域，特别是科技、工业制造、服务、市场开发、标准化、频率和认证方面的合作和日程。[②] 中欧还在培训人员、科技交流、发展援助等领域广泛开展合作。到 2004 年为止，中欧双方在混委会项下成立了经贸、科技、环保、能源、技术 5 个工作组。同时，自 1993 年以来，中国接受欧盟及其成员国无偿援助共计 4 亿美元。[③]

五　中欧贸易摩擦的增多

欧盟于 1979 年首次对中国出口的糖精及其盐类进行了反倾销调查，开西方国家对华反倾销之先河。到 2006 年为止，欧盟共对中国产品进行了 69 起反倾销调查，是西方国家中对我国产品进行反倾销调查最多的，涉及化工、纺织、机电等多项领域内。[④] 从 20 世纪 90 年代开始，欧盟就频繁地对中国产品进行反倾销、反补贴调查，并设置贸易壁垒。而欧盟的扩大一方面使得中国对欧洲出口获得了一个更大的、统一的市场，另一方面则使得中国出口原欧盟市场的产品面临被新成员国的产品所替代的威胁。欧盟

---

① 参见阎冬《欧盟对华战略调整与中欧经贸关系发展》［D］，《对外经贸大学硕士毕业论文》2007 年第 4 期，第 3 页。

② 参见李计广《走到十字路口的中欧经贸关系》［J］，《国际贸易》2008 年第 5 期。

③ 参见李晗《中欧经贸关系的新发展》［D］，《吉林大学硕士学位论文》2004 年第 4 期。

④ 参见周文贵《中欧经贸关系：特色、瓶颈与破解之道》［J］，《中国流通经济》2006 年第 7 期。

扩大为中欧贸易的发展创造了新的机遇，同时也带来了新的挑战。[①] 从1995—2005 年的数据来看，欧盟对中国发起反倾销调查 60 起，实施反倾销措施 41 起，实施/发起比为 68.33%。从 2002—2006 年的数据来看，欧盟对中国发起的反倾销案件数分别为 4 起、3 起、9 起、8 起、12 起，大致呈现出逐年上升的态势。[②]

---

① 参见付瑶《欧盟第五次扩大对中欧经贸关系的影响》［D］，《东北财经大学硕士学位论文》2007 年第 12 期。

② 参见李计广《走到十字路口的中欧经贸关系》［J］，《国际贸易》2008 年第 5 期。

附 录 Ⅲ

商品一揽子立法[*]

欧洲议会和理事会 2008 年 7 月 9 日发布的 764/2008/EC 条例^①

制定有关在其他成员国合法营销的产品适用某些
国家技术法规的程序，并废除 3052/95/EC 决定

（适用于欧洲经济区）

欧洲议会和欧盟理事会，

根据建立欧洲共同体的条约，尤其是第 37 条和第 95 条，

根据欧委会的提案，

根据欧洲经济和社会委员会的意见，

在咨询地区委员会之后，

按照条约第 251 条制定的程序，

鉴于以下因素，特通过本条例：

（1）内部市场是一个没有内部边界的区域，在这里，商品的自由流通
由条约通过禁止采取与进口数量限制对等效应的措施来得以确保。该禁令包

---

*　商品一揽子立法，也被称为新的立法框架（New Legislative Framework），由三个欧共体条例和一个欧共体决定组成（EC OJ L 218 of 13 August 2008, for Regulations 764/2008, 765/2008 and 766/2008, Decision 768/2008）。同时，在四大自由的基础上还提出了第五大自由，也就是知识和创新的自由流动［COM（2007）724 final：9］。

①　Regulation（EC）No 764/2008 of the European Parliament and of the Council of 9 July 2008 laying down procedures relating to the application of certain national technical rules to products lawfully marketed in another Member State and repealing Decision No 3052/95/EC.

含了成员国采取的对于共同体内部，间接或者直接地，实际或者潜在地，阻碍商品贸易的措施。

（2）在协调立法缺乏的情况下，成员国主管部门可能不合法地制造阻碍各国之间商品自由流通的障碍，这些商品在其他成员国内合法营销，也达到了各项技术法规的要求，例如，关于名称、样式、尺寸、重量、构成、外观、标签和包装的法规。这些关于在其他成员国合法营销的商品法规的适用可能会跟条约中第 28 条和第 30 条相违背，即使他们适用时对所有产品一视同仁。

（3）源于欧洲共同体法院判例法的相互承认原则，是确保商品在内部市场自由流通的方法之一。相互承认适用于那些不受制于共同体协调立法的产品，或者适用于此立法范围之外的产品范畴。根据该原则，一个成员国不可以阻止在其他成员国合法营销的产品在其境内销售，即使这些商品生产遵循的技术法规不同于本国内产品所遵循的技术法规。这一原则的唯一例外是基于条约第 30 条认为合理的限制，或者是基于公共利益至上原因且与其追求目标相称的限制。

（4）成员国对于相互承认原则的正确应用，还存在许多问题。因此，有必要制定程序来减少成员国之间因为技术法规给商品自由流通带来非法障碍的可能性。此程序在成员国的缺失会给商品自由流通带来额外障碍，因为它限制了企业将它们在另一成员国合法营销的产品销售到使用该技术法规的成员国。调查显示，许多企业，尤其是中小型企业，或者设法使产品符合成员国技术法规的要求，或者干脆不在那些成员国内销售其产品。

（5）主管部门也缺少合适的程序，来将其技术法规应用于在其他成员国合法营销的特定产品上。此程序的缺失影响到其根据条约评定产品是否合格的能力。

（6）1999 年 10 月 28 号理事会颁布的关于相互承认的决议提到，经济运营者和市民并没有充分和合理地利用相互承认原则，因为他们没有充分了解这个原则及其使用后果。该决议号召成员国出台合适的措施来为经营者和市民提供一个有效的相互承认的框架，其中，要能够有效地处理经营者和市民提出的要求，并快速地回复这些要求。

（7）2007 年 3 月 8 日和 9 日的欧洲理事会强调了通过加强相互承认，

保障高安全水平和消费者保护，给予内部市场商品贸易新动力的重要性。2007 年 6 月 21 日和 22 日的欧洲理事会强调了进一步加强内部市场四大自由（商品、人员、服务和资本的自由流动），并强调提高其运行对于增长、竞争和就业的至关重要性。

（8）商品内部市场的顺利运行需要充分和透明的途径来解决由于一成员国对在另一成员国合法营销的特定产品应用技术法规而带来的问题。

（9）本条例不应损害到适时地进一步协调技术法规，以期提高内部市场的运行。

（10）贸易壁垒也可能源于条约第 28 条和第 30 条范围内其他类型的措施。这些措施，可能包括，例如，为公共采购程序拟定的技术规范或者在成员国内使用官方语言的义务。然而，这些措施不应构成本条例中所定义的技术法规，因此不应列入其范围。

（11）本条例所指的技术法规有时适用于强制性的事先审批程序中，该程序是由该成员国法律制定的，是在此产品或此类产品可能会投放该成员国市场或其部分市场前，由该成员国主管部门在得到申请后给予正式批准的。这些程序自身的存在限制了商品的自由流通。因此，为了使在内部市场商品自由流通的基本原则合理化，这种强制性手段事先审批手续应该遵循共同体法律里所认可的公共利益目标，应该是非歧视和对等的；也就是说，它应该符合其所追求的目标，而又不会超越必要的范畴来达到这个目标。这种与相称原则相遵循的程序，应该按照在欧洲法院判例法中规定的对价来进行评定。

（12）要求产品投放市场必须事先授权，这种情况下，不应构成本条例里所指的技术法规，因此在从市场上排除或撤出一种产品时仅以没有有效事先授权为由，不应构成适用本条例的决定。然而，当一种产品申请了强制事先授权时，任何基于技术法规拒绝该申请的决定都认为是符合本条例，这样申请者可以从本条例所提供的程序保护中获益。

（13）国家法院或者法庭基于技术法规的适用性评定案例的合法性时，针对在一成员国合法营销的产品并不一定能够获准在其他成员国营销或者进行处罚时，其决定必须排除在本条例范围之外。

（14）武器是可以对人们健康和安全以及成员国的公共安全构成严重威

胁的产品。在一个成员国内合法营销，用来保护人们健康和安全，也用来阻止犯罪的几种特定类型的武器在其他成员国服从限制措施。此措施可能构成对投放在其他成员国市场上的武器在一成员国内合法营销之前的特定控制和授权。因此成员国应允许阻止武器投放在本国市场上，直到其完全达到它们国家程序的要求。

（15）欧洲议会和理事会 2001 年 12 月 3 日就一般产品安全颁布的 2001/95/EC 指令，规定了只有安全的产品才可以投放市场，并规定了生产商和分销商在产品安全方面的义务。它使当局有权及时禁止任何危险的产品，或者为争取各种安全评估，核查和控制所需要的时间，以便临时禁止潜在危险产品。它还授权当局当产品构成严重风险时，及时采取必要行动来应用适当的诸如第 8 条（1）（b）至（f）段所述的措施。因此，成员国的主管部门在依据指令第 8 条（1）（d）至（f）和第 8（3）条时所采用的国家法律来制定的措施应该被排除在本条例的范围之外。

（16）欧洲议会和理事会 2002 年 1 月 28 日制定了关于食品法原则和要求的 178/2002 号条例，成立了欧洲食品安全总局，制定了食品安全程序，其中，该条例建成了一个就食品和饲料对人类健康造成直接或间接威胁进行通告的快速预警系统。它责成各成员国将快速预警系统采取的任何旨在限制投放市场，退出市场或者召回食物或饲料来保护人类健康而需要采取快速行动的措施通告欧委会。成员国的主管部门依照条例中第 50（3）（a）条和第 54 条采取的措施应排除在本条例的范围之外。

（17）欧洲议会和理事会 2004 年 4 月 29 日就确保遵循饲料和食品法、动物健康和动物福利法规的官方监控发布了 882/2004 号条例，该条例为官方监控的执行制定了基本法规，以证实与拟定法规的一致性，尤其是防止、消除或减少对人类和动物造成的可接受风险水平，直接地或者通过环境，通过饲料和食品标签以及其他形式的消费者信息，保证饲料和食品贸易的公平性，保护消费者的利益。它制定了具体程序以确保经营者纠正其与饲料和食品法，动物健康和动物福利法规不符的情况。成员国主管部门根据本条例第 54 条所采取的措施应该被排除在本条例的范围之外。然而，主管部门基于国家技术法规所采取或拟采取的措施，只要它们不涉及 882/2004/EC 号条例目标的，就应受制于此条例。

（18）欧洲议会和理事会 2004 年 4 月 29 日就共同体铁路安全发布了 2004/49/EC 指令（铁路安全指令），这为当局授权将已有车辆投入服务提供了一套程序，并为某些国家法规的适用留有一定的余地。主管部门依照指令中第 14 条所采取的措施应排除在本条例的范围之外。

（19）1996 年 7 月 23 日理事会 96/48/EC 指令就泛欧高速铁路系统的可兼容性和 2001 年 3 月 19 日欧洲议会和理事会 2001/16/EC 指令就泛欧传统铁路系统的可兼容性，规定了通过逐步采用可兼容性的技术规范不断协调系统和操作。因此，在该指令范围的系统和可兼容性因素应排除在本条例的范围之外。

（20）欧洲议会和理事会 2008 年 7 月 9 日发布了关于产品营销认定和市场监管要求的 765/2008/EC 号条例，建立了一个确保相互接受合格评定机构能力水平的认可体系。成员国的主管部门因此不应再基于评定机构能力而拒绝由认可的合格评定机构颁发的检测报告和证明。此外，成员国也可以接受由其他与共同体法律一致的合格评定机构颁发的检测报告和证明。

（21）欧洲议会和理事会 1998 年 6 月 22 日发布了为技术标准和法规以及信息社会服务提供信息程序的 98/34/EC 指令，强制成员国通告欧委会和其他成员国关于包括农产品和鱼制品在内的任何产品的技术法规草案的情况，也通告制定该法规的必要性。然而，有必要确保，在采用该技术法规之后，相互承认原则可以恰当应用在从特定案例到具体产品中。本条例在个案上为相互承认原则的应用制定了一个程序，按照条约第 28 条和第 30 条的规定，主管部门有义务提出特定产品以其现有形式不能在其成员国内销售的技术和科学依据。在此条例的背景下，证据不应理解为法律证据。成员国的当局没有义务在本条例的背景下，来证明技术法规本身的合理性。但是，它们应当证明，正如本条例所规定的，对于在另一成员国合法营销的产品应用技术法规的合理性。

（22）为了与相互承认原则一致，本条例规定的程序应该使主管部门能够告知经济运营者，基于已有的相关技术或者科学因素，当局有足够的公共利益至上原因强制国家技术法规于相关产品或该类产品，并且无法使用更少的限制措施。书面通知应允许经济运营者对将要采取的限制进入市场的所有相关方面发表评论。在经济运营者回复这些评论的截止日期之后，没有什么可以阻止主管部门采取行动。

（23）本条例某些条款参照的公共利益至上原因的概念是一个不断演进的概念，是由欧洲法院在判例法中根据条约第 28 条和第 30 条而创造的。该概念包括，财政监管的有效性、商品交易的公平性、消费者保护、环境保护、新闻多样性的维持以及社会保障制度严重破坏财政平衡的风险性，等等。这种至上原因可能会被主管部门证明应用技术法规的合理性。然而，此应用不应构成成员国之间随意歧视和暗中限制贸易的手段。此外，至于判定主管部门是否采取了最少限制措施，应始终遵循相称性原则。

（24）在应用本条例中制定的程序时，成员国主管部门不应该撤回或限制在另一成员国内合法营销的一种产品或一类产品投放在本国市场。但是，主管部门可以适当采取临时措施，要求迅速地干预来防止影响到使用者安全和健康的危害。主管部门可能会采取这些临时措施来防止一些基于公共道德或公共安全，包括预防犯罪而被禁止的产品的营销，因此，各成员国应允许在本条例规定程序的任何阶段，出现以上状况时暂时停止这种情况下该产品或该类产品在本国领域内的营销。

（25）适用本条例的任何决定应该制定可行的补救措施，以使经济运营者可向国家法院或者特别法庭提起诉讼。

（26）合适的做法是告知经济运营者可以通过如 SOLVIT 体系等非司法途径解决问题，以避免法律不确定性和法律费用。

（27）一旦主管部门根据本条例的程序要求，基于技术性法规作出排除一种产品的决定，基于该决定和相同技术法规对有关该产品的进一步行动都不必受制于本条例的要求。

（28）对于商品内部市场来说重要的是，要确保国家技术法规的可获取性，这样使得企业，尤其是中小企业，可以收集到可靠和精准的关于现行法律的信息。

（29）因此有必要实施简化行政手续原则，其中，通过建立产品联络点制度，旨在确保企业能够以透明和正确的方式获取信息，这样可以避免国家技术法规导致的拖延、费用和劝阻效应。

（30）为了方便商品的自由流通，产品联络点应免费提供有关产品的国家技术法规和相互承认原则应用的信息。产品联络点应充分配备设备和人员，并鼓励通过网站和其他共同体语言使信息得到共享。产品联络点也可以在本条例制定的程序中，提供给经济运营者额外的信息或监测情况。对于额外信息，产品联络点可收取与信息成本相符的费用。

（31）产品联络点的设立不应该干预在成员国监管制度范围内的主管部门功能的分配，应该使成员国按照区域或地方管辖权成立产品联络点。各成员国应该可以根据其他共同体工具委托现有的联络点，以此避免联络点不必要的泛滥并简化行政程序。成员国应该不仅可以将产品联络点的任务委托给公共行政领域的现有服务，而且也可以委托给国家 SOLVIT 中心、商会、专业团体和私营机构，以使不增加企业和主管部门的行政成本。

（32）成员国和欧委会应鼓励密切合作，以方便受聘于产品联络点工作人员的培训。

（33）鉴于泛欧电子化政府服务及其可兼容的远程信息网络的开发和建立，根据欧洲议会和理事会 2004 年 4 月 21 日达成的向公共行政部门、企业和公民提供泛欧洲电子化政府服务的可兼容信息传输的 2004/387/EC 决定，建立产品联络点间信息交流的电子系统的可能性是可以预期的（IDABC）。

（34）应该建立可靠和有效的监控和评估机制，使之提供关于条例应用的信息，来加强未受制于协调的商品内部市场运行的知识，以确保成员国的主管部门会适时应用相互承认原则。此机制不应超越要实现这些目标所必需的范围。

（35）本条例只适用于不受旨在消除成员国之间由不同国家技术法规差异引起的贸易壁垒的共同体协调措施制约的产品或产品的某些特点。这些协调措施的条款常常是很详尽的，在这种情况下，各成员国不得禁止、限制或阻碍遵循这些措施的产品投放在其领土的市场上。但是，一些共同体协调措施允许成员国对投放在他们市场上的产品强加额外的技术条件。这种额外条件应受制于条约第 28 条和第 30 条以及本条例中的条款。因此，为了本条例的有效适用，也就有必要由欧委会出台一个指示性的非详尽的不受制于共同体层面协调影响的产品清单。

（36）根据 3052/95/EC 决定制定的监控方案，很大程度上被证明是不成功的。该决定是欧洲议会和理事会 1995 年 12 月 13 日发布的有关一国措施违背共同体内商品自由流通原则时如何交换信息的程序。其实施并未提供给欧委会足够的信息来定位哪些是需要协调的部门，也未对一些自由流通问题带来快速解决方式，因此，3052/95/EC 决定应该被废除。

（37）在本条例的应用过程中提出一个过渡时期是很恰当的，以使主管部门适应本条例制定的要求。

（38）鉴于本条例的目标，即消除阻碍成员国间商品自由流通的技术壁垒，因其规模和效果，是不能被成员国完全实现的，但可以在共同体层面上更好地实现，因此共同体可以依据第 5 条的辅助性原则来采取措施。同样依据第 5 条款的相称原则，本条例不应该超越必要的范围来实现此目标。

（39）执行本条例所采取的必要措施应该与 1999 年 6 月 28 日的理事会 1999/468/EC 决定一致，该决定制定了将实施权力授权欧委会的程序。

第一章 标的和范围

第 1 条 标的

1. 本条例的目的是要通过提高商品的自由流通来加强内部市场的运行。

2. 本条例制定了成员国主管部门在采取或拟采取决定时的法规和程序，正如第 2（1）条款所述，该决定很可能阻碍在另一个成员国合法营销并受条约第 28 条制约的产品的自由流通。

3. 如第 1 段所订立，本条例还为成员国内产品联络点的建立提供条件，以此来实现本条例的目标。

第 2 条 范围

1. 本条例适用于对经济运营者，不论是已采取或拟采取的，基于第 2 段所定义的技术法规，针对在另一个成员国内合法营销的包括农产品和鱼制品在内的任何产品，而制定行政决定的情况，决定的直接或者间接影响为如下任一种：

（a）禁止那种产品或那类产品投放市场；

（b）在投放或存放市场之前，对于那种产品或那类产品的修改和额外检测；

（c）那种产品或那类产品的撤市。

就第 1 项（b）的目的而言，修改此产品或此类产品意味着任何对一种产品或一类产品如第 2 项（b）（i）中所列的一种或者多种特性的修改。

2. 就本条例的目的而言，技术法规是一成员国在法律、法规或其他行政条款方面的任何条款：

（a）此条款并不受制于共同体层面的协调；

（b）此条款禁止一种产品或者一类产品在其成员国的领土上营销，或者是遵循一种产品或一类产品在那个成员国领土营销的强制性规定，其中规定如下任一点：

（ⅰ）对那种产品或那类产品所需求的特性，如质量水平、性能或安全性，或者尺寸，包括适用于该产品或该类产品根据其出售的名目的要求，术语、符号、检测和检验方法、包装、标志或标签；

（ⅱ）任何其他强制于该产品或该类产品上的为保护消费者或环境为目的的要求，这些要求在产品已被投放市场之后，影响其生命周期，如使用条件、回收、再利用或处置，这些条件可以显著影响该产品或该类产品的组成、性质或销售。

3. 本条例并不适用于：

（a）由国家法院或法庭作出的司法性质的决定；

（b）执法当局在调查或起诉刑事犯罪过程中，判决涉及术语、符号或任何对非宪法或犯罪组织或种族主义或仇外性质的实质性参照，所作出的司法判定。

第 3 条　与共同体法律其他条款的关系

1. 本条例不适用于 96/48/EC 指令和 2001/16/EC 指令范围内的系统和可兼容性要素。

2. 本条例不适用于成员国当局根据以下条款所采取的措施：

（a）2001/95/EC 指令中的第 8（1）（d）至（f）条和第 8（3）条；

（b）欧洲理事会 178/2002 号条例中的第 50（3）（a）条和第 54 条；

（c）欧洲理事会 882/2004 号条例中的第 54 条；

（d）2004/49/EC 指令中的第 14 条。

第二章　技术法规应用的程序

第 4 条　产品信息

如果主管部门提交一种产品或一类产品的评估，以决定是否采纳第 2（1）条提及的决定，它可能要求按照第 8 条界定的经济运营者，根据相称性原则，特别提供以下信息：

（a）相关产品或该类产品特性的相关资料；

（b）在另一成员国合法营销的产品的相关和现成资料。

第 5 条　认可的合格评定机构之间能力水平的相互承认

各成员国不得拒绝由合格评定机构，依据欧洲理事会 765/2008 条例，在其被认可的适当的合格评定活动范围内而颁发的证书或检测报告。

第 6 条　评定适用技术法规的需要

1. 如果主管部门打算通过一项在第 2（1）条所提及的决定，它将书面通知向第 8 条款界定的经济运营者送达，详述该决定依据的技术法规，制定技术或科学根据，以达到以下效果：

（a）拟定的决定是依据条约第 30 条制定的公共利益来证明其合理性的，或参照其他公共利益至上原因。

（b）拟定的决定在达到追求目标的时候是恰当的，不会超越必要的条件来实现该目标。

任何拟定的决定应该以相关产品或该类产品的特性为基础。

至少允许有关的经济运营者在收到通知 20 个工作日后再提交评论。该通知须指明提交这些评论的时限。

2. 需在从本条的第 1 段提及的经济运营者那里收到评论 20 个工作日时限后才可能采纳并通知有关经济运营者和欧委会任何第 2（1）条提及的决定。决定应充分考虑到运营者提出的意见，并声明其所依据的理由，包括拒绝任何论点的原因，并提供本条款第 1 段所提及的技术和科学依据。

因问题的复杂性，主管部门可以但只限一次，延长在第 1 段所提及的最多 20 个工作日的期限。这个延长应有充分理由，并在首次期满之前通知经济运营者。

第 2（1）条所提及的任何决定也应详述在相关成员国现行法律下可用的补救措施，以及适用于这种补救措施的时限。这样的决定可以在国家法院或法庭上或其他上诉中受到质疑。

3. 在根据第 1 段给出书面通知之后，如果主管部门决定不启用第 2（1）条所提及的决定，它将立即通知相关的经济运营者。

4. 当主管部门不能在本条款第 2 段规定的期限内通知经济运营者第（2）条中的决定时，就本条款第 1 段所提及的技术法规的适用性而言，该产品应被认为是在该成员国内合法销售的。

第7条 暂停产品的营销

1. 主管部门不得在执行本章制定的程序中暂停对相关产品或该类产品的销售，除非有下列情况之一：

（a）在正常或合理可预见的使用条件下，有关产品或该类产品对使用者的安全和健康构成严重威胁；

（b）有关产品或该类产品在一成员国内，由于公共道德或公共安全普遍被禁止销售。

2. 主管部门应立即通知第8条界定的有关经济运营者和欧委会本条款第1段所提及的暂停情况。发生本条款第1（a）段提及的情况时，通知应随附一份技术或科学依据。

3. 依据本条款对产品营销的暂停可以在国家法院或法庭上或其他上诉中受到质疑。

第8条 经济运营者的信息

第4条，第6条和第7条提及的经济运营者指：

（a）共同体区域内产品的生产商，或者把该产品投放市场的人，或者向主管部门请求将产品投放市场的人；

（b）在主管部门不能确定（a）所提及的具体经济运营者和详细联系方式时，则为共同体区域内生产商的代表，当生产商不在共同体区域内时，或者也没有共同体区域的代表时，则为产品进口商；

（c）在主管部门不能确定（a）和（b）所提及的具体经济运营者和详细联系方式时，则为其活动可能影响到被适用的技术法规约束的产品特性的供应链上的任何专营者；

（d）在主管部门不能确定（a）、（b）和（c）所提及的具体经济运营者和详细联系方式时，则为其活动不会影响到被适用的技术法规约束的产品的特性的供应链上的任何专营者。

第三章 产品联络点

第9条 产品联络点的设立

1. 成员国将把产品联络点指定在其领土内，并应将他们的联络细节传达给其他成员国和欧委会。

2. 欧委会应起草并定期更新产品联络点的清单，并刊登在欧盟官方公报上，欧委会也可以通过网站进行信息发布。

第 10 条　任务

1. 在经济运营者或者另一成员国主管部门的要求下，产品联络点须提供以下信息：

（a）在已经设立了产品联络点的区域内某一特类产品适用的技术法规，以及此类产品是否受制于他们成员国法律下事先授权情况要求的信息，连同相互承认原则的有关信息，以及在成员国领土内本条例的适用。

（b）成员国主管部门可以直接联系到的详细联系方式，包括当局在成员国领域内负责监督相关技术法规实施的详情。

（c）当主管部门和经济运营者之间发生争端时，在该成员国的领土内一般可提供解决的措施。

2. 产品联络点应在收到第 1 段中所提及的任何请求之后的 15 个工作日内作出回应。

3. 在有关经济运营者合法营销相关产品的成员国内的产品联络点，可以提供给经济运营者或者主管部门第 6 条所提及的任何相关信息或者观察资料。

4. 产品联络点不应收取在第 1 段所提及的信息条款的任何费用。

第 11 条　远程信息网络

考虑到产品联络点和/或成员国主管部门之间的信息交流，欧委会可根据第 13（2）条提及的咨询程序，设立执行本条例条款的远程信息网络。

第四章　最后条款

第 12 条　报告义务

1. 每个成员国应当每年递交给欧委会有关本条例应用的年度报告。该报告应至少包括以下信息：

（a）按照第 6（1）条送出的书面通知的数量和相关的产品类型；

（b）按照第 6（2）条作出任何决定的充分信息，包括这些决定的依据以及相关的产品类型；

（c）根据第 6（3）条作出决定的数量以及相关的产品类型。

2. 基于成员国依照第 1 段所提供的信息，欧委会应分析根据第 6（2）条所作出的决定，并评定这些决定的依据。

3. 至 2012 年 5 月 13 日，在那之后，每 5 年一次，欧委会应审查本条例的应用并就此向欧洲议会和理事会提交一份报告。欧委会可在适当情况下,在报告中随附一些提高商品自由流通的提议。

4. 欧委会应起草、公布并定期更新一个非详尽的不受共同体协调立法制约的产品清单,也可以通过网站来发布清单。

第 13 条 委员会程序

1. 由成员国代表组成、由欧委会代表担任主席的委员会将协助欧委会工作。

2. 凡提及本段,根据 1999/468/EC 决定第 7 (3) 条和第 8 条的规定,该决定第 3 条制定的咨询程序将适用。

第 14 条 废除

废除 3052/95/EC 决定,自 2009 年 5 月 13 日起生效。

第 15 条 生效及适用

本条例将在欧盟官方公报刊登后的第 20 日生效。

本条例自 2009 年 5 月 13 日开始适用。

本条例对所有成员国完全且直接适用。

2008 年 7 月 9 日于斯特拉斯堡

欧洲议会　　　　　　理事会

主席　　　　　　　　主席

H. -G. PÖTTERING　　J. -P. JOUYET

欧洲议会和理事会 2008 年 7 月 9 日发布的 765/2008/EC 条例[①]

制定有关产品营销的认可和市场监督的

要求,同时废止 339/93/EEC 条例

欧洲议会和欧盟理事会,

---

① Regulaiton (EC) No 765/2008 of the European Parliament and of the Council of 9 July 2008 setting out the requirements for accreditation and market surveillance relating to the marketing of products and repealing Regulation (EEC) No 339/93.

根据建立《欧洲共同体的条约》，尤其是第 95 条和 133 条，

根据欧委会提案，

根据欧洲经济和社会委员会[①]的意见，

在咨询地区委员会之后，

按照条约第 251 条[②]规定的程序，

鉴于以下因素，特别通过本条例：

（1）必须确保基于共同体内部商品自由流通而获益的产品满足基本要求，商品对一般的健康和安全、工作场所的健康和安全、消费者保护、环境和治安维护等公共利益能够提供高保护水平。同时，必须确保产品的自由流动只受到欧共体协调立法或任何其他相关的欧共体法规的约束。因此，条款需包括关于认可、市场监督、第三国产品控制和加贴 CE 标志的规定。

（2）必须建立有关认可和市场监督法规和原则的总体框架。该框架不应影响已有立法中以维护健康、安全、保护消费者和环境等公共利益为目的的条款的实质性规定，而该框架应以加强这些条款的实施为目标。

（3）该条款是对欧洲议会和理事会 2008 年 7 月 9 日发布的有关产品营销总体框架的 768/2008/EC 决定的补充[③]。

（4）由于很难就现有或将来研发的每个产品都通过欧共体立法，因此必须有一个更广泛基础的、具有横向性的立法框架以应对这类产品、填补漏洞，尤其是填补现有具体的立法修订未完成的缺失；同时也用来补充已有或将来的具体立法的条款，特别是明确了要保证在健康、安全、环境和消费者方面达到高保护水平，以满足《欧共体条约》第 95 条的要求。

（5）该条例建立的市场监督框架应补充和加强已有欧共体协调立法中有关市场监督及其执行力的条款。然而，根据具体立法的原则，该条例只能应用于那些没有具体条款的领域，这些条款具有与欧共体协调立法中的其他已有或将来规则相同的目标、性质和效力。例如：药物前体、医疗设备、人用和兽用的医疗产品、汽车和航空领域。因此，该条例相应的条款不适用于

---

① OJ C 120, 16.5.2008, p.1.

② 欧洲议会 2008 年 2 月 21 日的意见（尚未在官方公报发布）和欧盟理事会 2008 年 6 月 23 日的决定。

③ 具体内容见该附录中本条例后（作者加）。

这些具体条款包括的领域。

（6）欧洲议会和理事会 2001 年 12 月 3 日就一般产品安全颁布的 2001/95/EC 指令①制定了保证消费品安全的法规。据此，市场监管机构在这项指令下可以采取更多的具体措施。

（7）然而，为了使消费品安全达到更高的保护水平，2001/95/EC 指令中涉及严重危险品的市场监督机制应根据本条例规定的原则进一步加强。因此，2001/95/EC 指令应有必要据此进行修正。

（8）认可是整个体系的一部分，包括合格评定和市场监督，目的是评估和确保产品符合所适用的法规要求。

（9）认可的特别作用是为指定机构的技术能力提供权威性的证明，这些指定机构的重任就是确保产品符合所适用的法规要求。

（10）虽然目前认可在欧共体层面上尚未统一协调，但是认可活动已经在所有成员国层面展开。由于认可活动缺乏统一规则，导致共同体内部出现了不同的认可方法和体系，致使成员国认可活动的严格度存在差异。因此，有必要建立一个综合性的认可框架并在欧共体层面上制定认可实施和组织的原则。

（11）建立统一的国家认可机构在成员国间进行公平的职能分配。

（12）正如本条例所规定的，欧共体协调立法提供了基于立法实施和透明认可（原则）而选择合格评定机构，以确保合格证书的必要的可信度，因此，共同体内所有成员国权力机构必须考虑以最优方式来论证这些机构的技术能力。然而，一国政府可能认为他们有自己实施这种评估的适当方法，在这种情况下，为了保证其他国家政府实施评估的可信度水平，该国政府需要提供给欧委会和其他成员国必要文件来证明合格评定机构的评估遵从相关规定要求。

（13）认可体系通过参照约束性规则，有助于成员国间合格评定机构能力的相互信任，从而增强对其颁发的合格证书和检测报告的相互信任。以此增强相互承认原则，因此，本条例关于认可的条款在指定机构对协调的和尚未协调的领域的合格评定都应该适用。问题的关键是合格证书和检测报告的

---

① OJ L 11, 15. 1. 2002, p. 4.

质量，而不考虑其是否属于协调或尚未协调的领域，因此这些领域之间没有任何区别。

（14）为了本条例的实施目标，国家认可机构的运行是一种非营利性活动，并非以机构所有者或成员获得赢利为目的。国家认可机构不以利润最大化或分配利润为目的，但是他们可以通过提供服务取得收入，而这些服务带来的附加收入将被用于投资进一步发展与其主要活动相符的活动。据此，应该强调的是，国家认可机构的主要目的是支持或积极参与非营利性活动。

（15）由于认可的目的是为合格评定机构的能力提供权威性证明，因此成员国内不应该有多于一个的国家认可机构，并且应保证该认可机构的构建是为了维护认可活动的客观性和公平性。这类国家认可机构应独立开展商业合格评定活动。因此，成员国保证国家认可机构在履行职能的过程中运用公共权力，不考虑其法律地位。

（16）为了对合格评定机构的能力进行评估和持续监督，必须明确合格评定机构的技术知识、经验和评估能力。因此，国家认可机构必须拥有正确履行其认可职能的相关知识、能力和途径。

（17）原则上认可活动应作为一项自费活动，成员国应确保对完成特定认可任务进行财政支持。

（18）在某成员国建立国家认可机构在经济上毫无意义或不可持续的情况下，该成员国应可依托于另一成员国的国家认可机构，并应鼓励全面依托。

（19）国家认可机构间的竞争会导致认可活动的商业化，而这与认可作为合格评定链中的最后控制环节是不相容的。本条例的目的是确保在欧盟内部，一张认可证书即适用于整个欧盟区，从而避免只增加成本却不增加价值的多重认可。欧盟成员国的国家认可机构可能在第三国市场上存在竞争，但这不影响它们在共同体内部的认可活动，也不影响其合作和本条例下认可机构的同行评估活动。

（20）为了避免多重认可，提高认可证书的接受度和认可度以及对认可的合格评定机构实施有效监管，合格评定机构应要求其所在成员国的国家认可机构对其认可。然而，在某一成员国内部没有国家认可机构或者国家认可机构无法提供所需的认可服务的情况下，必须确保该成员国的合格评定机构可以在其他成员国要求认可。在这些情况下，应建立起国家认可机构间的适当合作和信息交换。

（21）为了确保国家认可机构履行本条例中所规定的要求和义务，成员国维持认可体系的正常运作，定期对国家认可机构进行监督，以及在必要时能够在合理的时间框架内采取适当的调整措施是很重要的。

（22）为了确保合格评定机构能力水平的等效性，促进相互承认和提高由认可机构颁发的认可证书及合格评定结果的整体接受度，国家认可机构有必要在一个严格、透明的同行评估体系之下运行，并且定期接受这种评估。

（23）本条例应规定承认欧洲层面上的单个组织在认证领域的某些职能。欧洲认可合作组织（简称 EA），鉴于其主要任务是为整个欧洲的合格评定机构的能力评估创建一个透明的、质量导向的评价体系，EA 维系一个其成员国和其他欧洲国家的国家认可机构之间的同行评估体系，该体系经过证明是有效的，并且能提供相互信任。因此，EA 应是本条例下认可的第一家机构，成员国应确保其国家认可机构加入并维持成为 EA 的成员资格。同时，应对改变本条例所认可的相关机构的可能性作出规定，以备不时之需。

（24）国家认可机构间的有效合作对于实施同行评估和跨境认可是必要的。为了提高透明度，因此，有必要规定国家认可机构有义务在认可机构间交换信息和向国家主管机构及欧委会提供相关信息。有关国家认可机构的认可活动最新的和精准的信息也应被公布，并且能够被尤其是合格评定机构这样的机构获取。

（25）部门认可计划应涵盖合格评定机构能力的一般要求不足以保证必要的保护水平的活动领域，这种必要的保护水平是因特定的具体技术或健康和相关安全要求所强加的。考虑到 EA 拥有一大批专业技能，应要求 EA 开发此类计划，尤其是欧共体立法涵盖的领域的计划。

（26）为了确保欧共体协调立法执行的等效性和一致性，本条例引入了欧共体市场监督框架，规定了各成员国在实现其目标条件下的最低要求，并且定义了包括各成员国之间信息交换在内的行政合作框架。

（27）在经济运营者持有合格评定机构颁发的证明合格的检测报告或合格证书，而相关欧共体协调立法对这些报告或证书没有作出要求的情况下，市场监督机构在对产品特性进行检查时，应适当考虑这些报告或证书。

（28）国家层面和跨国层面上的权力机构的合作包括：交换信息；调查

侵权行为；甚至在危险产品投放市场之前，通过加强主要港口的检查力度，终止违规产品或行动。这些合作对于保护健康和安全以及保障内部市场的顺利运作是极其重要的。成员国消费者保护机构应与成员国市场监管权力机构在国家层面进行合作，并且与他们交换怀疑存在潜在危险的产品的相关信息。

（29）危险评估应考虑所有的相关数据，包括应纳入考虑的产成品的危险数据。经济运营者也应考虑采取任何有关降低危险的措施。

（30）对产品的严重危险要求进行快速处理的情形可以包括产品退出市场、产品召回或禁止在市场上流通。在这些情形中，有必要使用成员国和欧委会之间的快速信息交换系统。2001/95/EC 指令的第 12 条中对该系统作了相关规定，该系统已经证明了其在消费品领域的有效性和效率。为了避免不必要的重复，该系统应为达到本条例的目的而使用。此外，欧共体市场监督的一致性要求对各成员国的活动信息进行全面交流，这一点超出了该系统的范围。

（31）权力机构之间交换的信息应获得保密或职业机密的最严格保障，并且遵循相关的国家法律保密规则或欧委会规则：欧洲议会和理事会 2001年 5 月 30 日通过的关于公众获取欧洲议会、理事会和欧委会文件的 1049/2001/EC 条例①的保密规则，目的是为了保证调查公正和经济运营者的声誉不受损害。欧洲议会和理事会 1995 年 10 月 24 日通过的关于个人数据处理和这类数据的自由传输的保护个体的 95/46/EC 指令②，以及欧洲议会和理事会 2000 年 12 月 18 日修订的关于欧共体研究机构对个人数据处理和这类数据的自由传输的保护个体的 45/2001/EC 条例③都在本条例下适用。

（32）欧共体协调立法规定了具体程序来判定一项限制产品自由流动的国家措施是否合理（保障条款程序）。这些程序启动于产品存在严重危险的信息快速交换之后。

（33）在边境接壤处很好地设置入境点，甚至在产品投放市场前确认不安全、不合格的产品或 CE 标志粘贴错误或 CE 标志粘贴方式产生误解的产品。因此，赋予负责对进入共同体市场的产品进行控制的主管机构以义务进行适当规模的检查以能够保障一个更安全的市场。为了提高这些检查的效

---

① 　OJ L 145, 31.5.2001, p. 43.

② 　OJ L 281, 23.11.1995, p. 31.

③ 　OJ L 8, 12.1.2001, p. 1.

率，主管机构应提前获得所有来自市场监督机构的关于危险的不合格产品的必要信息。

（34）理事会1993年2月8日通过的关于对从第三国进口的产品检查其与产品安全规则相符的339/93/EEC条例①规定了海关当局中止产品放行的规则并提出了包括让市场监督机构介入等进一步的举措。因此，这些条款，包括让市场监督机构介入，都应视为本条例的一部分。

（35）经验显示，没有被海关当局放行的产品经常复出口，随后在其他入境点进入共同体市场，从而破坏了海关当局努力的成果。因此，应赋予市场监督机构对他们认为有必要销毁的产品以具体途径。

（36）本条例在《欧盟官方公报》上发布的一年内，欧委会需对消费者安全标志的领域进行深入分析，并在必要方面提出立法议案。

（37）证明产品合格的CE标志是包括广义上的合格评定整个过程的可视化结果。规范CE标志的总则应写入本条例中，使其能即刻适用并且简化未来立法。

（38）CE标志是证明产品符合欧共体协调立法的唯一合格标志。但是只要对进一步保护消费者有利且欧共体协调立法未涉及，其他标志也可使用。

（39）成员国有必要提供适当的方式在法庭上纠正其权力机构采取的限制产品投放市场或要求产品退回或召回的措施。

（40）为了在形成、实施和更新市场监督计划时利用可获得的市场情报，成员国会发现与相关利益攸关方建立合作关系是有用的，这些利益相关方包括专门的行业组织和消费者组织。

（41）成员国应制定违反本条例条款的惩罚措施，并确保其实施。这些惩罚必须是有效地、相称的、具有说服力的，如果相关经济运营者之前已经有类似的违规，惩罚力度可以加大。

（42）为了达到本条例的目标，欧共体必须对认可和市场监督领域政策实施要求的活动提供财政支持。财政支持可以以拨款方式给予本条例认可的机构，可以无需申请，也可以通过申请或者合约给予这些机构或其他机构，具体选择哪种方式取决于所支持活动的性质，并且符合理事会2002年6月

---

① OJ L 40, 17.2.1993, p. 1.

25 日通过的关于适用于欧共体总预算的财政条例 1605/2002/EC 条例①（财政条例）。

（43）对于一些诸如制定和修改部门认可的计划等特殊任务，以及有关对技术能力与实验室和认证或检测机构设备的认证等其他任务，EA 是首选的适合欧共体财政支持的机构，因为它能很好地提供这方面必要的专业技能。

（44）鉴于本条例认可的机构在认可机构同行评估中所起的作用，及其协助成员国进行同行评估的能力，欧委会应为本条例认可的机构秘书处的运作提供拨款，也就是在欧共体层面上为认可活动提供持续的支持。

（45）根据财政条例的条款，欧委会和本条例认可的机构之间应签订伙伴协议，从而确定对认可活动财政支持的行政规则和财政支持规则。

（46）此外，本条例认可的机构以外的机构在合格评定、计量、认可和市场监督领域的其他活动也可以获得财政支持，例如指南的起草和更新、与实施保障条款相关的比对活动、与这些领域中欧共体立法的实施有关联的前期活动和辅助活动、对第三国的技术援助和合作计划以及在欧共体层面和国际层面上在这些领域中的政策加强。

（47）本条例尊重基本权利，遵守《欧盟基本权利宪章》中的原则。

（48）本条例的目标是确保欧共体立法中涉及市场上的产品满足要求，以期在健康、安全和其他公共利益方面达到高保护水平，并且通过提供一个认可和市场监督的框架来保证内部市场的运行。然而，本条例的目标难以在成员国层面获得完全实现，由于其规模和效果，该目标在欧共体层面依据《欧共体条约》第 5 条规定的辅助性原则，可以通过采取措施得到更好的实现，根据《欧共体条约》第 5 条规定的适度原则，本条例没有超越达到这一目标所需的程度。

第一章　总则

第 1 条　标的和范围

1. 本条例规定了从事合格评定活动的合格评定机构认可的组织和操作规则。

---

① OJ L 248, 16.9.2002, p. 1.

2. 本条例提供了一个产品市场监督框架，从而确保这些产品满足要求，为一般的健康和安全、工作场所的健康和安全、消费者保护、环境和治安维护等公共利益提供高保护水平。

3. 本条例为从第三国进口的产品的管制提供了一个框架。

4. 本条例规定了 CE 标志的总则。

第 2 条　定义

本条例适用如下定义：

1. "市场流通"是指在共同体市场上，无论是收费或免费的商业活动过程中用于分销、消费或使用的任何产品的供给。

2. "投放市场"是指一种产品在共同体市场上首次出现。

3. "生产商"是指生产产品或设计，并以其名义或商标进行产品营销的任何自然人或法人。

4. "授权代表"是指在欧共体内成立的、受生产商书面委托、依据相关欧共体立法规定为生产商履行特定义务的任何自然人或法人。

5. "进口商"是指在欧共体内成立的、将产品从第三国投放到共同体市场的任何自然人或法人。

6. "分销商"是指供应链上除生产商和进口商以外，使产品在市场上流通的任何自然人或法人。

7. "经济运营者"是指生产商、授权代表、进口商和分销商。

8. "技术规范"是指规定产品、过程或服务满足技术要求的文件。

9. "协调标准"是指由列于欧洲议会和理事会 1998 年 6 月 22 日通过的 98/34/EC 指令附录 I 中的其中任一欧洲标准化机构采用的一种标准。该指令，基于欧委会依据该指令第 6 条提出的要求，规定了为技术标准和法规领域提供信息，为信息社会服务①制定规则的程序。

10. "认可"是指国家认可机构的证明，即证实合格评定机构符合协调标准规定的要求以及其他适用的要求，包括相关部门计划制定的要求等所实施的特定的合格评定活动。

---

① OJ L 204, 21. 7. 1998, p. 37. 该指令最新由理事会 2006/96/EC 指令（OJ L 363, 20. 12. 2006, p. 81）修订。

11. "国家认可机构"是指成员国内被当局授予权力实施认可的唯一机构。

12. "合格评定"是指论证产品、过程、服务、体系、人员或机构是否满足特定要求的过程。

13. "合格评定机构"是指从事包括较准、检测、认证和检验等合格评定活动的机构。

14. "召回"是指从最终用户手里收回产品的任何措施。

15. "撤市"是指阻止供应链上的产品在共同体市场上流通的任何措施。

16. "同行评估"是指其他国家认可机构根据本条例要求和其他适用的部门技术规范的要求，对某一国家认可机构进行评估的过程。

17. "市场监督"是指政府当局为了保证产品符合欧共体相关协调立法的要求和产品不危及健康、安全等公共利益保护的任何方面而采取的行动和措施。

18. "市场监督机构"是指成员国在其领土内负责市场监督的权力机构。

19. "自由流通放行"是指理事会 1992 年 12 月 12 日通过的制定欧共体海关法典①的 2913/92/EEC 条例第 79 条规定的程序。

20. "加贴 CE 标志"是指生产商为了表明其产品符合共同体协调立法规定的适用要求所加贴的一种标志。

21. "共同体协调立法"是指任何用于协调产品营销条件的共同体立法。

第二章　认可

第 3 条　范围

本章适用于在强制性或自愿性基础上有关合格评定的认可，不管该评定是强制性还是自愿性，也不考虑认可机构的法律地位。

第 4 条　总则

1. 每个成员国都必须委任唯一的国家认可机构。

---

① OJ L 302，19.10.1992，p.1. 该条例最新由 1791/2006/EC 条例（OJ L 363，20.12.2006，p.1）修订。

2. 当某个成员国认为在本国建立国家认可机构或提供某些认可服务经济上毫无意义或无可持续性时，该国可以尽可能地依托其他成员国的国家认可机构。

3. 成员国必须依据第 2 项通知欧委会和其他成员国其对其他成员国国家认可机构的依托情况。

4. 根据第 3 条和第 12 条的内容，欧委会应起草和更新这些国家认可机构的清单。

5. 在公共权力机构不直接实施认可的情况下，成员国应授权国家认可机构作为公共权力机构开展认可活动，并给予正式承认。

6. 明确区分国家认可机构和其他机构的责任和职能。

7. 国家认可机构在非营利性基础上运行。

8. 国家认可机构不提供合格评定机构所提供的任何活动和服务，也不提供咨询服务，在合格评定机构中不持有股份、没有经济利益和管理收益。

9. 每个成员国都应保证其国家认可机构有适合的资金和人力来有效实施其任务，包括欧洲和国际认可合作活动、支持公共政策要求的活动和非自筹经费的活动等特殊任务的完成。

10. 国家认可机构是第 14 条下认可的机构成员之一。

11. 国家认可机构要建立和维持适当的结构，以确保所有利益集团都有效和均衡地参与到其组织和第 14 条下认可的机构中。

第 5 条　认可活动

1. 当合格评定机构提出认可申请时，国家认可机构应对该合格评定机构是否有能力实施特定的合格评定活动进行评估。如果评估结果是有能力的，则国家认可机构要对该结果颁发认可证书。

2. 当某一成员国决定不使用认可时，应向欧委会和其他成员国提供所有必要的文件材料以证明其所选择的合格评定机构有能力履行欧共体协调立法的规定。

3. 国家认可机构应对已颁发认可证书的合格评定机构进行监管。

4. 如果国家认可机构确认某一持有认可证书的合格评定机构不再有能力从事特定的合格评定活动或严重违背其义务的情况下，认可机构应在合理的时间框架内采取一切适当措施限制、暂停或撤销认可证书。

5. 成员国应为包括认可决定或认可缺乏的适当法律补救等的上诉决议制定程序。

第 6 条　无竞争性原则

1. 国家认可机构不应与合格评定机构竞争。

2. 国家认可机构不应与其他国家认可机构竞争。

3. 国家认可机构可以被允许进行跨境认可活动，在另一成员国境内，抑或如第 7 条第 1 项情况下的合格评定机构提出申请，抑或如第 7 条第 3 项中的该国家认可机构收到另一成员国国家认可机构的请求与其合作进行认可活动。

第 7 条　跨境认可

1. 当一成员国的合格评定机构提出认可申请时，该国的国家认可机构或根据第 4 条第 2 项该国所依托的其他成员国的国家认可机构都可以实施认可活动。

然而，除了以下第一子项（a）所提及的情况外，在以下其他任何情况下，合格评定机构都会要求由国家认可机构对其进行认可。

（a）成员国决定不设立国家认可机构，且不依托于第 4 条第 2 项中的其他成员国的国家认可机构；

（b）（a）中提及的国家认可机构不从事有关合格评定活动的认可工作；

（c）（a）中提及的国家认可机构未能顺利通过有关合格评定活动的第 10 条下的同行评估。

2. 在第 1 项的（b）或（c）情况下，如果该国家认可机构收到另一成员国内的合格评定机构的认可申请，该国家认可机构应通知提出申请的合格评定机构所在的成员国的国家认可机构。在这种情况下，提出申请的合格评定机构所在的成员国的国家认可机构作为观察员参与活动。

3. 某一国家认可机构可以请求另一个国家认可机构来实施部分评定活动。在这种情况下，认可证书由提出请求的认可机构颁发。

第 8 条　对国家认可机构的要求

国家认可机构应满足以下要求：

1. 组织形式独立于所评估的合格评定机构且不受商业压力干扰，并保证与合格评定机构间不发生利益冲突；

2. 组织和运行应保障其活动的客观性和公平性；

3. 确保有关资格验证的每一项决定都来自专业人员，而不是实施评估的人员；

4. 对保障获得的信息的保密性作出充分安排；

5. 证实其有能力，必要时根据相关的欧共体或国家立法和标准对合格评定活动进行认可；

6. 建立必要程序以保证有效管理和适当的内部控制；

7. 拥有足够完成有关工作的大量专业人员；

8. 文件写明影响评估质量和检验资质的人员的职责、责任、权利；

9. 建立、履行和维持对有关人员的工作和能力监督的程序；

10. 证实合格评定以适当的方式实施，就是既没有给合格评定强加任何不必要的负担，也考虑到合格评定的大小、实施部门、组织结构、产品技术复杂度和生产过程的全部或序列特性；

11. 根据一般公认的会计准则公布年度审计账目。

第9条　符合要求

1. 在国家认可机构不符合本条例要求或没有履行以下的义务的情况下，有关成员国应采取适当的调整行动或确保采取此类调整行动，并通告欧委会。

2. 成员国应定期监督其国家认可机构，确保国家认可机构持续符合第8条规定的要求。

3. 成员国在实施本条款第2点提及的监督时，应最大限度地考虑第10条下同行评估的结果。

4. 国家认可机构应规定处理对他们认可的合格评定机构投诉的必要程序。

第10条　同行评估

1. 国家认可机构应接受第14条下认可的机构所组织的同行评估。

2. 利益相关者有权参与到同行评估活动的监督体系中，但不参与单个的同行评估程序。

3. 成员国应确保其国家认可机构定期接受第1点中要求的同行评估。

4. 同行评估应基于合理的、透明的评估标准和程序，尤其是对相关结构、人力资源和过程要求、保密性和投诉。同行评估还应规定针对这项评估决定的合理上诉程序。

5. 同行评估应确定国家认可机构是否符合第 8 条规定的要求，考虑第 11 条提及的相关协调标准。

6. 同行评估结果应通过第 14 条下认可的机构公布和通告给所有成员国和欧委会。

7. 欧委会应与成员国合作，监督同行评估体系的规章和合理运行。

第 11 条　国家认可机构合格假定

1. 证明符合相关协调标准规定的标准以及《欧盟官方公报》上公布的参考标准的国家认可机构，一旦顺利通过第 10 条下的同行评估，则假定其满足第 8 条中规定的要求。

2. 成员国当局应同等认可顺利通过第 10 条下同行评估的认可机构所提供的服务，在本条第 1 项提及的假定基础上，承认这些认可机构的认可证书以及经这些认可机构认可的合格评定机构颁发的证明。

第 12 条　信息义务

1. 每个国家认可机构都应将其实施认可的合格评定活动以及任何变化通知其他国家认可机构。

2. 每个成员国都应将其国家认可机构的认定和受欧共体协调立法支持的、机构实施认可的所有合格评定活动以及任何变化通知欧委会和第 14 条下认可的机构。

3. 每个国家认可机构都应定期公布有关同行评估结果、实施认可的合格评定活动以及任何变化等信息。

第 13 条　对第 14 条下认可的机构的要求

1. 在与 98/34/EC 指令第 5 条建立的委员会协商后，欧委会可以要求第 14 条下认可的机构为欧共体内部认可的发展、维持和实施作出贡献。

2. 欧委会也可以按照第 1 项规定的程序：

（a）要求第 14 条下认可的机构制订评估标准和同行评估的程序以及制订部门认可计划。

（b）接受已有的已经制订了评估标准和同行评估程序的计划。

3. 欧委会应确保部门计划明确必要的技术规范符合欧共体协调立法要

求的资质水准以及在有关技术、健康和安全或相关环境要求或公共利益保护其他方面等领域的特定要求。

第14条　欧洲认可的基础设施

1. 欧委会在与成员国协商后，应对满足本条例附录 I 要求的机构给予承认。

2. 第 1 项中给予认可的机构应与欧委会达成一项协议，该协议尤其明确规定机构的具体工作、筹资条款和监督条款。欧委会和该机构都可以无理由地在该协议规定的合理通知期满时终止协议。

3. 欧委会和机构应公布该协议。

4. 欧委会应将第 1 项中认可的机构通告给成员国和国家认可机构。

5. 欧委会每次只能承认一家机构。

6. 本条例下认可的第一家机构将是欧洲认可合作机构，条件是该组织已经依据第 2 项要求达成了协议。

第三章　欧共体市场监督框架和产品准入控制

第一部分　总则

第15条　范围

1. 第 16 至 26 条适用于欧共体协调立法涉及的产品。

2. 第 16 至 26 条中的每个条款都适用于没有和欧共体协调立法拥有同样目标的特定条款的领域。

3. 本条例的应用不阻碍市场监督机构采取更多的 2001/95/EC 指令规定的具体措施。

4. 为履行第 16 至 26 条，"产品"是指经过生产过程加工某种物质、药剂或商品，而不是指食物、饲料、活的动植物、人类源产品或直接关系到动植物未来繁衍的动植物产品。

5. 第 27、28 和 29 条适用于欧共体立法涉及的所有产品，只要其他欧共体法律没有包含有关边境控制组织的特别条款。

第16条　一般要求

1. 成员国应组织和实施本章中规定的市场监督。

2. 市场监督应确保当欧共体协调立法涉及的产品在按照其预期目的使用或在可以合理预见的条件下使用时，当产品被适当地安装和维修时，该产品能够维护使用者的健康或安全，而不符合欧共体协调立法规定的适用要求的产品应退出市场或限制、禁止在市场上流通，并据此通知公众、欧委会和其他成员国。

3. 国家市场监督的基础设施和计划应确保对欧共体协调立法涉及的任何产品类别都能采取有效措施。

4. 市场监督应包括为生产商自己的使用而组装或生产的产品，这类产品在欧共体协调立法的条款中也适用。

第二部分　欧共体市场监督框架

第 17 条　信息义务

1. 成员国应将其市场监督机构和监管领域通知欧委会，欧委会将这一信息传递给其他成员国。

2. 成员国应确保公众知道国家市场监督机构的存在、责任和认可，且知道如何联系这些市场监督机构。

第 18 条　成员国关于组织的义务

1. 成员国应在市场监督机构之间建立适当的沟通和合作机制。

2. 成员国应建立足够的程序：

（a）跟踪与欧共体协调立法涉及的产品相关联产生的有关危险问题的投诉或报告；

（b）监督那些怀疑由产品引起的事故和健康危害；

（c）证实已经采取调整行动；

（d）辅以相关安全问题的科学技术知识。

3. 成员国应授予市场监督机构实施监督工作所必需的权力、资源和知识。

4. 成员国应确保市场监督机构依据适度原则行使其权力。

5. 成员国应建立、履行和周期性更新市场监督计划，起草一个市场监督总计划或部门具体计划，涵盖它们进行市场监督的部门，并通过电子通信以及必要时以其他方式，把这些计划通告其他成员国和欧委会，并予以公布。首次通信将于 2010 年 1 月 1 日开始启用，随后的更新计划也应以同样的方式公布。为此成员国可以与所有的利益相关者合作。

6. 成员国应周期性地审查和评估其监督能力，这种审查和评估至少每四年一次，并通过电子通信以及必要时以其他方式将其结果通告给其他成员国和欧委会并予以公布。

第 19 条　市场监督措施

1. 市场监督机构应通过适当的文件核查，必要时，进行足够样本的实地和实验室核查来对产品的特征进行合理的查证。核查时，应考虑既定的危险评估、投诉和其他信息原则。

市场监督机构可以要求经济运营者将这类文件和可获得的信息作为实施监督活动的必要材料，在必要和合理的前提下，市场监督机构可以进入经济运营者的生产场所并抽取必要的产品样本。必要时，他们可能将一些他们认为严重危险的产品销毁或者定性为无法使用的产品。

当经济运营者出具检测报告或由一家被认可的合格评定机构颁发的合格证书时，市场监督机构应充分考虑该检测报告或合格证书。

2. 市场监督机构应采取适当的措施在恰当的时间段内警示其境内使用者经过其鉴定的任何一种产品的危害性，从而降低受伤或其他损害的危险。

市场监督机构可以和经济运营者合作开展行动，防止和降低这些运营商生产的产品的危险性。

3. 当某一成员国的市场监督机构决定撤回在另一成员国生产的一种产品时，他们应根据该相关产品上标明的地址或该产品附带的文件通知相关的经济运营者。

4. 市场监督机构应独立地、公平地和无偏见地履行其职责。

5. 为了保护共同体内使用者的利益，必要时本条例下信息应最大程度地公开的前提下，市场监督机构必要时应遵守保密性以保护商业机密或根据国家立法要求保护个人数据。

第 20 条　具有严重危险性的产品

1. 成员国应确保根据第 22 条将具有严重危险的产品召回、退市或禁止在市场上流通并及时通知欧委会，这类要求快速处理的具有严重危险的产品包括那些危险后果不立即显现的产品。

2. 对某种产品是否具有严重危险的决定应基于适当的危险评估，考虑危害的性质和危害发生的可能性。可以获得更高的安全水平或可以获得其他具有较低危险程度的产品，这些都不应构成认为某种产品具有严重危险的理由。

第 21 条　限制措施

1. 成员国应确保根据欧共体相关的协调立法所采取的禁止或限制产品在市场上流通、将产品退市或召回产品的任何措施都是适当的，并阐述这些措施依据的具体理由。

2. 这些措施应及时通告给相关的经济运营者，在有关成员国的法律下可获得的补救和这些补救的时间期限也应在同一时间通知相关的经济运营者。

3. 在第 1 项所提及的措施被采取之前，应在不少于 10 天的时间内给予经济运营者声明的机会，除非依据健康或安全要求或欧共体协调立法中有关公共利益的其他理由所采取的措施很紧迫，不可能进行协商。如果经济运营者还没有申明就已经采取了行动，那么应给予经济运营者尽快声明的机会并随后立即审查所采取的行动。

4. 在经济运营者证明其已经采取有效的行动之后，第 1 项所提及的任何措施都应及时撤销或修正。

第 22 条　信息交换——欧共体快速信息系统

1. 当成员国按照第 20 条采取或意图采取某项措施并认为推进这项措施的理由或这项措施的影响超过该成员国范围时，它应按照本条款的第 4 项立即将这项措施通告欧委会，也应及时将这项措施的任何修改或撤销情况通知欧委会。

2. 当具有严重危险的产品已经在市场上流通时，成员国应将经济运营者采取和通告的任何自愿性措施通知欧委会。

3. 第 1、2 项中提供的信息应包括所有可能的细节，尤其是产品鉴定的必要数据、产品来源地和供应链、相关危险、所采取的国家层面的措施和经济运营者采取的任何自愿性措施的性质和期限。

4. 为履行第 1、2、3 项，将采用 2001/95/EC 指令第 12 条规定的市场监督和信息交换系统。该指令第 12 条的第 2、3、4 项将在适当修正后适用。

第 23 条　信息支撑总系统

1. 欧委会应对关于市场监督活动、计划和违反欧共体协调立法的相关信息的问题，利用电子方式建立和维护一个总存档和信息交换系统。该系统应适当地反映第 22 条的通告和信息。

2. 为履行第 1 项，成员国应将信息提供给欧委会，这些信息包括成员国已有的信息和第 22 条下还没有提供的有关危险产品的信息，尤其是危险鉴定、检测结果、临时限制措施、与相关经济运营者的接洽以及行动与否的证明。

3. 确保无损于履行第 19 条第 5 项或国家立法在保密方面、信息内容保密的保障性方面的规定。保密性保护不应妨碍向市场监督机构传递有关确保市场监督有效性的信息。

第 24 条　成员国和欧委会间的合作原则

1. 成员国应确保其市场监督机构与其他成员国的市场监督机构之间、其本国的市场监督机构与欧委会之间及涉及市场监督计划和危险品所有问题的欧共体相关机构之间的有效合作与信息交换。

2. 为了履行第 1 项，在相当程度上，一个成员国的市场监督机构应向其他成员国的市场监督机构提供帮助，这种帮助可以通过提供信息或文档、进行合适的调查或任何其他措施，以及通过参与其他成员国调查的方式得以实现。

3. 欧委会应对国家市场监督措施的有关数据进行收集和组织，以便履行其义务。

4. 当汇报的成员国将其调查成果和行动通知其他成员国和欧委会时，应包括在第 21 条第 3 项下经济运营者所提供的任何信息。

第 25 条　资源共享

1. 旨在在成员国的权力机构之间共享资源和专业技能的市场监督提议可以由欧委会或有关成员国推行，这种动议将由欧委会协调。

2. 为履行第 1 项，欧委会应与成员国合作。

（a）开发培训计划，组织国家工作人员的互换；

（b）就经验交流、信息和最佳做法的共同项目计划和行动、信息活动、联合访问计划和随后的资源共享，设计、组织和制订计划。

3. 成员国应确保其主管机构完全参与到第 2 项提及的活动中。

第 26 条　与第三国主管机构的合作

1. 市场监督机构可以与第三国主管机构合作以交换信息和技术支持，

推动其进入欧洲系统，促进合格评定、市场监督和认可活动。

欧委会应与成员国合作为此目标制订合适的计划。

2. 与第三国主管机构的合作应尤其采用第 25 条第 2 项提及的活动形式。

第三部分 对进入欧共体市场的产品的控制

第 27 条 对进入欧共体市场的产品的控制

1. 成员国内负责控制产品进入欧共体市场的主管机构应拥有履行其职责所必需的权力和资源，他们应按照第 19 条第 1 项建立的原则，在产品被放行自由流通前，对产品的特性进行适当规模的核查。

2. 当成员国有一个以上的机构负责市场监督和外部边境控制时，这些机构应通过共享有关其职能相关的信息实现相互合作。

3. 当第 1 项提及的核查过程中发现以下任何一种情况时，负责外部边境控制的机构应对进入欧共体市场自由流通的产品暂停放行。

（a）产品在正确安装、维修和使用时，对健康、安全、环境或第 1 条提及的任何其他公共利益产生严重危险；

（b）产品没有附带欧共体相关协调立法要求的书面文档或电子文档，或没有符合该立法要求的标志；

（c）产品上的 CE 标志粘贴错误或令人误解。

负责外部边境控制的机构应立即将暂停放行的信息通知市场监督机构。

4. 对于易腐坏产品，负责外部边境控制的机构应尽可能确保他们对产品强加的有关产品储存或交通运输工具停放的任何要求都与这类产品的保存不相抵触。

5. 为履行本部分的要求，第 24 条应适用于有关的负责外部边境控制的机构，同样适用欧共体法律规定的这些机构之间更多的具体合作制度。

第 28 条 产品的放行

1. 第 27 条中负责外部边境控制的机构对暂停放行的产品在暂停放行的三个工作日内，如果未得到市场监督机构采取任何措施的通知，且如果与产品放行有关的所有其他要求和程序都已经履行，就应该放行该产品。

2. 在市场监督机构发现所调查的产品对健康和安全不存在严重危险或不会违反欧共体协调立法的情况下，如果与该产品放行有关的所有其他要求和程序都已经履行，那么该产品应被放行。

第 29 条 国家措施

1. 当市场监督机构发现某一产品具有严重危险时，他们应采取措施禁止这种产品投放市场，并要求负责外部边境控制的机构必须对产品随附的商业发票背书和其他任何随附的相关文件背书，或者对于数据电子化处理的产品，在数据处理系统中加入。

危险品——不授权放行自由流通——765/2008/EC 条例。

2. 当市场监督机构发现某一产品不符合欧共体协调立法时，他们应采取适当的行动，在必要的情况，可以包括禁止这种产品投放市场。

根据第 1 子项禁止产品投放市场的情况，市场监督机构应要求负责外部边境控制的机构不放行产品自由流通，并且要求其必须对产品随附的商业发票背书和其他任何随附的相关文件背书，或者对于数据电子化处理的产品，在数据处理系统中加入。

不合格产品——不授权放行自由流通——765/2008/EC 条例。

3. 当一种产品随后被宣布必须履行某项海关程序而不是放行自由流通时，如果市场监督机构不反对，那么在同样的条件下，有关这项海关程序所使用的文件的背书也应包括其中，该背书在第 1、2 项中已经提及。

4. 有必要且合理的情况下，成员国主管部门可以将具有严重危险的产品销毁或定性为无法使用的产品。

5. 市场监督机构应依据第 1、2 点中所指的严重危险或不符合立法的产品类型的信息，提供给负责外部边境控制的机构。

第四章 加贴 CE 标志

第 30 条 加贴 CE 标志的总则

1. CE 标志只能由生产商或其授权代表加贴。

2. 附录 II 中的 CE 标志只能加贴在欧共体特定的协调立法规定粘贴的产品上，不能加贴在其他产品上。

3. 加贴 CE 标志或已经有 CE 标志，表明生产商对产品符合欧共体相关协调立法所有适用的要求负责，该立法也对产品 CE 标志的粘贴作了规定。

4. CE 标志是证明产品符合欧共体相关协调立法适用要求的唯一标志，该立法对产品 CE 标志的粘贴作了规定。

5. 产品标志、标识或字迹的粘贴，在其含义或 CE 标志的加贴形式有可能误导第三方的情况下，应禁止这类加贴。对于可视的、合法的、不改变 CE 标志含义的任何其他标志也可以加贴在产品上。

6. 无损于第 41 条，成员国应确保正确实施 CE 标志的管理制度，对不合理使用标志的行为应采取适当的行动。成员国也应规定对违反行为的惩罚措施，可以包括对严重违反行为的刑事处分。这些惩罚措施应与违反行为的严重性相称且能够有效防止不合理使用标志的行为。

第五章 欧共体财政支持

第 31 条 追求欧洲整体利益目标的机构

1. 第 14 条下认可的机构是以追求欧洲整体利益为目标的机构，符合 2002 年 12 月 23 日通过的欧委会 2342/2002/EC 条例（欧共体、欧洲原子能联营）第 162 条的内容，该条例对 1605/2002/EC① 条例（欧共体、欧洲原子能联营）的实行规定了具体规则。

第 32 条 欧共体财政支持的活动

1. 欧共体可以对以下适用本条例的活动提供财政支持：

（a）第 13 条第 3 项提及的部门认可计划的制订和修订；

（b）第 14 条下认可的机构秘书处的活动，例如协调认可活动、对同行评估体系实施的技术工作进行数据处理、给利益集团提供的信息以及该机构参与认可领域国际组织的活动；

（c）针对认可领域的指南、合格评定机构委员会的通告、合格评定和市场监督，起草和更新对其有用的内容；

（d）与实施保障条款有关的比对活动；

（e）给委员会提供技术技能，目的是帮助委员会实行市场监督管理合作，包括行政合作组的财务支持、市场监督决定和保障条款案件。

（f）与实施欧共体立法相关的合格评定、计量、认可和市场监督活动有关的前期工作或辅助工作，例如研究、计划、评估、指南、比对、互访、调研工作、培训活动、实验室工作、技能检测、实验室间检测和合格评定工

---

① OJ L 357, 31.12.2002, p.1. 该条例最新由 478/2007/EC 条例（OJ L 111, 28.4.2007, p.13）（EC，欧洲原子能联营）修订。

作，以及欧洲市场监督活动和类似的活动。

（g）根据计划实施的活动，这些计划有：对第三国技术援助和合作的计划，欧共体层面、国际层面上推进和增强欧洲合格评定、市场监督和利益团体间的认可政策和认可体系的计划。

2. 只有当98/34/EC指令第5条建立的委员会被要求提交给本条例第14条下认可的机构时，第1项的（a）中提及的活动才符合于欧共体的财政支持。

第33条　欧共体财政支持的机构

欧共体的财政支持可以授予第14条下认可的机构，用于实施第32条中的活动。

然而，欧共体的财政支持也可以授予其他机构，用于实行第32条中的活动，但不包括第32条第1项的（a）和（b）中的活动。

第34条　财政支持

预算机构在有效的财政支持框架约束内，每年决定对本条例中提及的活动分配拨款金额。

第35条　财政支持安排

1. 欧共体的财政支持：

（a）提供给第14条下认可的机构，无需提出申请，用于实行第32条第1项（a）到（g）中所提及的活动，根据财政条例，可以对这些活动给予拨款。

（b）通过公开征选或通过公共采购程序，拨款给其他机构用于实行第32条第1项（c）到（g）中所提及的活动。

2. 对于第14条下认可的机构秘书处的活动，应通过拨款给予财政支持，这些活动在第32条第1项（b）中被提及。如果这些活动延续，拨款金额不会自动减少。

3. 拨款协议可以为受惠人经常性开支支付部分费用，最大达到活动直接总成本的10%，但受惠人间接成本由欧共体预算拨款支付的情况除外。

4. 根据《财政条例》和2342/2002/EC条例（欧共体、欧洲原子能联营），欧委会和第14条下认可的机构应签订《框架伙伴协议》，在协议中定义关于给予该机构拨款的共同合作目标、管理和资助条件。对于这项协议的任何结论都应通知欧洲议会和理事会。

第 36 条　管理与监督

1. 预算机构对合格评定、认可和市场监督活动的拨款可以涵盖有关准备、监督、检验、审计和评估的行政开支，这些行政开支是达到本条例目标所必需的；尤其涵盖研究、会议、信息和发布活动的开支，用于信息交换的信息网络的开支，以及欧委会用于合格评定和认可活动的管理和技术帮助的任何其他开支。

2. 欧委会应根据欧共体政策和立法的要求，对接受共同体财政支持的合格评定、认可和市场监督活动的关联性进行评估。欧委会应将评估结果在 2013 年 1 月 1 日之前通知欧洲议会和理事会，并在之后的每五年进行一次评估。

第 37 条　欧共体财政利益的保护

1. 根据理事会 1995 年 12 月 18 日通过的关于欧洲共同体财政利益的保护[①]的 2988/95/EC 条例（欧共体、欧洲原子能联营）；理事会 1996 年 11 月 11 日通过的关于欧委会实施现场核查和检查活动，保护欧洲共同体财政利益避免欺诈和其他违规行为[②]的 2185/96/EC 条例（欧共体、欧洲原子能联营）；以及欧洲议会和理事会 1999 年 5 月 25 日通过的关于欧盟反欺诈办公室（OLAF）开展的调查活动[③]的 1073/1999/EC 条例，欧委会应确保：当本条例项下财政支持的活动实施时，欧共体财政利益通过以下途径受到保护：反欺诈、贪污和其他非法活动的预防措施；有效的检查活动；归还不适当支付的资金；如果发现违规行为，采取有效的、合理的、具有说服力的惩罚措施。

2. 为实行本条例下财政支持的欧共体活动，2988/95/EC 条例（欧共体、欧洲原子能联营）的第 1 条第 2 项中所提及的违规行为是指任何违反欧共体法律条款的行为；或任何由于经济运营者的行动或疏忽而导致的违反合同义务的行为，而该行动或疏忽，或将会损害欧盟的总体预算，或者通过不

---

① OJ L 312, 23. 12. 1995, p. 1.

② OJ L 292, 15. 11. 1996, p. 2.

③ OJ L 136, 31. 5. 1999, p. 1.

合理的开支条款损害它所管理的预算。

3. 根据本条例签订的任何协议和合同都应规定欧委会或其任何授权代表进行监督和资金控制，并规定审计院进行审计，在必要的时候可以在现场进行审计。

第六章 最后条款

第 38 条 技术指南

为了方便本条例的实施，欧委会应与利益相关者进行磋商，起草不具约束力的指南。

第 39 条 过渡条款

2010 年 1 月 1 日之前颁发的认可证书可以维持有效性至到期日，但是最后期限是 2014 年 12 月 31 日。然而，本条例适用于认可证书延长或更新的情况。

第 40 条 审查与报告

在 2013 年 9 月 2 日之前，欧委会应向欧洲议会和理事会提交一份关于本条例、2001/95/EC 指令和其他任何涉及市场监督的欧共体相关方法的适用情况的报告。该报告应对欧共体规则在市场监督领域的一致性作特别分析。如果可以的话，该报告应随附修正和/或统一相关工具，使之更规范和精练。报告应包括对本条例第三章范围扩展至所有产品的评估。

在 2013 年 1 月 1 日之前及在之后的每五年，欧委会应与成员国合作，完成并向欧洲议会和理事会提交有关本条例实施情况的报告。

第 41 条 惩罚

成员国应为经济运营者制定惩罚规则，适用于违反本条例条款的行为，可以包括对严重违反行为的刑事处分，并采取一切必要措施确保这些惩罚的履行。这些惩罚必须是有效的、相称的和具有说服力的，如果相关经济运营者明显类似地违反本条例条款，惩罚力度可以加大。成员国应在 2010 年 1 月 1 日之前将这些惩罚条款通知欧委会，并将之后对惩罚条款作的任何修正都及时通知欧委会。

第 42 条 对 2001/95/EC 指令的修正

2001/95/EC 指令的第 8 条第 3 项应被以下内容替换：

"3. 在产品具有严重危险的情况下，主管机构应采取第 1 项（b）到

（f）中提及的适当的措施。严重危险的存在应由成员国决定，估计每个产品的价值并考虑附录Ⅱ第8点中提及的指南。"

第 43 条　废止

339/93/EEC 条例随着本条例 2010 年 1 月 1 日实施而废止。

对废止的条例的参照应被解释为对本条例的参照。

第 44 条　生效

本条例在《欧盟官方公报》上公布后的第 20 日生效。

本条例从 2010 年 1 月 1 日起开始实施。

本条例对所有成员国完全且直接适用。

2008 年 7 月 9 日于斯特拉斯堡

欧洲议会　　　　　　理事会

主席：　　　　　　　主席：

H. -G. POTTERING　　J. -P. JOUYE

附录 i

对第 14 条下认可机构的要求

1. 本条例第 14 条下认可的机构（"机构"）应在欧共体内部设立。

2. 在"机构"的组成中，欧共体内部的国家认可机构被认为是其成员，条件是这些机构符合这里规定的其他条件，并在《框架协议》中已与欧委会达成协议。

3. "机构"应与所有的利益相关者进行协商。

4. "机构"应对其会员提供满足第 10 和第 11 条要求的同行评估服务。

5. 根据本条例，"机构"应与欧委会合作。

附录 Ⅱ

CE 标志

1. CE 标志应包括首字母"CE"。

2. 如果 CE 标志被缩小或放大，那么应遵从 CE 标志第 1 点的比例尺。

3. 在特定的立法对 CE 标志特定的尺寸规格没有强制要求的情况下，CE 标志的高度应至少 5 毫米。

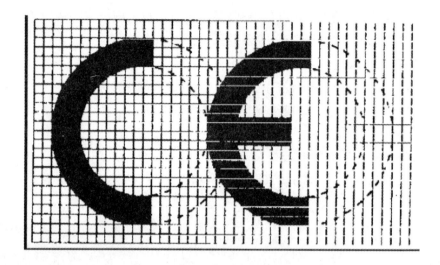

欧洲议会和理事会共同决定

欧洲议会和理事会 2008 年 7 月 9 日发布的 768/2008/EC 决定①

关于产品营销总体框架，同时废除理事会 93/465/EEC 决定

（适用于欧洲经济区）

欧洲议会和理事会，

根据建立欧洲共同体的条约，尤其是第 95 条，

根据欧委会提议，

根据欧洲经济和社会委员会意见②，

在咨询地区委员会之后，

按照条约③第 251 条规定的程序，

鉴于以下因素，特颁布本决定：

---

　① Decision No 768/2008/EC of the European Parliament and of the Council of 9 July 2008 on a common framework for the marketing of products, and repealing Council Decision 93/465/EEC.

　② OJC 120, 16.5.2008, p.1.

　③ 2008 年 2 月 21 日欧洲议会的意见（尚未在官方公报上公布）和 2008 年 6 月 23 日理事会的决定。

（1）2003 年 5 月 7 日，欧委会向理事会和欧洲议会发布题为《增强新方法指令实施力度》的公报。在其 2003 年 11 月 10 日的决议①中，理事会肯定了新方法作为合适而有效的管制模式在支持技术创新和提高欧洲产业竞争力方面的重要性，确认了扩大新方法原则在新领域应用的必要性，同时承认需要为合格评定、认可和市场监督提供一个更清晰的框架。

（2）本决定旨在制定共同原则和参照条款，拟使其能在跨部门立法中应用，为该立法的修改或重订提供一致基础。因此，该决定为未来协调产品营销条件的立法和现行立法的文本参照制定一个具有横向性质的总体框架。

（3）本决定将以参照条款的形式为经济运营者提供定义和一般责任，以及立法者可从中适当选择的合格评定程序范围，也对 CE 标志作出规定。同时，参照条款须提供指定给欧委会有资质进行相关合格评定程序的合格评定机构和有关指定程序的要求。另外，为确保市场安全性，本决定制定的参照条款还需包含处理危险产品的程序。

（4）在拟定有关已要求符合其他欧共体法案的产品立法时，必须考虑这些法案以确保涉及同一产品的所有立法的一致性。

（5）部门需求的特殊性可能会为其诉诸其他法规提供借口，尤其是在已存在特定全面的法律体系的部门，例如饲料和食品、化妆品和烟草产品、农产品的共同市场组织、植物健康和植物保护、人体血液和组织、人用和兽用的医疗产品和化学品等领域，或者需要对共同原则和参照条款进行特定调整的部门，例如医疗器械、建筑产品和船舶设备等领域。这些调整也可能跟附Ⅱ中规定的模式有关。

（6）立法者在起草立法时可能会因有关部门的特殊性完全或部分地违背本决定规定的共同原则和参照条款。任何违背情况都应被合理证实。

（7）尽管法律不能要求本决定条款纳入到将来立法议案中，但通过本决定的共同立法者已经作出明确政治承诺，他们会尊重任何本决定范围内的立法议案。

（8）特定产品的立法应尽可能避免追求技术细节，但必须表达产品满足的基本要求。这些立法应适当地参照 1998 年 6 月 22 日欧洲议会和理事会

---

① OJC 282, 25. 11. 2003, p. 3.

98/34/EC 指令通过的协调标准。该指令规定了技术标准和法规领域提供信息的程序，并且为了表述详细的技术规范而对信息社会服务①方面制定了规则。本决定以该指令规定的标准化体系为基础并对此进行补充。然而，当健康、安全、消费者或环境保护、其他公共利益方面或清晰性和可行性方面有具体要求时，有关立法可制定详细的技术规范。

（9）符合协调标准推定为符合法律条款的假定应促进与协调标准的一致性。

（10）在协调标准不完全满足共同体协调立法要求情况下，应尽可能让成员国或欧委会提出反对意见。欧委会应能决定不发布这种标准。为此，欧委会应在98/34/EC 指令第 5 条款成立的委员会提出意见之前，以适当的方式咨询部门代表和成员国。

（11）基本要求应措词非常精准，从而形成具有法律约束力的义务。即使在没有协调标准或生产商未选择应用协调标准的情况下，制定的基本要求应可能用来进行合格评定。措词详细程度将根据每个部门的特性而定。

（12）成功完成所要求的合格评定程序能使经济运营者证明其产品符合适用要求，并让主管部门确信市场上销售的产品符合适用要求。

（13）被用于共同体协调立法的合格评定程序模式最初是由 1993 年 7 月 22 日理事会 93/465/EEC 决定制定的，该决定是对有关合格评定程序的不同阶段而设计的模式及 CE 合格标志粘贴和使用的规则，旨在用于技术协调指令②中。本决定将代替上述决定。

（14）有必要提供一个清晰、透明、一致的合格评定程序的选择以限制可能的变化。本决定将制定一个模式菜单，使立法者能根据涉及的危险程度和要求的安全水平，从最低要求到最高要求之间选择一个程序。

（15）为确保部门间的一致性及避免临时变故，用于部门立法中的程序要根据制定的一般条件从模式中选择。

（16）过去有关商品自由流通的立法使用了一套有部分未界定的术语，因此有必要发布诠释指南。即使有法律界定的情况其措词也不太一致，有时

---

① OJL 204，21.7.1998，p.37，经理事会 2006/96/EC（OJL 363，20.12.2006，p.81）指令最新修订。

② OJL 200，30.8.1993，p.23。

在意义上也不尽相同，这导致其后概念解释和正确实施上的困难。本决定因此将引入一些基本概念的清晰定义。

（17）投放到共同体市场的产品应符合相关适用的共同体立法，同时经济运营者就其在供应链上的各自角色负责产品符合要求，以保障公共利益（比如健康、安全、消费者和环境保护）高水平保护，确保共同体市场的公平竞争。

（18）所有经济运营者在将产品投放市场时要负相应责任，且要完全依据所适用的法规要求办事。

（19）所有干预供给链和分销链的经济运营者应采取适当措施，确保只有符合适用立法的产品才能在市场上流通。本决定将提供一个清晰和按比例的责任分配，这些责任与每个经营者在供给和分销过程中的角色相对应。

（20）由于部分任务只由生产商执行，因此有必要在分销链上进一步对生产商与运营者加以清晰区分。同时也有必要在进口商和分销商之间进行清晰区分，因为进口商将产品从第三国进口到共同体市场。因此进口商必须保证进口产品符合适用的共同体要求。

（21）熟悉产品设计和生产过程的生产商们是完整合格评定程序的最佳执行者。因此合格评定应仅为生产商的责任。

（22）必须确保从第三国进口到共同体市场的产品符合所有适用的共同体要求，特别是生产商已对那些产品进行了适当的合格评定。因此应为进口商制定条款以确保他们投放市场的产品满足适用要求，同时保证当产品不符合这些要求或构成危险时不会将其投放到市场中。同样，为进口商制定的条款要保证合格评定程序能被执行，且确保监管机构检测时可获取产品标志和生产商准备的文档。

（23）产品经生产商或进口商投放市场后由分销商在市场上进行销售，分销商要谨慎行事以确保经营的产品不违背相关产品要求。在产品投放市场或流通时，进口商和分销商都需要谨慎行事，保证产品符合适用要求。

（24）1985 年 7 月 25 日理事会《关于成员国间缺陷产品①责任方面的法

---

① OJL 210，7.8.1985，p.29. 经欧洲议会和理事会 1999/34/EC 指令（OJL 141，4.6.1999，p.20）修订。

律、法规和行政条款的趋同》的 85/374/EEC 指令，适用于不符合共同体协调立法的产品。根据这项指令，把不合格产品投放到欧共体市场的生产商和进口商将对损失负有责任。

（25）在产品投放市场时，每个进口商要在产品上标明其公司名称和地址以便联系。但产品大小或品质不允许的情况将作为例外。例外还包括进口商不得不拆开包装把公司名字和地址标注在产品上的情况。

（26）任何经济运营者以其个人名义或商标投放产品，或者对产品进行修改而影响到产品符合适用要求时，他们应被视为生产商，并应承担生产商的有关责任。

（27）就近市场的分销商和进口商应参与到由国家机构执行的市场监督任务中去，应做好准备积极参与，向主管部门提供所有必要的相关产品信息。

（28）确保整个供应链上产品的可追溯性将有助于使市场监督更加简单、更加有效。一个有效的追溯系统能使市场监督机构任务便利化，从而有效追踪那些将不合格产品投放到市场上的经济运营者们。

（29）表明产品合格的 CE 标志是包含广义上合格评定整个过程的可视化结果。2008 年 7 月 9 日欧洲议会和理事会 765/2008/EC 条例规定了管制 CE 标志的一般原则，并制定了有关产品营销方面的认可和市场监督要求[①]。本决定将制定加贴 CE 标志的管制规则，使其应用到规定该标志使用的共同体协调立法中去。

（30）CE 标志应当成为表明产品符合共同体协调立法的唯一合格标志。然而，其他标志也可能被使用，只要这些标志有助于消费者保护程度的提高，且共同体协调立法未涉及到这些标志。

（31）关键是使生产商和使用者清楚明白，生产商通过在产品上粘贴 CE 标志来声明其产品符合所有适用要求并且将为此承担全部责任。

（32）为了更好地评估 CE 标志的有效性，同时更好地制定防止标志滥用的战略目标，欧委会应监督标志的实施并向欧洲议会报告相关情况。

（33）CE 标志只有在符合共同体法律规定的条件下粘贴才有意义。因

---

① 见本官方公报第 30 页。

此成员国应当确保正确执行那些条件并通过法律或者其他适当方式追查违规和 CE 标志滥用行为。

（34）成员国有责任确保其境内有力而有效的市场监督，应向市场监督机构分配足够的权力和资源。

（35）为了提高对 CE 标志的认识，欧委会应发动一场目标对象主要为经济运营者、消费者、部门组织和销售人员的信息运动，它们是向消费者传递信息的最合适的渠道。

（36）在一定情况下，适用立法的合格评定程序需要有成员国指定给欧委会的合格评定机构的介入。

（37）经验表明，合格评定机构为了能被指定给欧委会而不得不履行的部门立法所制定的条件，不足以保证整个共同体内指定机构行为的高度一致性。然而，所有指定机构在相同水平和公平竞争条件下运作是十分重要的。这就需要为那些希望被指定来提供合格评定服务的合格评定机构制定强制性要求。

（38）为了确保合格评定执行质量水平的一致性，不仅需要巩固合格评定机构希望被指定而必须履行的要求，同时也需要制定对指定机构评估、指定和监管的指定权威机构和其他机构必须实行的规定。

（39）本决定制定的体系是由 765/2008/EC 条例规定的认可体系补充的。由于认可是证实合格评定机构资质的一种重要途径，应鼓励使用认可来进行指定工作。

（40）如果一家合格评定机构表明其符合协调标准规定的条件，那就应当推定其满足相关部门立法规定的相应要求。

（41）正如共同体协调立法为其实施而制定的合格评定机构的选择，765/2008/EC 条例为确保合格证书必要的可信度而规定的透明认可，应当被整个共同体国家公共机构确认为验证那些合格评定机构技术资质的优先方式。然而，国家机构可能认为他们自己拥有执行这种评估的合适方法。在这种情况下，为确信由其他国家机构执行的合适的评估可信度，他们应向欧委会和其他成员国提供所必需的文件证据来验证所评估的合格评定机构符合相关的立法要求。

（42）合格评定机构经常把他们有关合格评定的部分活动分包或者分配

给分支机构。为保障投放到共同体市场的产品所要求的保护程度，必须使合格评定分包商和分支机构履行与指定机构相同的有关合格评定任务的要求。

（43）必须提高指定程序的有效性和透明度，尤其要使其适应新的技术以便能进行网上指定。

（44）由于指定机构可在整个共同体内提供服务，因此适当地给其他成员国和欧委会对指定机构提出异议的机会。因此，制定一个期限，在这个期限里关于合格评定机构资质的任何质疑或问题都能在他们作为指定机构开始运作之前被澄清。

（45）为了提高竞争力，指定机构应用模式时不给经济运营者带来不必要的负担是十分重要的。同样，为确保公平对待经济运营者，模式技术应用的一致性必须予以保证。这可以通过指定机构间适当的协调与合作很好地实现。

（46）为确保认证过程的正确运行，应加强某些程序，比如指定机构和指定权威机构之间及指定机构之间的经验和信息的交流。

（47）共同体协调立法已制定了一个仅适用于成员国之间对某一成员国采取的措施不满时的保障程序。为了提高透明度及缩小处理时间，有必要完善现行的保障条款程序，使其更有效、更好地利用成员国的技术专长。

（48）应当通过程序完善现行体系，使利益相关者在该体系下被告知有关对人类健康和安全或其他公共利益保护方面产生危险的产品拟采取的措施。同时也应当允许市场监督机构与相关经济运营者一起协作，能够较早地对这类产品采取行动。

（49）当成员国与欧委会同意一成员国采取的正当措施，欧委会就不需要进一步干预，除非产品不合格的原因是由协调标准缺陷引起的。

（50）共同体立法应考虑中小企业管理成本的特殊情况。然而，在制定最合适合格评定程序的选择和执行规则，以及有关在责任大小和相关生产小批次性或非批次性方面以适当方式运转的合格评定机构的义务时，共同体立法应考虑中小企业的条件，而不是为这些企业制定一些暗示他们或他们产品档次较低或质量较差及导致国家市场监督机构监管复杂的法制环境的一般例外和减免。本决定为考虑中小企业的特殊情况，将向立法者提供必要的灵活度，同时不给中小企业造成不必要的特定或不适当的解决方案，也不危害公共利益的保护。

（51）本决定为合格评定机构运行作出规定时，要考虑中小企业的特殊情况和产品满足适用立法工具的严格程度和保护水平。

（52）本决定在《欧盟官方公报》上发布后一年内，欧委会如有必要应根据立法议案对消费者安全标志方面进行深入分析。

第一条　总则

1. 投放到共同体市场的产品应满足所有适用立法。

2. 将产品投放到共同体市场时，经济运营者应根据他们各自不同的供应链角色，对他们的产品符合所有适用立法负责。

3. 经济运营者应负责保证他们提供的关于他们产品的所有信息精准、完整且满足适用的共同体立法。

第二条　标的和范围

本决定为拟定协调产品营销条件的共同体立法（共同体协调立法）而制定一般原则和参照条款的共同框架。

共同体协调立法应诉诸本决定制定的一般原则和附录 i、附Ⅱ和附Ⅲ的相关参照条款。然而，如果因相关部门的特殊性尤其是已存在全面法律体系时，共同体立法可以适当与那些一般原则和参照条款不一致。

第三条　公共利益保护度

1. 在公共利益保护方面，共同体协调立法仅限于制定决定保护程度的基本要求和表明所要达到结果的条件。

当诉诸基本要求不可能或不适当时，鉴于确保对消费者、公共健康和环境的充分保护或公共利益保护的其他方面的目标，相关共同体协调立法可能要制定详细的规范。

2. 共同体协调立法制定基本要求时，将提供参照依据98/34/EC指令通过的协调标准的途径。这些标准或连同其他协调标准一起说明技术方面的要求和规定符合要求的假定，同时保留通过其他方式确定保护度的可能性。

第四条　合格评定程序

1. 共同体协调立法要求对某一特定产品进行合格评定时，所用程序应从附Ⅱ规定和说明的模式中选择，并满足以下条件：

（a）相关模式是否适用于产品类型；

（b）产品具有的危险性和合格评定对应的危险类型和大小程度；

（c）第三方参与为强制性时，生产商需要在质量保证和附Ⅱ规定的产品认证模式之间有所选择；

（d）需要避免施加与有关立法涉及的危险方面相比过分繁复的模式。

2. 当产品适用本决定范围之内的多个共同体法案时，立法者应确保合格评定程序之间的一致性。

3. 第1节中提及的模式应适当应用到相关产品并与那些模式规定的说明相一致。

4. 对于定制产品和小批次生产，可以放宽合格评定程序有关的技术和管理条件。

5. 在应用第1节提及的模式时，适用及相关时，立法工具可以：

（a）关于技术文档方面，要求模式中已规定的额外信息；

（b）关于生产商和/或指定机构必须保留任何种类文档的时期，改变模式中规定的期限；

（c）明确说明生产商关于检测是否由认可的内部机构完成或由生产商选择的指定机构负责进行的选择；

（d）产品认证时，明确说明生产商关于是选择采用对每个产品，还是基于统计方法进行检测以检查产品符合适用要求；

（e）规定 EC 型式试验证书的有效期限；

（f）关于 EC 型式试验证书方面，明确说明与合格评定有关的相关信息和包括在其中或附录中的实时监控；

（g）规定有关指定机构向其指定权威机构通告义务的不同安排；

（h）如果指定机构定期审计，明确说明其执行的频率；

6. 在应用第1节提及的模式时，适用及相关时，立法工具将：

（a）在进行产品检查和/或认证时，决定相关产品合适的检测、充分的抽样方案、拟采用的统计方法的操作特性及指定机构和/或生产商要采取的相应行动；

（b）在进行 EC 型式试验时，决定合适的方式（设计型、生产型、设计型与生产型相结合）和要求的样本。

7. 针对指定机构决定的上诉程序是可获得的。

第五条 EC 合格声明

在共同体协调立法要求生产商作出声明以证明其履行相关产品满足的要求（EC 合格声明）时，立法要规定拟定一份声明，要考虑产品适用的所有共同体立法，包括为识别声明有关的共同体协调立法的所有信息和给出相关法案的发布参号。

第六条 合格评定

1. 共同体协调立法规定合格评定时，立法规定合格评定可由公共机构、生产商或指定机构来执行。

2. 共同体协调立法规定合格评定由公共机构执行时，立法规定那些公共机构在技术评估上所依赖的合格评定机构必须符合与本决定为指定机构规定的相同条件。

第七条 参照条款

有关产品的共同体协调立法的参照条款将在附录 i 中作出规定。

第八条 撤销

93/465/EEC 决定因此被废止。

对废止决定的参照应被解释为对本决定的参照。

2008 年 7 月 9 日于斯特拉斯堡

欧洲议会   理事会

主席：   主席：

H. -G. POTTERING   J. -P. JOUYET

附录 i

产品共同体协调立法的参照条款

第 R1 章 定义

第 R1 条 定义

为……（法案）作以下定义：

1. "市场流通"是指在共同体市场上，无论是收费或免费的商业活动过程中用于分销、消费或使用的任何产品的供给。

2. "投放市场"是指一种产品在共同体市场上首次出现。

3. "生产商"是指生产产品或设计和生产产品，并以其名义或商标进行产品营销的任何自然人或法人。

4. "授权代表"是指共同体内成立的、受生产商书面委托并代表其执行有关指定任务的任何自然人或法人；

5. "进口商"是指共同体内成立的、将产品从第三国投放到共同体市场的任何自然人或法人；

6. "分销商"是指供应链上除生产商和进口商以外，使产品在市场上流通的任何自然人或法人；

7. "经济运营者"是指生产商、授权代表、进口商和分销商；

8. "技术规范"是指规定产品、过程或服务满足技术要求的文件；

9. "协调标准"是指在欧委会请求下，根据98/34/EC指令第6条由该指令附录 I 中列出的欧洲标准化组织之一制定的标准；

10. "认可"是指765/2008/EC条例指定的意思；

11. "国家认可机构"是指765/2008/EC条例指定的意思；

12. "合格评定"是指论证有关产品、过程、服务、体系、人员或机构是否满足特定要求的过程；

13. "合格评定机构"是指从事包括校准、检测、认证和检验等合格评定活动的机构；

14. "召回"是指从最终用户手里收回产品的任何措施；

15. "撤市"是指阻止供应链上的产品在市场上流通的任何措施；

16. "加贴 CE 标志"是指生产商为了表明其产品符合共同体协调立法规定的适用要求所加贴的一种标志；

17. "共同体协调立法"是指任何用于协调产品营销条件的共同体立法。

第 R2 章　经济运营者义务

第 R2 条　生产商义务

1. 当产品投放市场时，生产商要确保他们设计制造的产品符合……（参照相关立法部分）规定的要求。

2. 生产商拟定符合要求的技术文档并执行适用的合格评定程序。

在通过合格评定程序证明产品符合适用的要求后，生产商要拟定一份 EC 合格声明并粘贴合格标志。

3. 生产商在产品投放市场后将保存技术文档和 EC 合格声明达……（期限据产品的生命周期和危险程度而具体确定）。

4. 生产商要确保有保障批次生产一致的程序。要充分考虑到产品设计或特性的变化及协调标准或产品合格参照的技术规范的变化。

当确定产品危险程度合适时，为了保护消费者健康和安全，生产商应执行营销产品的样品检测和调查，如有需要，对投诉、不符合要求的产品和产品召回事件进行登记，并通知分销商此类监督情况。

5. 生产商要确保其产品具有一种型号、批次或序列号或其他可以进行识别的因素。当产品的大小或品质不允许时，需要在包装或随附产品的文件里提供信息说明。

6. 生产商要在产品上标明公司名称、注册贸易名称或注册贸易商标和地址，条件不可能时，可以在产品包装上或随附文件里标明，以便联系。地址必须是可以联系生产商的唯一地点。

7. 正如有关成员国要求的，生产商要确保产品的随附说明和安全信息是以消费者和其他最终用户容易理解的语言编写的。

8. 当生产商认为或有理由相信他们已投放市场的产品不符合适用的共同体协调立法时，应立即采取必要的补救措施使产品合格，适当时撤市或召回产品。此外，当产品会构成危险时，生产商应立即通知使产品流通的成员国主管部门，给出详细说明，特别是不符合要求的部分和采取的任何补救措施。

9. 在国家主管部门的正当请求下，生产商应以主管部门容易理解的语言进一步提供证明产品合格的必要的信息和文档。生产商要与主管部门合作，在其请求下采取任何行动来消除已投放到市场的产品所构成的危险。

第 R3 条　授权代表

1. 生产商可以通过书面委托形式指定一家授权代表。

第 R2（1）条款规定的义务及技术文档的拟定不构成授权代表的委托内容。

2. 授权代表要执行生产商委托的特定任务。委托书允许授权代表至少做好以下工作：

（a）保存 EC 合格声明和技术文档达……（期限根据产品的生命周期和危险程度而具体规定），以便国家监督机构核查。

（b）在国家主管部门的正当要求之下进一步为其提供证明产品合格的所有必要信息和文档。

（c）在主管部门的要求下与其合作，采取任何措施以消除委托书中涉及的危险。

第 R4 条　进口商义务

1. 进口商只能把符合要求的产品投放到共同体市场。

2. 在产品投放市场之前，进口商要保证生产商已进行过合适的合格评定程序。进口商要确保生产商已编制了技术文档，产品具有所要求的合格标志并随附规定的文件，同时确保生产商符合 R2（5）、（6）条款规定的要求。

当进口商认为或有理由相信产品不符合……（参照相关立法部分），直到产品合格时方可将其投放市场。此外，当产品存在隐患时，进口商应通知生产商和市场监督机构。

3. 进口商要在产品上标明公司名称、注册贸易名称或注册贸易商标和地址，或者条件不可能时，可以在产品包装上或随附文件里标明，以便联系。

4. 正如有关成员国要求的，进口商要确保产品的随附说明和安全信息是以消费者和其他最终用户容易理解的语言编写的。

5. 进口商应确保其责任范围内的产品仓储或运输条件不违背……（参照相关立法部分）规定的要求。

6. 当确定产品危险程度合适时，为了保护消费者健康和安全，进口商应执行营销产品的样品检测和调查，如有需要，对投诉、不符合要求的产品和产品召回事件进行登记，并通知分销商此类监督情况。

7. 当进口商认为或有理由相信他们已投放市场的产品不符合适用的共同体协调立法时，应立即采取必要的补救措施使产品合格，适当时撤市或召回产品。此外，当产品会构成危险时，进口商应立即通知使产品流通的成员国主管部门，给出详细说明，特别是不符合要求的部分和采取的任何补救措施。

8. 进口商保留一份 EC 合格声明的复本达……（期限根据产品的生命周期和危险程度而具体规定），以便市场监督机构核查，并保证一经要求那些机构便可获得技术文档。

9. 在国家主管部门的正当请求下，进口商应以主管部门容易理解的语言进一步提供证明产品合格的必要的信息和文档。进口商要与主管部门合作，在其请求下采取任何行动来消除已投放到市场的产品所构成的危险。

第 R5 条　分销商义务

1. 在产品市场流通时分销商应对适用要求谨慎行事。

2. 在产品市场流通之前，分销商应证实产品带有规定的合格标志，且附有以目标成员国消费者和其他最终用户容易理解的语言编写的说明和安全信息文件，同时确保生产商和进口商遵循 R2（5）、（6）和 R4（3）条款规定的要求。

当分销商认为或有理由相信产品不符合……（参照相关立法部分），直到产品合格时方可将产品投放市场。此外，当产品存在隐患时，分销商应通知生产商或进口商以及市场监督机构相关信息。

3. 分销商应确保其责任范围内的产品仓储或运输条件不违背……（参照相关立法部分）规定的要求。

4. 当分销商认为或有理由相信他们已投放市场的产品不符合适用的共同体协调立法时，应立即采取必要的补救措施使产品合格，适当时撤市或召回产品。此外，当产品会构成危险时，分销商应立即通知使产品流通的成员国主管部门，给出详细说明，特别是不符合要求的部分和采取的任何补救措施。

5. 在国家主管部门的正当请求下，分销商应进一步提供证明产品合格的所有必要信息和文档。分销商要与主管部门合作，在其请求下采取任何行动来消除已投放到市场的产品所构成的危险。

第 R6 条　生产商义务适用进口商和分销商情况

在进口商或分销商以其名义或商标将产品投放市场，或以影响到产品符合适用要求的方式修改已投放市场的产品情况下，为了……（法案），进口商或分销商将被视为生产商，并遵循 R2 条款规定的生产商义务。

第 R7 条　经济运营者的识别

经济运营者一经要求，向市场监督机构提供以下身份甄别……（期限根据不同产品的生命周期和危险程度而具体确定）：

（1）向他们提供产品的任何经济运营者；

（2）他们提供产品的任何经济运营者。

第 R3 章　产品合格

第 R8 条　合格假定

符合协调标准或已在《欧盟官方公报》上发布的参照内容的产品将被假定为满足……（参照相关立法部分）规定的标准或部分内容的要求。

第 R9 条　对协调标准的正式异议

1. 当成员国或欧委会认为协调标准不完全满足其涉及的要求和……（参照相关立法部分）规定的要求时，欧委会或有关成员国向 98/34/EC 指令第 5 条设立的委员会提出异议。该委员会将咨询相关欧洲标准化组织，随后立即提出意见。

2. 根据委员会意见，欧委会将决定发布、不发布、限制发布、保留、限制保留或撤销《欧盟官方公报》上有关的协调标准的参照内容。

3. 欧委会将通知有关欧洲标准化组织，如有需要，要求其对相关协调标准做出修改。

第 R10 条　EC 合格声明

1. EC 合格声明表明已证明符合……（参照相关立法部分）规定的要求。

2. EC 合格声明将包括由 2008 年 7 月 9 日欧洲议会和理事会《关于产品营销的总体框架》768/2008/EC 决定附录Ⅲ中制定的型号结构，包含由该决定附录Ⅱ中提出的相关模式指定的内容，且将不断进行更新。该声明将被翻译成产品被投放或流通的市场所在成员国要求的语言。

3. 通过拟定 EC 合格声明，生产商将承担产品符合要求的责任。

第 R11 条　加贴 CE 标志的一般原则

加贴 CE 标志要遵循 765/2008/EC 条例第 30 条规定的一般原则。

第 R12 条　粘贴 CE 标志的规则和条件

1. CE 标志应明显、合法、永久地粘贴到产品或参数标牌上。因产品的性质而不能或不允许粘贴时，CE 标志应粘贴到包装和有关立法规定的随附文件上。

2. CE 标志应在产品投放市场之前粘贴，其可附有表明特定危险或用途的图标或其他任何标志。

3. CE 标志后应有参与生产控制阶段的指定机构的标识编号。

指定机构标识编号由该机构自行粘贴，或在其指示下由生产商或生产商授权代表粘贴。

4. 成员国将基于现有机制保障管理 CE 标志制度的正确使用，采取适当措施以防标志的不恰当使用。成员国同时也要制定违规惩罚措施，包括对严重违规的刑事制裁。这些惩罚措施将按照违规严重程度而定，能对不正当使用构成一种有效的遏制作用。

第 R4 章 合格评定机构的指定

第 R13 条 指定

成员国要向欧委会和其他成员国通告在……（法案）下执行第三方合格评定任务的指定机构。

第 R14 条 指定权威机构

1. 成员国需指派一家指定权威机构，负责建立和执行必要的程序以进行合格评定机构的评定和指定，并监督指定机构，包括确保与 R20 条款的一致性。

2. 成员国可决定第 1 点提及的评定和监督任务由国家认可机构在 765/2008/EC 条例所辖范围内并据此进行。

3. 如果指定权威机构将第 1 点提及的评定、指定或监督任务指派或委任给一家非政府实体机构，则该机构须是合法实体且满足 R15（1）至（6）条款规定的要求。另外，该机构要作出安排以履行其活动义务。

4. 指定权威机构将对第 3 点提及的机构所执行的任务负全部责任。

第 R15 条 关于指定权威机构的要求

1. 指定权威机构的成立不与合格评定机构利益相冲突。

2. 指定权威机构的组织和运行要保障其行为的客观性和公正性。

3. 指定权威机构要确保与合格评定机构指定有关的每一项决定都由非执行评定工作的资质人员做出。

4. 指定权威机构不以商业或竞争为基础提供合格评定机构履行的任何

事项或咨询服务。

5. 指定权威机构要保障其所获信息的可信性。

6. 指定权威机构可为其工作的正确执行而聘任拥有大量资质人员。

第 R16 条　指定权威机构的信息义务

成员国需通知欧委会其合格评定机构的评估、指定和对指定机构的监督程序，以及有关程序的任何变动。

欧委会将公布该信息。

第 R17 条　有关指定机构的要求

1. 为了指定目的，合格评定机构需满足第 2 点至第 11 点规定的相关要求。

2. 合格评定机构是在国家法律框架下成立，且具法人资格。

3. 合格评定机构是独立于其所评估的组织或产品的第三方机构。

隶属于承担包括所评估产品的设计、制造、提供、组装、使用或维修事项的商业协会或职业联盟的机构，只要证明其独立性和不存在任何利益冲突，可被视为合格评定机构。

4. 具有高水平管理和负责执行合格评定任务的人员的合格评定机构，不能是所评估产品的设计者、生产商、供应商、安装者、购买者、拥有者、使用者或维修方，也不是相关方的任何授权代表。这并不排除出于合格评定机构运行需要或个人目的而对所评估产品的使用。

具有高水平管理和负责执行合格评定任务的人员的合格评定机构，不应直接参与所评估产品的设计、生产或建设、营销、安装、使用、维修，或代表相关者参与这些活动。他们不应参与任何可能影响被指定的合格评定活动的评判独立性或公正性的活动。这尤其适用于咨询服务方面。

合格评定机构要确保其分支机构或分包商的行为不影响他们合格评定行为的可信性、客观性和公正性。

5. 合格评定机构及其人员须以最高水平的职业诚信和特定领域所必需的技术能力执行合格评定活动，抵制一切压力和诱惑，尤其是可能会影响到他们的评判或合格评定结果的金钱诱惑，特别是与对这些活动结果有利害关系的个人或组织。

6. 合格评定机构要有能力执行所有由……（参照相关立法部分）规定

的和被指定的合格评定任务，不管这些任务是由合格评定机构本身执行，还是由其代表在其责任范围内执行。

在所有情况下对每一合格评定程序和每一指定产品种类，合格评定机构将任意拥有如下的需要：

（a）具有执行合格评定任务的技术知识和充分合适的经验人员；

（b）保证程序再造能力和透明度的合格评定程序的描述。同时合格评定机构要具有能区分其作为指定机构执行的任务与其他活动的合适政策和程序。

（c）适当考虑任务大小、运行部门及其结构、相关产品技术复杂程度和生产加工的大量性或批次性的活动执行程序。

合格评定机构需要以适当的方式执行与合格评定活动有关的技术和管理任务，并能拥有所有必要的设备工具。

7. 负责执行合格评定活动的人员需具备以下条件：

（a）具有有关合格评定机构被指定的所有合格评定活动的熟练的技术和职业培训；

（b）具有合格评定要求的令人满意的知识和足够的权威；

（c）对基本要求、适用的协调标准和共同体协调立法的相关条款及实施规则的了解和领悟；

（d）具有编写表明已进行过评定的证书、记录和报告的能力。

8. 应保证合格评定机构的公正性、高水平管理和评定人员的公正性。

高水平管理的报酬和合格评定机构人员的评估不应根据执行的评定数目或评定结果来定。

9. 合格评定机构需购买责任保险，除非按照国家法律责任已由国家承担，或成员国直接对合格评定负责。

10. 合格评定机构的人员应关注有关在……（参照相关立法部分）下执行任务而获得的所有信息的专业隐私和国家法律生效的任何条款，除了与活动已执行的成员国主管部门有关的信息，专有权利应予以保护。

11. 合格评定机构要参与或保证评定人员被告知相关的标准化活动，以及在相关共同体协调立法下成立的指定机构协调组的活动，并将该协调组工作中生成的行政决定和文件作为一般指导。

第 R18 条　合格假定

如果合格评定机构证明其符合相关协调标准或《欧盟官方公报》上发布的参照内容，那么就假定其满足 R17 条款适用的协调标准规定的要求。

第 R19 条　对协调标准的正式异议

当成员国或欧委会对 R18 条款提出的协调标准提出正式异议时，则应用 R9 条款。

第 R20 条　指定机构的分支机构和分包

1. 如果指定机构将与合格评定有关的特定任务分包或分给分支机构，要确保分包商或分支机构满足 R17 条款规定的要求并因此通知指定权威机构。

2. 指定机构对分包商或分支机构任务的执行情况负完全责任。

3. 只有经客户同意才可将任务分包或指派给分支机构来执行。

4. 指定机构需保留分包商或分支机构的资格评估及其在……（参照相关立法部分）下执行的工作方面的相关文件以任凭指定权威机构查阅。

第 R21 条　认可的内部机构

1. 认可的内部机构是用来执行为履行附录 II 中模式 A1、A2、C1、C2 规定的程序而承担的合格评定活动的，该机构承担独立且不同的任务，不参与评估产品的设计、生产、供应、安装、使用或维修工作。

2. 认可的内部机构要符合以下条件：

（a）必须是依据 765/2008/EC 条例进行认可的；

（b）认可的内部机构及其人员需有组织身份及所承担任务的报告方法，并确保其公正性，向相关国家认可机构进行证明；

（c）认可的内部机构及其人员都不对评估产品的设计、制造、供应、安装、运行或维修负责，也不参与任何影响到他们评估活动有关的评判独立性和公正性的活动；

（d）认可的内部机构只对其承担的任务提供服务。

3. 认可的内部机构不需被指定给成员国或欧委会，但要将执行任务时或在国家认可机构所获得的有关认可方面的信息，在指定权威机构的要求下提供给该权威机构。

第 R22 条　指定申请

1. 合格评定机构要向成员国的指定权威机构递交一份指定申请。

2. 该申请需随附一份描述合格评定活动、合格评定模式和合格评定机构声明能胜任评定的产品或产品群，还包括国家认可机构签发的用以证实合格评定机构符合……（法案）中 R17 规定要求的认可证书。

3. 在有关合格评定机构不能提供认可证书的情况下，需向指定权威机构提供所有用来证实、承认和例行监督其与 R17 条款规定要求相一致的文件证据。

第 R23 条 指定程序

1. 指定权威机构仅可指定满足 R17 条款规定要求的合格评定机构。

2. 指定权威机构采用欧委会开发和管理的电子指定工具向欧委会和其他成员国进行指定。

3. 指定过程包括详细的合格评定活动、合格评定的模式和相关产品或产品群及相关资质检验。

4. 当指定不是根据 R22（2）条款提及的认可证书进行的，指定权威机构需向欧委会和其他成员国提供证实合格评定机构资质和现行安排的文件证据，以确保该合格评定机构能被定期监督且继续满足 R17 条款规定的要求。

5. 只有当欧委会或其他成员国在有认可证书指定的两周之内或没有认可证书指定的两月之内都未提出异议，有关机构才可执行指定机构的任务。

为了……（法案），只有这类机构被视为指定机构。

6. 欧委会和其他成员国将被告知指定方面随后的任何相关变动。

第 R24 条 标识编号和指定机构清单

1. 欧委会将对指定机构指派一个标识编号。

即使机构是依据多个欧共体法案指定的，欧委会也只指派一个编号。

2. 欧委会将在……（法案）下公布指定机构清单，包括分派给指定机构的标识编号和指定的任务活动。

欧委会需确保清单及时更新。

第 R25 条 指定的变动

1. 当指定权威机构确信或被告知指定机构不再符合 R17 条款规定要求或未履行其义务时，指定权威机构将根据未满足要求或未履行义务的严重程度而适当限制、暂停或撤销指定。指定权威机构将因此立即通知欧委会和其他成员国。

2. 在限制、暂停或撤销指定的情况下，或指定机构停止其活动时，指定成员国将采取适当措施确保指定机构的文档或者由另一指定机构处理或者保存起来以便负责指定和市场监督的机构在其要求下核查。

第 R26 条　对指定机构资质的质疑

1. 当对指定机构的资质或其继续履行相关要求和义务的能力持怀疑态度时，欧委会将进行调查研究。

2. 一经要求，指定成员国将向欧委会提供所有关于指定依据和相关机构资质维持方面的信息。

3. 欧委会保证调查过程中获得的所有敏感信息都会保密。

4. 如果欧委会确信指定机构未满足或不再符合指定要求时，将因此通知指定成员国并要求其采取必要的补救措施，如有必要，包括取消指定机构的指定资格。

第 R27 条　指定机构的运行义务

1. 指定机构将按照……（相关立法部分）规定的合格评定程序进行合格评定。

2. 合格评定应以适当的方式执行，避免对经济运营者造成不必要的负担。合格评定机构将根据承担的任务大小、运行部门及其结构、相关产品技术复杂程度和生产加工的大量性或批次性进行评定。

然而这么做的同时，合格评定机构要尊重产品符合……（法案）条款所要求的严格程度和保护水平。

3. 当发现生产商未满足……（相关立法部分）规定的要求或相应的协调标准或技术规范时，指定机构将要求该生产商采取适当补救措施并不签发合格证书。

4. 在签发证书之后合格监督的过程中，如果指定机构发现产品不再符合要求时，将要求生产商采取适当的补救措施，并如有必要暂停或撤销证书。

5. 如果未采取补救措施或措施未达到规定的效果，指定机构将适当地限制、暂停或撤销任何证书。

第 R28 条　指定机构的信息义务

1. 指定机构要向指定权威机构通告以下信息：

（a）任何证书的拒签、限制、暂停或撤销情况；

（b）任何影响指定的范围和条件情况；

（c）任何从市场监督机构获得的有关合格评定活动的信息要求；

（d）一经请求，在他们指定范围之内执行的合格评定活动和任何其他的活动，包括跨界活动和分包活动。

2. 指定机构要向在……（法案）下执行相似的涉及同样产品合格评定活动的其他指定机构提供负面合格评定结果的相关信息，并一经要求，也提供正面的相关信息。

第 R29 条 经验交流

欧委会将组织负责指定政策的成员国国家机构之间进行经验交流。

第 R30 条 指定机构的协调

欧委会将在……（相关法案或其他共同体立法）下确保指定机构间适当的协调与合作，并以……（部门或跨部门）指定机构组或组群的形式正常运转。

成员国将确保其指定的机构直接地或通过指定代表的方式参与到指定机构组的工作中去。

第 R5 章 保障程序

第 R31 条 国家层面上处理危险产品的程序

1. 当一个成员国的市场监督机构根据 765/2008/EC 条例第 20 条采取行动，或当他们有足够理由相信……（法案）涉及的产品对……（法案）包含的人类健康或安全或其他公共利益保护方面构成危险时，他们将对涉及……（法案）规定要求的相关产品进行评估。相关的经济运营者有必要和市场监督机构进行合作。

在评估过程中，市场监督机构发现产品不符合……（法案）规定要求时，他们将立即根据他们所描述的危险性大小，要求相关经济运营者采取一切合适的补救措施使产品满足要求，在合理期限内撤市或召回产品。

市场监督机构将因此通知相关指定机构。

765/2008/EC 条例第 21 条将适用于第 2 点提及的措施。

2. 市场监督机构认为产品不合格不局限于其国家境内，他们将评估结果和他们要求经济运营者采取的措施通告给欧委会和其他成员国。

3. 经济运营者将确保对共同体市场流通的所有相关产品采取合适的补救措施。

4. 如果相关经济运营者未在第 1 点的第 2 小点提及的期限内采取合适的补救措施，市场监督机构将采取一切适当的条款措施禁止或限制产品在其国内市场流通，将产品撤市或召回。

市场监督机构立即将他们的行动通告给欧委会和其他成员国。

5. 第 4 点提及的信息包括所有可获得的细节，尤其是鉴定产品不合格的必要数据、产品的原产地、所宣称不合格的性质和涉及的危险、采取的国家措施的性质和持续时间及相关经济运营者提出的观点。市场监督机构将特别表明产品不合格原因是以下之一：

（a）产品未满足……（法案）涉及的人类健康或安全或其他公共利益保护方面的有关要求；

或者

（b）作为合格假定的……（参照相关立法部分）参照的协调标准存在缺陷。

6. 启动程序以外的其他成员国立即通告欧委会和其他成员国，他们所采取的任何措施和处理相关不合格产品方面的额外信息，以及不同意该国采取的措施时的异议。

7. 在收到第 4 点提及的信息的一定期限内……（期限需明确），如果成员国或欧委会未对成员国采取的临时措施提出异议，该措施则被视为是合理的。

8. 成员国将确保对相关产品立即采取合适的限制措施（例如将产品撤市）。

第 R32 条 共同体保障程序

1. 如果在 R31（3）、（4）规定的程序执行过程中，有成员国采取的措施遭受异议，或如果欧委会认为某国家措施违背共同体立法时，欧委会将立即咨询成员国和相关经济运营者并对国家措施进行评估。根据评估结果，欧委会将决定该国家措施是否是合理的。

欧委会将向所有成员国宣布决定，并立即与成员国和相关经济运营者就此决定进行交流。

2. 如果国家措施被认为是合理的，所有成员国将采取必要措施确保不合格产品撤市，并为此通告欧委会；如果国家措施被认为是不合理的，有关成员国将取消该措施。

3. 当国家措施被认为不合理且产品不合格是由于参照的协调标准存在不足引起时，欧委会将通知相关欧洲标准化组织并将问题交给 98/34/EC 指令第 5 条设立的委员会。该委员会将咨询相关欧洲标准化组织并立即就此发表意见。

第 R33 条 对健康和安全构成隐患的合格产品

1. 在依据 R31（1）进行评估后，成员国发现尽管产品符合……（法案），但仍对人类健康或安全或公共利益保护方面构成危险时，将要求相关经济运营者采取一切适当的措施确保相关产品投入市场后不再构成这种危险，根据描述的危险性大小，在合理期内将产品撤市或召回。

2. 经济运营者将确保对已在共同体市场流通的所有相关产品采取补救措施。

3. 成员国将立即通告欧委会和其他成员国。这些信息包括所有可获得的细节，尤其是鉴别相关产品的必要数据、产品的原产地和供应链、涉及危险的性质和采取的国家措施的性质和期限。

4. 欧委会将立即向成员国和相关经济运营者咨询并对采取的措施进行评估。根据评估结果欧委会将决定该措施是否是合理的，如有必要，提出合适的措施。

5. 欧委会将向所有成员国宣布决定并立即与他们及相关经济运营者对此决定进行交流。

第 R34 条 形式不符

1. 在不违背 R31 要求情况下，成员国发现以下问题时，将要求相关经济运营者终止相关的不相符行为：

（a）合格标志是在违反 R11 或 R12 要求情况下粘贴的；

（b）未粘贴合格标志；

（c）未拟定 EC 合格声明；

（d）未正确拟定 EC 合格声明；

（e）技术文档不可获得或不完整。

2. 如果产品仍存在第 1 点提及的不相符问题，有关成员国将采取一切适当措施限制或禁止产品在市场上流通，或确保产品召回或撤市。

附 II　合格评定程序

模式 A　内部生产控制

1. 内部生产控制是生产商借以履行第 2、3 和 4 点规定的义务并作为唯一责任人确保和声称相关产品满足适用立法工具要求的合格评定程序。

2. 技术文档

生产商将编制技术文档。文档使评定产品符合相关要求成为可能，且包括对危险充分的分析和评估。技术文档将具体说明适用的要求并尽可能包含与产品评定有关的设计、生产和运行。适当条件下，技术文档将至少包括以下内容：

——产品的一般描述。

——组件、半组装、电路等的概念设计、制造制图和方案。

——理解制造制图和产品方案及运行的必要的描述和解释。

——完全或部分适用的已在《欧盟官方公报》发布的一系列参照协调标准和/或相关技术规范，以及在未应用协调标准情况下对为满足立法工具基本要求而采取的解决方案的说明。在部分应用协调标准情况下，技术文档要具体说明所应用的部分。

——执行设计计算和检测等的结果。

——检测报告。

3. 生产

生产商将采取一切必要措施以使生产加工和监督能确保所生产的产品符合第 2 点提及的技术文档和适用的立法工具要求。

4. 合格标志和合格声明

4.1　生产商将在满足适用立法工具要求的每一产品上粘贴立法工具规定要求的合格标志。

4.2　生产商将对每一产品型号拟定一份书面合格声明，并将其和技术文档一起保存到产品投放市场后十年，以便国家主管随时核查。合格声明能甄别其为之拟定的产品。

合格声明的复本能在相关机构要求时随时提供。

5. 授权代表

第 4 点规定的生产商义务可由其授权代表代替或在其责任范围内履行，只要他们是经委托书指定的。

模式 A1　内部生产控制加监督下产品检测

1. 内部生产控制加监督下产品检测是生产商借以履行第 2、3、4 和 5 点规定的义务并作为唯一责任人确保和声称相关产品满足适用立法工具要求的合格评定程序。

2. 技术文档

生产商将编制技术文档。文档使评定产品符合相关要求成为可能，且包括对危险充分的分析和评估。

技术文档将具体说明适用的要求并尽可能包含与产品评定有关的设计、生产和运行。适当条件下，技术文档将至少包括以下内容：

——产品的一般描述。

——组件、半组装、电路等的概念设计、制造制图和方案。

——理解制造制图和产品方案及运行的必要的描述和解释。

——完全或部分适用的已在《欧盟官方公报》发布的一系列参照协调标准和/或相关技术规范，以及在未应用协调标准情况下对为满足立法工具基本要求而采取的解决方案的说明。在部分应用协调标准情况下，技术文档要具体说明所应用的部分。

——执行设计计算和检测等的结果。

——检测报告。

3. 生产

生产商将采取一切必要措施以使生产加工和监督能确保生产出的产品符合第 2 点提及的技术文档和适用的立法工具要求。

4. 产品检查

对生产的每一产品，为了证实其符合相应的立法工具要求，生产商或其代表将对产品一个或多个具体方面进行一次或多次检测。由生产商选择，检测可由认可的内部机构执行，或由生产商选择的指定机构在其责任范围内进行。

在检测由指定机构执行的情况下，生产商在指定机构责任范围下需在生产加工中粘贴该指定机构的标志编号。

5. 合格标志和合格声明

5.1 生产商将在满足适用立法工具要求的每一产品上粘贴立法工具规定要求的合格标志。

5.2 生产商将对每一产品型号拟定一份书面合格声明，并将其和技术文档一起保存到产品投放市场后十年，以便国家主管随时核查。合格声明能甄别其为之拟定的产品。

合格声明的复本能在相关机构要求时随时提供。

6. 授权代表

第5点规定的生产商义务可由其授权代表代替或在其责任范围内履行，只要他们是经委托书指定的。

模式 A2 内部生产控制加随机监督下产品检查

1. 内部生产控制加随机监督下产品检查是生产商借以履行第2、3、4和5点规定的义务并作为唯一责任人确保和声称相关产品满足适用立法工具要求的合格评定程序。

2. 技术文档

生产商将编制技术文档。文档使评定产品符合相关要求成为可能，且包括对危险充分的分析和评估。

技术文档将具体说明适用的要求并尽可能包含与产品评定有关的设计、生产和运行。适当条件下，技术文档将至少包括以下内容：

——产品的一般描述。

——组件、半组装、电路等的概念设计、制造制图和方案。

——理解制造制图和产品方案及运行的必要的描述和解释。

——完全或部分适用的已在《欧盟官方公报》发布的一系列参照协调标准和/或相关技术规范，以及在未应用协调标准情况下对为满足立法工具基本要求而采取的解决方案的说明。在部分应用协调标准情况下，技术文档要具体说明所应用的部分。

——执行设计计算和检测等的结果。

——检测报告。

3. 生产

生产商将采取一切必要措施以使生产加工和监督能确保生产出的产品符

合第2点提及的技术文档和适用的立法工具要求。

4. 产品检查

由生产商选择，为了证实产品内部检查的质量和考虑产品技术复杂程度和生产质量，认可的内部机构或者由生产商选择的指定机构将进行产品检查或由该机构自行决定对产品进行随机检查。在产品投放市场前，该机构将按照相关协调标准和/或技术规范对由其现场抽取的足够的最终产品样本进行适当的试验和检测，或者检查产品是否符合相关立法工具要求。

为了确保产品合格，接受应用抽样程序目的是确定产品生产加工是否是在可接受的范围内进行的。

在检测由指定机构执行的情况下，生产商在指定机构责任范围内需在生产加工中粘贴该指定机构的标志编号。

5. 合格标志和合格声明

5.1　生产商将在满足适用立法工具要求的每一产品上粘贴立法工具规定要求的合格标志。

5.2　生产商将对每一产品型号拟定一份书面合格声明，并将其和技术文档一起保存到产品投放市场后十年，以便国家主管随时核查。合格声明能甄别其为之拟定的产品。

合格声明的复本能在相关机构要求时随时提供。

6. 授权代表

第5点规定的生产商义务可由其授权代表代替或在其责任范围内履行，只要他们是经委托书指定的。

模式 B　EC 型式试验

1. EC 型式试验是合格评定程序的一部分，指定机构用以试验产品的技术设计并证实和检测产品的技术设计符合适用立法工具要求。

2. EC 型式试验可以下方式进行：

——对样本、设想生产的代表产品、全部产品的试验（生产型）；

——通过对第3点提及的技术文档和支持性证据进行试验以评定产品技术设计的充分性，加上对样本、设想生产的代表产品、全部产品的试验（生产型与设计型相结合）；

——通过检验第 3 点提出的技术文档和支持性的证据对产品技术设计进行充分的评估，而不对样本进行试验（设计型）。

3. 生产商应向其选择的某一指定机构提交一份 EC 型式试验申请书。

申请书包括：

——生产商名称和地址，如果申请书是由生产商授权代表提交的，也包括授权代表的名称和地址。

——一份声称同样申请书未向其他任何指定机构提交过的书面声明。

——技术文档。文档使评定产品符合适用立法工具要求成为可能，且包括对危险充分的分析和评估。技术文档将具体说明适用的要求并尽可能包含与产品评定有关的设计、生产和运行。适当条件下，技术文档将至少包括以下内容：

——产品的一般描述。

——组件、半组装、电路等的概念设计、制造制图和方案。

——理解制造制图和产品方案及运行的必要的描述和解释。

——完全或部分适用的已在《欧盟官方公报》发布的一系列参照协调标准和/或相关技术规范，以及在未应用协调标准情况下对为满足立法工具基本要求而采取的解决方案的说明。在部分应用协调标准情况下，技术文档要具体说明所应用的部分。

——执行设计计算和检测等的结果。

——检测报告。

——代表设想生产的样本。指定机构如需要执行检测项目可进一步要求样本。

——技术设计方案充分性的支持性证据。这份支持性证据指任何使用过的文件，尤其在未完全应用相关协调标准和/或技术规范情况下。这份支持性证据将包括生产商如有需要进行的合适的实验室检验结果，或者由其代表在其责任范围内进行的实验室检验结果。

4. 指定机构将对产品：

4.1　试验技术文档和支持性证据以评估产品技术设计的充分性；

对样本：

4.2　证实样本是按照技术文档生产出来的，鉴定已设计出的内容与相关协调标准和/或技术法规的适用条款相一致，以及鉴定那些未应用相关协调标准条款的内容；

4.3 进行适当的试验和检测以检查生产商在选择应用相关协调标准和/或技术法规方法时执行过程是否正确；

4.4 进行适当的试验和检测以检查在未选择应用相关协调标准和/或技术法规方法时，生产商采用的方法是否满足相应立法工具的基本要求；

4.5 同意生产商进行试验和检测的地点选择。

5. 指定机构将拟定一份记录其根据第4点执行的活动及结果的评估报告。在不影响其对指定权威机构的责任情况下，指定机构只有在生产商同意时公布报告全部或部分内容。

6. 如果型式符合相关产品适用的特定立法工具要求时，指定机构将向生产商签发 EC 型式试验证书。该证书包括生产商的名称和地址、试验结论、有效性条件（如果有的话）及型式鉴定的必要数据。证书可附有一个或多个附录。

证书及其附录将包括所有允许产品符合评估的试验型式和实时监控的相关信息。

如果型式不符合适用立法工具要求时，指定机构将拒绝向生产商签发 EC 型式试验证书，并因此通知申请者其拒签的详细理由。

7. 指定机构将跟踪普遍认可的表明已获得批准的型式不再符合适用立法工具要求的任何前沿变化，并决定这些变化是否需要进一步调查。如果需要，指定机构将因此通知生产商。

生产商将向持有有关 EC 型式试验证书的技术文档的指定机构，通知其对已获批准的型式方面的可能会影响产品与立法工具基本要求的一致性或证书有效性条件的所有改动。这些改动需要原始 EC 型式试验证书以外的另外批准。

8. 每一指定机构都需向其指定权威机构通知有关 EC 型式试验证书和/或其任何续签或撤销的情况，并定期地或一经要求，使指定权威机构能获得一份有关证书和/或任何拒签、吊销或限制情况的清单。

每个指定机构都需向其他指定权威机构通告有关 EC 型式试验证书和/或任何其已拒签、吊销或限制的情况，并一经要求，通知有关证书和/或其续签的情况。

一经要求，欧委会、成员国和其他指定机构可获得一份 EC 型式试验证书和/或续签的复本。一经要求，欧委会和成员国可获得一份技术文档和指定机构试验结果的复本。指定机构将保留一份 EC 型式试验证书及其附录和续签复本，同时保留含有生产商提交的文档的技术档案，直到证书有效期满时为止。

9. 生产商将保留一份 EC 型式试验证书及其附录和续签复本和技术文档到产品投放市场后十年，以便国家主管随时核查。

10. 生产商的授权代表可提交一份第 3 点提及的申请书，履行第 7 和第 9 点规定的义务，只要这些义务是委托书中说明的。

模式 C 基于内部生产控制的符合型式检验

1. 基于内部生产控制的符合型式检验是合格评定程序的一部分，生产商借以履行第 2 和第 3 点规定的义务，并确保和声明相关产品符合 EC 型式试验证书所描述的型式且满足适用的立法工具要求。

2. 生产

生产商将采取一切必要措施使生产加工和监督能保证产品符合 EC 型式试验证书所描述的型式和适用的立法工具要求。

3. 合格标志和合格声明

3.1 生产商将在每个符合 EC 型式试验证书所描述的型式且满足适用的立法工具要求的产品上粘贴立法工具规定的合格标志。

3.2 生产商将对每一产品型号拟定一份书面合格声明，并将其和技术文档一起保存到产品投放市场后十年，以便国家主管随时核查。合格声明能甄别其为之拟定的产品。

合格声明的复本能在相关机构要求时随时提供。

4. 授权代表

第 3 点规定的生产商义务可由其授权代表代替或在其责任范围内履行，只要他们是经委托书指定的。

模式 C1 基于内部生产控制加监督下产品检测的符合型式检验

1. 基于内部生产控制加监督下产品检测的符合型式检验是合格评定程序的一部分，生产商借以履行第 2、第 3 和第 4 点规定的义务，并作为唯一责任人确保和声明相关产品符合 EC 型式试验证书所描述的型式和满足适用的立法工具要求。

2. 生产

生产商将采取一切必要措施使生产加工和监督能保证产品符合 EC 型式试验证书所描述的型式和适用的立法工具要求。

3. 产品检查

对生产的每一产品，为了证实其符合相应的立法工具要求，生产商或其代表将对产品一个或多个具体方面进行一次或多次检测。由生产商选择，检测可由认可的内部机构执行，或由生产商选择的指定机构在其责任范围内进行。

在检测由指定机构执行的情况下，生产商在指定机构责任范围内需在生产加工中粘贴该指定机构的标志编号。

4. 合格标志和合格声明

4.1　生产商将在每个符合 EC 型式试验证书所描述的型式和满足适用的立法工具要求的产品上粘贴立法工具规定的合格标志。

4.2　生产商将对每一产品型号拟定一份书面合格声明，并将其和技术文档一起保存到产品投放市场后十年，以便国家主管随时核查。合格声明能甄别其为之拟定的产品。

合格声明的复本能在相关机构要求时随时提供。

5. 授权代表

第 4 点规定的生产商义务可由其授权代表代替或在其责任范围内履行，只要他们是经委托书指定的。

模式 C2　基于内部生产控制加随机监督下产品检查的符合型式检验

1. 基于内部生产控制加随机监督下产品检查的符合型式检验是合格评定程序的一部分，生产商借以履行第 2、第 3 和第 4 点规定的义务，并作为唯一责任人确保和声明相关产品符合 EC 型式试验证书所描述的型式且满足适用的立法工具要求。

2. 生产

生产商将采取一切必要措施使生产加工和监督能保证产品符合 EC 型式试验证书所描述的型式和适用的立法工具要求。

3. 生产检查

由生产商选择，为了证实产品内部检查的质量和考虑产品技术复杂程度和生产质量，认可的内部机构或者由生产商选择的指定机构将进行产品检查或由该机构自行决定对产品进行随机检查。在产品投放市场前，该机构将按照相关协调标准和/或技术规范对由其现场抽取的足够的最终产品样本进行适当的试验和检测，或者检查产品是否符合相关立法工具要求。如果样品不符合可接受的质量水平，该机构将采取适当的措施。

为了确保产品合格，接受应用抽样程序的目的是确定产品生产过程是否是在可接受的范围内进行的。

在检测由指定机构执行的情况下，生产商在指定机构责任范围内需在生产加工中粘贴该指定机构的标志编号。

4. 合格标志和合格声明

4.1 生产商将在每个符合 EC 型式试验证书所描述的型号且满足适用的立法工具要求的产品上粘贴立法工具规定的合格标志。

4.2 生产商将对每一产品型号拟定一份书面合格声明，并将其和技术文档一起保存到产品投放市场后十年，以便国家主管随时核查。合格声明能甄别其为之拟定的产品。

合格声明的复本能在相关机构要求时随时提供。

5. 授权代表

第 4 点规定的生产商义务可由其授权代表代替或在其责任范围内履行，只要他们是经委托书指定的。

模式 D 基于生产过程质量保障的符合型式检验

1. 基于生产过程质量保障的符合型式检验是合格评定程序的一部分，生产商借以履行第 2 和第 5 点规定的义务，并作为唯一责任人确保和声明相关产品符合 EC 型式试验证书所描述的型号且满足适用的立法工具要求。

2. 生产

正如第 3 点指明的，生产商将运行已获批准的为生产、最终产品检查和相关产品检测的质量体系，并服从第 4 点说明的监督。

3. 质量体系

3.1 生产商将向其选择的指定机构提交一份相关产品质量体系评定的

申请书。

申请书将包括：

——生产商名称和地址，如果申请书是由授权代表提交的，也包括授权代表的名称和地址；

——一份声称同样申请书未向其他任何指定机构提交过的书面声明；

——所有设想产品种类的相关信息；

——有关质量体系的文档；

——已获批准的型式的技术文档和一份 EC 型式试验证书的复本。

3.2　质量体系确保产品符合 EC 型式试验证书所描述的型式且满足适用的立法工具要求。

生产商采用的所有内容、要求和条款将系统有序地以书面政策、程序和指南的形式缮制文档。质量体系文档将给出对质量项目、计划、手册和记录一致的解释。

质量体系文档尤其包括对以下内容的充分描述：

——质量目标和组织结构，有关产品质量的管理责任和权力；

——相应的生产、质量控制和质量保障技术、将采用的加工和系统性措施；

——生产前、生产中和生产后执行的试验和检测，及其执行频率；

——质量记录，如检查报告和检测数据、校准数据、相关人员的资质报告等；

——监督产品质量达到要求和质量体系有效运行的方法。

3.3　指定机构将对质量体系进行评估以决定其是否满足 3.2 提及的要求。

指定机构将假定那些质量体系内容方面的要求满足实施相关协调标准和/或技术规范的相应国家标准规范。

除了具有质量管理体系的经验，审计组至少还要有一名具有相关产品领域和相关产品技术方面评估经验的人才，并了解适用的立法工具要求。审计过程包括对生产商厂房的参观评估。审计组将评审 3.1 中提及的技术文档来证实生产商鉴定相关立法工具要求和执行必要试验的能力以确保产品符合那些要求。

这项决定将通知给生产商。通知的内容将包括审计结论和推定的评定决定。

3.4 生产商着手履行已获批准的质量体系产生的义务并维系质量体系以使其充分且有效。

3.5 生产商将始终通知批准质量体系的指定机构有关质量体系的任何意向变动。

指定机构将对任何建议的变动进行评估并决定修改的质量体系是否继续满足 3.2 提及的要求或是否需要重新评定。

指定机构将其决定通知给生产商。通知的内容将包括试验结论和推定的评定决定。

4. 指定机构责任下的监督

4.1 监督的目的是确保生产商如期履行已获批准的质量体系产生的义务。

4.2 生产商为了评定目的将允许指定机构造访生产、检查、检测和仓储地点，并向其提供所有必要信息，尤其是：

——质量体系文档；

——质量报告，如检查报告和检测数据、校准数据、相关人员的资质报告等。

4.3 指定机构将进行定期审计以确保生产商维系并应用质量体系，向生产商提供一份审计报告。

4.4 此外，指定机构可不定期地拜访生产商。在访问期间，指定机构如有必要可进行产品检测以证实质量体系正确运行。指定机构将向生产商提供一份访问报告，进行检测时还需要提供一份检测报告。

5. 合格标志和合格声明

5.1 生产商将在符合 EC 型式试验证书所描述的型号且满足适用立法工具要求的每个产品上，粘贴立法工具规定的合格标志，并在 3.1 提及的指定机构的责任下粘贴指定机构的标识编号。

5.2 生产商将对每一产品型号拟定一份书面合格声明，并将其和技术文档一起保存到产品投放市场后十年，以便国家主管随时核查。合格声明能甄别其为之拟定的产品。

合格声明的复本能在相关机构要求时随时提供。

6. 生产商将保留以下文件到产品投放市场十年为止，以便国家主管随时核查。

——3.1 提及的文档；

——3.5 提及的经批准的变更；

——3.5、4.3、4.4 提及的指定机构的决定和报告。

7. 每一指定机构都要向其指定权威机构通知签发或撤销的质量体系批准情况，并定期或一经要求，使其指定权威机构能获得拒签、吊销或限制的质量体系批准情况的清单。

每一指定机构都要向其他指定机构通知其拒签、吊销、撤销或限制的质量体系批准情况，并一经要求通知其已签发的质量体系批准情况。

8. 授权代表

3.1、3.5 和第 5、第 6 点规定的生产商义务可由其授权代表代替或在其责任范围内履行，只要他们是经委托书指定的。

模式 D1　生产过程的质量保障

1. 生产过程的质量保障是生产商借以履行第 2、第 4 和第 7 点规定的义务并作为唯一责任人确保和声称相关产品满足适用立法工具要求的合格评定程序。

2. 技术文档

生产商将编制技术文档。文档使评定产品符合相关要求成为可能，且包括对危险充分的分析和评估。技术文档将具体说明适用的要求并尽可能包含与产品评定有关的设计、生产和运行。适当条件下，技术文档将至少包括以下内容：

——产品的一般描述。

——组件、半组装、电路等的概念设计、制造制图和方案。

——理解制造制图和产品方案及运行的必要的描述和解释。

——完全或部分适用的已在《欧盟官方公报》发布的一系列参照协调标准和/或相关技术规范，以及在未应用协调标准情况下对为满足立法工具基本要求而采取的解决方案的说明。在部分应用协调标准情况下，技术文档要具体说明所应用的部分。

——执行设计计算和检测等的结果。

——检测报告。

3. 生产商将保留技术文档到产品投放市场十年，以便国家主管随时核查。

4. 生产

正如第 5 点指明的，生产商将运行已获批准的为生产、最终产品检查和有关产品检测的质量体系，并服从第 6 点说明的监督。

5. 质量体系

5.1 生产商将向其选择的指定机构提交一份有关产品质量体系评定的申请书。

申请书将包括：

——生产商名称和地址，如果申请书是由授权代表提交的，也包括授权代表的名称和地址；

——一份声称同样申请书未向其他任何指定机构提交过的书面声明；

——所有设想产品种类的相关信息；

——有关质量体系的文档；

——第 2 点提及的技术文档。

5.2 质量体系要确保产品符合适用的立法工具要求。

生产商采用的所有内容、要求和条款将系统有序地以书面政策、程序和指南的形式缮制文档。质量体系文档将给出对质量项目、计划、手册和记录一致的解释。

质量体系文档尤其包括对以下内容的充分描述：

——质量目标和组织结构，有关产品质量的管理责任和权力；

——相应的生产、质量控制和质量保障技术、将采用的加工和系统性措施；

——生产前、生产中和生产后执行的试验和检测，及其执行的频率；

——质量记录，如检查报告和检测数据、校准数据、相关人员的资质报告等；

——监督产品质量达到要求和质量体系有效运行的方法。

5.3　指定机构将对质量体系进行评估以决定其是否满足 5.2 提及的要求。

指定机构将假定那些质量体系内容方面的要求满足实施相关协调标准和/或技术规范的相应国家标准规范。

除了具有质量管理体系的经验，审计组至少还要有一名具有相关产品领域和有关产品技术方面评估经验的人才，并了解适用的立法工具要求。审计过程包括对生产商厂房的参观评估。审计组将评审第 2 点提及的技术文档来证实生产商鉴定相关立法工具要求和执行必要试验的能力以确保产品符合那些要求。

这项决定将通知给生产商。通知的内容将包括审计结论和推定的评定决定。

5.4　生产商着手执行已获批准的质量体系产生的义务并维系质量体系以使其充分且有效。

5.5　生产商将始终通知批准质量体系的指定机构有关质量体系的任何意向变动。

指定机构将对任何建议的变动进行评估并决定修改的质量体系是否继续满足 5.2 提及的要求或是否需要重新评定。

指定机构将其决定通知给生产商。通知的内容将包括检验结论和推定的评定决定。

6. 指定机构责任下的监督

6.1　监督的目的是确保生产商如期履行已获批准的质量体系产生的义务。

6.2　生产商为了评定目的将允许指定机构造访生产、检查、检测和仓储地点，并向其提供所有必要信息，尤其是：

——质量体系文档；

——第 2 点提及的技术文档；

——质量报告，如检查报告和检测数据、校准数据、相关人员的资质报告等。

6.3　指定机构将进行定期审计以确保生产商保留并应用质量体系，向生产商提供一份审计报告。

6.4　此外，指定机构可不定期地拜访生产商。在访问期间，指定机构如有必要可进行产品检测以证实质量体系正确运行。指定机构将向生产商提供一份访问报告，进行检测时还需提供一份检测报告。

7. 合格标志和合格声明

7.1　生产商将在满足适用立法工具要求的每个产品上粘贴立法工具规定的合格标志，并在5.1提及的指定机构责任下粘贴指定机构的标识编号。

7.2　生产商将对每一产品型号拟定一份书面合格声明，并将其和技术文档一起保存到产品投放市场后十年，以便国家主管随时核查。合格声明能甄别其为之拟定的产品。

合格声明的复本能在相关机构要求时随时提供。

8. 生产商将保留以下文件到产品投放市场十年为止，以便国家主管随时核查。

——5.1提及的文件；

——5.5提及的经批准的变更；

——5.3、6.3、6.4提及的指定机构的决定和报告。

9. 每一指定机构都要向其指定权威机构通知签发或撤销的质量体系批准情况，并定期或一经要求，使其指定权威机构能获得拒签、吊销或限制的质量体系批准情况的清单。

每一指定机构都要向其他指定机构通知其拒签、吊销、撤销或限制的质量体系批准情况，并一经要求通知已签发的质量体系批准情况。

10. 授权代表

5.1、5.5和第7、第8点规定的生产商义务可由其授权代表代替或在其责任范围内履行，只要他们是经委托书指定的。

模式E：基于产品质量保障的型式合格检验

1. 基于产品质量保障的型式合格检验是生产商借以履行第2和第5点中规定的义务，并作为唯一责任人确保和声明相关产品符合EC型式试验证书中描述的类型并满足适用立法工具要求的合格评定程序。

2. 生产

正如第3点指明的，生产商将运行已获批准的为最终产品检查和相关产品检测的质量体系，并服从第 4 点说明的监督。

3. 质量体系

3.1　生产商将向其选择的指定机构提交一份相关产品质量体系评定的申请书。

申请书应包括：

——生产商名称和地址，如果申请书是由授权代表提交的，也包括授权代表的名称和地址；

——一份声称同样申请书未向其他任何指定机构提交过的书面声明；

——所有设想产品种类的相关信息；

——有关质量体系的文档；

——已获批准的型式的技术文档和一份 EC 型式试验证书的复本。

3.2　质量体系应确保其相关产品与 EC 型式试验证书中描述的类型一致并符合适用立法工具的要求。

生产商采用的所有内容、要求和条款应以书面政策、程序、指南形式系统、有序地记录。质量体系文档应许可质量方案、计划、手册和记录的一致性解释。

质量体系文档应特别含有对以下内容的充分说明：

——相关产品的质量目标和管理层的组织结构、职责和权利；

——在生产后进行的试验和检测；

——质量记录，比如检验报告、检测数据、校准资料和相关人员的资质报告等；

——监控质量体系有效运行的方法。

3.3　指定机构应对质量体系进行评定以决定其是否满足 3.2 提及的要求。

质量体系内容符合相关协调标准和/或技术规范的相应国家标准规范，则应假定符合那些要求。

除了具有质量管理体系的经验，审计组至少还要有一名具有相关产品领域和相关产品技术方面评估经验的人才，并了解适用的立法工具要求。审计过程包括对生产商厂房的参观评估。审计组将评审 3.1 中提及的技术文档来证实生产商鉴定相关立法工具要求和执行必要试验的能力以确保产品符合那些要求。

指定机构应将评定决定通知生产商，通知应包括评审结论和推定的评定决定。

3.4　生产商着手履行已获批准的质量体系产生的义务并维系质量体系以使其充分且有效。

3.5　生产商应始终通知批准质量体系的指定机构有关体系任何的变更意向。

指定机构将对所有修改意见进行评定，并决定修改后的质量体系是否仍满足3.2提及的要求或是否有必要进行重新评定。

指定机构应将评定决定通知生产商，通知应包括试验结论和推定的评定决定。

4. 指定机构责任下的监督

4.1　监督的目的是确保生产商如期履行经批准的质量体系产生的义务。

4.2　为了评定目的，生产商应允许指定机构造访生产、检验、检测和仓储地点，并提供所有必要信息，特别是：

——质量体系文档；

——质量记录，比如检验报告、检测数据、校准数据、相关人员资质报告等。

4.3　指定机构应该进行定期审计以确保生产商保持和履行质量体系，并应将审计报告提供给生产商。

4.4　另外，指定机构可以对生产商进行不定期造访。必要时，在造访中指定机构可以进行产品检测或由公共机构对产品进行检测以证实质量体系正常运转。指定机构将向生产商提供一份访问报告，如进行检测，还需提供一份检测报告。

5. 合格标志和合格声明

5.1　生产商将在符合EC型式试验证书所描述的类型和满足适用立法工具要求的每个产品上，粘贴立法工具规定的合格标志，并在3.1提及的指定机构的责任下粘贴指定机构的标识编号。

5.2　生产商应起草一份书面声明，声明每一产品型号的质量合格并且该产品投入市场 10 年内接受国家主管部门随时核查。该合格声明能鉴别拟定的产品型号。

一经要求，应向有关的主管机构提供该合格声明的复本。

6. 在产品投入市场至少 10 年期限内，生产商应接受国家主管部门的随时核查。

——3.1 中提及的文档；

——3.5 中提及的经批准的变更；

——3.5、4.3 和 4.4 提及的指定机构的决定和报告。

7. 每一指定机构都要向其指定权威机构通知签发或撤销的质量体系批准情况，并定期或要求下，使其指定机构能获得拒签、吊销或限制的质量体系批准情况的清单。

每一指定机构都要向其他指定机构通知其拒签、吊销、撤销质量体系批准情况，并一经要求通知已签发的质量体系批准情况。

8. 授权代表

3.1、3.5 和第 5、第 6 点规定的生产商的义务可以通过授权代表以其名义在其责任范围内履行，只要委托书中已明确规定。

模式 E1　最终产品检验和检测的质量保障

1. 最终产品检验和检测的质量保障是生产商借以履行第 2、第 4 和第 7 点中规定的义务，并作为唯一责任人确保和声明其相关产品满足适用立法工具要求的合格评定程序。

2. 技术文档

生产商将编制技术文档。该文档使评定产品是否符合有关规定成为可能，包括适当的风险分析和评定。技术文档应详述适用的规定，涵盖与评定相关的产品的设计、制造和运行。适当条件下，技术文档应包含至少以下要素：

——产品的一般描述。

——概念设计和组件、半组装、电路等制造图纸和方案等。

——理解制造图纸、方案和运行的必要描述和解释。

——部分或全部适用的欧盟官方公告发布的一系列参照协调标准和/或相关技术规范，以及在没有应用协调标准情况下对为满足立法工具基本要求而采取的解决方案的说明。在部分应用协调标准时，技术文档要具体说明所应用的部分。

——进行设计计算和试验等的结果。

——检测报告。

3. 生产商将保留技术文档到产品投入市场至少十年期限内，生产商应接受国家主管部门的随时核查。

4. 生产

正如第5点指明的，生产商将运行已获批准的为最终产品检查和相关产品检测的质量体系，并服从第6点说明的监督。

5. 质量体系

5.1 生产商将向其选择的指定机构提交一份相关产品质量体系评定的申请书。

申请书应包括：

——生产商名称和地址，如果申请书是由授权代表提交的，也包括授权代表的名称和地址；

——一份声称同样申请书未向其他任何指定机构提交过的书面声明；

——所有设想产品种类的相关信息；

——有关质量体系的文档；

——第2点提及的技术文档。

5.2 质量体系应确保其相关产品符合适用立法工具的要求。

生产商采用的所有内容、要求和条款应以书面政策、程序、指南形式系统、有序地记录。质量体系文档应许可质量方案、计划、手册和记录的一致性解释。

质量体系文档应特别含有对以下内容的充分说明：

——相关产品的质量目标和管理层的组织结构、职责和权力；

——在生产后进行的试验和检测；

——质量记录，比如检验报告、检测数据、校准资料和相关人员的资质报告等；

——监控质量体系有效运行的方法。

5.3 指定机构应对质量体系进行评定以决定其是否满足5.2提及的

要求。

质量体系内容符合执行相关协调标准和/或技术规范的相应国家标准规范，则应假定符合那些要求。

除了具有质量管理体系的经验，审计组至少还要有一名具有相关产品领域和相关产品技术方面评估经验的人才，并了解适用的立法工具要求。审计过程包括对生产商厂房的参观评估。审计组将评审第 2 点提及的技术文档来证实生产商鉴定相关立法工具要求和执行必要试验的能力以确保产品符合那些要求。

指定机构应将评定决定通知生产商，通知应包括评审结论和推定的评定决定。

5.4　生产商着手履行已获批准的质量体系产生的义务并维系质量体系以使其充分且有效。

5.5　生产商应始终通知批准质量体系的指定机构有关体系任何变更的意向。

指定机构将对所有修改意见进行评定，并决定修改后的质量体系是否仍满足 5.2 提及的要求和是否有必要进行重新评定。

指定机构应将评定决定通知生产商，通知应包括试验结论和推定的评定决定。

6. 指定机构责任下的监督

6.1　监督的目的是确保生产商如期履行经批准的质量体系产生的义务。

6.2　为了评定目的，生产商应允许指定机构造访生产、检验、检测和仓储地点，并提供所有必要信息，特别是：

——质量体系文档；

——第 2 点中提及的技术文档；

——质量记录，比如检验报告、检测数据、校准数据、相关人员资质报告等。

6.3　指定机构应该进行定期审计以确保生产商保持和履行质量体系，并应将审计报告提供给生产商。

6.4　另外，指定机构可以对生产商进行不定期造访。必要时，在造访中指定机构可以进行产品检测或由公共机构对产品进行检测以证实质量体系正常运转。指定机构将向生产商提供一份访问报告，如进行检测，还需提供一份检测报告。

7. 合格标志和合格声明

7.1　生产商将在满足适用立法工具要求的每个产品上，粘贴立法工具规定的合格标志，并在3.1提及的指定机构的责任下粘贴指定机构的标识编号。

7.2　生产商应起草一份书面声明，声明每一产品型号的质量合格并且该产品投入市场10年内接受国家当局随时核查。该合格声明能鉴别拟定的产品型号。

一经要求，应向有关的主管机构提供该合格声明的复本。

8. 在产品投入市场至少10年期限内，生产商应接受国家主管部门的随时核查。

—5.1中提及的文档；

—5.5中提及的经批准的变更；

—5.5、6.3和6.4提及的指定机构的决定和报告。

9. 每一指定机构都要向其指定权威机构通知签发或撤销的质量体系批准情况，并定期或要求下，使其指定机构能获得拒签、吊销或限制的质量体系批准情况的清单。

每一指定机构都要向其他指定机构通知其拒签、吊销、撤销质量体系批准情况，并一经要求通知已签发的质量体系批准情况。

10. 授权代表

5.1、5.5、第3、第7和第8点规定的生产商的义务可以通过授权代表以其名义在其责任范围内履行，只要委托书中已明确规定。

模式F：基于产品认证的型式合格检验

1. 基于产品认证的型式合格检验是合格评定程序的一部分，生产商借以履行5.1和第2、第6点中规定的义务，并作为唯一责任人确保和声明服从第3点条款的相关产品符合EC型式试验证书中描述的类型并满足适用立法工具要求。

2. 生产

生产商将采取一切必要措施使生产过程及其监控可以确保生产产品符合

EC 型式试验证书中描述的类型并满足适用立法工具的要求。

3. 认证

由生产商选定的指定机构，将会进行适当的试验和检测，以此来检查产品是否符合 EC 型式试验证书中描述的类型以及适用立法工具的要求。

由生产商选择与适用要求相符的产品的试验和检测，或者根据第 4 点指定的对于每一产品的试验和检测，或者根据第 5 点指定的基于统计资料对产品进行的试验和检测。

4. 通过试验和检测的每一产品的合格认证

4.1　所有产品应该被单独试验，并且要在相关协调标准和/或技术规范下执行适当的试验，或者是等效检测。以检查产品是否符合 EC 型式试验证书中描述的批准类型和适用立法工具的要求。在缺少这种协调标准的情况下，相关的指定机构会决定采取合适的检测手段。

4.2　指定机构应为通过了试验和检测的产品签发合格证书，并应为每个批准的产品贴上识别号码，或者在其责任范围内加贴标签。

生产商应该在产品投放市场之后将合格证书存放 10 年，以便使国家主管部门随时核查。

5. 合格认证统计

5.1　生产商应该采取一切必要措施，使生产过程及其监控可以确保每批产品的同质性，并且为自己的产品提供同质证明。

5.2　应该根据立法工具的要求从每批获取一个随机样本。样本中的所有产品都应该被单独试验，并在相关的协调标准和/或技术规范下进行合适检测，或者是等效检测，以确保产品符合立法工具中的适用要求，也可以决定是否接受或拒绝该批产品。在缺少这种协调标准的情况下，相关的指定机构会决定采取合适的检测手段。

5.3　如果一批产品被接受，这批的所有产品都被视为核准，除非那些在样本检测中不合格的产品。

指定机构应该为通过了试验和检测的产品签发合格证书，并应为每个批准的产品贴上识别号码，或者在其责任范围内加贴标签。

生产商应该在产品投放市场之后将合格证书存放 10 年，以便使国家主管部门随时核查。

5.4 如果一批产品被拒绝，指定机构或者主管部门应该采取适当的措施来防止该批产品被投放市场。在该批产品频繁遭受拒签的情况下，指定机构可能会暂停统计认证，并采取适当措施。

6. 合格标志和合格声明

6.1 生产商将在符合 EC 型式试验证书所描述的批准类型和满足立法工具适用要求的每个产品上，粘贴立法工具规定的合格标志，并在 3.1 提及的指定机构的责任下粘贴指定机构的标识编号。

6.2 生产商应起草一份书面声明，声明每一产品型号的质量合格并且该产品投入市场 10 年内接受国家主管部门随时核查。该合格声明能鉴别拟定的产品型号。

一经要求，应向有关的主管机构提供该合格声明的复本。

如果第 3 点所述的指定机构同意并在其职责范围内，生产商可以在产品上粘贴指定机构的标识编号。

7. 如果指定机构同意并在其责任范围内，生产商可以在生产的过程中将指定机构的标识编号粘贴在产品上。

8. 授权代表

生产商的义务可以通过授权代表以其名义在其责任范围内履行，条件是委托书中明确指定。授权代表可能不会完成在第 2 点和 5.1 中规定的生产商的义务。

模式 F1：基于产品认证的合格评定

1. 基于产品认证的合格评定是生产商借以履行第 2、第 3、第 6.1 和 7 点中规定的义务，并作为唯一责任人确保和声明服从第 4 点条款的相关产品满足适用立法工具要求的合格评定程序。

2. 技术文档

生产商将编制技术文档。该文档使评定产品是否符合有关规定成为可能，包括适当的风险分析和评定。技术文档应详述适用的规定，涵盖与评定产品相关的设计、制造和运行。适当条件下，技术文档应包含至少以下要素：

——产品的一般描述。

——概念设计和组件、半组装、电路等制造图纸和方案等。

——理解制造图纸、方案和运行的必要描述和解释。

——部分或全部适用的欧盟官方公告发布的一系列参照协调标准和/或相关技术规范，以及在没有应用协调标准情况下对为满足立法工具基本要求而采取的解决方案的说明。在部分应用协调标准时，技术文档要具体说明所应用的部分。

——进行设计计算和试验等的结果。

——检测报告。

生产商将保留技术文档到产品投入市场至少 10 年期限内，生产商应接受国家主管部门的随时核查。

3. 生产

生产商将采取一切必要措施使生产过程及其监控可以确保生产产品满足适用立法工具的要求。

4. 认证

由生产商选定的指定机构，将会进行适当的试验和检测，以此来检查产品是否符合立法工具中适用的要求。

由生产商选择与适当要求相符的产品的试验和检测，或者根据第 4 点指定的对于每一产品的试验和检测，或者根据第 5 点指定的基于统计资料对产品进行的试验和检测。

5. 通过试验和检测的每一产品的合格认证

5.1 所有产品应该被单独试验，并且要在相关协调标准和/或技术规范下执行适当的试验，或者是等效检测。以检查产品是否符合适用立法工具的要求。在缺少这种协调标准的情况下，相关的指定机构会决定采取合适的检测手段。

5.2 指定机构应为通过了试验和检测的产品签发合格证书，并应为每个批准的产品贴上识别号码，或者在其责任范围内加贴标签。

生产商应该在产品投放市场之后将合格证书存放 10 年，以便使国家主管部门随时核查。

6. 合格认证统计

6.1 生产商应该采取一切必要措施，使生产过程确保每批产品的同质性，并且为自己的产品提供同质证明。

6.2　应该根据立法工具的要求从每批获取一个随机样本。样本中的所有产品都应该被单独试验，并在相关的协调标准和/或技术规范下进行合适检测，或者是等效检测，以确保产品符合立法工具中的适用要求，也可以决定是否接受或拒绝该批产品。在缺少这种协调标准的情况下，相关的指定机构会决定采取合适的检测手段。

6.3　如果一批产品被接受，这批的所有产品都被视为核准，除非那些在样本检测中不合格的产品。

指定机构应该为通过了试验和检测的产品签发合格证书，并应该为每个批准的产品贴上识别号码，或者在其责任范围内加贴标签。

生产商应该在产品投放市场之后将合格证书存放 10 年，以便使国家主管部门随时核查。

如果一批产品被拒绝，指定机构应采取适当的措施来防止该批产品被投放市场。在该批产品频繁遭受拒签的情况下，指定机构可能会暂停统计认证，并采取适当措施。

7. 合格标志和合格声明

7.1　生产商将在满足立法工具适用要求的每个产品上，粘贴立法工具规定的合格标志，并在第 4 点提及的指定机构的责任下粘贴指定机构的标识编号。

7.2　生产商应起草一份书面声明，声明每一产品型号的质量合格并且该产品投入市场 10 年内接受国家当局处置。该合格声明能对已订制的产品型号进行识别。

一经要求，应向有关的主管机构提供该合格声明的复本。

如果在第 5 点所述的指定机构同意并在其职责范围内，生产商可以在产品上粘贴指定机构的标识编号。

8. 如果指定机构同意并在其责任范围内，生产商在生产的过程中将指定机构的标识编号粘贴在产品上。

9. 授权代表

生产商的义务可以通过授权代表以其名义在其责任范围内履行，条件是委托书中明确指定。授权代表可能不会完成在第 3 点和 6.1 中规定的生产商的义务。

模式 G：基于单件认证的合格评定

1. 基于单件认证的合格评定是生产商借以履行第 2、第 3 和第 5 点中规定的义务，并作为唯一责任人确保和声明服从第 4 点条款的相关产品满足适用立法工具要求的合格评定程序。

2. 技术文档

生产商将编制技术文档，并提供给第 4 点提及的指定机构。该文档使评定产品是否符合有关规定成为可能，包括适当的风险分析和评定。技术文档应详述适用的规定，涵盖与评定相关的产品的设计、制造和运行。适当条件下，技术文档应包含至少以下要素：

——产品的一般描述。

——概念设计和组件、半组装、电路等制造图纸和方案等。

——理解制造图纸、方案和运行的必要描述和解释。

——部分或全部适用的欧盟官方公告发布的一系列参照协调标准和/或相关技术规范，以及在没有应用协调标准情况下对为满足立法工具基本要求而采取的解决方案的说明。在部分应用协调标准时，技术文档要具体说明所应用的部分。

——进行设计计算和试验等的结果。

——检测报告。

生产商将保留技术文档到产品投入市场至少 10 年期限内，生产商应接受国家主管部门的随时核查。

3. 生产

生产商将采取一切必要措施使生产过程及其监控可以确保生产产品满足适用立法工具的要求。

4. 认证

由生产商选定的指定机构，将会采取相关的协调标准和/或技术法规或等效检测来进行适当的试验和检测，以此来检查产品是否符合立法工具中的适用要求，或者执行这些要求。在协调标准和/或技术规范缺乏时，相关指定机构应决定开展适当的检测。

指定机构应为通过了试验和检测的产品签发合格证书，并应为每个批准的产品贴上识别号码，或者在其责任范围内加贴标签。

生产商应该在产品投放市场之后将合格证书存放 10 年，以便使国家主管部门随时核查。

5. 合格标志和合格声明

5.1 生产商将在满足立法工具适用要求的每个产品上，粘贴立法工具规定的合格标志，并在第 4 点提出的指定机构的责任下粘贴指定机构的标识编号。

5.2 生产商应起草一份书面声明，声明每一产品型号的质量合格并且该产品投入市场 10 年内接受国家主管部门随时核查。该合格声明能鉴别拟定的产品型号。

一经要求，应向有关的主管机构提供该合格声明的复本。

6. 授权代表

第 2 和第 5 点规定的生产商的义务可以通过授权代表以其名义在其责任范围内履行，只要委托书中已明确规定。

模式 H：基于全面质量保障的合格评定

1. 基于全面质量保障的合格评定是生产商借以履行第 2 和第 5 点中规定的义务，并作为唯一责任人确保和声明其相关产品满足适用立法工具要求的合格评定程序。

2. 生产

正如第 3 点指明的，生产商将运行已获批准的为设计、生产、最终产品检查和相关产品检测的质量体系，并服从第 4 点说明的监督。

3. 质量体系

3.1 生产商将向其选择的指定机构提交一份相关产品质量体系评定的申请书。

申请书应包括：

——生产商名称和地址，如果申请书是由授权代表提交的，也包括授权代表的名称和地址；

——对打算生产的产品类别每一型号的技术文档。此技术文档在适用的情况下，至少应包含以下内容：

——产品的一般描述。

——概念设计和组件、半组装、电路等制造图纸和方案等。

——理解制造图纸、方案和运行的必要描述和解释。

——部分或全部适用的欧盟官方公告发布的一系列参照协调标准和/或相关技术规范，以及在没有应用协调标准情况下对为满足立法工具基本要求而采取的解决方案的说明。在部分应用协调标准时，技术文档要具体说明所应用的部分。

——进行设计计算和检测等的结果。

——检测报告。

——有关质量体系的文档。

——一份未向其他指定机构提出相同的申请的书面声明。

3.2　质量体系应确保其相关产品符合适用立法工具的要求。

生产商采用的所有内容、要求和条款应以书面政策、程序、指南形式系统、有序地记录。质量体系文档应许可质量方案、计划、手册和记录的一致性解释。

质量体系文档应特别含有对以下内容的充分说明：

——相关产品的质量目标和管理层的组织结构、职责和权利；

——技术设计规范，包括将应用的标准及在未完全应用相关协调标准和/或技术规范情况下用以确保产品满足适用立法工具的基本要求的方法；

——在设计产品类别涵盖的产品时用到的设计控制和设计认证技术、工序和系统性活动；

——将使用到的相应的生产、质量控制和质量保证技术、流程和系统性活动；

——生产前、生产中和生产后执行的试验和检测，以及试验和检测的频率；

——质量记录，如检验报告和检测数据、校准数据、相关人员的资质报告等；

——监控产品达到要求的设计和质量以及质量体系有效运行的手段。

3.3　指定机构应对质量体系进行评定以决定其是否满足3.2. 提及的要求。

质量体系内容符合执行相关协调标准和/或技术规范的相应国家标准规范，则应假定符合那些要求。

除了具有质量管理体系的经验，审计组至少还要有一名具有相关产品领域和相关产品技术方面评估经验的人才，并了解适用的立法工具要求。审计过程包括对生产商厂房的参观评估。审计组将评审 3.1 中提及的技术文档来证实生产商鉴定相关立法工具要求和执行必要试验的能力以确保产品符合那些要求。

指定机构应将评定决定通知生产商或者其授权代表，通知应包括评审结论和推定的评定决定。

3.4　生产商着手履行已获批准的质量体系产生的义务并维系质量体系以使其充分且有效。

3.5　生产商应始终通知批准质量体系的指定机构有关体系任何的变更意向。

指定机构将对所有修改意见进行评定，并决定修改后的质量体系是否仍满足 3.2 提及的要求和是否有必要进行重新评定。

指定机构应将评定决定通知生产商，通知应包括试验结论和推定的评定决定。

4. 指定机构责任下的监督

4.1　监督的目的是确保生产商如期履行经批准的质量体系产生的义务。

4.2　为了评定目的，生产商应允许指定机构造访设计、生产、检验、检测和仓储地点，并提供所有必要信息，特别是：

——质量体系文档；

——由质量体系筹划部分所提供的质量记录，例如，分析、计算和检测的结果等；

——由质量体系生产部分所提供的质量记录，例如，检验报告和检测数据、校准数据、相关人员的资质报告等。

4.3　指定机构应该进行定期审计以确保生产商保持和履行质量体系，并应将审计报告提供给生产商。

4.4　另外，指定机构可以对生产商进行不定期造访。必要时，在造访中指定机构可以进行产品检测或由公共机构对产品进行检测以证实质量体系正常运转。指定机构将向生产商提供一份访问报告，如进行检测，还需提供一份检测报告。

5. 合格标志和合格声明

5.1　生产商将在满足立法工具适用要求的每个产品上，粘贴立法工具规定的合格标志，并在3.1提及的指定机构的责任下粘贴指定机构的标识编号。

5.2　生产商应起草一份书面声明，声明每一产品型号的质量合格并且该产品投入市场10年内接受国家主管部门随时核查。该合格声明能鉴别拟定的产品型号。

一经要求，应向有关的主管机构提供该合格声明的复本。

6. 在产品投入市场至少10年期限内，生产商应接受国家主管部门的随时核查。

——3.1中提及的技术文档；

——3.1提及的关于质量体系的文档；

——3.5提及的经批准的变更；

——3.5、4.3、4.4提及的指定机构的决定和报告。

7. 每个指定机构都要向其指定权威机构通知签发或撤销的质量体系批准情况，并在定期或要求下，使其指定机构能获得拒签、吊销或限制的质量体系批准情况的清单。

每个指定机构都要向其他指定机构通知其拒签、吊销、撤销质量体系批准情况，并一经要求通知已签发的质量体系批准情况。

8. 授权代表

3.1、3.5、第5和6点规定的生产商的义务可以通过授权代表以其名义在其责任范围内履行，只要委托书中已明确规定。

模式H1　基于全面质量保障和设计试验的合格评定

1. 基于全面质量保障和设计试验的合格评定是一项合格评定程序，生产商履行第2、第6点中的义务，保证和声明对有关产品满足适用的法律要求承担单独责任。

2. 生产

生产商对产品设计、生产、最终产品检查和第3点中的有关产品的检测应实施经认可的质量体系，生产商还应接受第5点中的监督。根据第4点，对产品的技术设计进行试验。

3. 质量体系

3.1　生产商应向他选择的指定机构提出对其产品质量体系进行评估的申请。

申请书应包括：

——生产商的名称和地址，如果申请是由授权代表提出的，则写授权代表的名称和地址；

——所设定产品种类的所有相关信息；

——有关质量体系的文档；

——书面声明没有向任何其他指定机构提交同样的申请书。

3.2　质量体系应保证产品符合适用的法律要求。

生产商采用的所有要素、要求和条款都应以书面规定、程序和说明的形式提供系统的、有顺序的文件证明。这份质量体系文档应对质量项目、计划、手册和记录有一致的解释。

尤其包括对以下内容的充分说明：

——质量目标和组织结构，管理者对产品设计和质量的责任与职权；

——技术设计规范，包括应用的标准和方法，这些方法在相关的协调标准和/或技术规范不完全适用的情况下，用于保证符合适用于产品的立法的基本要求；

——设计产品条目中的产品时所使用的设计控制和设计认证技术、过程和系统化操作；

——相关的生产、质量控制和所使用的质量保障技术、过程以及系统化操作；

——在生产前、生产中和生产后所实施的试验和检测，以及试验和检测实施的频率；

——质量记录，例如检查报告和检测数据、校准数据、有关人员的资质报告；

——对实现要求的设计、产品质量和质量体系的有效实施进行监督的方法。

3.3　指定机构应评估质量体系，决定其是否满足3.2中的要求。

应假定符合质量体系要素的要求，该质量体系符合国家标准的相关规范，国家标准实施相关的协调标准和/或技术规范。

除了质量管理体系方面的经验，审计小组中应至少有一位成员参与过相关产品领域和相关产品技术方面，以及适用的法律要求方面的知识的评估。审计应包括对生产商条件的评估。

生产商或其授权代表应被告知指定机构所作的决定。

通知应包括审计结果和推定的评定决定。

3.4 生产商应保证履行认可要求的义务，并维系质量体系，使之充分且有效。

3.5 生产商应将质量体系的任何试图的变动通知已经对质量体系认可的指定机构。

指定机构应对所提议的质量体系的任何变动进行评定，并决定修改的质量体系是否将继续满足3.2中的要求或是否有必要重新评定。

指定机构应将其决定通知生产商，该通知应包括检验结果和推定的评定决定。

3.6 每个指定机构都应将发布或撤销的质量体系认可通知作出指定的主管机构，并周期性地或按照要求将拒绝、暂停或受限制的质量体系认可的清单提交给作出指定的主管机构。

每个指定机构都应将已经拒绝、暂停或撤销的质量体系认可通知其他指定机构，以及按照要求将已经发布的质量体系认可通过其他指定机构。

4. 设计试验

4.1 生产商应向3.1中的指定机构提出设计试验的申请书。

4.2 申请书应清楚地说明产品的设计、生产和操作，并为评估其是否符合适用的法律要求提供可能。申请书应包括：

——生产商的姓名和地址。

——书面声明没有向任何其他指定机构提交同样的申请书。

——技术文档。文档应为评估产品是否符合相关的要求提供可能，文件应包括一份详细的危险分析和评估。技术文件应详细说明所适用的要求，并包括评估有关的产品设计和操作。在适当的时候，技术文档应至少包括以下要素：

——产品的一般描述。

——概念设计和零部件、零部件装配、电路等的生产图纸和设计方案。

——理解这些图纸和设计方案以及产品的操作所必需的说明和解释。

——全部或部分适用的协调标准和/或其他相关的技术规范——这些技术规范的参考文件已经公布于《欧盟官方公报》上，以及在没有应用这些协调标准时对为了满足立法基本要求所采用的解决方案的说明。

——设计计算结果、所实施的检验等。

——检测报告。

——技术设计程度的支持证明。该证明应提及所使用的任何文件，尤其在相关的协调标准和/或技术规范没有被完全应用时，技术设计所使用的文件；必要时证明也应包括由生产商的适合的实验室进行检测的结果，或由其他检测实验室代表其进行检测并承担责任的结果。

4.3　指定机构应检查申请书，对于符合产品适用的法律要求的产品设计，向生产商颁发 EC 设计试验证书。证书上应有生产商的姓名和地址、检验结果、有效条件，以及对认可的设计鉴定的必要数据。证书可以附带有一个或多个附录。

证书和附录应包括所有相关信息，从而保证生产的产品符合所评估的经检验的设计，在适当的时候也允许实时监控。

当产品设计不能满足适用的法律要求时，指定机构应拒绝颁发设计试验证书并通知申请人，给出拒绝颁发证书的具体原因。

4.4　指定机构应保持始终获悉在一般公认的最先进技术方面的任何变化，这种变化表明认可的设计可能不再符合适用的法律要求，指定机构应决定这种变化是否要求对产品设计实施进一步的调查，如果需要进一步调查，指定机构应通知生产商。

生产商应始终对认可的产品设计所做的任何修改都通过颁发 EC 设计试验证书的指定机构，这些修改可能会影响产品设计符合立法的基本要求或证书有效的条件。这些修改应以原来的 EC 设计试验证书的附加内容形式，要求获得颁发 EC 设计试验证书的指定机构的额外的认可。

4.5　每个指定机构都应将其颁发或撤销的 EC 设计试验证书和/或任

何附加内容通知作出指定的主管机构，并周期性地或按照要求将拒绝、暂停或受限制的证书和/或任何附加内容的清单提交给作出指定的主管机构。

每个指定机构都应将已经拒绝、撤销、暂停或受限制的 EC 设计试验证书和/或任何附加内容通知其他指定机构，以及按照要求将已经颁发的证书和/或任何附加内容通过其他指定机构。

根据要求，欧委会、成员国和其他指定机构可以获得一份 EC 设计试验证书和/或附加内容的复本；欧委会和成员国可以获得一份技术文件的复本和指定机构检验结果的复本。

指定机构应留有一份 EC 设计试验证书、附录和附加内容，以及技术文档的复本，技术文档包括生产商在证书有效期到期前所提交的文件。

4.6 生产商应留有一份 EC 设计试验证书、附录和附加内容以及技术文件的复本，技术文件在产品投放市场后 10 年内由国家主管机构随时核查。

5. 指定机构责任下的监督

5.1 监督的目的是确保生产商充分履行认可的质量体系要求的义务。

5.2 为了评估的目的，生产商应允许指定机构进入产品设计、生产、检查、检测和仓储的场所，并提供给指定机构所有必要的信息，尤其是：

——质量体系文档；

——质量体系的设计部分所规定的质量记录，例如分析、计算、检测的结果等；

——质量体系的生产部分所规定的质量记录，例如检查报告和检测数据、计算数据、有关人员的资质报告等。

5.3 指定机构应周期性地实行审计以确保生产商维持和应用质量体系，并提供给生产商审计报告。

5.4 此外，指定机构可以对生产商进行随时访查。在访查期间，如果有必要，指定机构可以实施产品检测以核查质量体系的合理运行。指定机构应提供给生产商一份访查报告，如果实施了产品检测，还应提供一份检测报告。

6. 合格标志和合格声明

6.1 生产商应加贴法律规定要求的合格标志，在 3.1 提及的指定机构的责任下，应给每个符合适用的法律要求的产品加贴指定机构的鉴定号。

6.2 生产商应为每个产品样品起草一份书面的合格声明，并在产品投放市场后 10 年内由国家主管机构随时核查。为产品样品起草的合格声明应对产品样品进行鉴定，并提及设计试验证书号。

按照要求，相关机构可以获得合格声明的复本。

7. 生产商应保持以下内容在产品投放市场后至少 10 年内，由国家主管机构随时核查：

——与 3.1 中提及的质量体系有关的文档；

——3.5 中提及的被认可的变更；

——3.5、5.3 和 5.4 中提及的指定机构的决定和报告。

8. 授权代表

生产商的授权代表如果是委托书中指定的代表，则他们可以代表生产商提出 4.1 和 4.2 中提及的申请书，履行 3.1、3.5、4.4、4.6、6 和 7 中要求的义务，并为生产商承担责任。

共同体立法中的合格评定程序见表 1。

表 1 共同体立法中的合格评定程序

	A 内部生产控制	B 型式试验	G 单件验证	H 全面质量保障
设计	生产商——保存技术文件以便国家主管机构随时使用	生产商提交给指定机构 ——技术文件 ——技术设计解决方法妥善的支持证明 ——要求的生产取样和代表指定机构 ——确定与基本要求相符 ——对技术文件和评估技术设计充分性的支持证明进行检验 ——必要时进行抽样检测 ——颁发 EC 型式试验证书	生产商——提交技术文件	EN ISO 9001:2000[4] 生产商 ——运用认可的质量体系进行设计 ——提交技术文件指定机构 ——监督质量体系 H1 指定机构 ——验证设计合格[1] ——颁发 EC 设计试验证书[1]

续表

生产	A 生产商	C 符合型式检验	D 生产质量保障	E 产品质量保障	F 产品认证		
	A 生产商 ——声明与基本要求相符 ——加贴要求的合格标志	C 生产商 ——声明与认可的型式相符 ——加贴要求的合格标志	EN ISO 9001：2000(2) 生产商 ——运用认可的质量体系进行生产、最终检查和检测 ——声明与认可的型式相符 ——加贴要求的合格标志	EN ISO 9001：2000(3) 生产商 ——运用认可的质量体系进行最终检查和检测 ——声明与认可的型式相符 ——加贴要求的合格标志	生产商 ——声明与认可的型式相符 ——加贴要求的合格标志	生产商 ——提交产品 ——声明合格 ——加贴要求的合格标志	生产商 ——运用认可的质量体系进行生产、最终检查和检测 ——声明合格 ——加贴要求的合格标志
	A1 认可的内部机构或指定机构 ——产品具体方面的检测(1)	C1 认可的内部机构或指定机构 ——产品具体方面的检测(1)	D1 声明与基本要求相符——加贴要求的合格标志	E1 声明与基本要求相符——加贴要求的合格标志	F1 声明与基本要求相符——加贴要求的合格标志		
	A2 ——随机产品抽查	C2 ——随机产品抽查	指定机构 ——对质量体系进行认可 ——监督质量体系	指定机构 ——对质量体系进行认可 ——监督质量体系	指定机构 ——验证与基本要求相符 ——颁发合格证书	指定机构 ——验证与基本要求相符 ——颁发合格证书	指定机构 ——监督质量体系

(1) 可能在部门立法中使用的补充要求
(2) 除子条款 7.3 和有关消费者满意和继续改进的要求之外
(3) 除子条款 7.1、7.2、7.3、7.4、1.7、5.2、7.5、3 和有关消费者满意和继续改进的要求之外
(4) 除有关消费者满意和继续改进的要求之外

附录Ⅲ

EC 合格声明

1. ……号（唯一的产品鉴别号）：

2. 生产商或其授权代表的姓名和地址：

3. 本合格声明是在生产商（或安装者）完全承担责任的条件下发布的：

4. 声明的对象（可追踪产品的甄别，适当的时候可以包括影像记录）：

5. 以上所说的声明的对象符合欧共体相关的协调立法：……

6. 相关协调标准所使用的参考文件或与合格声明有关的规范的参考文件：

7. 在适当的时候，指定机构……（名称、编号）……实施……（干预说明）……并颁发证明……

8. 附加信息：

代表……签名

（地点和日期）

（姓名、职务）（签名）

欧委会

企业与工业总司

管制政策

商品自由流通的管制方法

文件 2009 - 01

欧洲认可合作组织与欧委会、欧洲自由贸易联盟和国家主管部门间合作总则①

授权机构：欧委会

企业与工业总司

C 局 - 管制政策

B100 08/13 B - 1049 比利时 - 布鲁塞尔

联系方式：Annabel Brewka, Unit ENTR. C. 1

B100 5/19

---

① General Guidelines for the Cooperation between the European co-operation for Accreditation and the European Commission, the European Free Trade Association and the competent national authorities, Certif doc 2009 - 1.

B – 1049 比利时 布鲁塞尔

传真：32229 98031

邮件：entr – reg – approach – for – free – circ@ ec. europa. eu

1. 概述

为产品营销有关的认可和市场监督制定要求的欧洲议会和理事会 765/ 2008/EC 条例（以下称为 "认可条例"）神圣记载着认可方面的共同体政策。该条例介绍了一个在共同体层面规定其运行和组织原则的全面的认可法律框架。它给国家认可机构、成员国和欧委会施加了义务，并规定了各自的责任及欧洲认可合作组织（EA）的协调功能。

本导则体现了欧洲认可合作组织、欧委会、欧自联（EFTA）和国家主管部门的政策承诺。它们旨在拓宽和增强合作以反映政策和立法的进展，如采纳认可条例，并稳固认可、欧盟和欧自联成员国内的认可机构及欧洲认可合作组织的地位，以备成功实施该条例。本导则不以任何方式介绍法律或财政的义务或条件。这些在 765/2008 条例和《欧委会与欧洲认可合作组织间伙伴协议框架》中作出了规定。

这些导则应使顺利过渡到认可条例通过后产生的新环境成为可能。由于缺乏一个共同的认可法律基础，导致引起欧盟/欧自联成员国内严格程度不均的不同方法和差别体系，进而引发了该条例的通过。2003 年 11 月 10 日理事会通过的有关欧委会《增强新方法指令实施力度》的决议也促进了该议案的提出。该议案的通过旨在促进一个确保欧盟与欧自联内认可服务的日益一致、透明和合作的全面认可框架的形成。

欧洲认可合作组织与另一方的欧委会、欧自联和国家主管部门确认，认可是一种由认可机构作出的有关合格评定机构（CABs）资质、公正性和职业诚信的独立而权威的证明，因此是检测和检验报告、校准证书、管理体系、产品和人员证书及根据协调标准签发的其他证书的价值和可信性的证明。

欧洲认可合作组织、欧委会、欧自联和国家主管部门承认，认可充当机构在合格评定水平上运行的凭证并因此是为其使用者建立信任的一种方式。它因此有助于增强成员国间对合格评定机构的资质及其为此签发的合格证明的相互信任。认可确保参与合格评定活动的机构拥有规定的资质，因此成为实现更一致的执行水平的基础。

欧洲认可合作组织、欧委会、欧自联和国家主管部门承认，认可对很多公共问题方面产生影响，如健康和安全、环境、产业竞争力及其他。它有助于市场的安全并因此确保使用者对欧洲市场的信任，这对内部市场的正常运行十分重要。认可在多种领域一直作为承认技术资质的工具：环境管理体系、生态管理和审核法案（EMAS）和食品分析检测就是其中实例。认可能在公共政策方面发挥重要的作用，并能起到支持立法尤其是支持在欧盟新方法指令框架下成员国内合格评定机构的指定过程的重要工具。因此认可为确保所有指定机构按同样标准运行提供了方法。

欧洲认可合作组织、欧委会、欧自联和国家主管部门承认，为了使认可增加其作为监控的权威水平的价值，认可需作为公共当局活动而被执行，需完全按照适用的、演变的技术要求，在所有利益相关者的独立和责任条件下，没有单个利益主导，没有商业压力且没有认可机构与合格评定机构间及认可机构之间的竞争，在合格评定的管制和非管制（市场驱动）方面执行。

欧洲认可合作组织、欧委会、欧自联和国家主管部门承认，认可服务在合格评定领域的有效性与不管任何政策方面的欧洲认可模式的一致性相关。该模式应以共同原则为基础并通过特定适应于政策部门和工具的协调技术标准在欧洲经济区内统一执行。

这些导则旨在建立在1999年签订的《关于欧共体委员会与欧洲认可合作组织间在合格评定领域合作的谅解备忘录》以及2005年签订的《作为欧委会总局之一的联合研究中心与欧洲认可合作组织间有关验证化学计量可靠性和可比性的合作安排》下确立的关系。

由于关于认可的形势在过去几年中发生了演变，欧洲认可合作组织、欧委会、欧自联和国家主管部门一致认为，为了考虑这种演变，这些导则应构成对以上提及的现存合作文件的更新。

2. 欧洲认可的演变

欧洲认可合作组织、欧委会和欧自联认为，这些导则应考虑以下内容：

——认可本质上是一种公共当局活动。这种本质已被与国家政府之间的各种联系所证实，然而未改变认可的基本公共当局性质和责任。过去几年已明显显现的是，有必要加强认可的公共权威性并巩固欧盟/欧自联成员国内认可机构的地位及其与相关国家当局的关系。

——国家层面的公共当局关系是由每个认可机构的不同法律解决方案所形成。这些体制的不同是由于责任程度和所收的委托范围不相同。如今很明显，认可机构应享有能被认为执行公共权力的地位。

——自20世纪70年代认可开始被国家当局用以实施衡量合格评定机构资质的方法时，不同方法和差别体系在欧洲和世界范围内发展起来了。首次将不同认可服务进一步发展到区域和国际水平上的措施是1976年西欧校准合作组织（WECC）的成立，以及随后1977年国际实验室认可合作组织（ILAC）的创建。之后在1987年成立了西欧实验室认可合作组织（WELAC）。1994年西欧校准合作组织与西欧实验室认可合作组织合并为欧洲实验室认可合作组织（EAL）。同时，1991年欧洲认证认可（EAC）成立。国际层面上也创建了包括认证和检验机构认可的认证方面的国际认可论坛（IAF）。1997年欧洲实验室认可合作组织与欧洲认证认可合并建成欧洲认可合作组织（EA），之后在2000年获得法律地位。欧洲认可合作组织是遵循荷兰法律注册的非营利性协会，其会员是与公共当局一起从事所有合格评定活动认可方面任务的国家认可机构。

——认可机构间欧洲（和国际）层面上的合作——旨在协调认可规则、程序和做法以促进和便利全球贸易自由化——需要一个有力的立法环境的辅佐与支撑。上文提及的谅解备忘录是对欧洲认可合作组织的首度公共承认。

——在《欧洲经济区协议》下，作为该协议一方的欧自联成员国承诺，其与欧盟成员国享受相同的权利和承担相同的义务，参与单一市场。由于提议的认可条例是适用于欧洲经济区的文本，其应为欧自联/欧洲经济区成员国内认可的使用形成与欧盟内相同的法律基础。

——在土耳其，将符合这些导则和质量基础实施的发展一致的认可政策作为欧盟与土耳其间关税同盟及其正常运转的本质内容应是最重要的。

考虑以上列出的事实，欧洲认可合作组织、欧委会、欧自联和国家主管部门希望确定其对若干政策目标与相关认可作用、关系与合作原则和实现这些目标的现有设想的相互理解。

3. 共同政策目标

欧洲认可委、欧委会、欧自联和国家主管部门达成了一个共识，都认为认可对内部市场和欧洲公民的生活质量起到了重大的作用，它成为在支持反映公共利益的欧洲政策和立法时的重要工具，特别是在共同体协调立法的执行上。因此，欧洲认可政策的目标如下：

——在内部市场的合理运行中发挥作用，通过确保其满足欧洲经济体和社会需求的能力来便利商品和服务的自由流通，并考虑到所有经济、社会、环境和其他公共利益的因素，尤其要顾及到健康、安全、环境和消费者的高水平保护。

——通过在认可的合格评定服务和相应结果上建立信心来致力于消除技术贸易壁垒，从而减少对产品、系统或服务在每个营销该产品和服务的国家进行多重认可和多重评定的需要，以这种方式，促进欧洲经济的竞争。

——散布和促进基于认可机构与公共主管部门共同行动原则的欧洲模式的认可，认可的执行不受商业目的的影响，并避免认可机构与合格评定机构以及认可机构本身之间的竞争。

——维系认可作为透明和信任的核心支柱的作用，以使公共主管部门和市场可以对不管是否在受管制或不受管制的区域的运行的合格评定机构保持透明和信任。

——就技术技能和合格评定机构的专业操守而言，作为对合格评定活动持久和权威水平的监控，以此来创造相互的信心。

——可以灵活地适应以及对市场需求和国家公共主管部门的需求作出回应，并作为必要工具支持国家公共主管部门在此方面作出决定，即将认可用于支持共同体立法，例如为有能力履行共同体立法的合格评定机构所作出合理选择。

——在受管制和不受管制的区域，形成一个旨在增加一致性、等效性、透明性和协同性的认可服务的全面的认可框架，并考虑到自愿领域利用认可服务的运营者的自由，以进一步在欧盟/欧自联的成员国内强化更具潜力和相同严格程度的认可服务。

——通过一个稳健、有效和运作良好的具有机构间同行评估的系统来确保这些机构拥有健全和透明的评估标准和程序，以促进认可机构的聚焦产出、驱动质量和协调的运作，适时地考虑系统促进和系统结果。

——通过决定其技术知识和技能，以及根据适用要求执行评定的能力，两者部门具体化和以立法工具为导向，进一步开发和增加认可机构拥有的相关知识、能力和方法，以使认可机构能够妥善地评定合格评定机构的能力。

——鼓励认可的合格评定机构不断开发和增加其相关知识、能力和方法，以使能够提供值得信赖和得到承认的合格评定服务。

——支持所有认可评定活动的高质量，不管这些活动是否是为履行立法执行，并加强这些活动中的透明度。为此，为了确保整体的可接受性和方法的一致性，利益相关者参与到认可政策的制定中是有必要的。

——在与欧盟/欧自联的成员国国家公共主管部门的密切合作中，促进认可在其潜力还没有被充分挖掘的新部门和活动领域的使用，尤其是在受管制的区域。

——致力于认可在国际层面的发展，尤其是为了加强在公共利益方面的认可和促进世界范围内认可证书和相应的合格评定结果的相互接受和承认。

——促进由在欧盟/欧自联的成员国认可的合格评定机构发布的检测和检验报告、证明和其他证书的相互承认，这样认可机构可以在没有任何不合理的对其活动限制的情况下在整个欧洲和世界范围内提供其服务。

——提供给候选国、潜在候选国和邻国一个主要的加强其经济与共同体市场相适应的工具，并促进与第三国的技术合作、协助和相互承认协议。

——促进反映在所有合格评定的范围内技术和工业以及服务进程的快速发展，并鼓励开展比对和熟练检测的应用的研发，以提供一个有效反映认可的合格评定活动的产出质量。

4. 关系与合作原则

为了实现这些目标，欧洲认可委、欧委会、欧自联和国家主管部门达成了一个共识：

——在欧洲层面上欧洲认可委和公共主管部门的关系，以及与国家公共主管部门的关系，应该建立在对上述第 3 部分详细的共同目标的承认基础上，并考虑到它们不同的职责和资格。它们强调一个机构之间永久的、开放的和透明的对话是合作的十分重要的基础。

——欧洲认可委的国家成员机构对欧洲认可委、欧委会、欧自联和成员国的国家主管部门的合作起到重要的作用。所有相关机构的合作和对第 3 部分叙述的目标的共同理解对这些导则的成功是必不可少的。

——欧洲认可委的内部法规应确保，无论是在受管制还是不受管制区域，在认可中的利益相关者被充分代理，以便在起草认可导则和其他文件时就会考虑到尽可能最广范围的意见，其程序也会开放和透明。

——在欧洲和国家层面上的连贯性和一致性，应基于有效交流渠道的建立和积极交换信息的承诺，并应在制定和执行认可政策中得以确保。

——有必要作出努力，来迅速和适当地对不同部门的不同市场需求以及国家公共主管部门的需求作出回应，预期国家公共主管部门会在最大可能层面上的利用认可，尤其在支持共同体立法方面。

5. 实施

基于前几部分的背景，欧洲认可委期望欧委会、欧自联和国家主管部门能：

——为认可维持一个透明的法律和政策框架，作为一个在合格评定以及相应结果相互承认上培养信任和信心的工具。

——在适合地支持共同体立法和政策的执行中利用认可，并鼓励为此利用认可。

——在国际关系中推介基于认可机构与公共主管部门共同行动，以及认可在不受商业目的影响，避免竞争中得以履行的认可的欧洲模式。

——与欧洲认可委协商并合作，并让欧洲认可委参与到，与合格评定领域内共同体立法和政策的统一执行和运行有关的技术问题，特别是为了能够促进与共同体政策和立法有关的相关标准的协调的、一致的和可靠的应用。

——动员欧洲认可委回答技术问题，或者在开发具体的支持共同体动议时提供特别的必要知识和技术。

——确保欧洲认可委对不同部门的工作小组都有有效贡献，这些小组负责认可方面的共同体立法的制定和执行，并动员欧洲认可委制定和修订部门的认可方案，以便达到共同体立法所覆盖领域具体详细的技术或者健康和安全或者环境方面的要求。

——适当时提供给欧洲认可委联合研究中心的可用技能，尤其是在提高合格评定结果的质量方面的中心的参考资料和测量研究所（IRMM）所有的技能。

——当涉及合格评定、质量、合格评级机构的能力和认可的问题存在疑问的时候，在其与第三国或者国际组织的国际讨论中以及第三国贸易协定的执行中，需从制度上考虑求助欧洲认可委。

——在制定和执行欧洲技术援助方案中，适时地征求欧洲认可委的建议和积极合作，并在认可和合格评定领域与第三国合作。

——尽可能地使欧洲认可委与其成员机构以及相关国家公共主管机构之间的认可以一种协调的方式方便进行，尤其是要支持共同体立法的执行。

——推动关于认可及其服务潜力的知识传播。

——支持欧洲认可委在诸如 ILAC 和 IAF 等国际认可论坛和其他区域认可合作中推进认可的欧洲模式。

——支持欧洲认可委通过不断改进甚至成为更专业化的组织，从而在提高其实施的效率和效果方面作出的努力。

为此，欧委会、欧自联和国家主管部门期待欧洲认可委：

——继续作为欧洲国家认可机构的合作实施网络，服务于促进欧盟/欧自联内部和外部实施的认可的同等性、透明度、一致性和效率。

——为产生和维护公众对合格评定机构和其评定结果的信任，以及推动透明和质量导向的能力评估体系这一公众使命作出贡献。

——实施严格、透明和统一的欧洲同行评估体系，并继续改进该体系；应保障已通过同行评估的认可机构具备必要的专业技术和对合格评定机构技术能力进行评定、证明以及定期监督的能力，尤其是实施认可以支持欧共体立法履行的欧洲认可基础设施的成员。

——确保成员间实施同行评估的结果在欧盟/欧自联内是等效的、公开的，并能够基于包括适当的上诉程序在内的合理和透明的评估标准和程序证明其合法性。

——为评估人员设置合适的培训体系，以确保同行评估过程中评定的可靠性、同等性和一致性。

——确保其成员机构对所有利益集团完全负责；实施的认可是非营利性的分配活动；不提供合格评定机构从事的任何活动；与其他认可机构之间不存在竞争。在其成员之间，EA 也应确保它所认可的合格评定机构不会给经济运营者施加不必要的负担。此外，被 EA 认可的合格评定机构应在其活动中考虑企业的多样性、规模和其活动的性质，但不降低必要的保护水平或要求的质量水平，也应确保有关保密性的必要规定。同样，欧洲认可委成员机构被要求运用必要的专业技术和能力对合格评定机构的技术能力进行评定和证明，以及定期监督被认可的机构。涉及支持履行欧共体立法的机构时，确保与欧盟/欧自联成员国国家当局必要的协调，记住欧洲认可委成员机构的责任和任务从其他国家当局的责任和任务中分离。

　　——允许认可问题，特别是关于研究和发展的话题的信息交换，欧洲认可委应协助联合研究中心—欧委会 IRMM 对欧洲范围内的实验室内部比较和培训活动的优先顺序与实际安排进行鉴定。适当的时候，欧洲认可委被要求支持开发熟练检测技术和供应。此外，在任何必要和适当的时候，欧洲认可委都应与联合研究中心—IRMM 合作，以免率先通过认可和被认可的合格评定服务传播度量衡文化和实践。

　　——对欧委会和欧盟/欧自联以及与欧共体权威活动相关的成员国国家当局负责。

　　——对不同部门的不同市场需求和国家公共权力机构的需求——尤其就欧共体立法的履行和发展而言，作出迅速和合适的回应。欧洲认可委应对履行欧共体立法的活动所缺少的工具进行鉴定并提高意识，有可能时，按照要求参与其开发。

　　——充分考虑欧委会和欧自联在与成员国国家当局协商后提供的有关认可的政策建议和指导。

　　——将开发中的相互利益的政策和活动，以及欧洲认可委战略和政策发展的定期报告通告欧委会和欧自联。

　　——与利益相关者和相关的利益集团合作，为其建立并维护一套合适的机制以传达其观点。

　　——确保其程序实施的公开性、透明度、同等性和权威性，尤其，指南准备的过程应向利益集团的所有代表机构的观点和贡献开放。向国家当局和合格评定机构定期提供的信息将受到保障，适当时候，与确保的国际水平一致。

　　——致力于提供为整个合格评定市场带来附加值的高效率和高质量的认

可，尤其，欧洲认可委和其成员被要求开发和实施合适的战略和程序以继续改进其效率和能力。

——积极参与国际组织在认可领域的活动，将这些活动报告给欧委会和欧自联。

——致力于在欧洲层面和国际层面调整同行评估顺利开展的现有规则，以向所有国家认可的认可机构在所有技术领域，不受其规模和被认可的合格评定机构数量的约束，公开同行评估的过程。

——开展和支持改进欧洲认可可见性和推动欧洲认可模式的行动。

——鉴于已申请成为欧盟或欧自联成员的国家全部参与并获得欧洲认可委会员资格，欧洲认可委应向这些国家的认可机构发展提供支持。一旦满足适当的和规定的条件，就授予完全的会员资格。大力支持这些国家的质量基础设施发展。

——在欧共体和欧自联的技术援助计划的发展和实施以及与第三国的合作方面，欧洲认可委应与欧委会、欧自联和国家主管部门合作。

附 录 Ⅳ
单一市场政策调整大事记

时间	事件	目 标
2006 年 4 月 11 日	单一市场与服务总司开启了对单一市场未来政策的公众咨询	目的旨在发动所有利益相关者,包括公民、企业、代表性的组织、公共行政机构,以及学术界和智库,进行公开辩论。该公众咨询成为欧委会就如何将单一市场政策向前推进的重要政策反馈部分
2006 年 5 月 10 日	欧委会通过了"公民的议程——为欧洲带来结果"的通告	该议程针对公民提出的目的为了加强他们对欧洲的信心而制定的各种政策动议,主要侧重于:经济一体化;团结;准入和可持续;安全;欧盟的扩大和对外关系政策,以及更好的规制和机制问题。该议程提出的一大重要动议就是对单一市场进行彻底的具前瞻性的评估
2006 年 9 月 21 日	发布公众咨询报告	在收到的 1514 份回复中,1272 份是来自行业协会和公民的类似(标准)答卷,其他的 242 份差异回复,主要是代表组织、成员国、公共部门、学术界、企业和个人的。咨询结果将成为单一市场回顾,以及 21 世纪单一市场报告的重要内容,这也是"公民议程"通告提出的
2007 年 1 月 15 日	欧洲晴雨表(Eurobarometer)对内部市场政策的调研	就欧盟公民和企业对内部市场政策的意见和经历进行了 3 次调研
2007 年 1 月 16 日	单一市场总司与智库 Bruegel 联合举办"单一市场未来的经济政策"研讨会	该研讨会旨在为委员会的单一市场回顾提供经济分析。研讨会侧重讨论了单一市场如何能够更好地顺应变化的经济环境,以及 20 世纪 80 和 90 年代的单一市场计划中认为合适的经济原理和政策是否今天仍有效
2007 年 11 月 20 日	欧委会通过"欧洲 21 世纪单一市场"的通告	该通告以 2006 年开始的单一市场回顾为基础,将 2007 年 2 月的"临时报告"转换成为重新定位单一的一系列可以操作的提案

时间	事件	目　　标
2008 年 7 月 9 日	正式发布商品一揽子立法（the Goods Package）	该立法的目的是为了提高商品单一市场的运行而建立认证和市场监管框架，并澄清和加强现有法规的应用和实施
2008 年 12 月 16 日	单一市场回顾：一年期	该进展报告说明了委员会是如何将 21 世纪单一市场的新愿景付诸实施的。报告也表明了单一市场政策在目前经济形势下的相关性，并列出一系列已经或者正在采取的措施，这些将为欧洲经济的重新启动创造条件
2010 年 5 月	发布《关于单一市场重新启动的 MONTI 报告》	2009 年 10 月 Barroso 主席委托，单一市场、金融服务和税收政策（1995—1999）、竞争（1999—2004）前委员、Bocconi 大学的 Mario Monti 教授，准备一份研究报告，作为新一届委员会的关键战略目标之一，提供重新启动单一市场的意见和建议
2010 年 10 月 27 日 *	欧委会发布《朝着单一市场法案努力》的通告	该通告设定了 50 个于 2012 年实施的提案，以使单一市场更好地运行，并呼吁包括公司、消费者和工人在内的所有市场参与者提出具体行动方案
2011 年 4 月 13 日	欧委会通过《单一市场法案》	该法案提出了"促增长、强信心"的 12 条手段

　　* 2010 年 10 月 27 日通告推出的这一天，与欧委会在各成员国的代表合作，内部市场总司组织其官员回到各自祖国向同胞宣传法案。官员们去了法国、德国、匈牙利、波兰、西班牙、瑞典和英国等 7 个国家。这一被称为"大使计划"（Ambassadors programme）的活动还将继续以涵盖欧盟所有 27 个成员国。欧委会还就该法案进行了 4 个月的公共辩论，并于 2011 年 4 月推出单一市场法案的最后版本。

附　录　V

TBT 对我国出口企业影响的问卷调查表

　　问卷说明：该问卷是为了更好地分析研究国外技术性贸易壁垒（TBT）对我国出口贸易的影响，调查对象主要是出口企业，希望您能在百忙之中抽出时间填写，特别感谢您给予的宝贵帮助。同时本人在此郑重承诺：在调查过程中将严格保守企业秘密，不向其他调查单位私自透露任何信息，不将此问卷信息用于专业调查以外的任何目的。

　　TBT：技术性贸易壁垒（Technical Barriers to Trade），指一国或区域组织以维护其基本安全、保障人类及动植物的生命及健康和安全、保护环境、防止欺诈行为、保证产品质量等为由而采取的一些强制性或自愿性的技术性措施。

第一部分　企业基本信息

1. 企业名称＿＿＿＿＿＿＿＿＿＿＿＿＿＿＿＿＿＿＿
2. 企业性质
　　A. 国有企业　　　　B. 股份合作企业　　　C. 民营企业
　　D. 外商投资企业　　E. 港澳台投资企业　　F. 其他
3. 企业规模
　　A. 100 人以下　　B. 100—500 人　　C. 500—1000 人　　D. 1000 人以上
4. 企业所在行业
　　A. 食品制造业　　B. 纺织业　　C. 造纸及纸制品业　　D. 橡塑制品业

　　E. 石油加工、炼焦及核燃料加工业

　　F. 化学原料及化学制品制造业

　　G. 设备制造业　　H. 金属制品业

　　I. 通信设备、计算机及其他电子设备制造业　　J. 其他

5. 企业贸易方式

　　A. 一般贸易　　　　　　B. 加工贸易　　　　　　C. 转口贸易

　　D. 边境贸易　　　　　　E. 易货贸易

6. 贵企业主要出口目标地区（可多选）

　　A. 欧盟　　　　B. 美国　　　　C. 日本

　　D. 韩国　　　　E. 东南亚　　　　F. 其他地区（请列明）

7. 贵企业年出口额

　　A. 50 万美元以下　　　　B. 50 万—200 万美元　　　C. 200 万—500 万美元

　　D. 500 万—1000 万美元　　　　E. 1000 万美元以上

8. 迄今为止，贵企业获得哪些认证（可多选）

　　A. 从没获得

　　B. ISO9000 系列

　　C. ISO14000 系列

　　D. HACCP 认证

　　E. 其他产品认证（请列明）

第二部分　TBT 实施情况

9. 2009 年贵企业出口产品是否遭遇到国外 TBT

　　A. 是　　B. 否

10. 2009 年贵企业出口产品遭遇 TBT 的主要来源国

　　A. 欧盟　　B. 美国　　C. 日本

　　D. 韩国　　E. 东南亚　　F. 其他地区（请列明）

11. 产品出口前，贵企业是否熟悉国外相关产品技术法规和标准

　　A. 非常熟悉　　B. 比较熟悉　　C. 一般　　D. 不熟悉

12. 贵企业通过何种渠道了解国外相关产品技术法规和标准

　　A. 进口商　　　　B. 出入境检验检疫机构　　　　C. 质量技术监督机构

D. 国家/地方标准化机构　　　E. 相关行业协会　　　F. 其他

13. 贵企业产品遭遇 TBT 的主要类型（可多选）

A. 产品质量安全标准　B. 包装、标签或标识要求

C. 动植物检验检疫　　　D. 卫生标准

E. 认证　　　　　　　　F. 其他

14. 贵企业出口产品未能满足国外 TBT 的原因是（可多选）

A. 事先不了解进口国的要求

B. 国内技术水平不能满足进口国要求

C. 公司自身技术落后，不能满足进口国要求

D. 国外设定标准过高，现实难以达到

E. 标准的具体要求缺乏可操作性，难以执行

F. 标准审查程序复杂冗长、费用过高　　　　G. 其他

15. 贵企业主要通过以下何种措施逐渐跨越 TBT 壁垒

A. 未采取任何行动

B. 技术改造，提高产品技术含量

C. 缩小贸易规模，放弃难以达到标准的市场

D. 通过法律手段向政府部门或行业协会等申请帮助

E. 争取国际权威认证或进口方认证　　　　F. 其他

16. TBT 给贵企业造成的主要影响是（可多选）

A. 无太大影响

B. 损害了企业的商誉

C. 减少当地市场份额

D. 导致企业退出当地市场

E. 提高了企业在贸易活动中的成本，造成了大额损失

F. 其他

17. 贵企业 2010 年应对 TBT 的费用支出将

A. 增加　B. 减少

18. 若进行新技术研发，则贵企业选择的主要途径为

A. 自主研发　B. 从先进国家购买　C. 其他

19. 贵企业科技研发人员占总雇员的比例

第三部分　政策建议

20. 贵企业希望政府部门或行业协会提供哪些帮助

　　A. 提供一定的资金支持和优惠政策

　　B. 及时提供相关产品国际标准和技术法规的最新信息

　　C. 帮助企业了解认证程序，协助企业完成产品认证

　　D. 定期举办产品技术法规和标准的培训

　　E. 其他（请列明）

图书在版编目(CIP)数据

欧盟单一市场政策调整对我国商品出口的影响及对策研究/陈淑梅著.
—北京:社会科学文献出版社,2012.3
(国家哲学社会科学成果文库)
ISBN 978 - 7 - 5097 - 3195 - 6

Ⅰ.①欧… Ⅱ.①陈… Ⅲ.①欧洲国家联盟 - 贸易政策 - 影响 - 商品
出口 - 研究 - 中国 Ⅳ.①F755.0 ②F752.62

中国版本图书馆 CIP 数据核字(2012)第 041221 号

· 国家哲学社会科学成果文库 ·

欧盟单一市场政策调整对我国商品出口的影响及对策研究

著 者 / 陈淑梅

出 版 人 / 谢寿光
出 版 者 / 社会科学文献出版社
地   址 / 北京市西城区北三环中路甲 29 号院 3 号楼华龙大厦
邮政编码 / 100029

责任部门 / 财经与管理图书事业部 (010) 59367226   责任编辑 / 王玉山
电子信箱 / caijingbu@ ssap. cn   责任校对 / 白秀君 白桂和
项目统筹 / 恽 薇   责任印制 / 岳 阳
总 经 销 / 社会科学文献出版社发行部 (010) 59367081 59367089
读者服务 / 读者服务中心 (010) 59367028

印   装 / 北京盛通印刷股份有限公司
开   本 / 787mm×1092mm 1/16   印 张 / 26.75
版   次 / 2012 年 3 月第 1 版   彩插印张 / 0.375
印   次 / 2012 年 3 月第 1 次印刷   字 数 / 464 千字
书   号 / ISBN 978 - 7 - 5097 - 3195 - 6
定   价 / 98.00 元